增订中国史学史资料编年

先秦至隋唐五代卷

杨翼骧　编著

乔治忠　朱洪斌　订补

商务印书馆
创于1897　The Commercial Press

2013年·北京

图书在版编目(CIP)数据

增订中国史学史资料编年. 先秦至隋唐五代卷 / 杨翼骧编著. — 北京：商务印书馆，2013
ISBN 978－7－100－10156－1

Ⅰ.①增… Ⅱ.①杨… Ⅲ.①史学史－中国－先秦时代～五代十国时期 Ⅳ.①K092

中国版本图书馆CIP数据核字(2013)第173782号

增订中国史学史资料编年

先秦至隋唐五代卷

杨翼骧 编著

乔治忠 朱洪斌 订补

商 务 印 书 馆 出 版
（北京王府井大街36号 邮政编码 100710）
商 务 印 书 馆 发 行
三河市尚艺印装有限公司印刷
ISBN 978－7－100－10156－1

2013年10月第1版 开本 710×1000 1/16
2013年10月北京第1次印刷 印张 22 1/4 插页4
定价：88.00元

南开大学史学史学科创立者杨翼骧先生

杨翼骧（右）与乔治忠

乔治忠（左）与朱洪斌

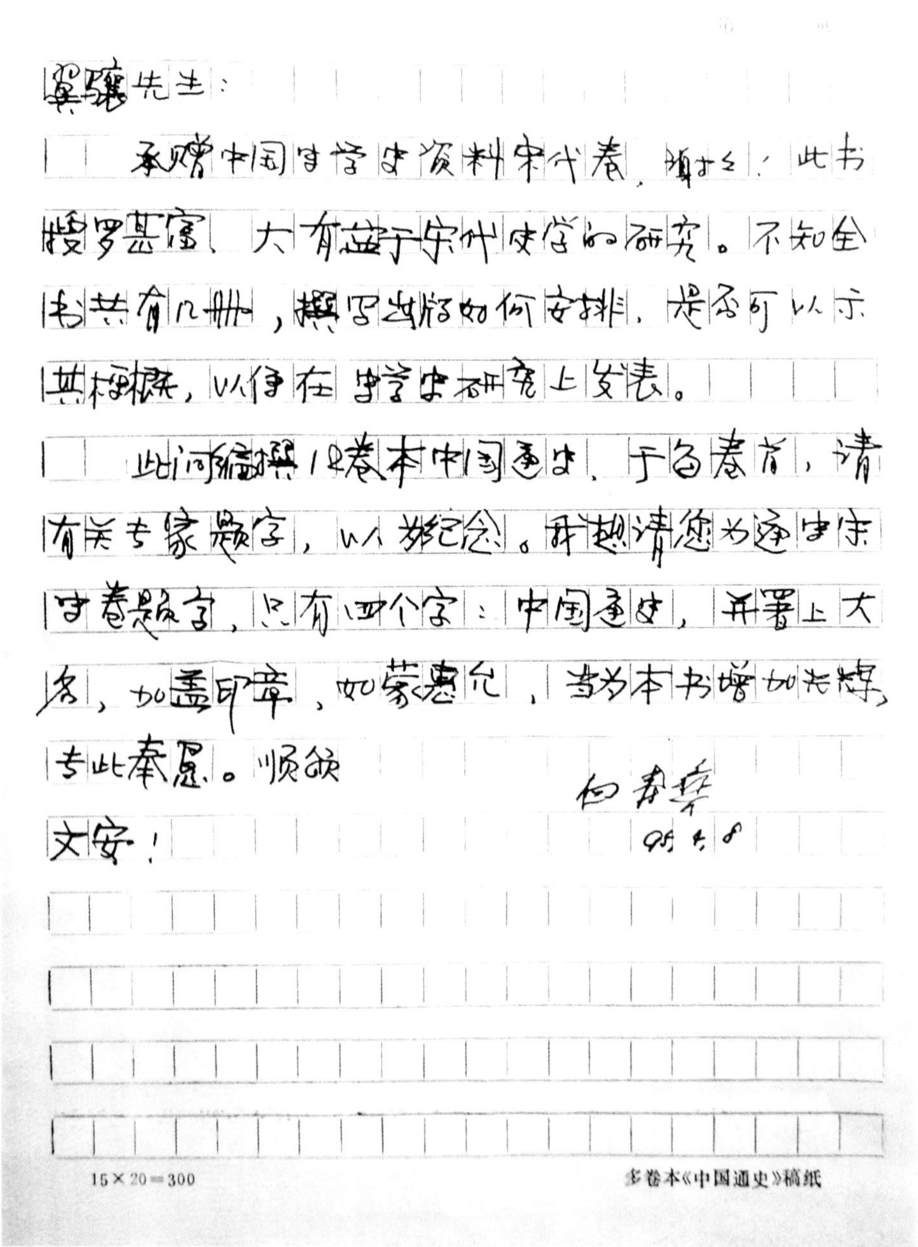
翼骧先生：

承赠中国史学史资料宋代卷，谢谢！此书搜罗甚富，大有益于宋代史学的研究。不知全书共有几册，撰写出版如何安排，是否可以示其梗概，以便在史学史研究上发表。

此间编撰12卷本中国通史，于各卷前，请有关专家题字，以为纪念。我想请您为通史宋史卷题字，只有四个字：中国通史，并署上大名，加盖印章，如蒙惠允，当为本书增加光辉。专此奉恳。顺颂

文安！

白寿彝

95.5.8

15×20=300　　多卷本《中国通史》稿纸

白寿彝先生给杨翼骧先生的信

纂修《增订中国史学史资料编年》感言

（代序）

乔治忠

著名史学史专家、南开大学教授、业师杨翼骧先生，一生矢志于研讨中国史学史，在中国史学史学科建设中，以及在中国古代史的研究中，先生的贡献是多方面的。2003年春，在先生辞世后的月祭，曾写有悼念文字，及今已倏忽十载，谨摘略如下，以志怀想：

先生辞世已盈月矣，然音容笑貌，仍时时浮现于吾侪寤寐之间。念先生一生，沉潜勤勉，孜孜然治史、教学，学至深、识甚广，以学识益世者多矣，纸笔焉能尽述！乃略举一二，仅为管窥蠡测。

先生撰著，卓然立于学术之林者，约略有四：

其一曰**《秦汉史纲要》**，是书刊行于1956年，随即风行在莘莘学子之手，宣讲于大学课堂之上。33年后，仍被评为“筚路蓝缕之功，则非后来的著述可比”。

其二曰**《中国历史大辞典·史学史卷》**，先生主编其古代部分，1983年出版，为最先面世之卷，为《中国历史大辞典》全书编纂冲锋陷阵，提供经验。国内国外，一片赞扬，称之“开创性的可喜成果”。

其三曰**《中国史学史资料编年》**，乃多卷本著述，已出三册。是书集学术性、资料性、工具性于一身，以扎实功力体现高超学识，为研治史学史之学人铺路架桥，提供资料与启迪，意蕴有如洪波浩荡之长江、大河，吾辈被泽受益，吾乃饮河之鼠，各饱其腹而已矣。

其四曰**《学忍堂文集》**，是书荟萃先生论文，益精益博，创见纷呈。亦有以人生体验、治学心得指导后学之篇，其寄望也切切，其教诲也谆谆，感人肺腑，莫此为甚。

先生自1953年至南开大学任教，50年间兢兢业业，创树实多，择其要者有二：

其一，创建南开古籍整理研究所。是乃乘国家重视古籍之东风，得学校信任支持之委托，筹措部署，开基创业。招聘人员，不拘一格，更恪守规范。于时正气炽焉，淳风立焉。

其二，创建南开史学史博士点。八十年代，先生为南开大学创建了中国史学史博士点，是当时全国仅有四个同类博士点之一，南开于是拥有一项特色专业，此乃超越几多优势高校，大为南开历史学科增色。其他历史学博士点或由几名教授共同争取，而史学史则全赖先生一人的学术业绩与声望。……

其中《中国史学史资料编年》之书，是杨先生筹划甚早、致力最多而在学界影响极大的著述。先生何时决计编纂此书，今已不能确知，但 1957 年于《南开大学学报》发表《三国两晋史学编年》一文，表明此前即已构想成熟，且实质性撰写工作已然开展。1987 年，《中国史学史资料编年》第一册出版，起于先秦，至于隋唐五代；1994 年第二册面世，内容范围包括北宋、南宋以及辽、金；第三册内容是元、明两代，交稿日期乃 1996 年底，而当时图书出版尚为旧式铅字排印，进程迟缓，校订艰难，经两年多的辗转，才于 1999 年出版。

《中国史学史资料编年》第一、二、三册陆续出版，在学术界得到普遍的赞扬。公开发表的书评，刊载于《史学史研究》1987 年第 4 期、《历史教学》1988 年第 1 期、《史学史研究》1995 年第 2 期、2002 年第 2 期，论者认为本书具有“真、朴、精、博”的学术特点，考核精良，收录广泛，“在史学史研究中拥有不可替代的独到作用”；全书“具备勾画史学发展全景的学术宗旨……为深入进行史学史研究提供了极有价值的线索与门径”，在学术上做出了无私的奉献。“这样一部著作，帮助我们掌握和了解我国史学发展的梗概，对于研究具体史家或史书也创造了条件，嘉惠后学，其功大矣”。

此外，对本书编纂义例加以细细品味，还有更当彰明之处：

第一，主体内容虽为相关史学资料的原文，但却是以著作家的史识和总括史学发展全局的眼光而致力于资料纂辑，体现出对于中国史学史知识体系的深入理解，采录的内容囊括史学史学科应当关涉的各个方面，尤其对于历代政权官方的史学活动、修史制度格外重视，同时也注意收载少数民族政权下的史学史资料。而中国古代史籍异常丰富，因此不可能一览全收、巨细毕载。隋唐五代之前尚可，而自宋代雕版印刷术广泛应用于史籍刻印之后，史籍数量大增，特别是明代史籍的印行极其纷繁，良莠不齐，很多杂史、笔记，对史学史发展的影响微不足道，如果试图兼收并蓄、不遗锱铢，不仅不能实现预期，而且必然芜杂混乱、谬误丛生，尽失史学史学科的旨趣。总的看来，杨先生搜辑和选择资料，都经过审视、斟酌，顾及史学史发展的各个层面，但并非有取无舍、并非毫无重点。

第二，本书设计的编年方法，乃首举公元纪年，后列传统的帝王纪年。在政权分立时期，各政权属下在本年若有史学史资料见于选录者，即并立列该政权的纪年年号。这真是极为妥善的处置，其卓越之处，一是以公元纪年系统地展示中国史学的发展进程，时间标示浑然一体、亘古贯通，可便于查阅检索，可与国际学界接轨；二是照顾了沿袭甚久的传统纪年法，适于不同学者治史与考核的需要，但并不认同古人的正统论观念，而并立本年有史学事项的不同政权年号，清晰明了，方便学者运用资料。

第三，史籍编年体的困境之一，是难于安置年代不明的史事。本书在系年方法上多有机动性创造，例如将不明成书时间的史书，系于作者中进士之年、作者卒年、附于作者其他著述成书之年等等，这当然带有估测的约略性质，但毕竟使许多史籍资料的编辑可以操作，而多种方法的运用，亦具有力求接近实际的取向。实际上，大多史书的著成日期，只要编排在其作者的生活年代，就不会影响读者对史学发展面貌的确切认识，在这一点上不必胶柱鼓瑟，关键在于使重要史学资料得以显现。

第四，全书较多引录古代目录学著述的著录资料，此为特点，亦为优点。目录学著述曾被许多学术大家推为入学门径，以纪传体史书《艺文志》、《经籍志》为主体的非解题目录，能够提供史书传世源流的确实信息，有裨于文献考证，是史学史研究可资利用的重要环节，具有不可轻忽的史料价值。而《郡斋读书志》、《直斋书录解题》、《四库全书总目》等解题目录，对所见典籍予以精练的评介，颇具知识性、参考性、启发性，是学术研究不可不关注的资料。解题目录与原书序跋相比，固然已非“原始”史料，但解题目录大多会传达史书序跋提供的撰述原委，且考论、评析往往比序文跋语更加公允，因为序跋、特别是明代史书的序跋，夸饰、吹捧已为普遍现象，如果缺少解题目录的评论资料，会给初学者带来一定的误导。

但是，杨先生编纂这部著述的年代，各项条件都不能与现今相比拟，首先是稀见史籍和善本史书，分散于全国各地，加之保护性、垄断性管理控制，欲得一观，难乎其难！势必造成资料收集和考订的某些缺环，无法求全责备。近年来大型丛书如《四库全书》、《四库全书存目丛书》等的出版，更有电子版图书、网络图书的出现，情况大为改观，这是当年学术界所意想不到的发展。其次，当年图书无论编纂还是排版，基本属于手工操作，先是本人或委托他人从书籍中抄录资料，经过删定，再予以誊清。交于出版社后，根据稿本排列铅字，印出清样后反复校订。环节既多，且易造成文字讹误，校订费力费时，疏漏之处难免。因此，在整体文化条件大为改善的情况下，本书前三册实有适度增订之必要。

此次增订工作，总括而言，主要在三个方面力求改善：一是校改原书的讹误文字；二是增补一些必要的史学事项；三是调整和修改一些资料的系年，而使之更加准确。但增订工作不等于重新编纂，应当尽量保持杨先生原书的主体面貌，即不过多地揽入新的、不见得十分重要的史学资料，以免喧宾夺主。由于三册原书的具体情况不同，除皆应致力于文字校勘之外，各册增补、考订亦有因事制宜的偏重，谨择要说明如下：

原《中国史学史资料编年》第一册，起始于公元前841年即“共和行政”之年，这是中国具有确切年代可考的开始，此种处理无疑是十分严谨的。然而探讨中国史学的起源，应当向更久远的社会背景进行追索，本册增订的结果，决定从周武王伐纣建立西周朝代起始，因为西周之初的“殷鉴”观念，是中国史学起源的最关键促进因素。虽然西周纪年至今还未能定论，但追溯史学起源状况对于史学史学科而言，尤其重要，不能坐待准确西周纪年的获得。由于上限的提前，导致新增若干史学事项，如《尚书》某些篇目的出现、《逸周书·史记解》的撰写等等。与此同时，依据最新的研究成果，修改了《战国策》、《世本》的成书年代，将之移于第二册。另外，原书第一册没有干支纪年，今经过斟酌，决定自东汉起附入干支纪年法。以上都是增订后较大的变动，其余修订，这里不一一列举。

原《中国史学史资料编年》第二册（宋辽金卷）编纂精湛，此次增订主要是补充了一些重要的史学事项，包括官方的史学举措。例如欧阳修的《正统论》、宋哲宗时期禁毁范祖禹《唐鉴》、李焘撰《六朝通鉴博议》、南宋末年史官高斯得修史奏议等等，不一一列举。其中有国内佚失而尚存于日本的两种史籍，即诸葛深著《历代帝王绍运图》与杨次山撰《历代故事》，也补充编入。个别史书的系年也有所调整，例如将《蒙古秘史》改系于公元1252年，并且补充了较多资料。

原《中国史学史资料编年》第三册包括元代、明代的内容，明代史籍尤其丛脞繁杂，《四库全书存目丛书》等大型丛书出版之后，许多此前难以寻觅的史书，转而便于阅览，从而加重了本册的增订任务，取舍之间，不易斟酌。此次增补考订，用力远过于前二册，主要修订工作有以下几点：

1. 补充许多史学事项，其中以史书为主体，亦有史学议论、史学事件内容。例如宋遗民周密的《武林旧事》、《齐东野语》，苏天爵《论修功臣列传疏》，廖道南《殿阁词林记》，王兆云《皇明词林人物考》，过庭训《本朝分省人物考》，姚允明《史书》，王士骐《皇明御倭录》，郭大有《评史心见》，刘元卿《诸儒学案》等等，不能一一列出。连同其他资料的补充，比原本增加了10万字左右。但添补史书也不得漫无涯涘，因为《中国史学史资料编年》绝不是史籍目录之书，其旨趣在于中国史学史的发展历程，过多收载驳杂史籍，于明晰史学发展的大体并无裨益。而甄择去取之间，见仁见智，难免有所失宜，唯祈博雅君子指正与鉴谅。

2. 对原来已经收载之史书，亦择要增补序跋等类资料，同时根据新见资料，对许多史书的系年做出调整和改动，有些改动的时间跨度较大，如王洙《宋史质》、徐学聚《国朝典汇》、程敏政《宋遗民录》等等。改动系年者数量颇多，不必毛举，而这样增订后，不免与原书之资料详略、前后顺序有了较大的区别，但原则上是对原书增而不减，出于对原作的尊重，极少采取删去原有资料的做法。本册有些资料的增补，乃来自日本所藏珍稀版本，例如张居正的编纂《帝鉴图说》，此次补入日本国会图书馆藏明代刻本中王希烈《帝鉴图说后序》，有助于考证其书的流布；对于魏显国《历代史书大全》，则增补了日本内阁文库所藏全本中的郭子章、许孚远两篇序言，以及该作者《史书总论》等资料。

3. 此次增订《中国史学史资料编年》（元明卷），择要补入了几种日本现存中国稀佚的古代史籍，如明宣宗《御制外戚事鉴》、顾充《皇明一统纪要》、史继偕《皇明兵制考》、张一龙《武库纂略》、林兆鼎《威暨录》等等，这些史籍多数在海外也已成为孤本，而且内容相当重要，予以增补编入，很有必要。

4. 清朝入关前已经具有不少史学性质的活动，原第三册没有涉及，今予以增补，谨按公元年限编入，同时在该年份标示清太祖或清太宗的纪年，与明朝的帝王纪年并立。

此次编纂所成的清代卷，断续拖延，历年弥久。早在2001年中，业师即委令由我全部负责编辑，嘱言可以邀请一位合作者。我当即说出所欲邀请之人，并且表明仍须先生主持并且署名。而业师正色指示：此书并非一年、二年即可撰成，自身既然不能审稿、定稿，就不署名，这不是谦让，实际是不愿意为你编纂之书担当责任和名声。届时成书的质量优劣，应当由你负责，无可推卸。这使我感到莫大的压力，颇生畏惧。随后，杨先生本年在给仓修良先生的信中申明："拙编《中国史学史资料编年》已出版三册，至元、明为止，本拟续出第四册（清朝），但因眼力不济，难以完成，现已托我的学生乔治忠及古籍所的另一同志代为编写，写成后署他们的名字，就与我无关了。"

后来，我所邀请、得到杨先生首肯的合作者退出了此事，我个人也忙于其他研究项目，仅分配自己的研究生间断地抄录一些《四库全书总目》中清代史书的提要等等资料。其中侯德仁君于我名下连续研读硕士、博士学业，且立志研究清代史学，所手抄资料较多，花费不少时间。而时代前进，科技发展，学术改观，《四库全书》检索电子版以及其他电子图书日益扩展和普及，使原来手抄的《四库提要》一类资料基本失去利用价值，因为复制、粘贴然后再细致校订的方法，既快捷又可靠，"资料编年"这类书籍的编纂，面临了方式方法的重大转型，许多准备工作虽已耗力不少却归于无用。

至2002年，业师对已经出版的三册《中国史学史资料编年》，表达了某些遗憾，只是并没有对我提出予以校正、增补的期许。业师逝世后，我逐渐感觉：似应将编纂第四册与修订前三册结合起来，同时完成和出版，但毕竟未得先师的明确嘱托，处于犹豫、动摇之中。经多次与同门学友谈论，未逢异议，后又得到先生之哲嗣培林君认可，才决定照此办理。于是，连续几届本专业的研究生，大部分多多少少参与了前三册文字录入和校订的工作，参加者及其工作量已经无法确计。其中值得提到的是：已经在扬州大学任教的王嘉川君，也策动和指挥学生参与了此事。增订工作于今日得以完成，可谓为"众人拾柴火焰高"的结果。而与我全面通力合作且贡献甚大者，乃朱洪斌君。朱君学术扎实，知识渊博，读书极广，专精于史事和文献的考证，有超常之解决难点的能力。在合作过程中，尝使我有"今得朱君，盖为天赐"之叹。

追忆本书增订与编纂历程，多少甘苦，未经历者无从感触，而经历者虽有感触却无法言表。此书迁延多年迟迟未成，是其貌似容易、做起来却时时捉襟见肘、难以措置。更思业师以一人之力，在条件远不如今的当年，竟撰成洋洋三册！因油然而生感愧之情。今所纂成第四册清代卷，努力承袭先师拟定的编撰理路，或许精思、深考未能圆满，但毕竟补上此册，可使整部撰述首尾完具，似聊可弥补十年间因循、拖沓过失之万一，故述“感言”有如上文，且寄意诗作于下款：

《增订中国史学史资料编年》书成寄意（七律）

“编年”三册作丝纶，
义例精微立本真。
辽阔学途须达理，
苍茫史海可知津。
时移世转仍遵嘱，
业继薪传敢续麟。
借问书成何企盼？
后来才彦更莘莘！

2013年4月30日

例　言

一、本书系《增订中国史学史资料编年》之先秦至隋唐五代卷。《增订中国史学史资料编年》将历代重要之史学史资料按年编列，以系统地展示中国史学史发展脉络，备学习和研究中国史学史之参考。

二、所标年代首列公元纪年年数，次列各朝帝王年号及年数，后列干支。因所引资料均为旧历年月，故以旧历为准。但旧历与公元存有岁差，为免将旧历一年之事分列两年、或在公元一年中并列两种旧历纪年，故旧历整年史事仍按一般史表通例，编列于旧历岁首之公元年内。帝王年号，起自西汉武帝，此乃合于史实；干支纪年，起于东汉，因干支纪年方法于此时得以稳定，顾及到时代性的整齐，故从东汉之初起始。

三、政权分立时期的年号，如三国、十六国、南北朝、五代十国，酌以引录资料所涉及者标示。

四、本书引录之资料，力求以原始资料与最早记载为主，包涵史家、史籍及史事等史学史内容。所录资料，首明出处，涉及稀见文献及其版本，于案语中说明。近人之论述，除有关年代、事迹及著述内容之考订者外，均不具录。

五、历史地理、方志类著作，仅酌取记述全国范围以及对史学发展影响较大者，一般地方志撰述，概不具录。

六、史家之生平事迹，只录其主要经历及有关史学之活动，其他如政治、军事、经济、文学、哲学等方面之事迹，一般从略。

七、重要史家之生卒年代均可考知者，除对于史学有重大影响者外，一般只列卒年，不列生年。

八、所列史籍、史事资料之年代，如引录资料无明文记载，则加案语考订，或说明编于某年之理由。若不能确实考订其年代，则附编于某朝灭亡之年，或列入有联系的史事之后。若知该书作者之卒年，则编于卒年之下。对于重要史书，编年首取成书年代，成书年代不明者，再系于相关事件之年。不甚重要史书，可一并系于作者卒年，或编于其他相关事件之年。

九、本书首标年代，次以标题概括所录资料之内容，以下引录原文若干条。原文中有自注或他注者，加括号以小五号宋体字表示。编者另酌加案语，对引录资料商榷异同、考订旧说或补充文献、提示要旨。于是纪年、标题、资料、案语，四者分列，以求眉目清晰，便于读者参考。

十、本书引录资料原文，但引文之内往往原作者亦有引文，为避免引号的使用层层套叠，故省略整段资料之总的引号，但仍保证文字上忠于原作。

十一、增订资料来自《四部丛刊》、《四库全书》、《四库全书存目丛书》、《四库全书禁毁丛书》、《续修四库全书》等近年通行的大型丛书者，为节省篇幅而一般不注明版本。

十二、杨翼骧先生原有案语，尽量保留，仍题为“案”；今所订补者，题为“今案”。案语谨以考订史学事实为中心，一般不作无关史实考订的分析评论。所辑补新增资料，一般不另作标示。案语格式分两种情况：随资料文句之后注出者，加括号并且以小五号楷体字表示；在引录资料后另起一行者，首字缩四格以五号楷体字表示。

公元前 1046 年 周武王继位后四年

周武王率师进攻殷商，战于牧野，克灭殷商。

中国国家博物馆藏“利簋”之铭文：珷征商，唯甲子朝，岁鼎，克，昏夙有商。辛未，王在管师，锡有事利金，用作檀公宝尊彝。

《逸周书》(《四库全书》本，后同)卷四，《克殷解第三十六》：周车三百五十乘，阵于牧野，帝辛从。武王使尚父与伯夫致师，王既以虎贲戎车驰商师，商师大败，商辛奔内，登于廪台之上，屏遮而自燔于火。武王乃手太白以麾诸侯，诸侯毕拜，遂揖之。商庶百姓咸俟于郊，群宾佥进曰：“上天降休！”再拜稽首，武王答拜。先入适王所，乃克射之三发，而后下车而击之以轻吕，斩之以黄钺，折悬诸太白。适二女之所，乃既缢，王又射之三发，乃右击之以轻吕，斩之以玄钺，悬诸小白……

《逸周书》卷四，《世俘解第四十》：维四月乙未日，武王成辟四方，通殷命有国：惟一月丙辰，旁生魄，若翼日丁巳，王乃步自于周，征伐商王纣。越若来二月，既死魄，越五日甲子朝，至，接于商，则咸刘商王纣，执夫恶臣百人，太公望命御方来，丁卯望至，告以馘俘。戊辰，王遂御循目祀文王，时日，王立政。吕他命伐越戏方，壬申荒新至，告以馘俘……武王在祀，太师负商王纣悬首白旂、妻二首赤旂，乃以先馘入燎于周庙……

今案：周武王伐灭商纣，是中国上古史第一个重大事件，不仅对整个中国历史的发展意义深远，还是中国原发性产生历史意识、史学意识的重要促进因素，因为这激发出一种“殷鉴”的观念。因此，追溯中国历史学的产生渊源，自当以西周攻灭殷商为起点。然而在学术界，西周克商的年代问题则众说纷纭，至今已有 40 多种不同的见解，实际每一主张都有其面对的困难和矛盾，当下还无法得出公认的结论。在选择任何一种说法都有缺陷的情况下，这里姑且采取公元前 1046 年，因为这是研究过程中投入的人力、物力最大的“断代工程”所主张的结论，其特点是较为符合历史记载的天象资料。又，史学界研究者多认为周武王继位后，仍以文王“受命”改元的年数纪年，但周文王改元后几年崩逝？则历史记载歧异，有七年和九年的不同说法。但武王继位后四年克商，则可认定，故笔者谨系本年为“周武王继位后四年”。

公元前1036年 周公旦摄政七年 周成王七年

西周营建洛邑，《召诰》、《洛诰》、《多士》等篇相继而作。

《史记》卷四，《周本纪》：周公行政七年，成王长，周公反政成王，北面就群臣之位。成王在丰。使召公复营洛邑，如武王之意。周公复卜申视，卒营筑，居九鼎焉。曰："此天下之中，四方入贡道里均。"作《召诰》、《洛诰》。成王既迁殷遗民，周公以王命告，作《多士》、《无佚》。召公为保，周公为师，东伐淮夷，残奄，迁其君薄姑。成王自奄归，在宗周，作《多方》。

《尚书·召诰》：惟二月既望，越六日乙未，王朝步自周，则至于丰。惟太保先周公相宅，越若来三月，惟丙午朏，越三日戊申，太保朝至于洛，卜宅。厥既得卜，则经营。越三日庚戌，太保乃以庶殷攻位于洛汭。越五日甲寅，位成。若翼日乙卯，周公朝至于洛，则达观于新邑营。越三日丁巳，用牲于郊，牛二；越翼日戊午，乃社于新邑，牛一、羊一、豕一。越七日甲子，周公乃朝用书，命庶殷侯、甸、男、邦伯。厥既命殷庶，庶殷丕作。……我不可不监于有夏，亦不可不监于有殷。我不敢知曰有夏服天命，惟有历年；我不敢知曰不其延，惟不敬厥德，乃早坠厥命。我不敢知曰有殷受天命，惟有历年；我不敢知曰不其延，惟不敬厥德，乃早坠厥命。今王嗣受厥命，我亦惟兹二国命，嗣若功。王乃初服，呜呼！若生子，罔不在厥初生，自贻哲命。今天其命哲，命吉凶，命历年，知今我初服，宅新邑，肆惟王其疾敬德。王其德之用，祈天永命。

《尚书·洛诰》：周公拜手稽首曰："朕复子明辟。王如弗敢及天基命定命，予乃胤保大相东土，其基作民明辟。予惟乙卯，朝至于洛师。我卜河朔黎水。我乃卜涧水东、瀍水西，惟洛食；我又卜瀍水东，亦惟洛食。伻来，以图及献卜。"王拜手稽首曰："公不敢不敬天之休，来相宅，其作周匹休。公既定宅，伻来，来视予卜，休，恒吉。我二人共贞。公其以予万亿年敬天之休。拜手稽首诲言。"周公曰："王，肇称殷礼，祀于新邑，咸秩无文。予齐百工，伻从王于周。予惟曰庶有事。今王即命曰：'记功，宗以功作元祀。'惟命曰：'汝受命笃弼，丕视功载，乃汝其悉自教工。'孺子其朋，孺子其朋，其往。无若火始焰焰，厥攸灼叙弗其绝厥若。"……戊辰，王在新邑烝祭，岁。文王骍牛一，武王骍牛一。王命作册逸祝册，惟告周公其后。王宾杀禋咸格，王入太室裸。王命周公后，作册逸诰，在十有二月。惟周公诞保文武受命，惟七年。

《尚书·多士》：惟三月，周公初于新邑洛，用告商王士。王若曰："尔殷遗多士，弗吊旻天，大降丧于殷。我有周佑命，将天明威，至王罚，敕殷命终于帝。肆尔多士，非我小国敢弋殷命，惟天不畀允罔固乱，弼我。我其敢求位，惟帝不畀。惟我下民秉为，惟天明畏。……惟尔知，惟殷先人，有册有典，殷革夏命。今尔又曰：'夏迪简在王庭，有服在百僚。'予一人惟听用德，肆予敢求尔于天邑商，予惟率肆矜尔。非予罪，时惟天命。"王曰："多士，昔朕来自奄，予大降尔四国民命。我乃明致天罚，移尔遐逖，比事臣我宗多逊。"王曰："告尔殷多士，今予惟不尔杀，予惟时命有申。今朕作大邑于兹洛，予惟四方罔攸宾，亦惟尔多士攸服奔走，臣我多逊。尔乃尚有尔土，尔用尚宁干止，尔克敬，天惟畀矜尔；尔不克敬，尔不啻不有尔土，予亦致天之罚于尔躬！今尔惟时宅尔邑，继尔居；尔厥有干有年于兹洛。尔小子乃兴，从尔迁。"王曰、又曰："时予，乃或言尔攸居。"

今案：西周营建洛邑，建设又一都城即"成周"，其间有迁徙殷人，且与西周东征、周公还政相联系，是西周政治史上的大事。在这一系列政治、军事举措中，产生《召诰》、《洛诰》、《多士》等多篇历史文件，对史学的产生也意义颇大，《尚书》这个最早的历史文献汇编，或萌发于此时此事。

《尚书·洛诰》末尾标明"惟七年"字样，历代均认为该文献即成于周公旦摄政七年，也就是周公准备还政于成王之年。但王国维《洛诰解》、《周开国年表》（分别见《观堂集林》卷二与《观堂别集》卷一）提出《洛诰》之"惟七年"乃是武王克商后七年，即周成王五年（他主张武王克商后第二年崩），并且认为周成王亲政之前仍以武王克商建立的周元纪年，只称"年数"而不称"祀"，待周公还政后举行"元祀"，方改元称"祀"。但许多学者不完全同意王国维的说法，"在十有二月。惟周公诞保文武受命，惟七年"是连贯的文句，先言月份、言事体，后言年份，符合西周金文常例，"惟七年"只能是"周公诞保"即周公摄政的年数。1963年宝鸡出土《何尊》其铭文有"唯王初迁宅于成周。复禀武王豊福自天。在四月丙戌……唯武王既克大邑商，则廷告于天曰：余其宅兹中国，自之乂民……唯王五祀。"这又涉及经营成周，且时间是"唯王五祀"，于是引起热烈的学术讨论，有据此认为王国维之说得到证明者。而按王国维对"元祀"的解说，"唯王五祀"应是周成王亲政后的五年方可称"五祀"，约在武王逝世后12年，这就正好否定了他自己将《洛诰》定为武王克商后七年的说法，因此，不少学者仍然肯定《洛诰》等文作于周公摄政七年，王国维说法不能成立。

本书自此年始，公元前纪年省略“公元”二字，仅以“前”字表示。

周武王、成王时期，有作册逸等撰辑《志》书。

《左传》成公四年：史佚之《志》有之曰：“非我族类，其心必异。”

《左传》文公二年：《周志》有之：“勇则害上，不登于明堂。”

《左传》襄公四年：君子曰：“《志》所谓‘多行无礼，必自及也。’”

《左传》昭公元年：故《志》曰：“买妾不知其姓，则卜之。”

《国语·晋语九》：《志》有之曰：“高山峻原，不生草木。松柏之地，其土不肥。”

《国语·楚语上》：教之故《志》，使知废兴者而戒惧焉……

《吕氏春秋》卷二四，《贵当》：《志》曰：“骄惑之事，不亡奚待！”

今案：西周初期有称为“志”的书册，最早的撰写者就是周武王、周成王时的作册逸，其人地位甚高。《洛诰》文末有“作册逸祝册”、“作册逸诰”，可见是周成王时甚为倚重的文职官员，《洛诰》的全文或许也是他所记录和整理成文。西周中期以降，“作册”这个官衔渐渐取消，为史官体系所取代，作册逸被改称为史佚或史逸，此人名在古文献中屡屡出现。所谓“志书”，特点是将依据史事得出的经验和教训，以格言、警句的形式予以表达。后此类文籍式微，乃至被人忽略。今《逸周书》内某些篇目，或许吸纳了《志》书遗存之内容。

公元前992年　周穆王五十五年

周穆王崩逝，在位期间官方撰有《史记解》。

《逸周书》卷八，《史记解第六十一》：维正月，王在成周。昧爽，召三公、左史戎夫曰：“今夕朕寤，遂事惊予，乃取遂事之要戒，俾戎夫言之，朔望以闻。”

信不行、义不立，则哲士凌君政，禁而生乱，皮氏以亡。谄谀日近，方正日远，则邪人专国政，禁而生乱，华氏以亡。好货财珍怪，则邪人进，邪人进则贤良日蔽而远，赏罚无位，随财而行，夏后氏以亡。严兵而不□者，其臣慑，其臣慑而不敢忠，不敢忠则民不亲其吏，刑始于亲，远者寒心，殷商以亡。乐专于君者，权专于臣，权专于臣则刑专于民，君娱于乐，臣争于权，民尽于刑，有虞氏以亡。奉孤以专命者，谋主必畏其威而疑其前事，挟德而责数日疏，位均而争，平林以亡。大臣有锢职哗诛者危：昔者质沙三卿，朝而无礼，君怒而久拘之，哗而弗加，哗卿谋变，质沙以亡。外内相间，下挠其民，民无所附，三苗以亡。弱小在强大之间，存亡将由之，则无天命矣，不知命者死：有夏之方兴也，扈氏弱而不恭，身死国亡。嬖子两重者亡：昔者义渠氏，有两子异母，皆重，君疾，大臣分党而争，义渠以亡。功大不赏者危：昔平州之功大而不赏，谄臣日赏、贵功日怒而生变，平州之君以走出。召远不亲者危：昔有林氏召离戎之君而朝之，至而不礼，留而弗亲，离戎逃而去之，林氏诛之，天下叛林氏。昔者曲集之君，伐智而专，事强力而不贱其臣，忠良皆伏，愉州氏伐之，君孤而无使，曲集以亡。昔者有巢氏有乱臣而贵，任之以国，假之以权，擅国而主断，君已而夺之，臣怒而生变，有巢以亡。斧小不胜柯者亡：昔有郐君啬俭，灭爵损禄，群臣卑让，上下不临，后□小弱，禁罚不行，重氏伐之，郐君以亡。久空重位者危：昔有共工自贤，自以无臣，久空大官，下官交乱，民无所附，唐氏伐之，共工以亡。犯难争权疑者死：昔有林氏、上衡氏争权，林氏再战弗胜，上衡氏伪义弗克，俱身死国亡。知能均而不亲、并重事君者危：昔有南氏有二臣贵宠，力钧势敌，竟进争权，下争朋党，君弗禁，南氏以分。昔有果氏好以新易故，故者疾怨，新故不和，内争朋党，阴事外权，有果氏以亡。爵重禄轻比□不成者亡：昔有毕程氏损禄增爵，群臣貌匮，比而戾民，毕程氏以亡。好变故易常者亡：昔阳氏之君自伐而好变。事无故业。官无定位，民运于下，阳氏以亡。业形而愎者危：昔谷平之君，愎类无亲，破国弗克，业形相国，外内相援，谷平以亡。武不止者亡：昔阪泉氏用兵无已，诛战不休，并兼无亲，文无所立，智士寒心，徙居至于独鹿，诸侯畔之，阪泉以亡。狠而无亲者亡：昔者县宗之君，狠而无听，执事不从，宗职者疑发大事，群臣解体，国无立功，县宗以亡。昔者玄都贤鬼道、废人事天，谋臣不用，龟策是从，神巫用国，哲士在外，玄都以亡。文武不行者亡：昔者西夏性仁非兵，城郭不修，武士无位，惠而好赏，屈而无以赏，唐氏伐之，城郭不守，武士不用，西夏以亡。美女破国：昔者绩阳强力四征，重丘遗之美女，绩阳之君悦之，荧惑不治，大臣争权，远近不相听，国分为二。宫室破国：昔者有洛氏宫室无常，池囿广大，工功日进，以后更前，民不得休，农失其时，饥馑无食，成汤伐之，有洛以亡。

今案：《史记解》是西周时独具特色的历史文献，通篇记述和剖析了近30个古国衰败、灭亡的原因，值得史学研究者注意。这些历史教训，均为左史戎夫向周王讲述，这在本篇开头就有明确的叙述，由此可以窥知当时史官讲史的职能。《逸周书·序》称："穆王思保位惟难，恐贻世羞，欲自警悟，作《史记》。"则撰述目的很明确，是为了汲取历史上的政权衰亡鉴戒。古本《竹书纪年》记载：周穆王"二十四年，王命左史戎夫作《记》"（方诗铭、王修龄《古本竹书纪年辑证》卷下，上海古籍出版社1981年版，第247页），则此篇之成，虽有具体年数可稽，但周穆王何时继位，却难以确定，故姑且据断代工程《夏商周年表》系于周穆王去世之年。

公元前841年 周共和元年 周厉王三十七年

自本年起，中国历史始有确切年代可考。

《史记》卷四，《周本纪》：……三十四年，王益严，国人莫敢言，道路以目。厉王喜告召公曰："吾能弭谤矣！乃不敢言。"召公曰："……夫民虑之于心，而宣之于口，成而行之。若壅其口，其与能几何？"王不听。于是国莫敢出言。三年，乃相与畔，袭厉王，厉王出奔于彘。……召公、周公二相行政，号曰"共和"。

《史记索隐》注《史记》"共和"事：《汲冢纪年》则云：共伯干王位。……言共伯摄王政，故云干王位也。

《史记正义》注引《鲁连子》：卫州共城县，本周共伯之国也。共伯名和，好行仁义，诸侯贤之。周厉王无道，国人作难，王犇于彘，诸侯奉和以行天子事，号曰"共和"元年。十四年，厉王死于彘，共伯使诸侯奉王子靖为宣王，而共伯复归国于卫也。

《左传》昭公二十六年：至于厉王，王心戾虐，万民弗忍，居王于彘，诸侯释位，以间王政。

《吕氏春秋》卷二一，《开春》：共伯和修其行，好贤仁，而海内皆以来为稽矣。周厉之难，天子旷绝，而天下皆来谓矣。

今案：自"共和行政"即公元前841年始，中国上古方有确切的纪年可考。然而《史记》解说"共和"为"召公、周公二相行政"，而《竹书纪年》等古籍则言乃"共伯和"执政。揆之此两种记载，"共伯和"之说见于多种先秦古籍，当合史实，司马迁之说盖出于误传或臆想。至于曾经代周王执政的共伯和究竟何人？据顾颉刚等史学家考订，即为著名的历史人物卫武公（见《史林杂识初编》第三十八《共和》，中华书局1963年版，第203页），其说很有理据，文繁不录。卫武公实为西周末、东周初极为重要的历史人物，亦可能有“共伯和”的称呼，“共伯”是卫国君主的别称，而卫武公名“和”，《史记·卫世家》云卫国：“立和为卫侯，是为武公”，《鲁连子》记述“厉王死于彘，共伯使诸侯奉王子靖为宣王，而共伯复归国于卫也”，联系起来都可显示“共和行政”者即为卫武公。《国语·楚语上》记载史官对卫武公的叙述说：“昔卫武公年数九十有五矣，犹箴儆于国，曰：自卿以下至于师长，士苟在朝者，无谓我老耄而舍我，必恭恪于朝，朝夕以交戒我。闻一二之言，必诵志而纳之以训道。……临事有瞽史之道，宴居有师工之诵，史不失书，矇不失诵，以训御之。于是乎作《懿戒》以自儆也。及其没也，谓之睿圣武公。”可知卫武公乃是十分注重历史鉴戒的当权者，他在“共和行政”时很可能已经较系统地按时间顺序记述大事，或许“共和”之所以始有确切的连续纪年，即为此因。然而于今难以获取确证，谨志之以备考证。

又，“共和行政”时期，是否真的存在以“共和”为名号的纪年？抑或仍续为周厉王年数？学术界亦存异议，司马迁《史记·十二诸侯年表》有共和纪年，但至今尚未发现载有共和纪年的铜器铭文，此为西周纪年的一大疑问。今史学界亦有主张“共和行政”的势力，仅仅在于成周地区，宗周则另有召穆公主导的政权（参阅李西兴《“共和”新探》，《人文杂志》1984年第2期）。或许共伯和执政伊始，意识到此乃特殊的过渡时期，故着意记载时事以防后患，纪事而自启新元，因此形成最早的系统性编年纪事。而宗周方面并不承认这种纪年方式，仍接续周厉王年数。至宣王继位，当然也不承认共和纪年。但共和纪年的文籍资料仍有传习，后融入周代谱牒，司马迁得之，惟其系统完整，故用于纪年。是共和期间，宗周、成周，各有纪年方式，两种并行而已。此为蠡测，志此待考。考虑到“共和”在中国历史年代学上的重要性，理当存之。

公元前771年 周幽王十一年

西周亡。西周王室有与记事述史相关的职官，记载纷杂。

《作册折尊》（见《文物》1978年第3期）：隹五月，王在斥，戊子，令作册折兄□（觋望）土于相侯，易金、易臣，□（扬）王休……

《免簋》（见于罗振玉《三代吉金文存》卷九）：隹十又二月初吉，王才周。昧爽，王各于大庙，井叔有免，即令，王授作册尹书，卑册令免……

《作册嗌卣》（见于罗振玉《三代吉金文存》卷一三）：作册嗌作父辛尊，厥名義（宜）曰：子子孙宝……

《吴方彝》（见于罗振玉《三代吉金文存》卷六）：隹二月初吉丁亥，王才（在）周成大室，旦，王各庙，宰朏右作册吴，入门，立中廷，北向，王乎史戊册令吴……

《井侯簋》（见于罗振玉《三代吉金文存》卷六）：隹三月，王令荣罘（暨）内史曰：（割）井侯服，易臣三品：州人、倲人、墉人……

《走簋》（清王杰《西清续鉴甲编》卷一二）：隹王十又二年三月既望庚寅，王才（在）周……王乎作册尹［册命］走……

《师晨鼎》（清吴式芬《捃古录金文》卷二）：隹三年三月初吉甲戌，王才（在）周师录宫，旦，王格太室，即位……王乎乍（作）册尹册命师晨……

《走马休盘》（见于罗振玉《三代吉金文存》卷一七）：惟廿年正月既望甲戌，王在周康宫。旦，王格太室，即位。益公佑走马休入门，立中廷，北向。王呼作册尹册易休，拜稽首……

《史免簠》（见于罗振玉《三代吉金文存》卷一三）：史免作旅匡，从王征行，用盛稻粱……

《颂鼎》（乙）（台北故宫博物院藏）：隹三年五月既死霸甲戌，王在周康卲宫。旦，王格太室……尹氏受（授）王命书，王乎史虢生册令颂。王曰：颂，命汝官䛐（司）成周贮二十家……

《逨鼎》：隹卌又三年六月既生霸丁亥，王才（在）周康宫穆宫，旦，王格周庙即位，……史減受（授）王令（命）书。王乎尹氏册令（命）逨……

《师虎簋》（上海博物馆藏）：隹（唯）元年六月既望甲戌，王才（在）杜……王乎（呼）内史吴曰：册令（命）虎……

《师艅敦》（见于罗振玉《三代吉金文存》卷九）：……王乎作册、内史册命师艅……

《免盉》（见于罗振玉《三代吉金文存》卷一四）：……王在周，令作册、内史易免……

《周礼》卷一，《天官冢宰》：“史掌官书以赞治。”

《周礼》卷六《春官宗伯下》：大史：掌建邦之六典，以逆邦国之治；掌法，以逆官府之治；掌则，以逆都鄙之治。凡辨法者考焉，不信者刑之。凡邦国都鄙及万民之有约剂者藏焉，以贰六官。六官之所登，若约剂乱则辟法，不信者刑之。正岁年以序事，颁之于官府及都鄙，颁告朔于邦国。闰月，诏王居门终月。大祭祀，与执事卜日。戒及宿之日，与群执事读礼书而协事。祭之日，执书以次位常，辨事者考焉，不信者诛之。大会同朝觐，以书协礼事，及将币之日，执书以诏王。大师，抱天时，与大师同车。大迁国，抱法以前。大丧，执法以莅劝防，遣之日，读诔，凡丧事考焉。小丧，赐谥。凡射事，饰中舍筭，执其礼事。小史：掌邦国之志，奠系世，辨昭穆，若有事则诏王之忌讳。大祭祀，读礼法，史以书叙昭穆之俎簋。大丧、大宾客、大会同、大军旅，佐大史。凡国事之用礼法者，掌其小事。卿大夫之丧，赐谥读诔。……内史：掌王之八枋之法，以诏王治，一曰爵，二曰禄，三曰废，四曰置，五曰杀，六曰生，七曰予，八曰夺。执国法及国令之贰，以考政事，以逆会计。掌叙事之法，受纳访，以诏王听治。凡命诸侯及孤卿大夫，则策命之。凡四方之事书，内史读之。王制禄，则赞为之，以方出之。赏赐亦如之。内史掌书王命，遂贰之。外史：掌书外令，掌四方之志，掌三皇五帝之书，掌达书名于四方。若以书使于四方，则书其令。御史：掌邦国都鄙及万民之治令，以赞冢宰，凡治者受法令焉。掌赞书，凡数从政者。

今案：西周官制颇为纷杂，其间变化巨大，难以稽考。《周礼》书成于后世，体系严密，实为着意构建，大多内容均不可据信。反映于金文中的官名虽多，但职能不明，欲从中清理出与记述史事相关的官职线索，甚为艰难。记事述史，应为文官之事，西周之初，沿袭殷商“作册”官员的建置，甚或录用原为殷商的作册，以补文官之不足。“作册”顾名思义，就是以文字事务服务于上层统治者的官员，职务较专。殷商亦有“史”官，但“史”字通“吏”、通“事”，职责庞杂不专，可以担负任何职任。西周亦袭用此等官制。然而，西周逐渐从“史”官内分化出“内史”，加入专门负责文职的作册全体，分权共事，且渐行扩张，于西周中期或稍后完全取代了作册，致使此种官职消失，原知名作册官也被改称史官，如作册逸被春秋后文籍称为“史逸”。至于汉代以降，世人已经不知“作册”为官职之名。

上引金文资料，在文字辨识和文义解读上，学术界还有较大分歧，本书引录，盖仅仅展示其中官名，不大涉及解读之分歧之处。所引者只是略示其例，欲知其详，可参阅张亚楚、刘雨《西周金文官制研究》（中华书局 1986 年版，手写摹印本）。上引资料中，作册尹应是作册队伍发展扩大后出现的领班官员，为其中位尊职重者。内史人数增多后，亦有“内史尹”，地位与作册尹相侔。待作册官制消失，内史尹即成为史官中的大史（或称太史）。但无论大史、内史，记载本国史事仅为其多种职任中之一端而已。

《周礼》列举五种史官，而西周金文中称“史”的官名不胜枚举，有“中史”、“省史”、“佃史”、“辛史”、“彭史”等等，似乎可在“史”前加以任何临时职任作为职衔，即除了内史之外，都是可以随意任事的史官而已。而《周礼》中所谓“小史”、“外史”，非西周时所有，恐出于杜撰，盖臆想中以此与“大史”、“内史”相对而拟出。考“外史”字样，仅在《左传·襄公二十三年》记鲁国事中一见，很难视为官职之称，宋理学家魏了翁就指出“外史非官名”（见《春秋左传要义》卷首），“小史”更属无稽。以上谨供参考，读者察而正之可也。

公元前 758 年　周平王十三年　卫武公五十五年

极其重视以史为鉴的卫武公逝世。

《国语》卷一七，《楚语上》：左史曰……昔卫武公年数九十有五矣，犹箴儆于国。曰：自卿以下至于师长士，苟在朝者，无谓我老耄而舍我，必恭恪于朝，朝夕以交戒我。闻一二之言，必诵《志》而纳之，以训导我。在舆有旅贲之规，位宁有官师之典，倚几有诵训之谏，居寝有亵御之箴，临事有瞽史之导，宴居有师工之诵。史不失书，矇不失诵，以训御之，于是乎作《懿》戒以自儆也。及其殁也，谓之睿圣武公。

今案：上引资料为春秋时楚国左史倚相的追述，表明卫武公执政中以多种方式汲取历史的鉴戒，形成“史不失书，矇不失诵”的局面。这对于史学的形成和发展，具有很大的促进作用。倘联系到卫武公即共和行政之共伯和的说法，更显示其人在中国上古史学产生进程中的重要性。这里所言卫武公“作《懿》”，据古代大多数学者的解释，《懿》就是《诗经·大雅·抑》，据说这是讥刺周王（有两说：厉王或平王）而总结政治教训的诗歌。总之，卫武公是西周末期到东周初期极有政治文化素养的诸侯国君主，值得治史者注意。

公元前 753 年 周平王十八年 秦文公十三年

秦国初有史官记事。

《史记》卷五《秦本纪》：（秦文公）十三年，初有史以纪事。

《史记》卷一五《六国年表序》：太史公读《秦记》。（《索隐》：即秦国之史记也。）

公元前 671 年 周惠王六年 鲁庄公二十三年

曹刿谏鲁君，言记史规范。

《左传》庄公二十三年：二十三年夏，公如齐观社，非礼也。曹刿谏曰："不可……诸侯有王，王有巡守，以大习之。非是，君不举矣。君举必书，书而不法，后嗣何观？"

公元前 670 年 周惠王七年 鲁庄公二十四年

夏父展以历史记载之道进谏鲁君。

《国语》卷四，《鲁语上》：哀姜至，公使大夫宗妇觌，用币。宗人夏父展曰："非故也。"公曰："君作，故。"对曰："君作而顺则故之，逆则亦书其逆也，臣从有司，惧逆之书于后也，故不敢不告。"

今案：《国语》记载此事未标明年代，查《春秋》、《左传》，知哀姜至鲁国在鲁庄公二十四年八月。

公元前 653 年 周惠王二十四年 齐桓公三十三年

齐国管仲言记史体制。

《左传》僖公七年：管仲曰："……且夫合诸侯以崇德也，会而列奸，何以示后嗣？夫诸侯之会，其德、刑、礼、义，无国不记……作而不记，非盛德也。"

公元前 607 年　周匡王六年　鲁宣公二年　晋灵公十四年

晋史官董狐记“赵盾弑其君”。

《春秋》宣公二年：秋九月乙丑，晋赵盾弑其君夷皋。

《左传》宣公二年：赵穿攻（晋）灵公于桃园，宣子（案：即赵盾）未出山而复。太史书曰：“赵盾弑其君。”以示于朝。宣子曰：“不然。”对曰：“子为正卿，亡不越竟，反不讨贼，非子而谁？”宣子曰：“呜呼！我之怀矣，自诒伊戚，其我之谓矣！”孔子曰：“董狐，古之良史也，书法不隐。赵宣子，古之良大夫也，为法受恶。”

《谷梁传》宣公二年：（晋）灵公朝诸大夫而暴弹之，观其辟丸也。赵盾入谏，不听，出亡至于郊。赵穿弑公而后反赵盾，史狐书贼曰:“赵盾弑公。”盾曰:“天乎天乎！予无罪，孰为盾而忍弑其君者乎？”史狐曰:“子为正卿，入谏不听，出亡不远，君弑反不讨贼，则志同，志同则书重，非子而谁？”故书之曰“晋赵盾弑其君夷皋”者，过在下也。

公元前 598 年　周定王九年　楚庄王十五年

楚国申叔时论教导太子。

《国语》卷一七,《楚语上》:（楚）王卒使傅之问于申叔时，叔时曰：教之“春秋”，而为之耸善而抑恶焉，以戒劝其心；教之“世”，而为之昭明德而废幽昏焉，以休惧其动；教之“诗”，而为之导广显德，以耀明其志；教之礼，使知上下之则；教之乐，以疏其秽而镇其浮；教之令，使访物官；教之“语”，使明其德，而知先王之务用明德于民也；教之故《志》，使知废兴者而戒惧焉；教之“训典”，使知族类，行比义焉……

今案：《国语》载申叔时以上言论，未明年时。查《左传》本年载申叔时进谏楚庄王，使之改变彻底吞并陈国的做法，是申叔时最得楚庄王信从时期。姑且将论述教导太子事系于此年，以待深考。

公元前 551 年 周灵王二十一年 鲁襄公二十二年

孔丘生。

《史记》卷一四,《十二诸侯年表》:周灵王二十一年、鲁襄公二十二年,“孔子生”。

《史记》卷四七,《孔子世家》:孔子生鲁昌平乡陬邑。……鲁襄公二十二年而孔子生。生而首上圩顶,故因名曰丘云。字仲尼。

公元前 550 年 周灵王二十二年

周太子晋畅论政权兴亡之道。

《国语》卷三,《周语下》:灵王二十二年,谷、洛斗,将毁王宫,王欲壅之。太子晋谏曰:不可!晋闻古之长民者,不堕山、不崇薮、不防川、不窦泽……唯有嘉功,以命姓受祀,迄于天下。及其失之也,必有慆淫之心间之,故亡其氏姓,踣毙不振,绝后无主。湮替隶圉。夫亡者岂系无宠?皆黄、炎之后也,唯不帅天地之度,不顺四时之序,不度民神之义,不仪生物之则,以殄灭无胤,至于今不祀。及其得之也,必有忠信之心间之,度于天地而顺于时动,和于民神而仪于物则。故高朗令终,显融昭明,命姓受氏,而附之以令名。若启先王之遗训,省其典图、刑法,而观其废兴者,皆可知也。其兴者,必有夏、吕之功焉;其废者,必有共、鲧之败焉。

公元前 548 年 周灵王二十四年 鲁襄公二十五年 齐庄公六年

齐史官记“崔杼弑其君”。

《春秋》襄公二十五年:夏五月,乙亥,齐崔杼弑其君光。

《左传》襄公二十五年:夏五月……公(齐庄公)问崔子……侍人贾举止众从者而入闭门。甲兴,公登台而请,弗许。……公逾墙,又射之,中股,反队(坠),遂弑之。……大史书曰:“崔杼弑其君。”崔子杀之。其弟嗣书而死者二人,其弟又书,乃舍之。南史氏闻大史尽死,执简以往,闻既书矣,乃还。

今案："南史"之称，先秦旧籍中唯此一处，理义不通，疑有字误。记载史事，应为大史与内史职务，疑"南"字乃"内"字之讹。两字声纽相同，由口耳相传转为书写，颇能致误。然此误已流行二千余载，无可奈何，谨识于此而已。

公元前540年　周景王五年　鲁昭公二年

晋韩起至鲁国，得见《鲁春秋》。

《春秋》昭公二年：春，晋侯使韩起来聘。

《左传》昭公二年：春，晋侯使韩宣子来聘。且告为政而来见，礼也。观书于大史氏，见《易象》与《鲁春秋》，曰："周礼尽在鲁矣！吾乃今知周公之德与周之所以王也。"

今案：《孟子·离娄下》曰："王者之迹息而《诗》亡，《诗》亡然后《春秋》作。晋之《乘》，楚之《梼杌》，鲁之《春秋》，一也。"是春秋时期各国皆有编年体纪事史册，惟称谓略异而已。

公元前530年　周景王十五年　楚灵王十一年

楚灵王称赞倚相为良史。

《左传》昭公十二年：（楚）王出，复语。左史倚相趋过，王曰：是良史也，子善视之！是能读《三坟》、《五典》、《八索》、《九丘》。

公元前509年　周敬王十一年　鲁昭公三十二年　晋定公三年

晋国史墨因鲁国季氏流放君主事，论政治变动。

《左传》昭公三十二年：赵简子问于史墨曰："季氏出其君，而民服焉，诸侯与之，君死于外，而莫之或罪，何也？"对曰："物生有两，有三，有五，有陪贰。故天有三辰，地有五行，体有左右，各有妃耦。王有公，诸侯有卿，皆有贰也。天生季氏，以贰鲁侯，为日久矣。民之服焉，不亦宜乎？鲁君世从其失，季氏世修其勤，民忘君矣。虽死于外，其谁矜之？社稷无常奉，君臣无常位，自古以然。故《诗》曰：'高岸为谷，深谷为陵。'三后之姓，于今为庶，王所知也。在《易》卦，雷乘《乾》曰《大壮》，天之道也。昔成季友，桓之季也，文姜之爱子也，始震而卜。卜人谒之，曰：'生有嘉闻，其名曰友，为公室辅。'及生，如卜人之言，有文在其手曰'友'，遂以名之。既而有大功于鲁，受费以为上卿。至于文子、武子，世增其业，不废旧绩。鲁文公薨，而东门遂杀适立庶，鲁君于是乎失国，政在季氏，于此君也，四公矣。民不知君，何以得国？是以为君，慎器与名，不可以假人。"

公元前505年 周敬王十五年 楚昭王十一年 晋定公七年

楚王孙圉称述倚相对楚国之贡献。

《国语》卷一八，《楚语下》：王孙圉聘于晋，定公飨之。……（王孙圉）曰："……楚之所宝者……又有左史倚相，能道训典以叙百物，以朝夕献善败于寡君，使寡君无忘先王之业。"

案：王孙圉聘于晋不详何年，姑编于此，待考。

公元前484年 周敬王三十六年 鲁哀公十一年

据传孔子自本年后开始删订《尚书》等史籍。

《史记》卷一四，《十二诸侯年表》：周敬王三十六年，鲁哀公十一年，齐伐我。冉有言，故迎孔子，孔子归。

《史记》卷四七，《孔子世家》：孔子之去鲁，凡十四岁而反乎鲁。……然鲁终不能用孔子，孔子亦不求仕。孔子之时，周室微，而礼乐废，《诗》、《书》缺，追迹三代之礼，序《书传》，上纪唐虞之际，下至秦缪，编次其事。曰："夏礼吾能言之，杞不足徵也。殷礼吾能言之，宋不足徵也。足，则吾能徵之矣。"观殷、夏所损益，曰："后虽百世可知也，以一文一质，周监二代，郁郁乎文哉！吾从周。"故《书传》、《礼记》自孔氏。……孔子以诗书礼乐教，弟子盖三千焉，身通六艺者七十有二人。

《史记》卷一二一，《儒林列传》：太史公曰：……夫周室衰而《关雎》作，幽、厉微而礼、乐坏，诸侯恣行，政由强国。故孔子闵王路废而邪道兴，于是论次《诗》、《书》，修起礼、乐，适齐闻《韶》，三月不知肉味，自卫返鲁，然后乐正，《雅》、《颂》各得其所。世以混浊莫能用，是以仲尼干七十余君无所遇。

《论语·八佾》：子曰："夏礼吾能言之，杞不足徵也；殷礼吾能言之，宋不足徵也，文献不足故也，足，则吾能徵之矣。"

《汉书》卷三〇，《艺文志》：《易》曰："河出图，洛出书，圣人则之。"故《书》之所起远矣。至孔子纂焉，上断于尧，下讫于秦，凡百篇，而为之序，言其作意。

《四库全书总目》卷一一，经部《书》类小序：《书》以道政事，儒者不能异说也。《小序》之依托，《五行传》之附会，久论定矣。然诸家聚讼，犹有四端：曰今文、古文，曰错简，曰禹贡山水，曰洪范畴数。夫古文之辨，至阎若璩始明，朱彝尊謂是书久颁于学官，其言多缀辑逸经成文，无悖于理，汾阴汉鼎，良亦善喻，吴澄举而删之，非可行之道也。禹迹大抵在中原，而论者多当南渡，昔疏今密，其势则然。然尺短寸长，互相补苴，固宜兼收并蓄，以证异同……

与《尚书》相关涉，另有《逸周书》。

《汉书》卷三〇，《艺文志》：《周书》七十一篇（原注：《周史记》）。颜师古注："师古曰：刘向云周时诰誓号令也。盖孔子所论百篇之余也。"

《汉书》卷三九，《萧何传》颜师古注：师古曰：《周书》者，本与《尚书》同类，盖孔子所删百篇之外。刘向所奏有七十一篇。

《史通》卷一，《六家》：又有《周书》者，与《尚书》相类，即孔子刊约百篇之外，凡为七十一章，上自文、武，下终灵、景，甚有明允笃诚，典雅高义；时亦有浅末恒说，滓秽相参，殆似后之好事者所增益也。至若《职方》之言，与《周官》无异；《时训》之说，比《月令》多同。斯百王之正书，五经之别录者也。

王应麟《汉书艺文志考证》（《四库全书》本）卷一：《周书》七十一篇（周史记）。刘知幾《史通》曰：《周书》与《尚书》相类，即孔氏刊约百篇之外，凡为七十一章，上自文武，下终灵景。其有典雅高义，亦有浅末常说，殆似后之好事者所增益也。至若《职方》之言与《周官》无异，《时训》之说比《月令》多同，斯百王之正书，五经之别录。《隋志》杂史有《周书》十卷，今本凡七十篇，始于《度训》，终于《器服》。晋孔晁注、隋、唐《志》皆云得之晋太康中汲郡魏安厘王冢（《晋纪》：咸宁五年十月得竹简古书），然刘向、班固所录并著《周书》，而司马迁《史记》武王克殷事与此合，郑康成注《周礼》、《仪礼》引《王会》，许叔重《说文》亦引《逸周书》，马融注《论语》引《周书·月令》有“更火”之文，岂汉世已入中祕其后稍隐邪？今篇目比汉，但阙其一，系之“汲冢”，失其本矣……

《四库全书总目》卷五〇，史部别史类：《逸周书》十卷，内府藏本。旧本题曰“汲冢周书”。考《隋经籍志》、《唐艺文志》，俱称此书以晋太康二年得于魏安厘王冢中，则汲冢之说其来已久。然《晋书·武帝纪》及荀勖、束晳传载汲郡人不准所得竹书七十五篇，具有篇名，无所谓《周书》，杜预《春秋集解后序》载汲冢诸书，亦不列《周书》之目，是《周书》不出汲冢也。考《汉书艺文志》先有《周书》七十一篇，今本比班固所纪惟少一篇，陈振孙《书录解题》称凡七十篇，叙一篇在其末，京口刊本始以序散入诸篇，则篇数仍七十有一，与《汉志》合。司马迁纪武王克商事，亦与此书相应，许慎作《说文》引《周书》“大翰若翚雉”，又引《周书》“豲有爪而不敢以撅”，马融注《论语》引《周书·月令》，郑元注《周礼》引《周书·王会》，注《仪礼》引《周书》“北唐以闾”，皆在汲冢前，知为汉代相传之旧。郭璞注《尔雅》，称《逸周书》，李善《文选注》所引亦称《逸周书》，知晋至唐初旧本尚不题汲冢。其相沿称为“汲冢”者，殆以梁任昉得竹简漆书，不能辨识，以示刘显，显识为孔子删书之余，其时《南史》未出，流传不审，遂误合汲冢竹简为一事，而修《隋志》者误采之耶？郑元祐作《大戴礼后序》，称文王《官人》篇与《汲冢周书·官人解》相出入，汲冢书出于晋太康中，未审何由相似云云，殊失之不考。《文献通考》所引李焘跋及刘克庄《后村诗话》，皆以为汉时本有此书，其后稍隐，赖汲冢竹简出乃得复显，是又心知其非而巧为调停之说。惟旧本载嘉定十五年丁黼跋，反复考证，确以为不出汲冢，斯定论矣。

其书载有太子晋事，则当成于灵王以后，所云文王受命称王，武王、周公私计东伐，俘馘殷遗，暴殄原兽，辇括宝玉动至亿万，三发下车，悬纣首太白，又用之南郊，皆古人必无之事，陈振孙以为战国后人所为，似非无见。然《左传》引《周志》“勇则害上，不登于明堂”，又引《书》“慎始而敬终，终乃不困”，又引《书》“居安思危”，又称周作九刑，其文皆在今书中，则春秋时已有之，特战国以后又辗转附益，故其言驳杂耳。究厥本始终，为三代之遗文，不可废也。近代所行之本，皆阙《程寤》、《秦阴》、《九政》、《九开》、《刘法》、《文开》、《保开》、《八繁》、《箕子》、《耆德》、《月令》十一篇，余亦文多佚脱。今考《史记·楚世家》引《周书》“欲起无先”，《主父偃传》引《周书》“安危在出令，存亡在所命”，《货殖传》引《周书》“农不出则乏其食，工不出则乏其事，商不出则三宝绝，虞不出则财匮少”，《汉书》引《周书》“无为创首，将受其咎”，又引《周书》“天予不取，反受其咎”，《唐六典》引《周书》“汤放桀，大会诸侯，取天子之玺，置天子之座”，今本皆无之。盖皆所佚十一篇之文也。观李焘所跋，已有“脱烂难读”之语，则宋本已然矣。

今案：孔子删《诗》、《书》，是汉代以降的传统说法，恐为儒家人士的一种伪托而已，清人已有怀疑者，如朱彝尊《曝书亭文集》卷五九《书论》。而近现代学者，多不信从孔子删《书》之说。但有关资料不可不知，故聊系于此年。有关孔子是否删略《尚书》事，可参阅载于《古史辨》的相关论文及蒋善国《尚书综述》（上海古籍出版社 1988 年版）。对于《逸周书》的进一步了解，可参阅今人黄怀信《〈逸周书〉源流考辨》（西北大学出版社 1992 年版）一书。

公元前 481 年　周敬王三十九年　鲁哀公十四年

据传孔子本年作《春秋》。

《孟子·滕文公下》：世衰道微，邪说暴行有作，臣弑其君者有之，子弑其父者有之。孔子惧，作《春秋》。《春秋》，天子之事也。是故孔子曰：“知我者其惟《春秋》乎！罪我者其惟《春秋》乎！”……昔者禹抑洪水而天下平，周公兼夷狄、驱猛兽而百姓宁，孔子成《春秋》而乱臣贼子惧。

《史记》卷四七，《孔子世家》：鲁哀公十四年……及西狩见麟，曰：“吾道穷矣！”喟然叹曰：“莫知我夫！”……子曰：“弗乎弗乎！君子病没世而名不称焉，吾道不行矣，吾何以自见于后世哉？”乃因史记作《春秋》，上至隐公，下讫哀公十四年，十二公。据鲁、亲周、故殷，运之三代，约其文辞而指博。故吴、楚之君自称王，而《春秋》贬之曰“子”；践土之会，实召周天子，而《春秋》讳之曰“天王狩于河阳”。推此类以绳当世贬损之义，后有王者举而开之。《春秋》之义行，则天下乱臣贼子惧焉。孔子在位，听讼文辞，有可与人共者，弗独有也。至于为《春秋》，笔则笔，削则削，子夏之徒不能赞一辞。弟子受《春秋》，孔子曰："后世知丘者以《春秋》，而罪丘者亦以《春秋》。"

《史记》卷一四，《十二诸侯年表序》：孔子明王道，干七十余君莫能用，故西观周室，论史记旧闻，兴于鲁而次《春秋》。上记隐，下至哀之获麟，约其辞文，去其烦重，以制义法。王道备，人事浃。

今案：构建孔子修《春秋》之说，关键者为孟子与司马迁二人，而孟子与司马迁所述史事，多有信从传闻之弊。从孔子逝世至孟子出生，相隔超过100年，中间无任何人谈及孔子修《春秋》；孟子同时代学者众多，亦唯独其一人声称孔子修《春秋》，盖不过为本派儒家之流壮声色而已。孟子之后，另一大儒荀子出现，是荀子将《春秋》归入经典，但他仍不好意思坦言《春秋》为孔子所修，并未支持孟子之说。岂止《论语》无只字提及《春秋》也哉！观孟子鼓吹《春秋》之语，极度夸张，不实之词显然，何可据信？至西汉之初，公羊、谷梁各学派圣化孔子，别有企图，而随着孔、孟均被圣化，孔子修《春秋》遂成主流信仰。至司马迁，更将孔子修《春秋》套入他自己"君子病没世而名不称焉"的思想模式。因此，近代钱玄同、顾颉刚等否定《春秋》为孔子修订，实为的论。但将孔子与《春秋》连结起来，对中国古代史学的发展确有极大促进作用，故不能不了解《春秋》被经典化的历程。此说可参阅乔治忠《中国史学史》（中国人民大学出版社2011年版）第二章第58页。

公元前479年 周敬王四十一年 鲁哀公十六年

孔子卒

《左传》哀公十六年：夏四月己丑，孔丘卒。

《史记》卷一四《十二诸侯年表》：周敬王四十一年、鲁哀公十六年，孔子卒。

《史记》卷四七《孔子世家》：孔子年七十三，以鲁哀公十六年四月己丑卒。

公元前 453 年　周贞定王十六年　晋出公二十二年

晋智伯被灭，韩、赵、魏三家分晋。晋国史书有《晋乘》、《晋春秋》。

《孟子·离娄下》：晋之《乘》，楚之《梼杌》，鲁之《春秋》，一也。

《国语》卷一三，《晋语七》：（司马侯）对（悼公）曰：羊舌肸习于“春秋”。韦昭注：肸，叔向之名。春秋，纪人事之善恶，而目以天时，谓之“春秋”，周史之法也。

《史通》卷一，《六家》：《琐语》又有《晋春秋》，记献公十七年事。

《国语》约著成于本年之后。

《史记》卷一三〇，《太史公自序》：左丘失明，厥有《国语》。

《汉书》卷三〇，《艺文志》：《国语》二十一篇。原注：“左丘明著。”

《后汉书》卷四〇上，《班彪传》：定、哀之间，鲁君子左丘明论集其文，作《左氏传》三十篇；又撰异同，号曰《国语》，二十一篇。

韦昭《国语解叙》：昔孔子发愤于旧史，垂法于素王。左丘明因圣言以摅意，托王义以流藻，其渊原深大，沈懿雅丽，可谓命世之才，博物善作者也。其明识高远，雅思未尽，故复采录前世穆王以来，下讫鲁悼，智伯之诛，邦国成败，嘉言善语，阴阳律吕，天时人事逆顺之数，以为《国语》。其文不主于经，故号曰《外传》。

裴骃《史记集解序》注引《史记索隐》：《国语》亦丘明所撰，上起周穆王，下讫敬王；其诸侯之事，起鲁庄公，迄春秋末，凡二十一篇。

《史通》卷一，《六家》：《国语》家者，其先亦出于左丘明，既为《春秋内传》，又稽其逸文，纂其别说，分周、鲁、齐、晋、郑、楚、吴、越八国事，起自周穆王，终于鲁悼公，别为《春秋外传国语》，合为二十一篇。其文以方《内传》，或重出而小异。然自古名儒贾逵、王肃、虞翻、韦曜之徒，并申以注释，治其章句。此亦六经之流，三传之亚也。又卷一二《古今正史》：左丘明既配经立传，又撰诸异同，号曰《外传国语》二十一篇，斯盖采书志等文，非唯鲁之史记而已。

《四库全书总目》卷五一，史部杂史类：《国语》二十一卷，吴韦昭注。昭字宏嗣，云阳人，官至中书仆射。《三国志》作韦曜，裴松之注谓为司马昭讳也。《国语》出自何人，说者不一，然终以汉人所说为近古。所记之事，与《左传》俱迄智伯之亡，时代亦复相合，中有与《左传》未符者，犹《新序》、《说苑》

同出刘向，而时复牴牾。盖古人著书，各据所见之旧文，疑以存疑，不似后人轻改也。《汉志》作二十一篇，其诸家所注，《隋志》虞翻、唐固本皆二十一卷，王肃本二十二卷，贾逵本二十卷，互有增减，盖偶然分并，非有异同。惟昭所注本，《隋志》作二十二卷，《唐志》作二十卷，而此本首尾完具，实二十一卷，诸家所传南、北宋版无不相同，知《隋志》误一字、《唐志》脱一字也。前有昭自序。称兼采郑众、贾逵、虞翻、唐固之注，今考所引，郑说、虞说、寥寥数条，惟贾、唐二家，援据、驳正为多……自郑众《解诂》以下，诸书并亡，《国语注》存于今者，惟昭为最古。黄震《日钞》，尝称其简洁……

案：《国语》成书年代不可确知，因其记事止于本年晋智伯被灭，则其著成当在本年以后也。

公元前403年 周威烈王二十三年

《左传》约著成于本年之后。

《史记》卷一四，《十二诸侯年表序》：孔子明王道，干七十余君莫能用，故西观周室，论史记旧闻，兴于鲁而次《春秋》。……七十子之徒口受其传指，为有所刺讥褒讳挹损之文辞不可以书见也。鲁君子左丘明惧弟子人人异端，各安其意，失其真，故因孔子史记具论其语，成《左氏春秋》。

《汉书》卷三〇，《艺文志》:《左氏传》三十卷。（颜师古注：左丘明，鲁太史）。又：周室既微，载籍残缺。仲尼思存前圣之业……以鲁周公之国，礼文备物，史官有法，故与左丘明观其史记，据行事，仍人道，因兴以立功，就败以成罚，假日月以定历数，藉朝聘以正礼乐。有所褒讳贬损，不可书见，口授弟子。弟子退而异言。丘明恐弟子各安其意，以失其真，故论本事而作传，明夫子不以空言说经也。《春秋》所贬损大人、当世君臣，有威权势力，其事实皆形于传，是以隐其书而不宣，所以免时难也。

《论语·公冶长》：子曰："巧言令色，足恭，左丘明耻之，丘亦耻之。匿怨而友其人，左丘明耻之，丘亦耻之。"

《汉书》卷三六，《楚元王传附刘歆传》：歆以为左丘明好恶与圣人同，亲见夫子。

杜预《春秋左氏经传集解序》：左丘明受经于仲尼，以为经者不刊之书也，故传或先经以始事，或后经以终义，或依经以辩理，或错经以合异，随义而发其例之所重，旧史遗文，略不尽举，非圣人所修之要故也。身为国史，躬览载籍，必广记而备言之。其文缓，其旨远。将令学者原始要终，寻其枝叶，究其所穷，优而柔之，使自求之；厌而饫之，使自趋之。若江海之浸，膏泽之润，涣然冰释，怡然理顺，然后为得也。

孔颖达《春秋左氏经传集解序疏》：沈氏云：《严氏春秋》引《观周篇》云："孔子将修《春秋》，与左丘明乘如周，观书于周史。归而修《春秋》之经，丘明为之传，共为表里。"

《四库全书总目》卷二六，经部《春秋》类《春秋左传正义》提要：……自刘向、刘歆、桓谭、班固，皆以《春秋传》出左丘明，左丘明受经于孔子。魏晋以来儒者，更无异议。至唐赵匡，始谓左氏非丘明，盖欲攻传之不合《经》，必先攻作传之人非受经于孔子，与王柏欲攻《毛诗》，先攻《毛诗》不传于子夏，其智一也。宋元诸儒，相继并起，王安石有《春秋解》一卷，证左氏非丘明者十一事，陈振孙《书录解题》谓出依托，今未见其书，不知十一事者何据。……经止获麟，而弟子续至孔子卒；传载智伯之亡，殆亦后人所续。《史记·司马相如传》中有扬雄之语，不能执是一事，指司马迁为后汉人也。则载及智伯之说，不足疑也，今仍定为左丘明作，以祛众惑。至其作传之由，则刘知幾躬为国史之言，最为确论。《疏》称大事书于策者，经之所书；小事书于简者，传之所载。观晋史之书赵盾，齐史之书崔杼，及宁殖所谓载在诸侯之籍者，其文体皆与经合……《左氏》之义明，而后二百四十二年内善恶之迹一一有徵，后儒妄作聪明，以私臆谈褒贬者，犹得据传文以知其谬。则汉晋以来，藉《左氏》以知经义，宋元以后，更藉《左氏》以杜臆说矣，传与注疏，均谓有大功于《春秋》可也。

案：《左传》成书年代，说者不一。今据杨伯峻《春秋左传注·前言》之说，其成书年代当在本年之后，故编于此。

今案：《左传》之作者，古人即已疑非左丘明所撰，但至于清乾隆年间，主流认识依然未变，官方《四库提要》仍坚持旧说。近现代学界局面扭转，大多已将左丘明排除出外，但《左传》作者与成书年代问题更加聚讼纷纭。其中徐中舒《〈左传〉的作者及其成书年代》（载《历史教学》1962年第11期）一文，主张《左传》成书在公元前375年至前351年之间，论说比较平允，谨此推荐参阅。

公元前 392 年 周安王十年

墨翟约卒于本年。墨翟曾见周、燕、宋、齐及各国《春秋》。

《史记》卷七四，《孟子荀卿列传》：盖墨翟，宋之大夫，善守御，为节用。或曰并孔子时，或曰在其后。

《墨子·明鬼下》：子墨子曰："……著在周之《春秋》。……著在燕之《春秋》。……著在宋之《春秋》。……著在齐之《春秋》。"

《隋书》卷四二,《李德林传》(李德林答魏收):墨子又云:吾见百国《春秋》。

公元前 338 年 周显王三十一年 秦孝公二十四年

商鞅约卒于本年。商鞅曾阐述关于历史发展之见解。

《史记》卷六八，《商君列传》：商君者，卫之诸庶孽公子也，名鞅，姓公孙氏。……鞅少好刑名之学，事魏相公叔座，为中庶子。……公叔既死，公孙鞅闻秦孝公下令国中求贤者……乃遂西入秦。……孝公既用卫鞅……以卫鞅为左庶长,卒定变法之令。……行之十年,秦民大悦。……于是以鞅为大良造。……居五年，秦人富强，天子致胙于孝公，诸侯毕贺。……秦封之于商十五邑，号为商君。商君相秦十年，宗室贵戚多怨望者。……秦孝公卒，太子立，公子虔之徒告商君欲反，发吏捕商君。商君亡至关下……走商邑……秦发兵攻商君，杀之于郑黾池，秦惠王车裂商君以徇。

《商君书·画策》：昔者昊英之世，以伐木杀兽，人民少而木兽多。黄帝之世，不麛不卵，官无供备之民，不得用椁。事不同，皆王者，时异也。神农之世，男耕而食，妇织而衣，刑政不用而治，甲兵不起而王。神农既没，以强胜弱，以众暴寡，故黄帝作为君臣上下之义，父子兄弟之礼，夫妇妃匹之合；内行刀锯，外用甲兵。故时变也。又：圣人知必然之理，必为之时势，故为必治之政，战必勇之民，行必听之令。是以兵出而无敌，令行而天下服从。……圣人见本然之政，知必然之理，故其制民也，如以高下制水，如以燥湿制火。

《商君书·开塞》：天地设而民生之，当此之时也，民知其母而不知其父，其道亲亲而爱私。……当此时也,民务胜而力征,务胜则争,力征则讼,讼而无正,则莫得其性也。故贤者立中正，设无私，而民说（悦）仁。当此时也，亲亲废，上贤立矣。凡仁者以爱利为务，而贤者以相出为道。民众而无制，久而相出为道，则有乱。故圣人承之，作为土地货财男女之分。分定而无制，不可，故立禁。禁立而莫之司，不可，故立官。官设而莫之一，不可，故立君。既立君，则上贤废而贵贵立矣。然则，上世亲亲而爱私，中世上贤而说（悦）仁，下世贵贵而尊官。上贤者以道相出也，而立君者使贤无用也，亲亲者以私为道也，而中正者使私无行也。此三者非事相反也，民道弊而所重易也，世事变而行道异也。

《商君书·君臣》：古者未有君臣上下之时，民乱而不治。是以圣人列贵贱，制爵位，立名号，以别君臣上下之义。地广，民众，万物多，故分五官而守之。民众而奸邪生，故立法制、为度量，以禁之。是故有君臣之义，五官之分，法制之禁。不可不慎也。

《商君书·更法》：前世不同教，何古之法？帝王不相复，何礼之循？伏羲、神农教而不诛，黄帝、尧、舜诛而不怒，及至文、武，各当时而立法，因事而制礼。礼法以时而定，制令各顺其宜，兵甲器备各便其用。臣故曰：治世不一道，便国不必法古。汤、武之王也，不循古而兴；殷、夏之灭也，不易礼而亡。然则反古者未必可非，循礼者未足多是也。

公元前320年 周慎靓王元年 楚怀王九年

《铎氏微》作者铎椒约卒于本年。

《史记》卷一四，《十二诸侯年表序》：铎椒为楚威王傅，为王不能尽观《春秋》，采取成败，卒四十章，为《铎氏微》。（《索隐》：铎椒所撰名《铎氏微》者，《春秋》有微婉之词故也）。

《汉书》卷三〇《艺文志》：《铎氏微》三篇，楚太傅铎椒撰。

孔颖达《春秋左氏经传集解序疏》引刘向《别录》："左丘明授曾申，申授吴起，起授其子期，期授楚人铎椒，铎椒作《抄撮》八卷。"

案：铎椒卒年，史无明文，今据钱穆《先秦诸子系年考辨》，编于本年。

公元前298年 周赧王十七年 魏襄王二十一年

《竹书纪年》约著成于本年。

杜预《春秋左氏经传集解后序》：太康元年三月，吴寇始平，余自江陵还襄阳，解甲休兵，乃伸抒旧意，修成《春秋释例》及《经传集解》始讫。会汲郡汲县有发其界内旧冢者，大得古书，皆简编科斗文字。发冢者不以为意，往往散乱。科斗书久废，推寻不能尽通。始者藏在秘府，余晚得见之，所记大凡七十五卷，多杂碎怪妄，不可训知，《周易》及《纪年》最为分了。……其《纪年》篇，起自夏、殷、周，皆三代王事，无诸国别也。唯特记晋国，起自殇叔，次文侯、昭侯，以至曲沃、庄伯。庄伯之十一年十一月，鲁隐公之元年正月也。皆用夏正建寅之月为岁首，编年相次。晋国灭，独记魏事，下至魏哀王（案：即魏襄王）之二十年，盖魏国之史记也。推校哀王二十年太岁在壬戌，是周赧王之十六年、秦昭王之八年、韩襄王之十三年、赵武灵王之二十七年、楚怀王之三十年、燕昭王之十三年、齐湣王之二十五年也。上去孔丘卒百八十一岁，下去今太康三年五百八十一岁。……哀王二十三年乃卒，故特不称谥，谓之今王。其著书文意大似《春秋》经，推此足见古者国史策书之常也。

《晋书》卷五一，《束皙传》：《纪年》十三篇，记夏以来至周幽王为犬戎所灭，以事接之，三家分，仍述魏事，至安釐王（案：应为襄王）之二十年，盖魏国之史书，大略与《春秋》皆多相应。其中经传大异，则云夏年多殷；益干启位，启杀之；太甲杀伊尹；文丁杀季历；自周受命至穆王百年，非穆王寿百岁也；幽（案：应作厉）王既亡，有共伯和者摄行天子事，非二相共和也。

《四库全书总目》卷四七，史部编年类：《竹书纪年》二卷，内府藏本。案《晋书·束皙传》，晋太康二年，汲县人发魏襄王冢，得古书七十五卷，中有《竹书纪年》十三篇。今世所行题沈约注，亦与《隋志》相符，顾炎武考证之学最为精核，所作《日知录》中往往引以为据。然反复推勘，似非汲冢原书，考平王东迁以后，惟载晋事，三家分晋以后，惟载魏事，是魏承晋史之明验。然晋灵公桃园之事，董狐所书，明见《左传》孔子称赵盾为法受恶，足知未改史文，乃今本所载，仍以赵穿蔽狱，则非晋史之旧也。《束皙传》称《竹书》夏年多殷、益干启位启杀之，今本皆无此文。又杜预注《左传》"携王奸命"句，引服虔说以为伯服，疏并引束皙以为伯盘，今本乃有余臣之说，使《竹书》原有此文，不应二人皆未睹，则非束皙、杜预所见本也。……沈约注外又有小字夹行之注，不知谁作……又所注惟五帝三王最详，他皆寥寥，而五帝三王皆全钞《宋书·符瑞志》语，约不应既著于史，又不易一字移而为此本之注，然则此注亦依托耳。自明以来流传已久，姑录之以备一说，其伪则终不可掩也。

朱右曾《汲冢纪年存真》（《续修四库全书》本）卷首《序》：秦政燔书，三代事迹泯焉。越五百岁，古文《纪年》出于汲县冢中，而三代事迹复约略可睹。学者锢于所习，以与《太史公书》及汉世经师传说乖牾，遂不复覃寻，徒资异论。越六百余岁，而是书复亡（亡于北宋，说详后）。不知何年何人，掇拾残文，依附史记，规仿紫阳《纲目》，为今本之《纪年》，鼠璞溷淆，真赝错杂。不有别白，安知真古文之可信与今本之非是哉！撮其大凡，今本之可疑者十有二，真古文之可信者十有六，请扬榷陈之：……今本用周王纪年，则"我"皆为周，文义俱失，可疑十一也。《梁书·沈约传》不言注《竹书纪年》，隋、唐《志》亦无《纪年》沈约注，今本采取《宋书·符瑞志》而托为休文之注，可疑十二也。（前后四条，洪颐煊说同）至于真古文之可信，又可得而言焉：……"共伯和干王位"，故《左传》云"诸侯释位以间王政"，若周、召摄政，不得云诸侯，八也。……（梁）惠王后元十一年，"楚败我襄陵"，故惠王告孟子曰："南辱于楚"，如《史记》则初无"南辱"之事，十三也……裨经益史，彰彰若此，惜乎全书之亡轶，而怪向来之学者是丹非素，习焉不察也。仆少读《孟子》，致疑于伐燕之事，及观《通鉴》增年求合，又病其凿空。乃取《史记索隐》所引《纪年》之文，排比类次，而后焕然冰释。曰：此非《孟子》之误，乃史迁之误，而唐宋以来儒者读书之鲁莽也。于是广搜故册，掇拾丛残，录为一帙，注其所出，考其异同，附以芜说，名之曰《汲冢纪年存真》……

案：《竹书纪年》记事止于魏襄王二十年，称今王而不称谥。魏襄王卒于二十三年，则《竹书纪年》当著成于本年或次年。

今案：《竹书纪年》于西晋时期出土，这是此前无人知晓的史籍。后复佚失，而明初出现行世的《竹书纪年》，即所谓"今本"。《四库提要》指出今本《竹书纪年》为伪书，但仍收载于《四库全书》，至清季朱右曾方从古籍徵引的资料中辑出《竹书纪年》残存条目，称之"古本"。自此《古本竹书纪年》经王国维、方诗铭等许多学者校补，成为研究先秦历史的重要史料。但其为辑本，虽保存部分资料，而原文献形式和体例的整体面目已然丧失，使史学史角度的研究十分困难。据现有资料判断，这是一部魏国官修通史，显示了魏国统治者欲接续周朝一统天下的意识，其历史观与儒家思想并不一致，很可能卷入了某种政治理念斗争的漩涡。

公元前289年 周赧王二十六年

孟轲约卒于本年。孟轲曾阐述“一治一乱”、“五百年必有王者兴”之历史观。

《史记》卷七四,《孟子荀卿列传》:孟轲,邹人也。受业子思之门人。道既通，游事齐宣王，宣王不能用。适梁，梁惠王不果所言，则见以为迂远而阔于事情。当是之时……天下方务于合从连衡，以攻伐为贤。而孟轲乃述唐虞三代之德，是以所如者不合，退而与万章之徒，序《诗》、《书》，述仲尼之意，作《孟子》七篇。

《孟子·滕文公下》：孟子曰：天下之生久矣，一治一乱。当尧之时，水逆行，氾滥于中国，蛇龙居之，民无所定……使禹治之。禹掘地而注之海，驱蛇龙而放之菹，水由地中行，江、淮、河、汉是也。险阻既远，鸟兽之害人者消，然后人得平土而居之。尧、舜既没，圣人之道衰，暴君代作，坏宫室以为污池，民无所安息；弃田以为园囿，使民不得衣食，邪说暴行又作，园囿污池沛泽多而禽兽至。及纣之身，天下又大乱。周公相武王，诛纣伐奄，三年讨其君，驱飞廉于海隅而戮之，灭国者五十，驱虎豹犀象而远之，天下大悦。……世衰道微，邪说暴行有作，臣弑其君者有之，子弑其父者有之。

《孟子·公孙丑下》：孟子……曰：……五百年必有王者兴，其间必有名世者。由周而来，七百有余岁矣，以其数则过矣，以其时考之则可矣。

《孟子·尽心下》：孟子曰：由尧、舜至于汤，五百有余岁，若禹、皋陶则见而知之；若汤则闻而知之。由汤至于文王，五百有余岁，若伊尹、莱朱则见而知之；若文王则闻而知之。由文王至于孔子，五百有余岁，若太公望、散宜生则见而知之；若孔子则闻而知之。由孔子而来至于今，百有余岁，去圣人之世，若此其未远也；近圣人之居，若此其甚也。然而无有乎尔！则亦无有乎尔！

公元前 240 年　齐王建二十五年　秦王政七年

邹衍约卒于本年。邹衍曾阐述“五德终始说”之历史观。

《史记》卷七四，《孟子荀卿列传》：邹衍睹有国者益淫侈，不能尚德，若《大雅》整之于身，施及黎庶矣。乃深观阴阳消息，而作怪迂之变，《终始》、《大圣》之篇，十余万言。……称引天地剖判以来，五德转移，治各有宜，而符应若兹。……邹子重于齐。适梁，梁惠王郊迎，执宾主之礼。适赵，平原君侧行撇席。如燕，昭王拥彗先驱，请列弟子之座而受业，筑碣石宫，身亲往师之。作《主运》。其游诸侯，见尊礼如此。（《索隐》：刘向《别录》云：邹子书有《主运篇》）。

《史记》卷二八，《封禅书》：自齐威、宣之时，邹子之徒论著终始五德之运（《集解》：如淳曰：今其书有《五德终始》。五德各以所胜为行，秦谓周为火德，灭火者水，故自谓水德。）。及秦帝而齐人奏之，故始皇采用之。……邹衍以阴阳《主运》（《集解》：如淳曰：今其书有《主运》，五行相次转用事，随方面为服。《索隐》案：《主运》是邹子书篇名也）显于诸侯……

《史记》卷二六，《历书》：是时独有邹衍明于五德之传，（《正义》：……五德，五行也。）而散消息之分，以显诸侯。而亦因秦灭六国，兵戎极烦，又升至尊之日浅，未暇遑也。而亦颇推五胜（《集解》：《汉书音义》曰：五行相胜，秦以周为火，用水胜之也），而自以为获水德之瑞。

《文选·左思魏都赋》注引《七略》：邹子有《终始五德》，从所不胜，土德后木德继之，金德次之，火德次之，水德次之。

《文选·沈休文故安陆昭王碑》注引《邹子》：五德从所不胜，虞土、夏木、殷金、周火。

公元前 239 年　秦王政八年

吕不韦约于本年撰成《吕氏春秋》。

《汉书》卷三〇，《艺文志》杂家类：《吕氏春秋》二十六篇，秦相吕不韦辑智略士作。

《吕氏春秋》卷十二，《序意》：维秦八年，岁在涒滩，秋甲子朔。朔之日，良人请问《十二纪》，文信侯曰：尝得学黄帝之所以诲颛顼矣，爰有大圜在上，大矩在下，汝能法之，为民父母。盖闻古之清世，是法天地。凡十二纪者，所以纪治乱存亡也，所以知寿夭吉凶也，上揆之天，下验之地，中审之人，若此，则是非、可不可，无所遁矣。天曰顺，顺维生；地曰固，固维宁；人曰信，信维听。三者咸当，无为而行。行也者，行其理也，行数循其理、平其私。夫私视使目盲，私听使耳聋，私虑使心狂，三者皆私设，精则智无由公，智不公，则福日衰、灾日隆。

《史记》卷八五，《吕不韦传》：庄襄王元年，以吕不韦为丞相，封为文信侯，食河南洛阳十万户。庄襄王即位三年薨，太子政立为王，尊吕不韦为相国，号称仲父。秦王年少，太后时时窃私通吕不韦。不韦家僮万人，当是时，魏有信陵君、楚有春申君、赵有平原君、齐有孟尝君，皆下士，喜宾客以相倾。吕不韦以秦之强，羞不如，亦招致士厚遇之，至食客三千人。是时诸侯多辩士，如荀卿之徒，著书布天下。吕不韦乃使其客，人人著所闻集论，以为《八览》、《六论》、《十二纪》，二十余万言。以为备天地、万物、古今之事，号曰《吕氏春秋》。布咸阳市门，悬千金其上，延诸侯游士、宾客，有能增损一字者，予千金。

王应麟《汉书艺文志考证》（《四库全书》本）卷七：《吕氏春秋》二十六篇，《史记》“吕不韦招致士厚遇之，主食客三千人。是时诸侯多辩士，如荀卿之徒，著书布天下。不韦乃使其客人人著所闻集论，以为《八览》、《六论》、《十二纪》，二十余万言。以为备天地、万物、古今之事，号曰《吕氏春秋》”……东莱吕氏曰：不韦《春秋》成于始皇八年。按《吕氏春秋》“维秦八年，岁在涒滩，秋甲子朔。朔之日，良人请问《十二纪》”，此其书成之岁月也。

《四库全书总目》卷一一七，子部杂家类：《吕氏春秋》二十六卷，旧本题秦吕不韦撰，考《史记·文信侯列传》，实其宾客之所集也。《太史公自序》又称“不韦迁蜀，世传吕览”，考《序意》篇称“维秦八年，岁在涒滩”，是时不韦未迁蜀，故自高诱以下皆不用后说，盖史驳文耳。《汉书艺文志》载《吕氏春秋》二十六篇，今本凡《十二纪》、《八览》、《六论》，纪所统子目六十一，览所统子目六十三，论所统子目三十六，实一百六十篇，《汉志》盖举其纲也。其《十二纪》即《礼记》之《月令》，顾以十二月割为十二篇，每篇之后各间他文四篇，惟夏令多言乐，秋令多言兵，似乎有义，其余则绝不可晓，先儒无说莫之详矣。又每纪皆附四篇，而《季冬纪》独五篇，末一篇标识年月，题曰《序意》，为《十二纪》之总论。殆所谓纪者，犹内篇，而览与论者为外篇、杂篇欤？唐刘知幾作《史通》内外篇，而《自序》一篇亦在内篇之末、外篇之前，盖其例也。

不韦固小人，而是书较诸子之言独为醇正，大抵以儒为主，而参以道家、墨家，故多引六籍之文与孔子、曾子之言。其它如论音则引《乐记》，论铸剑则引《考工记》，虽不著篇名，而其文可按。所引庄、列之言，皆不取其放诞恣肆者，墨翟之言，不取其非儒、明鬼者，而纵横之术、刑名之说，一无及焉，其持论颇为不苟。论者鄙其为人，因不甚重其书，非公论也。自汉以来，注者惟高诱一家，训诂简质，于引证颠舛之处，如《制乐篇》称成汤之时谷生于庭，则据《书序》以驳之。称南子为螫夫人，则据《论语》、《左传》以驳之。称西门豹在魏襄王时，则据《魏世家》、《孟子》以驳之。称晋襄公伐陆浑、称楚成王慢晋文公，则皆据《左传》以驳之。称颜阖对鲁庄公。则据《鲁世家》以驳之，称卫逐献公立公子黚，则据《左传》、《卫世家》以驳之。皆不蹈注家附会之失。

今案：《吕氏春秋·序意》为全书之序，一般撰于书成之际，其中明确记述为秦王政八年，即书成之时。司马迁称“不韦迁蜀，世传吕览”，盖渲染“发愤著书”之说，然其意乃言《吕氏春秋》未因吕不韦失势而消失，反而更为流传，非指其书成于“迁蜀”之时也。查《吕氏春秋》全书，除“十二纪”中某些篇目、几篇农书以及“八览”中的《察今》篇之外，其余各篇皆引证历史事例、历史人物言行以论述政治主张，多属于政治历史观论断。故虽被列于“四库”子部，史学史研究亦当重视。

公元前235年 赵王迁元年 秦王政十二年

《虞氏春秋》作者虞卿约卒于本年。

《史记》卷七六，《虞卿列传》：虞卿者，游说之士也。……说赵孝成王……为赵上卿，故号为虞卿。……不得意，乃著书，上采春秋，下观近世，曰《节义》、《称号》、《揣摩》、《政谋》凡八篇，以刺讥国家得失，世传之曰《虞氏春秋》。

《史记》卷一四，《十二诸侯年表序》：虞卿上采春秋，下观近世，亦著八篇，为《虞氏春秋》。

《汉书》卷三〇，《艺文志》：《虞氏春秋》十五篇。（原注：虞卿也。）又《虞氏微传》二篇。（原注：赵相虞卿。）

孔颖达《春秋左氏经传集解序疏》引刘向《别录》：虞卿作《抄撮》九卷。

案：虞卿卒年，史无明文，今据钱穆《先秦诸子系年考辨》，编于本年。

公元前233年 秦王政十四年 韩王安六年

韩非卒。韩非曾阐述关于历史发展之见解。

《史记》卷六三，《老庄申韩列传》：韩非者，韩之诸公子也。喜刑名法术之学，而其归本于黄老。……与李斯俱事荀卿。……非见韩之削弱，数以书谏韩王，韩王不能用。于是韩非疾治国不务修明其法制……悲廉直不容于邪枉之臣，观往者得失之变，故作《孤愤》、《五蠹》、《内外储》、《说林》、《说难》十余万言。……人或传其书至秦，秦王见《孤愤》、《五蠹》之书曰："嗟乎！寡人得见此人，与之游，死不恨矣。"李斯曰："此韩非之所著书也。"秦因急攻韩，韩王始不用非，及急，乃遣非使秦。秦王悦之，未信用。李斯、姚贾害之，毁之曰："……非终为韩不为秦……今王不用，久留而归之，此自遗患也，不如以过法诛之。"秦王以为然，下吏治非。李斯使人遗非药，使自杀。韩非欲自陈，不得见。秦王后悔之，使人赦之，非已死矣。

《韩非子·五蠹》：上古之世，人民少而禽兽众，人民不胜禽兽虫蛇，有圣人作，构木为巢以避群害，而民悦之，使王天下，号之曰有巢氏。民食果蓏蚌蛤，腥臊恶臭而伤害腹胃，民多疾病，有圣人作，钻燧取火以化腥臊，而民悦之，使王天下，号之曰燧人氏。中古之世，天下大水，而鲧、禹决渎。近古之世，桀、纣暴乱，而汤、武征伐。今有构木钻燧于夏后之世者，必为鲧、禹笑矣。有决渎于殷、周之世者，必为汤、武笑矣。然则今有美尧、舜、禹、汤、武之道于当今之世者，必为新圣笑矣。是以圣人不期修古，不法常可，论世之事，因为之备。宋人有耕田者，田中有株，兔走触株，折颈而死，因释其耒而守株，冀复得兔，兔不可复得，而身为宋国笑。今欲以先王之政，治当世之民，皆守株之类也。古者丈夫不耕，草木之实足食也；妇人不织，禽兽之皮足衣也。不事力而养足，人民少而财有余，故民不争。是以厚赏不行，重罚不用，而民自治。今人有五子不为多，子又有五子，大父未死而有二十五孙，是以人民众而货财寡，事力劳而供养薄，故民争，虽倍赏累罚而不免于乱。尧之王天下也，茅茨不翦，采椽不斫，粝粢之食，藜藿之羹，冬日麑裘，夏日葛衣，虽监门之服养，不亏于此矣。禹之王天下也，身执耒臿以为民先，股无胈，胫不生毛，虽臣虏之劳不苦于此矣。以是言之，夫古之让天子者，是去监门之养而离臣虏之劳也，故传天下而不足多也。今之县令，一日身死，子孙累世絜驾，故人重之；是以人之于让也。轻辞古之天子，难去今之县令者，薄厚之实异也。……故圣人议多少、论薄厚为之政，故罚薄不为慈，诛严不为戾，称俗而行也。故事因于世，而备适于事。古者文王处丰、镐之间，地方百里，行仁义而怀西戎，遂王天下。徐偃王处汉东，地方五百里，行仁义，割地而朝者三十有六国，荆文王恐其害己也，举兵伐徐，遂灭之。故文王行仁义而王天下，偃王行仁义而丧其国，是仁义用于古而不用于今也。故曰：世异则事异。当舜之时，有苗不服，禹将伐之，舜曰："不可。上德不厚而行武，非道也。"乃修教三年，执干戚舞，有苗乃服。共工之战，铁铦矩者及乎敌，铠甲不坚者伤乎体，是干戚用于古不用于今也。故曰：事异则备变。上古竞于道德，中世逐于智谋，当今争于气力。齐将攻鲁，鲁使子贡说之，齐人曰：子非言不辩也，吾所欲者土地也，非斯言所谓也。遂举兵伐鲁，去门十里以为界。故偃王仁义而徐亡，子贡辩智而鲁削。以是言之，夫仁义辩智，非所以持国也。去偃王之仁，息子贡之智，循徐、鲁之力使敌万乘，则齐、荆之欲不得行于二国矣。

公元前 223 年　楚王负刍五年　秦王政二十四年

楚亡。楚国史书有"春秋"、"梼杌"、"楚书"等称谓。

《国语》卷一七，《楚语上》：……（楚）王卒使傅之。问于申叔时，叔时曰：教之"春秋"，而为之耸善而抑恶焉，以戒劝其心；教之"世"，而为之昭明德而废幽昏焉，以休惧其动；……教之故《志》，使知废兴者而戒惧焉；教之"训典"，使知族类，行比义焉。

《孟子·离娄下》：晋之《乘》，楚之《梼杌》，鲁之《春秋》，一也。

《小戴礼记·大学》：《楚书》曰："楚国无以为宝，惟善以为宝。"（注：楚昭王时书。）

《韩诗外传》：孙叔敖治楚，三年而国霸，楚史援笔而书之策。

公元前 221 年 秦始皇二十六年

秦置太史令。

《汉书》卷一九上,《百官公卿表》:奉常,秦官……属官有太乐、太祝、太宰、太史、太卜、太医六令丞。

《汉书》卷三〇,《艺文志》:《博学》七章者,(秦)太史令胡母敬所作。

《史通》卷一一《史官建置》:至秦有天下,太史令胡母敬作《博学章》。

今案:秦朝设立的这些“史官”,虽为朝廷尽文字服务的职责,但没有证据表明与记载和编辑历史有关。《史记·张丞相列传》记载张苍“秦时为御史,主柱下方书”。“方书”是将君主的某些命令写在方木板上,以便颁布、传达。如果“方书”妥善保存,自然成为历史档案资料,但仍与有意识的系统性历史记载相距颇远。而秦朝对于“方书”的内容,是颁布之后即行刮去,还是存放保留,也已无法考订。

公元前 213 年 秦始皇三十四年

秦始皇准李斯议,下令全国焚书,战国时诸侯史记尽毁。

《史记》卷六,《秦始皇本纪》:三十四年……丞相李斯曰:五帝不相复,三代不相袭,各以治,非其相反。时变异也。今陛下创大业,建万世之功,固非愚儒所知。且越言乃三代之事,何足法也!异时诸侯并争,厚招游学,今天下已定,法令出一,百姓当家则力农工,士则学习法令辟禁。今诸生不师今而学古,以非当世,惑乱黔首,丞相臣斯昧死言:古者天下散乱,莫之能一,是以诸侯并作,语皆道古以害今,饰虚言以乱实,人善其所私学,以非上之所建立。今皇帝并有天下,别黑白而定一尊,私学而相与非法教,人闻令下,则各以其学议之,入则心非,出则巷议,夸主以为名,异取以为高,率群下以造谤。如此弗禁,则主势降乎上,党与成乎下,禁之便。臣请史官非秦记皆烧之,非博士官所职,天下敢有藏《诗》、《书》、百家语者,悉诣守、尉杂烧之,有敢偶语《诗》、《书》者弃市,以古非今者族,吏见知不举者与同罪。令下三十日不烧,黥为城旦。所不去者,医药卜筮种树之书,若欲有学法令,以吏为师。制曰:可。

《史记》卷一五,《六国表》:秦既得意,烧天下《诗》、《书》,诸侯史记尤甚,为其有所刺讥也。《诗》、《书》所以复见者，多藏人家，而史记独藏周室，以故灭。惜哉！惜哉！独有《秦记》，又不载日月，其文略不具。

公元前207年　秦二世三年

秦亡。秦时有大臣奏议等遗存，至汉代编辑为《奏事》。

《汉书》卷三〇，《艺文志》：《奏事》二十篇。秦时大臣奏事及刻石名山文也。

公元前196年　汉高祖十一年

陆贾于本年后著《新语》，又撰有《楚汉春秋》。

《史记》卷九七，《陆贾列传》：陆贾者，楚人也，以客从高祖定天下，名为有口辩士，居左右，常使诸侯。及高祖时，中国初定，尉他平南越，因王之。高祖使陆贾赐尉他印，为南越王。……陆生卒拜尉他为南越王，令称臣，奉汉约。归报，高祖大悦，拜贾为太中大夫。陆生时时前说称《诗》、《书》，高帝骂之曰："乃公居马上而得之，安事《诗》、《书》？"陆生曰："居马上得之，宁可以马上治之乎？且汤、武逆取，而以顺守之，文武并用，长久之术也。昔者吴王夫差、智伯极武而亡，秦任刑法不变，卒灭赵氏。向使秦已并天下行仁义，法先圣，陛下安得而有之？"高帝不怿而有惭色，乃谓陆生曰："试为我著秦所以失天下、吾所以得之者何，及古成败之国。"陆生乃粗述存亡之徵，凡著十二篇。每奏一篇，高帝未尝不称善，左右呼万岁。号其书曰《新语》。

《汉书》卷一下，《高帝纪》：十一年……五月诏曰："粤人之俗，好相攻击，前时秦徙中县之民南方三郡，使与百粤杂处。会天下诛秦，南海尉它居南方长治之，甚有文理，中县人以故不耗减，粤人相攻击之俗益止，俱赖其力。今立它为南粤王。"使陆贾即授玺绶，它稽首称臣。

《汉书》卷六二，《司马迁传赞》：汉兴，伐秦定天下，有《楚汉春秋》。

《汉书》卷三〇，《艺文志》：《楚汉春秋》九篇。陆贾所记。

《后汉书》卷四〇上，《班彪传》：汉兴，定天下，太中大夫陆贾记录时功，作《楚汉春秋》九篇。

《文心雕龙》卷四，《史传》：汉灭嬴、项，武功积年，陆贾稽古，作《楚汉春秋》。

《隋书》卷三三，《经籍志二》：陆贾作《楚汉春秋》，以述诛锄秦、项之事。又，《楚汉春秋》九卷，陆贾撰。

《史记集解序》：司马迁据《左氏》、《国语》，采《世本》、《战国策》，述《楚汉春秋》。（《索隐》：汉太中大夫楚人陆贾所撰，记项氏与汉高祖初起及说惠、文间事。）

《史通》卷一，《六家》：又按儒者之说《春秋》也，以事系日，以日系月，言春以包夏，举秋以兼冬，年有四时，故错举以为所记之名也。苟如是，则晏子、虞卿、吕氏、陆贾，其书篇第，本无年月，而亦谓之"春秋"，盖有异于此者也。

今案：陆贾出使南越，封尉它使之称臣，是一大功绩。趁此得汉高帝青睐之际，进谏重视文治，遂得以著《新语》。尉它，又写作"尉他"、"尉佗"。《新语》与《楚汉春秋》并非一书，前者为引证历史的政论，后者为记事史籍，据刘知幾《史通》似应不是编年体。陆贾此二书撰成之年无考，谨系于出使南越之年。

公元前179年 汉文帝前元元年

伏胜于本年后传授《尚书》。

《史记》卷一二一，《儒林列传》：伏生者，济南人也。故为秦博士。孝文帝时，欲求能治《尚书》者，天下无有，乃闻伏生能治，欲召之。是时伏生年九十余，老不能行，于是乃诏太常使掌故朝错往受之。秦时焚书，伏生壁藏之。其后兵大起，流亡。汉定，伏生求其书，亡数十篇，独得二十九篇，即以教于齐鲁之间。学者由是颇能言《尚书》，诸山东大师，无不涉《尚书》以教矣。伏生教济南张生及欧阳生，欧阳生教千乘兒宽，兒宽既通《尚书》，以文学应郡举，诣博士受业。

《史记》卷一〇一，《晁错列传》：晁错者，颍川人也。……以文学为太常掌故。……孝文帝时，天下无治《尚书》者，独闻济南伏生，故秦博士，治《尚书》。年九十余，老不可徵，乃诏太常使人往受之。太常遣错受《尚书》伏生所，还，因上便宜事，以《书》称说。诏以为太子舍人、门大夫、家令。（《正义》：卫宏《诏定古文尚书序》云："徵之，老不能行，遣太常掌故晁错往读之，年九十余，不能正言，言不可晓，使其女传言教错。齐人语多与颍川异，错所不知者凡十二三，略以其意属读而已也。"）

阎若璩《尚书古文疏证》卷一第十四：……《艺文志》尚书经二十九卷，伏生所传者；又志秦燔书禁学，伏生独壁藏之。汉兴，求得二十九篇，以教齐鲁之间。云壁藏而求之得二十九篇，是伏生自有本，不假口传明矣。《儒林传》伏生教济南张生及欧阳生……又伏生有孙以治《尚书》徵，伏生有孙，则应有子，何至令女传言？若其子幼不能传书，则伏生年已九十余，安得有幼子乎？且其女能传言，亦应通文字，何至"晁错不能得者且十二三，乃以意属读"之耶？某曾身至济南、颍川，其语音绝不相远，虽古今或异，大略亦可知，何至言语不相通耶？卫宏且勿论，颜注《汉书》为班氏忠臣，亦赘列斯语，疑误至今，殊可怪耳！

今案：《史记·儒林列传》既言伏生藏书壁中，汉初就已据所存二十九篇传授生徒，何须如卫宏所云以口述教之？更何由伏生之女转授？对卫宏之说，古学者早有辩驳其谬，如上引阎若璩之论，可参阅。

公元前 168 年　汉文帝前元十二年

贾谊卒，贾谊撰有《过秦论》。

《史记》卷八四，《屈原贾生列传》：贾生名谊，洛阳人也。年十八，以能诵诗属书闻于郡中……贾生徵见，孝文帝方受釐坐宣室，上因感鬼神事，而问鬼神之本，贾生因具道所以然之状。至夜半，文帝前席既罢，曰：吾久不见贾生，自以为过之，今不及也。居顷之，拜贾生为梁怀王太傅。梁怀王，文帝之少子，爱而好书，故令贾生傅之。文帝复封淮南厉王子四人，皆为列侯。贾生谏，以为患之兴自此起矣。贾生数上疏，言诸侯或连数郡，非古之制，可稍削之。文帝不听。居数年，怀王骑堕马而死，无后。贾生自伤为傅无状。哭泣岁余亦死。贾生之死时，年三十三矣。

陈振孙《直斋书录解题》卷九，儒家类：《贾子》十一卷（案：《崇文总目》云隋、唐《志》皆九卷，《新唐书艺文志》作十卷，此本作十一卷，疑误）。汉长沙王太傅、洛阳贾谊撰。《汉志》五十八篇，今书首载《过秦论》，末为《吊湘赋》，余皆录《汉书》语，且略节谊本传于第十一卷中。其非《汉书》所有者，辄浅驳不足观，决非谊本书也。

《四库全书总目》卷九一，子部儒家类：《新书》十卷，汉贾谊撰。《汉书艺文志·儒家》有贾谊五十八篇，《崇文总目》云本七十二篇，刘向删定为五十八篇。隋唐志皆九卷，别本或为十卷。考今隋唐志皆作十卷，无九卷之说，盖校刊《隋书》、《唐书》者未见《崇文总目》，反据今本追改之。明人传刻古书，往往如是，不足怪也。然今本仅五十六篇，又《问孝》一篇，有录无书，实五十五篇，已非北宋本之旧。又陈振孙《书录解题》称首载《过秦论》，末为《吊湘赋》，且略节谊本传于第十一卷中。今本虽首载《过秦论》而末无《吊湘赋》，亦无附录之第十一卷，且并非南宋时本矣……原本散佚，好事者因取本传所有诸篇，离析其文，各为标目，以足五十八篇之数，故饾饤至此。其书不全真亦不全伪，朱子以为杂记之稿，固未核其实，陈氏以为决非谊书，尤非笃论也。

贾谊《过秦论》：秦孝公据崤函之固，拥雍州之地，君臣固守以窥周室，有席卷天下，包举宇内，囊括四海之意，并吞八荒之心。当是时也，商君佐之，内立法度，务耕织，修守战之具，外连衡而斗诸侯。于是秦人拱手而取西河之外。……及至始皇，奋六世之余烈，振长策而御宇内，吞二周而亡诸侯，履至尊而制六合，执敲扑而鞭笞天下，威振四海。南取百越之地，以为桂林、象郡；百越之君，俯首系颈，委命下吏。乃使蒙恬北筑长城而守藩篱，却匈奴七百余里；胡人不敢南下而牧马，士不敢弯弓而报怨。于是废先王之道，焚百家之言，以愚黔首；隳名城，杀豪杰；收天下之兵，聚之咸阳，销锋镝，铸以为金人十二，以弱天下之民。然后践华为城，因河为池，据亿丈之城，临不测之渊，以为固。良将劲弩守要害之处，信臣精卒陈利兵而谁何。天下已定，始皇之心，自以为关中之固，金城千里，子孙帝王万世之业也。始皇既没，余威震于殊俗。然陈涉瓮牖绳枢之子，氓隶之人，而迁徙之徒也；才能不及中庸，非有仲尼、墨翟之贤，陶朱、猗顿之富；蹑足行伍之间，而俛起阡陌之中，率疲散之卒，将数百之众，转而攻秦；斩木为兵，揭竿为旗，天下云合响应，赢粮而景从。山东豪俊，遂并起而亡秦族矣。……然秦以区区之地，致万乘之势，招八州而朝同列，百有余年矣，然后以六合为家，殽函为宫。一夫作难而七庙堕，身死人手为天下笑者，何也？仁义不施，而攻守之势异也。

秦灭周祀，并海内、兼诸侯，南面称帝，以四海养天下之士，斐然向风，若是何也？曰：近古之无王者久矣，周室卑微，五霸既灭，令不行于天下，是以诸侯力劲，强凌弱、众暴寡，兵革不休，士民罢弊。今秦南面而王天下，是上有天子也，即元元之民，冀得安其性命，莫不虚心而仰上，当此之时，专威定功，安危之本在于此矣。……借使秦王论上世之事并殷周之迹，以制御其政，后虽有淫骄之主，犹未有倾危之患也……故秦之盛也，繁法严刑而天下震，及其衰也，百姓怨而海内叛矣。故周王序得其道，千余载不绝，秦本末并失，故不能长。由是观之，安危之统，相去远矣。鄙谚曰：前事之不忘，后事之师也。是以君子为国，观之上古，验之当世，参之人事，察盛衰之理，审权势之宜，去就有序，变化应时，故旷日长久而社稷安矣。

今案：《过秦论》分上下篇，此处既为摘录，合于一起。

公元前140年　汉武帝建元元年

司马谈于本年后为太史令。

《史记》卷一三〇，《太史公自序》：谈为太史公。太史公学天官于唐都，受《易》于杨何，习道论于黄子。太史公仕于建元、元封之间。（《集解》：瓒曰："《百官表》无太史公。《茂陵中书》：司马谈以太史丞为太史令。"《索隐》：案《茂陵书》，谈以太史丞为太史令，则"公"者，迁所著书尊其父云公也。《正义》：虞喜《志林》云：古者主天官者皆上公，自周至汉，其职转卑，然朝会坐位犹居公上。尊天之道，其官属仍以旧名尊而称也。）

今案：自汉武帝时始有帝王年号，但汉武帝之"建元"、"元光"、"元朔"、"元狩"、"元鼎"、"元封"等年号，皆为后来追定，并未用于即时纪年，仅追述往事时使用。至公元前104年建号"太初"，同时使用新定《太初历》，方正式使用年号即时纪年。此可参阅辛德勇《重谈中国古代以年号纪年的起用时间》（载《文史》总第86辑，2009年第1辑）。今追述汉代史事，自可运用汉武帝时追定的年号纪年，故自此年始，本书于公元年数之后，启用帝王年号纪年法。

公元前135年　汉武帝建元六年

《史记》作者司马迁生。

《史记》卷一三〇，《太史公自序》：太史公即掌天官，不治民，有子曰迁，迁生龙门……而子迁适使反，见父于河洛之间。太史公执迁手而泣曰："……

今汉兴，海内一统，明主、贤君、忠臣、死义之士，余为太史而弗论载，废天下之史文，余甚惧焉！汝其念哉！”迁俯首流涕曰：“小子不敏，请悉论先人所次旧闻，弗敢阙。”卒三岁，而迁为太史令（《索隐》：《博物志》：太史令茂陵显武里大夫司马迁，年二十八，三年六月乙卯除，六百石）。（案：今本张华《博物志》无此段文字。）

《史记》卷一三〇，《太史公自序》：……迁为太史令，紬史记石室、金匮之书。五年而当太初元年（《正义》案：迁年四十二岁），十一月甲子朔旦冬至，天历始改建于明堂，诸神受纪。

案：据上文，司马迁于元封三年（前108年）为太史令，年二十八，逆推之，知迁生于本年。又案：《史记索隐》所引《博物志》文，其中“年二十八”之“二”字，王国维《太史公系年考略》认为系“三”字之讹，即元封三年司马迁年三十八，应生于汉景帝中元五年（前145年）。其后许多学者皆主其说。近年王重九《从王国维、郭沫若共认的“先汉记录”考定司马迁父子的生年》（见《陕西师大学报》1985年第3期）认为《博物志》所言“太史令茂陵显武里大夫”系指司马谈而非司马迁，“三年”乃建元三年而非元封三年，即建元三年（前138年）司马谈年二十八。关于司马迁生年问题，学界争论已久，迄未解决，今暂按元封三年司马迁二十八之说，编于本年。

公元前129年 汉武帝元光六年

在本年以前，鲁共（恭）王在孔丘旧宅中得古文《尚书》等典籍。

《史记》卷五九，《五宗世家》：鲁共王余，以孝景前二年用皇子为淮阳王……以孝景前三年徙为鲁王，好治宫室苑囿狗马。……二十六年卒。

《汉书》卷五三，《景十三王列传》：鲁恭王余以孝景前二年立为淮阳王……以孝景前三年徙王鲁……二十八年薨。……恭王初好治宫室，坏孔子旧宅以广其宫，闻钟磬琴瑟之声，遂不敢复坏。于其壁中得古文经传。

《汉书》卷三〇，《艺文志》：古文《尚书》者，出孔子壁中。武帝末，鲁共王坏孔子宅，欲以广其宫，而得古文《尚书》及《礼记》、《论语》、《孝经》凡数十篇，皆古字也。共王往入其宅，闻鼓琴瑟钟磬之音，于是惧，乃止不坏。

孔安国者，孔子后也，悉得其书，以考二十九篇，得多十六篇。安国献之。遭巫蛊事，未列于学官。

《史记》卷一二一，《儒林列传》：孔氏有古文《尚书》，而安国以今文读之，因以起其家。逸《书》得十余篇，盖尚书滋多于是矣。

荀悦《汉纪》卷二五，《成帝纪二》：刘向典校纪传、考集异同云："……鲁恭王坏孔子宅以广其宫，得古文《尚书》，多十六篇。"

《汉书》卷三六，《楚元王传附刘歆传》：歆因移书太常博士责让之，曰："……及鲁恭王坏孔子宅，欲以为宫，而得古文于坏壁之中，逸《礼》有三十九，《书》十六篇。天汉之后，孔安国献之，遭巫蛊仓卒之难，未及施行。"

《论衡》卷二〇，《佚文》：恭王坏孔子宅以为宫，得佚《尚书》百篇，《礼》三百，《春秋》三十篇，《论语》二十一篇。

《论衡》卷二八，《正说》：至孝景帝时，鲁恭王坏孔子教授堂以为殿，得百篇《尚书》于墙壁中，武帝使使者取视，莫能读者，遂秘于中，外不得见。

《三国志》卷二一，《刘劭传》注引卫恒《四体书势序》：汉武帝时，鲁恭王坏孔子宅，得《尚书》、《春秋》、《论语》、《孝经》。时人已不复知有古文，谓之科斗书。汉世秘藏，希得见之。

袁宏《后汉纪》卷一二，《章帝纪》：古文《尚书》者，出孔安国。武世鲁恭王坏孔子宅欲广其宫，得古文《尚书》及《礼》、《论语》、《孝经》数十篇，皆古字也。

案：据《史记·五宗世家》，鲁共王应卒于汉武帝元光六年，则坏孔子宅以广其宫而得古文《尚书》必在本年以前，《汉书·艺文志》言"武帝末"者，误。

公元前110年　汉武帝元封元年

司马谈卒。司马迁遵父遗命而著史。

《史记》卷一三〇，《太史公自序》：天子始建汉家之封，而太史公留滞周南，不得与从事，故发愤且卒，而子迁适使反，见父于河洛之间。太史公执迁手而泣曰："余先，周室之太史也。自上世尝显功名于虞夏，典天官事，后世中衰，绝于予乎？汝复为太史，则续吾祖矣。今天子接千岁之统，封泰山，而余不得从行，是命也夫！命也夫！余死，汝必为太史，为太史，无忘吾所欲论著矣。且夫孝始于事亲，中于事君，终于立身。扬名于后世，以显父母，此孝之大者。夫天下称诵周公，言其能论歌文武之德，宣周邵之风，达太王、王季之思虑，爰及公刘，以尊后稷也。幽厉之后，王道缺，礼乐衰，孔子修旧起废，论《诗》、《书》，作《春秋》，则学者至今则之。自获麟以来四百有余岁，而诸侯相兼，史记放绝。今汉兴，海内一统，明主贤君，忠臣死义之士，余为太史而弗论载，废天下之史文，余甚惧焉。汝其念哉！”迁俯首流涕曰：“小子不敏，请悉论先人所次旧闻，弗敢阙！”卒三岁，而迁为太史令，䌷史记石室、金匮之书。

公元前108年 汉武帝元封三年

司马迁为太史令。

《史记》卷一三〇，《太史公自序》：（司马谈）卒三岁，而迁为太史令，䌷史记石室、金匮之书。

公元前104年 汉武帝太初元年

董仲舒卒。董仲舒著有《春秋繁露》。

《汉书》卷五六，《董仲舒传》：董仲舒，广川人也。少治《春秋》，孝景时为博士，下帷讲诵，弟子传以久次相授业，或莫见其面，盖三年不窥园，其精如此。……仲舒治国以《春秋》灾异之变，推阴阳所以错行，故求雨闭诸阳、纵诸阴，其止雨反是。行之一国，未尝不得所欲。中废为中大夫。先是辽东高庙长陵高园殿灾，仲舒居家推说其意……草稿未上，主父偃候仲舒，私见，嫉之，窃其书而奏焉。上召视诸儒，仲舒弟子吕步舒不知其师书，以为大愚，于是下仲舒吏，当死，诏赦之。仲舒遂不敢复言灾异。……及去位归居，终不问家产业，以修学著书为事。仲舒在家，朝廷如有大议，使使者及廷尉张汤就其家而问之，其对皆有明法。自武帝初立魏其武安侯为相，而隆儒矣，及仲舒对册，推明孔氏，抑黜百家，立学校之官、州郡举茂材、孝廉，皆自仲舒发之。年老，以寿终于家。家徙茂陵，子及孙皆以学至大官。仲舒所著，皆明经术之意及上疏、条教，凡百二十三篇，而说《春秋》事。

《汉书》卷五六，《董仲舒传》载董仲舒对策第三策：……臣闻夫乐而不乱复而不厌者谓之道；道者万世之弊，弊者道之失也。先王之道必有偏而不起之处，故政有眊而不行，举其偏者以补其弊而已矣。三王之道所祖不同，非其相反，将以救溢扶衰，所遭之变然也。故孔子曰："亡为而治者，其舜乎！"改正朔，易服色，以顺天命而已，其余尽循尧道，何更为哉！故王者有改制之名，亡变道之实。然夏上忠，殷上敬，周上文者，所继之救，当用此也。孔子曰："殷因于夏礼，所损益可知也，周因于殷礼，所损益可知也，其或继周者，虽百世可知也。"此言百王之用，以此三者矣。夏因于虞，而独不言所损益者，其道如一而所上同也。道之大原出于天，天不变，道亦不变，是以禹继舜，舜继尧，三圣相受而守一道，亡救弊之政也，故不言其所损益也。繇是观之，继治世者其道同，继乱世者其道变。今汉继大乱之后，若宜少损周之文致，用夏之忠者。陛下有明德嘉道，愍世欲之靡薄，悼王道之不昭，故举贤良方正之士，论议考问，将欲兴仁谊之休德，明帝王之法制，建太平之道也。……及至周室之衰，其卿大夫缓于谊而急于利，亡推让之风而有争田之讼。故诗人疾而刺之，曰："节彼南山，惟石岩岩，赫赫师尹，民具尔瞻。"尔好谊，则民乡仁而俗善；尔好利，则民好邪而俗败。由是观之，天子大夫者，下民之所视效，远方之所四面而内望也。近者视而放之，远者望而效之，岂可以居贤人之位而为庶人行哉！夫皇皇求财利常恐乏匮者，庶人之意也；皇皇求仁义常恐不能化民者，大夫之意也。《易》曰："负且乘，致寇至。"乘车者君子之位也，负担着小人之事也，此言居君子之位而为庶人之行者，其患祸必至也。若居君子之位，当君子之行，则舍公仪休之相鲁，亡可为者矣。《春秋》大一统者，天地之常经，古今之通谊也。今师异道，人异论，百家殊方，指意不同，是以上亡以持一统；法制数变，下不知所守。臣愚以为诸不在六艺之科孔子之术者，皆绝其道，勿使并进。邪辟之说灭息，然后统纪可一而法度可明，民知所从矣。

《四库全书总目》卷二九，经部《春秋》类：《春秋繁露》十七卷，永乐大典本，汉董仲舒撰。"繁"或作"蕃"，盖古字相通，其立名之义不可解。《中兴馆阁书目》谓"繁露冕之所垂，有联贯之象。《春秋》比事属辞，立名或取诸此"，亦以意为说也。其书发挥《春秋》之旨，多主《公羊》，而往往及阴阳五行……今观其文，虽未必全出仲舒，然中多根极理要之言，非后人所能依托也。是书宋代已有四本，多寡不同，至楼钥所校乃为定本……今以《永乐大典》所存楼钥本，详为勘订，凡补一千一百二十一字，删一百二十一字，改定一千八百二十九字，神明焕然，顿还旧笈，虽曰习见之书，实则绝无仅有之本也……

《春秋繁露》卷四，《王道第六》：《春秋》何贵乎元？而言之元者，始也。言本正也，道，王道也，王者，人之始也，王正则元气和……秦穆公将袭郑，百里蹇叔谏曰：千里而袭人者，未有不亡者也。穆公不听，师果大败殽中，匹马只轮无反者。晋假道道虞，虞公许之，宫之奇谏曰：唇亡齿寒，虞、虢之相救，非相赐也，君请勿许。虞公不听，后虞果亡。于《春秋》明此存亡，道可观也。观乎亳社，知骄溢之罚；观乎许田，知诸侯不得专封；观乎齐桓、晋文、宋襄、楚庄，知任贤奉上之功；观乎鲁隐、祭仲、叔武、孔父、荀息、仇牧、吴季子、公子目夷，知忠臣之效；观乎楚公子，比知臣子之道、效死之义；观乎潞子，知无辅自诅之败；观乎公在楚，知臣子之恩；观乎漏言，知忠道之绝；观乎献六羽，知上下之差；观乎宋伯姬，知贞妇之信；观乎吴王夫差，知强凌弱；观乎晋献公，知逆理近色之过；观乎楚昭王之伐蔡，知无义之反；观乎晋厉之妄杀无罪，知行暴之报；观乎陈佗、宋闵，知妒淫之过；观乎虞公、梁亡，知贪财枉法之穷；观乎楚灵，知苦民之壤；观乎鲁庄之起台，知骄奢淫泆之失；观乎卫侯朔，知不即召之罪；观乎执凡伯，知犯上之法；观乎晋郄缺之伐邾娄，知臣下作福之诛；观乎公子翚，知臣窥君之意；观乎世卿，知移权之败。故明王视于冥冥，听于无声，天覆地载，天下万国莫敢不悉靖共职受命者，不示臣下以知之至也。故道同则不能相先，情同则不能相使，此其教也。由此观之，未有去人君之权，能制其势者也。未有贵贱无差，能全其位者也。故君子慎之。

今案：董仲舒研治《春秋》，虽属经学，但对古代史学影响，不可小觑，故于其逝世之年系其著述。至于“天人三策”以及《春秋繁露》，皆有论者疑非董氏所撰，且并非史籍，故本书不取，读者可自行查考。

司马迁开始著作《史记》(原名《太史公书》)。

《史记》卷一三〇，《太史公自序》：五年而当太初元年。(《集解》：李奇曰：迁为太史后五年，适当于武帝太初元年，此时述《史记》)……太史公曰:“先人有言：自周公卒五百岁而有孔子，孔子卒后至于今五百岁，有能绍明世，正《易传》，继《春秋》，本《诗》、《书》、《礼》、《乐》之际，意在斯乎！意在斯乎！小子何敢让焉？”上大夫壶遂曰：“昔孔子何为而作《春秋》哉？”太史公曰：“余闻董生曰：周道衰废，孔子为鲁司寇，诸侯害之，大夫壅之。孔子知言之不用，道之不行也，是非二百四十二年之中，以为天下仪表，贬天子，退诸侯，讨大夫，以达王事而已矣。子曰：我欲载之空言，不如见之于行事之深切著明也。夫《春秋》，上明三王之道，下辨人事之纪，别嫌疑，明是非，定犹豫，善善恶恶，贤贤贱不肖，存亡国，继绝世，补敝起废，王道之大者也。《易》著天地阴阳四时五行，故长于变；《礼》经纪人伦，故长于行；《书》记先王之事，故长于政；《诗》记山川、谿谷、禽兽、草木、牝牡雌雄，故长于风；《乐》乐所以立，故长于和；《春秋》辩是非，故长于治人。是故《礼》以节人，《乐》以发和，《书》以道事，《诗》以达意，《易》以道化，《春秋》以道义。拨乱世反之正，莫近于《春秋》。《春秋》文成数万，其指数千，万物之散聚皆在《春秋》。《春秋》之中，弑君三十六，亡国五十二，诸侯奔走不得保其社稷者，不可胜数。察其所以，皆失其本已。故《易》曰：失之毫厘，差以千里。故曰：臣弑君、子弑父，非一旦一夕之故也，其渐久矣。故有国者不可以不知《春秋》，前有谗而弗见，后有贼而不知。为人臣者不可以不知《春秋》，守经事而不知其宜，遭变事而不知其权。为人君父而不通于《春秋》之义者，必蒙首恶之名。为人臣子而不通于《春秋》之义者，必陷篡弑之诛、死罪之名。其实皆以为善，为之不知其义，被之空言而不敢辞。夫不通礼义之旨，至于君不君，臣不臣，父不父，子不子。夫君不君则犯，臣不臣则诛，父不父则无道，子不子则不孝。此四行者，天下之大过也。以天下之大过予之，则受而弗敢辞。故《春秋》者，礼义之大宗也。夫礼禁未然之前，法施已然之后，法之所为用者易见，而礼之所为禁者难知。”壶遂曰：“孔子之时，上无明君，下不得任用，故作《春秋》，垂空文以断礼义，当一王之法。今夫子上遇明天子，下得守职，万事既具，咸各序其宜，夫子所论，欲以何明？”太史公曰：“唯唯，否否，不然。余闻之先人曰：伏羲至纯厚，作《易》八卦。尧舜之盛，《尚书》载之，礼乐作焉。汤、武之隆，诗人歌之。《春秋》采善贬恶，推三代之德，褒周室，非独刺讥而已也。汉兴以来，至明天子，获符瑞封禅，改正朔、易服色，受命于穆清，泽流罔极，海外殊俗，重译款塞，请来献见者，不可胜道。臣下百官力诵圣德，犹不能宣尽其意。且士贤能而不用，有国者之耻；主上明圣而德不布闻，有司之过也。且余尝掌其官，废明圣盛德不载，灭功臣、世家、贤大夫之业不述，堕先人所言，罪莫大焉。余所谓述故事，整齐其世传，非所谓作也，而君比之于《春秋》，谬矣。”于是论次其文。

公元前 98 年 汉武帝天汉三年

司马迁因李陵案受刑下狱，仍继续撰著《史记》。

《史记》卷一三〇，《太史公自序》：……七年（《集解》：徐广曰：天汉三年。《正义》：案从太初元年至天汉三年，乃七年也），而太史公遭李陵之祸，幽于缧绁。乃喟然而叹曰："是余之罪也夫！是余之罪也夫！身毁不用矣。"退而深惟曰："夫《诗》、《书》隐约者，欲遂其志之思也。昔西伯拘羑里，演《周易》；孔子厄陈、蔡，作《春秋》；屈原放逐，著《离骚》；左丘失明，厥有《国语》；孙子膑脚，而论兵法；不韦迁蜀，世传《吕览》；韩非囚秦，《说难》、《孤愤》。《诗》三百篇，大抵贤圣发愤之所为作也。此人皆意有所郁结，不得通其道也，故述往事、思来者。"于是卒述陶唐以来，至于麟止。

公元前 93 年 汉武帝太始四年

司马迁作《报任安书》，言其著作《史记》之意。

《汉书》卷六二，《司马迁传》：迁即被刑之后，为中书令，尊宠任职。故人益州刺史任安予迁书，责以古贤臣之义。迁报之曰："少卿足下：……仆赖先人绪业，得待罪辇毂下二十余年矣。……今已亏形，为扫除之隶，在阘茸之中。……嗟乎！嗟乎！如仆尚何言哉？尚何言哉？……今仆不幸，早失二亲，无兄弟之亲，独身孤立，少聊视仆于妻子何如哉？……所以隐忍苟活，函粪土之中而不辞者，恨私心有所不尽，鄙没世而文采不表于后也。古者富贵而名摩灭，不可胜记，唯俶傥非常之人称焉。盖西伯拘而演《周易》；仲尼厄而作《春秋》；屈原放逐，乃赋《离骚》；左丘失明，厥有《国语》；孙子膑脚，《兵法》修列；不韦迁蜀，世传《吕览》；韩非囚秦，《说难》、《孤愤》。《诗》三百篇，大抵贤圣发愤之所为作也。此人皆意有所郁结，不得通其道，故述往事、思来者。及如左丘明无目，孙子断足，终不可用，退论书策以舒其愤，思垂空文以自见。仆窃不逊，近自托于无能之辞，网罗天下放失旧闻，考之行事，稽其成败兴坏之理，凡百三十篇，亦欲以究天人之际，通古今之变，成一家之言。草创未就，适会此祸，惜其不成，是以就极刑而无愠色。仆诚已著此书，藏之名山，传之其人通邑大都。则仆偿前辱之责，虽万被戮，岂有悔哉？然此可为智者道，难为俗人言也。……今少卿乃教以推贤进士，无乃与仆之私指谬乎！今虽欲自雕瑑曼辞以自解，无益于俗不信，祇取辱耳。要之死日，然后是非乃定。书不能尽意，故略陈固陋。”

案：《文选》卷四一载司马子长《报任安书》，与此文字稍有不同。

公元前 90 年　汉武帝征和三年

司马迁约于本年后著成《史记》。

《史记》卷一三〇，《太史公自序》：百年之间，天下遗文古事，靡不毕集太史公。太史公仍父子相续纂其职，曰：於戏！余维先人尝掌斯事，显于唐虞，至于周复典之。故司马氏世主天官，至于余乎，钦念哉！钦念哉！网罗天下放失旧闻，王迹所兴，原始察终，见盛观衰，论考之行事，略推三代，录秦、汉。上记轩辕，下至于兹，著十二本纪。既科条之矣，并时异世，年差不明，作十表。礼乐损益，律历改易，兵权山川鬼神天人之际，承敝通变，作八书。二十八宿环北辰，三十辐共一毂，运行无穷，辅拂股肱之臣配焉，忠信行道，以奉主上，作三十世家。扶义俶傥，不令己失时，立功名于天下，作七十列传。凡百三十篇，五十二万六千五百字，为《太史公书》。序略以拾遗补艺，成一家之言。厥协六经异传，整齐百家杂语，藏之名山，副在京师，俟后世圣人君子。……太史公曰：余述历黄帝以来，至太初而讫，百三十篇。

荀悦《汉纪》卷一四，《武帝纪》：司马子长既遭李陵之祸，喟然而叹，幽而发愤，遂著史记，始自黄帝以及秦汉，为《太史公记》。

案：司马迁《史记》成书之年，无明文可考。王国维《太史公系年考略》云：“今观《史记》中最晚之记事，得信为出自史公手者，唯《匈奴列传》之李广利降匈奴事（征和三年）。余皆出后人续补者也。”今据王说编于本年。

公元前 87 年　汉武帝后元二年

汉武帝卒。据传汉武帝时有《禁中起居注》。

《汉书》卷六，《武帝纪》：……（汉武帝后元）二年春正月，朝诸侯王于甘泉宫，赐宗室。二月，行幸盩厔五柞宫，乙丑，立皇子弗陵为皇太子。丁卯，帝崩于五柞宫，入殡于未央宫前殿，三月甲申，葬茂陵。

葛洪《西京杂记·跋》：洪家复有《汉武帝禁中起居注》一卷、《汉武故事》二卷，世人希有之者。今并五卷为一帙，庶免沦没焉。

《隋书》卷三三，《经籍志二》：起居注者，录纪人君言行动止之事。……汉武帝有《禁中起居注》。

今案：《西京杂记》言有《汉武帝禁中起居注》，本为传闻无据之词，然世人喜奇，又多附会所谓“左氏记言，右史记动”，故漫延开来，难以据信，有待详考而是正之。

司马迁约卒于本年前后。

《史记》卷一三〇，《太史公自序》注引《集解》：骃案：卫宏《汉书旧仪注》曰：“司马迁作《景帝本纪》，极言其短，及武帝过。武帝怒而削去之。后坐举李陵，陵降匈奴，故下迁蚕室。有怨言，下狱死。”

《西京杂记》卷六：太史公司马谈世为太史……谈死，子迁以世官复为太史公。……太史公序事如古《春秋》法……作《景帝本纪》，极言其短及武帝之过。帝怒而削去之。后坐举李陵，陵降匈奴，下迁蚕室。有怨言，下狱死。

《汉书》卷六二，《司马迁传·赞》：司马迁据《左氏》、《国语》，采《世本》、《战国策》，述《楚汉春秋》，接其后事，讫于天汉。其言秦、汉，详矣。至于采经摭传，分散数家之事，甚多疏略，或有抵牾。亦其涉猎者广博，贯穿经传，驰骋古今，上下数千载间，斯以勤矣。又其是非颇缪于圣人，论大道则先黄、老而后六经，序游侠则退处士而进奸雄，述货殖则崇势利而羞贱贫，此其所蔽也。然自刘向、扬雄博极群书，皆称迁有良史之材，服其善序事理，辨而不华，质而不俚，其文直，其事核，不虚美，不隐恶，故谓之实录。呜呼！以迁之博物洽闻，而不能以知自全，既陷极刑，幽而发愤，书亦信矣。迹其所以自伤悼，《小雅·巷伯》之伦，夫唯《大雅》“既明且哲，能保其身”，难矣哉！

案：司马迁卒年史无明文。王鸣盛《十七史商榷》卷一云：“《汉书》本传于《报任安书》后，言迁卒，则在武帝末或更至昭帝时也。”王国维《太史公系年考略》云：“史公卒年虽未可遽知，然视为与武旁相终始，当无大误也。”今据二家之说，编于本年。

公元前 66 年　汉宣帝地节四年

杨恽于本年后将司马迁所著《史记》公布于世。

《汉书》卷六二，《司马迁传》：迁既死后，其书稍出。宣帝时，迁外孙平通侯杨恽祖述其书，遂宣布焉。

《汉书》卷六六，《杨恽传》：恽字子幼……恽母，司马迁女也。恽始读外祖《太史公记》，颇为《春秋》，以材能称。好交英俊诸儒，名显朝廷，擢为左曹。霍氏谋反，恽先闻知，因侍中金安上以闻，召见言状。霍氏伏诛，恽等五人皆封，恽为平通侯，迁中郎将。

《汉书》卷一七，《景武昭宣元成功臣表》：平通侯杨恽……（地节四年）八月乙丑封，十年。五凤三年，坐为光禄勋诽谤政治免。

案：杨恽公布《史记》，当在地节四年被封平通侯之后，故编于此。

公元前 48 年　汉元帝初元元年

自本年以后，褚少孙等补续《史记》。

《史记》卷一三，《三代世表》注引《索隐》：褚先生，名少孙，元、成间为博士。

《史记》卷一二八，《龟策列传》附：褚先生曰："臣以通经术，受业博士，治《春秋》，以高第为郎，幸得宿卫，出入宫殿中，十有余年，窃好《太史公传》……古者筮必称龟者，以其令名所从来久矣，余述而为传。"

《史记》卷一三〇，《太史公自序》注引《集解》：骃案《汉书音义》曰："十篇缺，有录无书。"张晏曰："迁没之后，亡《景纪》、《武纪》、《礼书》、《乐书》、《律书》、《汉兴以来将相年表》、《日者列传》、《三王世家》、《龟策列传》、《傅靳蒯列传》。元、成之间，褚先生补缺，作《武帝纪》、《三王世家》、《龟策》、《日者列传》，言辞鄙陋，非迁本意也。"

《史记》卷一三〇，《太史公自序》注引《索隐》：案《景纪》取班书补之，《武纪》专取《封禅书》，《礼书》取荀卿《礼论》，《乐》取《礼乐记》，《兵书》亡不补，略述律而言兵，遂分历述以次之，《三王系家》空取其策文以缉此篇，何率略且重，非当也！《日者》不能记诸国之同异，而论司马季主，《龟策》直太卜所得占龟兆杂说，而无笔削之功，何芜鄙也！

《史记》卷一二,《孝武本纪》注引《集解》:《太史公自序》曰:“作《今上本纪》”,其述事皆云“今上”、“今天子”。或有言“孝武帝”者，悉后人所定也。张晏曰:“《武纪》，褚先生补作也。褚先生名少孙，汉博士也。”

《史记》卷一二，《孝武本纪》注引《索隐》：按：褚先生补《史记》，合集武帝事以编年，今止取《封禅书》补之，信其才之薄也。又张晏云：“褚先生，颍川人，仕元成间。”韦稜云：“《褚顗家传》：褚少孙，梁相褚大弟之孙，宣帝代为博士，寓居于沛，事大儒王式，号为先生，续《太史公书》。”

《后汉书》卷四〇上，《班彪传》：武帝时，司马迁著《史记》，自太初以后，阙而不录。后好事者颇或缀集时事，然多鄙俗，不足以踵继其书。（注：好事者，谓扬雄、刘歆、阳城衡、褚少孙、史孝山之徒也。）

《史通》卷一一，《史官建置》：司马迁既没，后之续《史记》者若褚先生、刘向、冯商、扬雄之徒，并以别职来知史务。

《史通》卷一二，《古今正史》：《史记》所书，年止汉武，太初已（以）后，阙而不录。其后刘向、向子歆及诸好事者，若冯商、卫衡、扬雄、史岑、梁审、肆仁、晋冯、段肃、金丹、冯衍、韦融、萧奋、刘恂等，相次撰续，迄于哀、平间，犹名《史记》。

公元前 26 年 汉成帝河平三年

刘向自本年校中秘书，著《别录》。

《汉书》卷一〇，《成帝记》：（河平）三年……秋八月……光禄大夫刘向校中秘书，谒者陈农使使求遗书于天下。

《汉书》卷三六，《楚元王传附刘向传》：向字子政，本名更生。……成帝即位……更名向。向以故九卿召拜为中郎，使领护三辅都水，数奏封事，迁光禄大夫。……诏向领校中五经秘书。

《汉书》卷三六，《楚元王传附刘歆传》：歆字子骏，少以通《诗》、《书》能属文召见成帝，待诏宦者署，为黄门郎。河平中，受诏与父向领校秘书，讲六艺传记，诸子、诗赋、数术、方技，无所不究。

《汉书》卷三〇，《艺文志》：至成帝时，以书颇散亡，使谒者陈农求遗书于天下。诏光禄大夫刘向校经传、诸子、诗赋，步兵校尉任宏校兵书；太史令尹咸校数术；

侍医李柱国校方技。每一书已，向辄条其篇目，撮其指意，录而奏之。

《广弘明集》卷三，阮孝绪《七录序》：昔刘向校书，辄为一录，论其指归，辨其讹谬，随竟奏上，皆在本书。时又别集众录，谓之《别录》，即今之《别录》是也。

《隋书》卷三三，《经籍志二》：《七略别录》二十卷，刘向撰。

刘向著《洪范五行传论》。

《汉书》卷三六，《楚元王传附刘向传》：向见《尚书·洪范》，箕子为武王陈五行阴阳休咎之应，向乃集合上古以来，历春秋、六国至秦、汉符瑞灾异之记，推迹行事，连传祸福，著其占验，比类相从，各有条目，凡十一篇。号曰《洪范五行传论》，奏之。”

《汉书》卷三〇，《艺文志》：刘向《五行传记》十一卷。

公元前 23 年　汉成帝阳朔二年

刘向于本年以前编定《战国策》一书。

《战国策》卷首，刘向《战国策书录序》：护左都水使者光禄大夫臣向言：所校中战国策书，中书余卷，错乱相糅，莒[筥]又有国别者八篇，少不足。臣向因国别者，略以时次之。分别不以序者以相补，除复重，得三十三篇。本字多误脱为半字，以赵为肖，以齐为立，如此类者多。中书本号或曰《国策》，或曰《国事》，或曰《短长》，或曰《事语》，或曰《长书》，或曰《修书》。臣向以为战国时游士辅所用之国，为之策谋，宜为《战国策》。其事继春秋以后，讫楚、汉之起，二百四十五年间之事，皆定以杀青，书可缮写。

敘曰：周室自文武始兴，崇道德，隆礼义，设辟雍泮宫庠序之教，陈礼乐弦歌移风之化。叙人伦、正夫妇，天下莫不晓然。论孝悌之义，惇笃之行，故仁义之道满乎天下，卒致之刑错四十余年，远方慕义，莫不宾服，《雅》、《颂》歌咏，以思其德。下及康、昭之后（以思其德，一作“恩德其上”，下及，一无“下”字），虽有衰德，其纲纪尚明。及春秋时，已四五百载矣，然其余业遗烈，流而未灭。五伯之起，尊事周室。五伯之后，时君虽无德，人臣辅其君者，若郑之子产，晋之叔向，齐之晏婴，挟君辅政，以并立于中国，犹以义相支持，歌说以相感，聘覲以相交，期会以相一，盟誓以相救。天子之命，犹有所行。会享之国，犹有所耻。小国得有所依，百姓得有所息。故孔子曰:“能以礼让为国乎，何有？”周之流化，岂不大哉！及春秋之后，众贤辅国者既没，而礼义衰矣。孔子虽论《诗》、《书》，定礼乐，王道粲然分明，以匹夫无势，化之者七十二人而已，皆天下之俊也，时君莫尚之，是以王道遂用不兴。故曰：非威不立，非势不行。

仲尼既没之后，田氏取齐，六卿分晋，道德大废，上下失序。至秦孝公，捐礼让而贵战争，弃仁义而用诈谲，苟以取强而已矣。夫篡盗之人，列为侯王；诈谲之国，兴立为强。是以转相仿效，后生师之，遂相吞灭，并大兼小，暴师经岁，流血满野，父子不相亲，兄弟不相安，夫妇离散，莫保其命，愍然道德绝矣，晚世益甚。万乘之国七，千乘之国五，敌侔争权，盖为战国。贪饕无耻，竞进无厌；国异政教，各自制断；上无天子，下无方伯，力功争强，胜者为右；兵革不休，诈伪并起。当此之时，虽有道德，不得施谋；有设之强，负阻而恃固；连与交质，重约结誓，以守其国。故孟子、孙卿儒术之士，弃捐于世，而游说权谋之徒，见贵于俗。是以苏秦、张仪、公孙衍、陈轸、代、厉之属，生从横短长之说，左右倾侧。苏秦为从，张仪为横；横则秦帝，从则楚王；所在国重，所去国轻。

然当此之时，秦国最雄，诸侯方弱，苏秦结之，时六国为一，以儐背秦。秦人恐惧，不敢窥兵于关中，天下不交兵者，二十有九年。然秦国势便形利，权谋之士，咸先驰之。苏秦初欲横，秦弗用，故东合从。及苏秦死后，张仪连横，诸侯听之，西向事秦。是故始皇因四塞之固，据崤、函之阻，跨陇、蜀之饶，听众人之策，乘六世之烈，以蚕食六国，兼诸侯，并有天下，杖于谋诈之弊，终无信笃之诚，无道德之教，仁义之化，以缀天下之心。任刑罚以为治，信小术以为道。遂燔烧诗书，坑杀儒士，上小尧、舜，下邈三王。二世愈甚，惠不下施，情不上达；君臣相疑，骨肉相疏；化道浅薄，纲纪坏败；民不见义，而悬于不宁。抚天下十四岁，天下大溃，诈伪之弊也。其比王德，岂不远哉！孔子曰：“道之以政，齐之以刑，民免而无耻；道之以德，齐之以礼，有耻且格。”夫使天下有所耻，故化可致也。苟以诈伪偷活取容，自上为之，何以率下？秦之败也，不亦宜乎！

战国之时，君德浅薄，为之谋策者，不得不因势而为资，据时而为画。故其谋扶急持倾，为一切之权，虽不可以临国教化，兵革救急之势也。皆高才秀士，度时君之所能行，出奇策异智，转危为安，运亡为存，亦可喜，皆可观。

护左都水使者光禄大臣向所校《战国策》书录。

《汉书》卷三〇《艺文志》：《战国策》三十三篇。（原注：记春秋后。）

案：刘向编定《战国策》未悉何年。据向《战国策书录序》所题官衔，当在护左都水使者光禄大夫任内。据《汉书》本传，向于本年上《论王氏封事》后，由光禄大夫转任中垒校尉，其编定《战国策》当在本年之前。

今案：刘向所撰各书书录，佚失惨重，本篇《战国策书录》得以完整保存，十分珍贵，欲知该时整理图书、文献的方式、方法，必得精研此篇，故全文录之。开首“中书余卷错乱相糅莒又有国别者八篇少不足”一段，历代前贤均误断误读为“中书余卷，错乱相糅莒，又有国别者八篇，少不足”，语义扞格不通，皆因“莒”字困扰也。查此“莒”字，当为“筥”字之讹，是乃筐篋内尚有许多散存的文篇，刘向据此整理编辑成《战国策》。故《战国策》其书并非成书于先秦时期，战国时仅有零散文献而已。

刘向据战国行世文献编辑《世本》一书。

《汉书》卷三〇，《艺文志》：《世本》十五篇。（原注：古史官记黄帝以来讫春秋时诸侯大夫。）

《汉书》卷六二，《司马迁传·赞》：又有《世本》，录黄帝以来至春秋时帝王公侯卿大夫祖世所出。

《后汉书》卷四〇上，《班彪传》：又有记录黄帝以来至春秋时帝王公侯卿大夫，号曰《世本》，一十五篇。

裴骃《史记集解序》：班固有言曰：司马迁据《左氏》、《国语》，采《世本》、《战国策》……。（《索隐》：刘向云：《世本》，古史官明于古事者之所记也，录黄帝已来帝王诸侯及卿大夫系谥名号，凡十五篇也。）

《颜氏家训》卷下，《书证第十七》：《世本》，左丘明所书（此说出皇甫谧《帝王世纪》），而有燕王喜、汉高祖。……皆由后人所羼，非本文也。

《史通》卷十二，《古今正史》：楚汉之际，有好事者，录自古帝王、公侯、卿大夫之世，终乎秦末，号曰《世本》，十五篇。

孔颖达《春秋左传正义》昭公二十七年：班固云迁采《世本》为《史记》，而今之《世本》与迁言不同，《世本》多误，不足依凭。

洪迈：《容斋随笔》卷七，“姜嫄简狄”条：盖世次之说，皆出于《世本》，故荒唐特甚，其书今亡。

今案：《世本》其书，成于何时？古人之说，已然纷纭。全书久佚，辑本驳杂，刘向书录，仅存片语，遂使稽考为难，人言言殊。于是清人鼓吹，断言为先秦史官所作，今人承弊，认定于战国“赵王迁”时，传讹袭谬，持之有故矣。然司马迁述博采众书，绝无“世本”之名，班固云《史记》“采《世本》、《战国策》”者，乃以后来汇纂之书，囊括先前散存文献，《战国策》既为刘向编定，《世本》岂不类同？故《世本》内容，虽皆先秦散稿，而汇集成书，乃在汉代，蒇就此事，非刘向莫属。考成书时代，不可依凭内容，其理甚明，若《唐诗三百首》然。欲知考辨之详，参阅乔治忠、童杰《〈世本〉成书问题考论》（载《史学集刊》2010 年第 5 期）。

公元前 16 年 汉成帝永始元年

刘向著《列女传》、《新序》、《说苑》。

《汉书》卷三六，《楚元王传附刘向传》：向睹俗弥奢淫，而赵、卫之属起微贱，逾礼制。向以为王教由内及外，自近者始，故采取《诗》、《书》所载贤妃贞妇，兴国显家可法则，及孽嬖乱亡者，序次为《列女传》，凡八篇，以戒天子；及采传记行事著《新序》、《说苑》，凡五十篇，奏之。

《初学记》卷二五引刘向《七略别录》：臣向与黄门侍郎歆所校《列女传》，种类相从为七篇，以著祸福荣辱之效，是非得失之分。

《隋书》卷三三，《经籍志二》：《列女传》十五卷，刘向撰，曹大家注。又：《列女传颂》一卷，刘歆撰。

案：刘向著《列女传》、《新序》、《说苑》，《汉书》本传叙次于向上疏谏起延陵之后。今据钱穆《刘向歆父子年谱》，编于本年。

公元前 8 年 汉成帝绥和元年

刘向卒。

《汉书》卷三六，《楚元王传附刘向传》：居列大夫官前后三十余年，年七十二卒。卒后十三岁而王氏代汉。

今案：关于王莽何时算作“代汉”，学界历有不同说法，故刘向卒年亦有不同推算。此处暂取王先谦等人之说，将刘向之卒系于本年。

冯商续司马迁《史记》。

《汉书》卷三〇，《艺文志》：冯商所续《太史公》七篇。（韦昭曰：“冯商受诏续《太史公》十余篇，在班彪《别录》。”商字子高。师古曰：《七略》云：“商，阳陵人。治《易》，事五鹿充宗。后事刘向，能属文，后与孟柳俱待诏，破序列传，未卒，病死。”）

《汉书》卷五九，《张汤传赞》：冯商称张汤之先与留侯同祖，而司马迁不言，故阙焉。（如淳曰：“班固《目录》：冯商，长安人，成帝时以能属书待诏金马门，受诏续《太史公书》十余篇。”师古曰：“刘歆《七略》云：商，阳陵人。治《易》，事五鹿充宗。能属文，博通强记，与孟柳俱待诏。颇序列传，未卒，会病死。”）

案：冯商续《史记》不详何年。据《汉书·艺文志》及《张汤传赞》注文，当在成帝时无疑，暂编于此。

公元前 7 年　汉成帝绥和二年

刘歆著成《七略》。

《汉书》卷三六，《楚元王传附刘歆传》：向死后，歆复为中垒校尉。哀帝初即位，大司马王莽举歆宗室有材行，为侍中太中大夫，迁骑都尉、奉车光禄大夫，贵幸，复领五经，卒父前业。歆乃集六艺群书，种别为《七略》。

《汉书》卷三〇，《艺文志》：会向卒，哀帝复使向子侍中奉车都尉歆卒父业。歆于是总群书而奏其《七略》，故有《辑略》，有《六艺略》，有《诸子略》，有《诗赋略》，有《兵书略》，有《术数略》，有《方技略》。

《广弘明集》卷三，阮孝绪《七录序》：会向丧亡，帝使歆嗣其父业，乃徙温室中书于天禄阁上。歆遂总括群篇，奏其《七略》。

《北堂书钞》卷九九，引《刘歆集序》：歆字子骏，受诏与父向校众书，著《七略》以剖判百家。

案：本年三月，成帝死。四月，哀帝即位。

公元前6年 汉哀帝建平元年

刘歆请立《左氏春秋》及《毛诗》、《逸礼》、《古文尚书》于学官，遭五经博士反对。

《汉书》卷三六，《楚元王传附刘歆传》：及歆校秘书，见古文《春秋左氏传》，歆大好之。时丞相史尹咸以能治《左氏》，与歆共校经传。歆略从咸及丞相翟方进受质问大义。初，《左氏传》多古字古言，学者传训故而已。及歆治《左氏》，引传文以解经，转相发明，由是章句义理备焉。歆亦湛靖有谋，父子俱好古，博见强志，过绝于人。歆以为左丘明好恶与圣人同，亲见夫子，而公羊、谷梁在七十子后，传闻之与亲见之，其详略不同。歆数以难向，向不能非间也，然犹自持其《谷梁》义。及歆亲近，欲建立《左氏春秋》及《毛诗》、《逸礼》、《古文尚书》，皆列于学官。哀帝令歆与五经博士讲论其义，诸博士或不肯置对，歆因移书太常博士责让之，曰："昔唐虞既衰，而三代迭兴，圣帝明王，累起相袭，其道甚著。周室既微，而礼乐不正，道之难全也如此。是故孔子忧道之不行，历国应聘，自卫反鲁，然后乐正，《雅》、《颂》乃得其所。修《易》，序《书》，制作《春秋》，以纪帝王之道。及夫子没而微言绝，七十子终而大义乖。重遭战国，弃笾豆之礼，理军旅之陈，孔氏之道抑，而孙、吴之术兴。陵夷至于暴秦，燔经书、杀儒士，设挟书之法，行是古之罪，道术由是遂灭。汉兴，去圣帝明王遐远，仲尼之道又绝，法度无所因袭。时独有一叔孙通略定礼仪，天下唯有《易》卜，未有它书。至孝惠之世，乃除挟书之律，然公卿大臣绛、灌之属，咸介胄武夫，莫以为意。至孝文皇帝，始使掌故朝错从伏生受《尚书》。《尚书》初出于屋壁，朽折散绝，今其书见在，时师傅读而已。《诗》始萌牙，天下众书往往颇出，皆诸子传说，犹广立于学官，为置博士，在汉朝之儒，唯贾生而已。至孝武皇帝，然后邹、鲁、梁、赵，颇有《诗》、《礼》、《春秋》先师，皆起于建元之间。当此之时，一人不能独尽其经，或为《雅》，或为《颂》，相合而成。《泰誓》后得，博士集而读之。故诏书称曰：'礼坏乐崩，书缺简脱，朕甚闵焉。'时汉兴已七八十年，离于全经，固已远矣。及鲁恭王坏孔子宅，欲以为宫，而得古文于坏壁之中，《逸礼》有三十九，《书》十六篇。天汉之后，孔安国献之，遭巫蛊仓卒之难，未及施行。及《春秋》左氏丘明所修，皆古文旧书，多者二十余通，臧于秘府，伏而未发。孝成皇帝闵学残文缺，稍离其真，乃陈发秘臧，校理旧文，得此三事，以考学官所传，经或脱简，传或间编。传问民间，则有鲁国柏〔桓〕公、赵国贯公、胶东庸生之遗学与此同，抑而未施。此乃有识者之所惜闵，士君子之所嗟痛也。往者缀学之士，不思废绝之阙，苟因陋就寡，分文析字，烦言碎辞，学者罢老且不能究其一艺。信口说而背传记，是末师而非往古，至于国家将有大事，若立辟雍、封禅、巡狩之仪，则幽冥而莫知其原。犹欲保残守缺，挟恐见破之私意，而无从善服义之公心。或怀妒嫉，不考情实，雷同相从，随声是非，抑此三学，以《尚书》为不备，谓左氏为不传《春秋》，岂不哀哉！今圣上德通神明，继统扬业，亦闵文学错乱，学士若兹，虽昭其情，犹依违谦让，乐与士君子同之。故下明诏试左氏可立不，遣近臣奉指衔命，将以辅弱扶微，与二三君子比意同力，冀得废遗。今则不然，深闭固距，而不肯试，猥以不诵绝之，欲以杜塞余道，绝灭微学。夫可与乐成，难与虑始，此乃众庶之所为耳，非所望士君子也。且此数家之事，皆先帝所亲论，今上所考视，其古文旧书，皆有徵验，外内相应，岂苟而已哉！夫礼失求之于野，古文不犹愈于野乎？往者博士《书》有欧阳，《春秋》公羊，《易》则施、孟，然孝宣皇帝犹复广立《谷梁春秋》、《梁丘易》、大、小《夏侯尚书》，义虽相反，犹并置之。何则？与其过而废之也，宁过而立之。传曰：'文、武之道未坠于地，在人；贤者志其大者，不贤者志其小者，今此数家之言，所以兼包大小之义，岂可偏绝哉！若必专己守残，党同门，妒道真，违明诏，失圣意，以陷于文吏之议，甚为二三君子不取也。'"其言甚切，诸儒皆怨恨。是时名儒光禄大夫龚胜，以歆移书，上疏深自罪责，愿乞骸骨罢。及儒者师丹为大司空，亦大怒，奏歆改乱旧章，非毁先帝所立。上曰："歆欲广道术，亦何以为非毁哉！"歆由是忤执政大臣，为众儒所讪，惧诛，求出补吏。

《汉书》卷八八，《儒林传》：房凤，字子元。……大司马票骑将军王根奏除补长史，荐凤明经通达，擢为光禄大夫，迁五官中郎将。时光禄勋王龚以外属内卿，与奉车都尉刘歆共校书，三人皆侍中。歆白《左氏春秋》可立，哀帝纳之，以问诸儒，皆不对。歆于是数见丞相孔光，为言《左氏》以求助，光卒不肯，唯凤、龚许歆，遂共移书责让太常博士，语在《歆传》。大司空师丹，奏歆非毁先帝所立，上于是出龚等补吏。

《后汉书》卷三六，《贾逵传》：建平中，侍中刘歆欲立《左氏》，不先暴论大义，而轻移太常，恃其义长，诋挫诸儒。诸儒内怀不服，相与排之。

案：刘歆请建立《左氏春秋》等书列于学官及移书太常博士，未详何时，今据钱穆《刘向歆父子年谱》，编于本年。

公元3年 汉平帝元始三年

班彪生。

案：据《后汉书》卷四〇上《班彪传》，班彪卒于汉光武帝建武三十年（公元54年），年五十二。逆推之，知生于本年。

公元5年 汉平帝元始五年

刘歆著《三统历谱》。

《汉书》卷三六，《楚元王传附歆传》：（刘歆）治明堂辟雍，封红休侯，典儒林史卜之官，考定律历，著《三统历谱》。

《汉书》卷二一上，《律历志上》：至孝成世，刘向总六历，列是非，作《五纪论》。向子歆，究其微眇，作《三统历》及《谱》以说《春秋》，推法密要。

案：刘歆著《三统历谱》不详何年，《汉书》本传叙次于歆封红休侯之后，王莽称帝之前，故编于本年。

公元8年 汉（孺子婴）居摄三年

西汉亡。西汉时期较重要之历史文献，其年代不详者，尚有《太古以来年纪》、《汉著记》、《汉大年纪》、《汉帝年纪》等。

《汉书》卷三〇，《艺文志》：《太古以来年纪》二篇。又，《汉著记》百九十卷。（师古曰："若今之《起居注》。"）又，《汉大年纪》五篇。

《汉书》卷二一下：《律历志》：汉高祖皇帝著纪：伐秦继周，木生火，故为火德，天下号曰汉。……宣帝本始、地节、元康、神爵、五凤、甘露各四年，黄龙一年，著纪即位二十五年……孺子著纪：新都侯王莽居摄三年，王莽居摄，盗袭帝位，窃号曰新室……更始帝著纪：以汉宗室灭王莽，即位二年，赤眉贼立宗室刘盆子，灭更始帝……

《后汉书》卷一〇上，《皇后纪第十上·邓皇后纪》：刘毅以太后多德政，欲令早有注记，上书安帝曰："臣闻《易》载羲、农而皇德著，《书》述唐、虞而帝道崇。故虽圣明。必书功于竹帛……巍巍之业，可闻而不可及；荡荡之勋，可诵而不可名。古之帝王，左右置史，汉之旧典，世有注记。”……

章如愚《山堂考索》前集卷一三,《正史门》:非有汉著记百九十卷、《大年纪》五篇，则孟坚十二帝纪何所考证而作也?

案:《汉书》卷一《高帝纪》、卷四《文帝纪》、卷六《武帝纪》臣瓒注，均有引《汉帝年纪》之文。

今案：汉著记、《太古以来年纪》、《汉大年纪》、《汉帝年纪》等，其中著记最为重要。“著记”也写作“著纪”、“注记”，是西汉、东汉朝廷系统历史记录的泛称，非为书名。《汉大年纪》等似皆据原始记录而编辑的编年体史籍，均官方或执事官员撰成。唐代颜师古认为著记“若今之起居注”，实属卓识，宋章如愚、王应麟已有同样见解。然近人朱希祖则曰“著记一书，为天人相应之史，决非起居注专详人事可比”，以偏盖全，颇为武断。汉代记史，不能摈弃天人相应观念，乃时代使然。而《汉书·律历志》概括“著记”内容称“汉高祖皇帝著纪：伐秦继周，木生火，故为火德，天下号曰汉”，“孺子著纪：新都侯王莽居摄三年，王莽居摄，盗袭帝位，窃号曰新室”明显具备史事内容。乔治忠、刘文英《中国古代“起居注”记史体制的形成》（载《史学史研究》2010 年第 2 期）有详细考辨，可参阅。

公元 18 年　王莽天凤五年

扬雄卒。扬雄曾续司马迁《史记》。

《汉书》卷八七，《扬雄传》：扬雄字子云，蜀郡成都人也。……年七十一，天凤五年卒。

《史通》卷一一，《史官建置》：司马迁既没，后之续《史记》者，若褚先生、刘向、冯商、扬雄之徒，并以别职来知史务。”又《古今正史》：“《史记》所书，年止汉武太初，已后阙而不录。其后，刘向、向子歆，及诸好事者若冯商、卫衡、扬雄……等，相次撰续，迄于哀、平间，犹名《史记》。

《汉书》卷七六，《赵广汉等传赞》：冯商传王尊，扬雄亦如之。

《论衡》卷二〇，《须颂篇》：扬子云录宣帝以至哀、平。

公元 23 年　王莽地皇四年

刘歆卒。

《汉书》卷九九下，《王莽传下》：（地皇四年）……（刘）歆怨莽杀其三子，又畏大祸至，遂与涉、忠谋，欲发，歆曰："当待太白星出乃可。"忠以司中大赘起，武侯孙伋亦主兵，复与伋谋，伋归家颜色变，不能食。妻怪问之，语其状。妻以告弟云阳陈邯，邯欲告之。七月，伋与邯俱告，莽遣使者分召忠等，时忠方讲兵都肄，护军王咸谓忠谋久不发，恐漏泄，不如遂斩使者，勒兵入。忠不听。……莽欲以厌凶，使虎贲以斩马剑挫忠，盛以竹器……刘歆、王涉皆自杀，莽以二人骨肉旧臣，恶其内溃，故隐其诛。

公元 29 年　汉光武帝建武五年　己丑

班彪著《王命论》。

《汉书》卷一〇〇上，《叙传》：彪字叔皮，幼与从兄嗣共游学。……年二十，遭王莽败，世祖即位于冀州。时隗嚣据垅拥众，招辑英俊；而公孙述称帝于蜀汉，天下云扰。……乃著《王命论》以救时难，其辞曰："昔在帝尧之禅，曰：咨尔舜，天之历数在尔躬。舜亦以命禹。暨于稷、契，咸佐唐、虞，光济四海，奕世载德，至于汤、武而有天下。虽其遭遇异时，禅代不同，至乎应天顺民，其揆一也。是故刘氏承尧之祚，氏族之世，著乎《春秋》，唐据火德而汉绍之，始起沛泽，则神母夜号，以章赤帝之符。由是言之，帝王之祚，必有明圣显懿之德，丰功厚利积累之业。然后精诚通于神明，流泽加于生民，故能为鬼神所福飨，天下所归往。未见运世无本，功德不纪，而得屈起在此位者也。世俗见高祖兴于布衣，不达其故，以为适遭暴乱，得奋其剑，游说之士至比天下于逐鹿，幸捷而得之，不知神器有命，不可以智力求也。……盖在高祖，其兴也有五：一曰帝尧之苗裔，二曰体貌多奇异，三曰神武有徵应，四曰宽明而仁恕，五曰知人善任使。加之以信诚好谋，达于听受，见善如不及，用人如由己，从谏如顺流，趣时如向赴；当食吐哺，纳子房之策；拔足挥洗，揖郦生之说；寤戍卒之言，断怀土之情；高四皓之名，割肌肤之爱；举韩信于行阵，收陈平于亡命；英雄陈力，群策毕举，此高祖之大略，所以成帝业也。若乃灵瑞符应，又可略闻矣。初，刘媪妊高祖而梦与神遇，震电晦冥，有龙蛇之怪；及其长而多灵，有异于众，是以王武感物而折券，吕公睹形而进女；秦皇东游以厌其气，吕后望云而知所处；始受命则白蛇分，西入关则五星聚。故淮阴、留侯谓之天授，非人力也。”

《后汉书》卷四〇上，《班彪列传》：班彪，字叔皮，扶风安陵人也。……彪性沉重好古，年二十余，更始败，三辅大乱，时隗嚣拥众天水，彪乃避难从之。……彪既疾嚣言，又伤时方艰，乃著《王命论》，以为汉德承尧，有灵命之符，王者兴祚，非诈力所致，欲以感之，而嚣终不寤，遂避地河西。

案：据《资治通鉴》卷四一，班彪著《王命论》事在建武五年四月。

今案：中国古代干支纪年之形成，其渐甚久，由岁星纪年进而弥补偏差，虚拟“太岁超辰”而对应干支，虽于西汉已开端倪，但至于刘歆制定历法，仍随意更改，以附合天人感应。东汉之初，干支纪年逐步摆脱星象及迷信观念纠缠，汉章帝元和二年制定“四分历”，干支纪年逐步确立，成为中国历代甚有“公历”意味的纪年方法。为整齐起见，本书自东汉伊始，标以干支纪年。

公元32年 汉光武帝建武八年 壬辰

《汉书》作者 班固生。

案：据《后汉书》卷四〇下，《班固传》，班固于汉和帝永元四年（公元92年）死于狱中，年六十一。逆推之，知生于本年。

公元46年 汉光武帝建武二十二年 丙午

卫宏于本年后著《汉旧仪》。

《后汉书》卷七九下，《儒林·卫宏传》：卫宏字敬仲，东海人也。少与河南郑兴俱好古学。……后从大司空杜林更受古文《尚书》，为作《训旨》。……光武以后议郎。宏作《汉旧仪》四篇，以载西京杂事。

案：卫宏著《汉旧仪》不详何年。《后汉书》本传叙次于宏从大司空杜林受古文《尚书》之后，据《后汉书》卷二七《杜林传》，杜林于建武二十二年为大司空，则其著《汉旧仪》当在本年之后也。

公元 47 年 汉光武帝建武二十三年 丁未

班彪于本年前作《后传》以续《史记》，并评论以前史书之得失。

《后汉书》卷四〇上，《班彪传》：……遂避地河西。河西大将军窦融以为从事，深敬待之，接以师友之道。彪乃为融画策事汉，总西河以拒隗嚣。及融征还京师，光武问曰："所上章奏，谁与参之？"融对曰："皆从事班彪所为。"帝雅闻彪才，因召入见，举司隶茂才，拜徐令，以病免。后数应三公之命，辄去。彪既才高而好述作，遂专心史籍之间。武帝时，司马迁著《史记》，自太初以后，缺而不录，后好事者颇或缀集时事，然多鄙俗，不足以踵继其书。彪乃继采前史遗事，傍贯异闻，作《后传》数十篇，因斟酌前史而讥正得失。其略论曰："唐、虞、三代，《诗》、《书》所及，世有史官，以司典籍，暨于诸侯，国自有史，故《孟子》曰：楚之《梼杌》，晋之《乘》，鲁之《春秋》，其事一也。定、哀之间，鲁君子左丘明论集其文，作《左氏传》三十篇；又撰异同，号曰《国语》，二十一篇。由是《乘》、《梼杌》之事遂暗，而《左氏》、《国语》独章。又有记录黄帝以来至春秋时帝王公侯卿大夫，号曰《世本》，一十五篇。春秋之后，七国并争，秦并诸侯，则有《战国策》三十三篇。汉兴，定天下，太中大夫陆贾记录时功，作《楚汉春秋》九篇。孝武之世，太史令司马迁采《左氏》、《国语》，删《世本》、《战国策》，据楚、汉列国时事，上自黄帝，下讫获麟，作本纪、世家、列传、书、表凡百三十篇，而十篇缺焉。迁之所记，从汉元至武以绝，则其功也。至于采经摭传，分散百家之事，甚多疏略，不如其本。务欲以多闻广载为功，论议浅而不笃。其论术学，则崇黄老而薄五经；序货殖，则轻仁义而羞贫穷；道游侠，则贱守节而贵俗功。此其大敝伤道，所以遇极刑之咎也。然善述序事理，辩而不华，质而不俚，文质相称，盖良史之才也。诚令迁依五经之法言，同圣人之是非，意亦庶几矣。夫百家之书，犹可法也。若《左氏》、《国语》、《世本》、《战国策》、《楚汉春秋》、《太史公书》，今之所以知古，后之所由观前，圣人之耳目也。司马迁序帝王则曰本纪，公侯传国则曰世家，卿士特起则曰列传，又进项羽、陈涉而黜淮南、衡山，细意委曲，条例不经。若迁之著作，采获古今，贯穿经传，至广博也。一人之精，文重思烦，故其书刊落不尽，尚有盈辞，多不齐一。若序司马相如，举郡县，著其字；至萧、曹、陈平之属，及董仲舒并时之人，不记其字，或县而不郡者，盖不暇也。今此后篇，慎核其事，整齐其文，不为世家，唯纪、传而已。《传》曰：杀史见极，平易正直，《春秋》之义也。”彪复辟司徒王（王音肃）况府。

《论衡》卷一三，《超奇篇》：班叔皮续《太史公书》百篇以上，记事详悉，义浅理备。观读之者以为甲，而太史公乙。

《史通》卷一二，《古今正史》：《史记》所书，年止汉武太初，已后缺而不录。其后刘向、向子歆及诸好事者若冯商……等相次撰续，迄于哀、平间，犹名《史记》。至建武中，司徒掾班彪以为其言鄙俗，不足以踵前史，又雄、歆褒美伪新，误后惑众，不当垂之后代者也。于是采其旧事，旁贯异闻，作《后传》六十五篇。

案：班彪作《后传》不详何年。《后汉书》本传叙次于班彪辟司徒王况府之前，考王况为司徒在建武二十三年，故编于此。

公元 49 年 汉光武帝建武二十五年 己酉

卫飒于本年前著《史要》（亦称《史记要传》）。

《后汉书》卷七六《卫飒传》：卫飒字子产，河内修武人也。家贫好学问，随师无粮，常佣以自给。……建武二年，辟大司徒邓禹府，举能案剧。除侍御史、襄城令。政有名迹，迁桂阳太守。……视事十年，郡内清理。二十五年征还。光武欲以为少府，会飒被疾，不能拜起，敕以桂阳太守归家，须后诏书。居二岁，载病诣阙，自陈困笃，乃收印绶，赐钱十万，后卒于家。

《隋书》卷三三，《经籍志二》：《史要》十卷，汉桂阳太守卫飒撰。约史记要言，以类相从。

《旧唐书》卷四六，《经籍志上》：《史记要传》十卷，卫飒撰。

《新唐书》卷五八，《艺文志二》：卫飒《史记要传》十卷。

公元 54 年 汉光武帝建武三十年 甲寅

班彪卒。

《后汉书》卷四〇上，《班彪传》：班彪字叔皮，扶风安陵人也。祖况，成帝时为越骑校尉，父稚，哀帝时为广平太守。彪性沉重好古，年二十余，更始败，三辅大乱。时隗嚣拥众天水，彪乃避难从之……又伤时方艰，乃著《王命论》，以为汉德承尧，有灵命之符，王者兴祚，非诈力所致。欲以感之，而嚣终不寤，遂避地河西。河西大将军窦融以为从事，深敬待之，接以师友之道。彪乃为融画策事汉，总西河以拒隗嚣。及融征还京师，光武问曰："所上章奏，谁与参之？"融对曰："皆从事班彪所为。"帝雅闻彪材，因召入见，举司隶茂才，拜徐令，以病免。……后察司徒廉为望都长，吏民爱之。建武三十年，年五十二，卒官。所著赋、论、书记、奏事，合九篇。二子固、超，超别有《传》。

公元 58 年 汉明帝永平元年 戊午

班固开始撰述西汉历史，以继父业。

《汉书》卷一〇〇，《叙传》：（班彪）有子曰固，弱冠而孤。

《后汉书》卷四〇上，《班固传》：固字孟坚，年九岁能属文，诵诗赋。及长，遂博贯载籍，九流百家之言，无不穷究。所学无常师，不为章句，举大义而已。性宽和容众，不以才能高人，诸儒以此慕之。（颜师古注引谢承书曰：固年十三，王充见之，拊其背谓彪曰："此儿必记汉事。"）……父彪卒，归乡里。固以彪所续前史未详，乃潜精研思，欲就其业。

公元 62 年 汉明帝永平五年 壬戌

班固任兰台令史，开始官修本朝纪传史，撰成《世祖本纪》及列传、载记多篇。

《后汉书》卷四〇上，《班固传》：固以彪所续前史未详，乃潜精研思，欲就其业。既而有人上书显宗告固私改作国史者，有诏下郡收固，系京兆狱，尽取其家书。先是，扶风人苏朗伪言图谶事，下狱死。固弟超恐固为郡所核考，不能自明，乃驰诣阙上书，得召见，具言固所著述意，而郡亦上其书。显宗甚奇之，召诣校书部，除兰台令史，与前睢阳令陈宗、长陵令尹敏、司隶从事孟异，共成《世祖本纪》。迁为郎，典校秘书。固又撰功臣、平林、新市、公孙述事，作列传、载记二十八篇奏之。

《后汉书》卷四七，《班超传》：字仲升，扶风平陵人，徐令彪之少子也。……永平五年，兄固被召诣校书郎（案："郎"疑为"部"之误），超与母随至洛阳。

《后汉书》卷四〇上，《班固传》注引《汉官仪》曰：兰台令史六人，秩百石，掌书劾奏。

《论衡》卷一三，《别通篇》：或曰：通人之官，兰台令史，职校定文字，比夫太史、太祝，职在文书，无典民之用，不可施设。是以兰台之史，班固、贾逵、杨终、傅毅之徒，名香文美，委积不泄，大用于世。

《史通》卷一一，《史官建置》：汉氏中兴，明帝以班固为兰台令史。……又杨子山……徵诣兰台。斯则兰台之职，盖当时著述之所也。

> 今案：汉明帝时此次纂修《世祖本纪》，即为官修本朝纪传史《东观汉记》的开始。班固为其中主要纂修官员，修成多篇传记和载记，说明已经具有修史的大体规划，且取得一定成果。

公元 63 年　汉明帝永平六年　癸亥

班固迁为郎，典校秘书，并撰成东汉列传、载记二十八篇。

《汉书》卷一〇〇下，《叙传》：永平中为郎，典校秘书。专笃志于博学，以著述为业。

《后汉书》卷四〇上，《班固传》：迁为郎，典校秘书。固又撰功臣、平林、新市、公孙述事，作列传、载记二十八篇，奏之。

《史通》卷一二，《古今正史》：在汉中兴，明帝始诏班固与睢阳令陈宗、长陵令尹敏、司隶从事孟异作《世祖本纪》，并撰功臣及新市、平林、公孙述事，作列传、载记二十八篇。

杨终著《哀牢传》。

《后汉书》卷四八，《杨终传》：杨终，字子山，蜀郡成都人也。年十三为郡小吏，太守奇其才，遣诣京师受业，习《春秋》。显宗时，徵诣兰台，拜校书郎。

《论衡》卷二〇，《佚文篇》：杨子山为郡上计吏，见三府为《哀牢传》不能成，归郡作上。孝明奇之，徵在兰台。

《华阳国志》卷一〇上，《先贤士女总赞》：杨终，字子山，成都人也。……明帝时，与班固、贾逵并为校书郎。

《史通》卷一一，《史官建置》：汉氏中兴，明帝以班固为兰台令史，诏撰《光武本纪》及诸列传、载记。又杨子山为郡上计吏，献所作《哀牢传》，为帝所异，徵诣兰台。

公元 64 年 汉明帝永平七年 甲子

班固继续撰述西汉历史，名为《汉书》。

《汉书》卷一〇〇下，《叙传》：固以为唐、虞、三代，《诗》、《书》所及，世有典籍，故虽尧、舜之盛，必有典、谟之篇，然后扬名于后世，冠德于百王。故曰：巍巍乎其有成功，焕乎其有文章也！汉绍尧运，以建帝业，至于六世，史臣乃追述功德，私作本纪，编于百王之末，厕于秦、项之列。太初以后，阙而不录，故探纂前记，缀辑所闻，以述《汉书》。

《后汉书》卷四〇上，《班固传》：帝乃复使终成前所著书。固以为汉绍尧运，以建帝业，至于六世，史臣（李贤注："六代谓武帝，史臣谓司马迁也。"）乃追述功德，私作本纪，编于百王之末，厕于秦、项之列，太初以后，阙而不录。故探撰前记，缀集所闻，以为《汉书》。

公元 72 年 汉明帝永平十五年 壬申

马严与杜抚、班固等撰《建武注记》。

《后汉书》卷二四，《马援传附马严传》：永平十五年，皇后敕使移居洛阳，显宗召见，严进对闲雅，意甚异之。有诏留仁寿闼，与校书郎杜抚、班固等杂定《建武注记》。

公元 75 年　汉明帝永平十八年　乙亥

马皇后撰《明帝起居注》。

《后汉书》卷一〇上，《明德皇后纪》：及帝崩（案：明帝崩于永平十八年秋八月），肃宗即位，尊后曰皇太后。……太后……自撰《显宗起居注》，削去兄防参医药事，帝（章帝）请曰："黄门舅旦夕供养且一年，既无褒异，又不录勤劳，无乃过乎？"太后曰："吾不欲令后世闻先帝数亲后宫之家，故不著也。"建初元年，（帝）欲封爵诸舅，太后不听。

《隋书》卷三三，《经籍志二》：汉武帝有《禁中起居注》，后汉明德马后撰《明帝起居注》。然则汉时起居，似在宫中，为女史之职。

公元 82 年　汉章帝建初七年　壬午

班固著成《汉书》。

《汉书》卷一〇〇下，《叙传》：固以为唐虞三代，《诗》、《书》所及，世有典籍。故虽尧舜之盛，必有典谟之篇，然后扬名于后世，冠德于百王。……汉绍尧运，以建帝业，至于六世，史臣乃追述功德，私作本纪，编于百王之末，厕于秦、项之列。太初以后，阙而不录。故探纂前记，缀辑所闻，以述《汉书》。起元高祖，终于孝平、王莽之诛，十有二世，二百三十年，综其行事，旁贯五经，上下洽通，为春秋考纪、表、志、传凡百篇。……凡《汉书》：叙帝皇，列官司，建侯王；准天地，统阴阳；阐元极，步三光；分州域，物土疆；穷人理，该万方；纬六经，缀道纲；总百氏，赞篇章；函雅故，通古今；正文字，惟学林。

《后汉书》卷四〇上，《班固传》：故探撰前记，缀集所闻，以为《汉书》。起元高祖，终于孝平王莽之诛，十有二世，二百三十年，综其行事，傍贯五经，上下洽通，为春秋考纪、表、志、传凡百篇。固自永平中始受诏，潜精积思二十余年，至建初中乃成。当世甚重其书，学者莫不讽诵焉。

荀悦《汉纪》卷三〇，《平帝纪》：彪子固，字孟坚，明帝时为郎，据太史公司马迁《史记》，自高祖至于孝武，大功臣绍其后事，讫于孝平、王莽之际，著帝纪、表、志、传，以为《汉书》，凡百篇。

案：班固著成《汉书》，《后汉书》本传仅言："至建初中乃成"，不详何年。陈汉章《马班作史年岁考》(《缀学堂初稿》卷二)云:"班固作《汉书》二十五年,始永平元年戊午,终建初七年壬午。固以永平五年入校书,而《汉书》之作不始是年也。《传》云迁为郎,典校秘书,帝乃复使终成前所著书。按《贾逵传》永平中为郎,与班固典校秘书;《汉书·叙传》永平中为郎,典校秘书;《本传》又云固自永平中受诏,二十余年,至建初中乃成。自永平五年至建初六年为二十年,建初止八年。《史通·正史篇》曰二十余年,至建初中乃成。若以建初六年成,止二十年,不当有余;以建初八年成,在建初末,不当曰中。故谓《汉书》以建初七年成,固是年五十一岁矣。"据此,故编于本年。

公元83年 汉章帝建初八年 癸未

《吴越春秋》作者赵晔在世于建初年间。

《后汉书》卷七九下,《赵晔传》:赵晔字长君,会稽山阴人也。……诣杜抚受《韩诗》,究竟其术,积二十年,绝问不还家,为发丧制服。抚卒乃归。州召补从事,不就,举有道,卒于家。晔著《吴越春秋》、《诗细》、《历神渊》。蔡邕至会稽,读《诗细》而叹息,以为长于《论衡》。

《隋书》卷三三,《经籍志二》:《吴越春秋》十二卷,赵晔撰。

《郡斋读书志》卷二上,《杂史类》:《吴越春秋》十二卷,后汉赵晔撰。吴起太伯,尽夫差;越起无余,尽勾践。内吴外越,本末咸备。

《玉海》卷四一:赵晔又为《吴越春秋》,其属辞比事皆不与《春秋》、《史记》、《汉书》相似,盖率尔而作,非史策之正也。《中兴书目》《吴越春秋》十卷,内吴外越以纪其事。吴起太伯止阖闾,越起无余止勾践。

案:《后汉书》卷七九下,《杜抚传》:"杜抚字叔和,犍为武阳人也。……建初中为公车令,数月卒官"。又据《赵晔传》之文,晔卒当在杜抚卒年稍后,约为建初末年,而建初止八年,故编于此。

《越绝书》行世于《吴越春秋》之后。

《越绝书》卷一五,《篇叙外传记》:记陈厕说,略有其人,以去为姓,得衣乃成,厕名有米,覆之以庚。禹来东征,死葬其疆。不直自斥,托类自明。写精露愚,略以事类，俟告后人，文辞属定，自于邦贤。邦贤以口为姓，承之以天，楚相屈原，与之同名。

《隋书》卷三三，《经籍志二》：《越绝记》十六卷，子贡撰。

《直斋书录解题》卷五，《杂史类》：《越绝书》十六卷，无撰人名氏，相传以为子贡者，非也。其书杂记吴越事，下及秦汉，直至建武二十八年，盖战国后人所为，而汉人又附益之耳。

杨慎《升庵集》卷十，《跋越绝》：或问《越绝》不著作者姓名，何也？余曰：姓名具在书中，览者第不深考耳。子不观其绝篇之言乎？曰以去为姓，得衣乃成，厥名有米，覆之以庚。禹来东征，死葬其乡。不直自斥，托类自明。文属辞定，自于邦贤。以口为姓，丞之以天，楚相屈原，与之同名。此以隐语见其姓名也。去得衣，乃袁字也，米覆以庚，乃康字也。禹葬之乡，则会稽也，是乃会稽人袁康也。其曰不直自斥，托类自明，厥旨昭然，欲后人知也。文属辞定，自于邦贤。盖所共者非康一人也。口丞天，吴字也。屈原同名，平字也。与康共著此书者，乃吴平也。不然，此言何为而设乎？或曰二人何时人也？余曰：东汉人也。何以知之？曰：东汉之末，文人好作隐语，黄绢碑其著者也……

杨慎《升庵集》卷十，《越绝当作越纽跋》：《越绝》一书，或以为子贡作，又云子胥，皆妄说也。而“越绝”二字尤非，解者曰：“绝”者绝也，谓勾践时也内能约己，外能绝人，故曰越绝。又曰圣文绝于此，辩士绝于彼，故曰越绝。二说似梦魇谵语，不止齐东野人之类而已……

《四库全书总目》卷六六，史部载记类：《越绝书》十五卷，不著撰人名氏，书中《吴地传》称勾践徙琅琊到建武二十八年，凡五百六十七年，则后汉初人也……《隋唐志》皆云子贡作，非其实矣。其文纵横曼衍。与《吴越春秋》相类，而博丽奥衍则过之。中如《计倪内经》军气之类，多杂术数家言，皆汉人专门之学，非后来所能依托也。此本与《吴越春秋》皆大德丙午绍兴路所刊……

今案：《越绝书》撰述年代，自《四库提要》引杨慎之说确认东汉时期，已近于明晰。但今之学界又起新议，仍欲将之归于先秦古籍，实漫无凭据，查《汉书·艺文志》绝无著录，焉得视为先秦著述？此书分内、外篇，即定然必是汉代以后之书。西汉以降，学人将旧籍重新编纂，亦颇有为之新分内外篇章者，如刘向整编《晏子春秋》之例。但学者篇分内外，寓规矩、见识于其中，或内精外粗，或内尊外贱，或内篇确凿而外篇存疑，如《吴越春秋》即吴为内、越为外，盖全书尊吴贬越也。反观《越绝书》，作者作为越人，极不满于《吴越春秋》之扬吴贬越，故欲仿其形而反其意。然而不解著述之体，致使吴、越各篇，随意内、外，杂乱无章，类若效颦。因此，《越绝书》作者乃东汉时期乡曲无名之士，有学无识，撰述晚于赵晔。其书随手抄录史籍，亦补充所知传闻，徵集地方资料，故有史料价值，但以史著标准衡量，不宜推重。基于以上估量，故系于《吴越春秋》之后。

公元 87 年 汉章帝章和元年 丁亥

自本年以后，东汉政府在东观收藏图书，并以为官修史书之所。

《史通》卷一一，《史官建置》：自章和以后，图籍盛于东观。凡撰《汉记》，相继在乎其中，而都为著作，竟无他称。

《晋书》卷二四，《职官志》：汉东京图籍在东观，故使名儒著作东观，有其名，尚未有官。

《宋书》卷四〇，《百官志下》：汉东京图籍在东观，故使名儒硕学著作东观，撰述国史，著作之名，自此始也。

《后汉书》卷五，《安帝纪》注引《洛阳宫殿名》曰：南宫有东观。

元《河南志》卷二，引陆机《洛阳记》：东观在南宫，高阁十二间。

公元 92 年 汉和帝永元四年 壬辰

《汉书》作者班固卒。

《后汉书》卷四〇下，《班固传》：及窦宪败，固先坐免官。固不教学诸子，诸子多不遵法度，吏人苦之。初，洛阳令种兢尝行，固奴干其车骑，吏椎呼之，奴醉骂。兢大怒，畏宪不敢发，心衔之。及窦氏宾客皆逮考，兢因此捕系，固遂死狱中，时年六十一。……论曰：司马迁、班固父子，其言史官载籍之作，大义粲然著矣。议者咸称二子有良史之才。迁文直而事核，固文赡而事详。若固之序事，不激诡，不抑抗，赡而不秽，详而有体，使读之者亹亹而不厌，信哉其能成名也。彪、固讥迁，以为是非颇谬于圣人。然其论议常排死节，否正直，而不叙杀身成仁之为美，则轻仁义，贱守节愈矣。固伤迁博物洽闻，不能以智免极刑；然亦身陷大戮，智及之而不能守之。呜呼！古人所以致论于目睫也。

班固卒后，班昭、马续补作《汉书》之八表及《天文志》。

《后汉书》卷八四，《曹世叔妻传》：扶风曹世叔妻者，同郡班彪之女也，名昭字惠班，一名姬。博学高才。世叔早卒，有节行法度。兄固著《汉书》，其八表及《天文志》未及竟而卒。和帝诏昭就东观藏书阁踵而成之。帝数召入宫，令皇后诸贵人师事焉，号曰大家。每有贡献异物，辄诏大家作赋颂。及邓太后临朝，与闻政事。……时《汉书》始出，多未能通者。同郡马融伏于阁下，从昭受读。后又诏融兄续继昭成之。

《后汉书》卷二四，《马援传附马严传》：严七子，唯续、融知名。续字季则，七岁能通《论语》，十三明《尚书》，十六治《诗》，博观群籍，善《九章算术》。

袁宏《后汉纪》卷一九，《顺帝纪》：……马融……兄续，博览古今。同郡班固著《汉书》篇，其七表及《天文志》有录无书，续尽踵而成之。

《隋书》卷三三，《经籍志二》：（班固）断自高祖，终于孝平王莽之诛，为十二纪、八表、十志、六十九传，潜心积思二十余年。建初中始奏表及纪、传，其十志竟不能就。固卒后，始命曹大家续成之。

《史通》卷一二，《古今正史》：（班）固后坐窦氏事，卒于洛阳狱，书颇散乱，莫能综理。其妹曹大家，博学能属文，奉诏校叙。又选高才郎马融等十人从大家受读。其八表及《天文志》等犹未克成，多是待诏东观马续所作，而《古今人表》尤不类本书。

公元 94 年　汉和帝永元六年　甲午

周防于本年前著《尚书杂记》

《后汉书》卷七九上，《周防传》：周防字伟公，汝南汝阳人也……师事徐州刺史盖豫，受古文《尚书》。……拜郎中，撰《尚书杂记》三十二篇，四十万言。太尉张禹荐补博士，稍迁陈留太守，坐法免。年七十八卒于家。

案：张禹自永元六年为太尉。据《周防传》所叙，《尚书杂记》当著成于张禹为太尉之前，故编于此。

公元 100 年 汉和帝永元十二年 庚子

杨终卒。杨终除著《哀牢传》外，曾删削《史记》，又著《春秋外传》。

《后汉书》卷四八，《杨终传》：杨终……后受诏删《太史公书》为十余万言。……著《春秋外传》十二篇，改定章句十五万言。永元十二年，徵拜郎中，以病卒。

《华阳国志》卷一〇上，《先贤士女总赞》：杨终……删《太史公书》为十余万言。

公元 101 年 汉和帝永元十三年 辛丑

贾逵卒。贾逵曾撰《春秋左氏传解诂》、《春秋外传国语注》等。又撰集欧阳、太小夏侯《尚书》古文同异。

《后汉书》卷三六，《贾逵传》：贾逵，字景伯，扶风平陵人也。……父徽，从刘歆受《左氏春秋》，兼习《国语》、《周官》，又受古文《尚书》于涂恽，学《毛诗》于谢曼卿，作《左传条例》二十一篇。逵悉传父业，弱冠能诵《左氏传》及五经本文。以大夏侯《尚书》教授。……尤明《左氏传》、《国语》，为之解诂五十一篇。（李贤注：《左氏》三十篇，《国语》二十一篇也）永平中上疏献之。显宗重其书，写藏秘馆。……拜为郎，与班固并校秘书，应对左右。肃宗立，降意儒术，特好古文《尚书》、《左氏传》。建初元年，诏逵入讲北宫白虎观、南宫云台。……令逵自选《公羊》严、颜诸生高才者二十人，教以《左氏》。……逵数为帝言古文《尚书》与经传《尔雅》诂训相应，诏令撰欧阳、大小夏侯《尚书》古文同异，逵集为三卷，帝善之。复令撰齐、鲁、韩《诗》与毛氏异同，并作《周官解故》。……八年，乃诏诸儒各选高才生，受左氏、谷梁《春秋》、古文《尚书》、《毛诗》，由是四经遂行于世。……和帝即位，永元三年以逵为左中郎将，八年复为侍中领骑都尉。内备帷幄，兼领秘书近署，甚见信用。……逵所著经传义诂及论难百余万言，又作诗、颂、诔、书、连珠、酒令凡九篇，学者宗之，后世称为通儒。……永元十三年卒，时年七十二。

《隋书》卷三二，《经籍志一》：《春秋左氏长经》二十卷，汉侍中贾逵章句。《春秋左氏解诂》三十卷，贾逵撰。……《春秋释训》一卷，贾逵撰。《春秋左氏经传朱墨列》一卷，贾逵撰。……《春秋三家经本训诂》十二卷，贾逵撰。宋有《三家经》二卷，亡。……《春秋外传国语》二十卷，贾逵注。

公元 110 年 汉安帝永初四年 庚戌

刘珍等于本年入东观校书。

《后汉书》卷五，《安帝纪》：永初四年……二月……乙亥……诏谒者刘珍及五经博士，校定东观五经、诸子、传记、百家艺术，整齐脱误，是正文字。

《后汉书》卷八〇上，《刘珍传》：刘珍字秋孙，一名宝，南阳蔡阳人也。少好学，永初中为谒者仆射，邓太后诏使与校书刘騊駼、马融及五经博士，校定东观五经、诸子、传记、百家、艺术，整齐脱误，是正文字。

《后汉书》卷五九，《张衡传》：永初中，谒者仆射刘珍、校书郎刘騊駼等著作东观，撰集《汉记》。

今案：刘珍本年入职东观，仅校订图书而已，《后汉书·刘珍传》将此次校书与后来永宁元年著作东观，分别记述，时间确切，即为明证。唯上引《后汉书·张衡传》言“永初中……撰集《汉记》”云云，时间差误，文渊阁《四库全书》本《后汉书·张衡传》写作“永和中”，亦误，可知《张衡传》均在此事记时上模糊不确，当为“永宁中”之讹。

公元 118 年 汉安帝元初五年 戊午

刘毅请记载邓太后政务史事。

《后汉书》卷一〇上，《皇后纪第十上·邓皇后纪》：元初五年，平望侯刘毅以太后多德政，欲令早有注记，上书安帝曰：臣闻《易》载羲、农而皇德著，《书》述唐、虞而帝道崇。故虽圣明。必书功于竹帛，流音于管弦。伏惟皇太后膺大圣之姿，体乾坤之德……巍巍之业，可闻而不可及，荡荡之勋，可诵而不可名。古之帝王，左右置史，汉之旧典，世有注记。……宜令史官著《长乐宫注》、《圣德颂》，以敷宣景耀，勒勋金石。……帝从之。

公元 120 年 汉安帝永宁元年 庚申

邓太后命刘珍、刘毅、騊駼等撰本朝名臣传。

《后汉书》卷八〇上，《文苑·刘珍传》：永宁元年，太后又诏珍与騊駼作建武以来名臣传。

《后汉书》卷一四，《齐武王縯传附北海靖王兴传》：永宁中，邓太后召（刘）毅及騊駼入东观，与谒者仆射刘珍著中兴以下名臣列士传。

《后汉书》卷八〇上，《文苑·李尤传》：李尤字伯仁，广汉雒人也。……和帝时……召诣东观受诏作赋，拜兰台令史，稍迁。安帝时，为谏议大夫，受诏与谒者仆射刘珍等俱撰《汉记》。

《史通》卷一二，《古今正史》：在汉中兴，明帝始诏班固与睢阳令陈宗、长陵令尹敏、司隶从事孟异作《世祖本纪》，并撰功臣及新市、平林、公孙述事，作列传、载记二十八篇。自是以来，春秋考纪，亦以焕炳，而忠臣、义士莫之撰勒。于是又诏史官谒者仆射刘珍，及谏议大夫李尤，杂作纪、表、名臣、节士、儒林、外戚诸传，起自建武，讫乎永初。

今案：东汉时期官方所为纂修各项本朝纪、表、志、传等等，对照《后汉书》之《刘珍传》、《李尤传》、《史通·古今正史》等篇，综合其说，即知均为《东观汉记》的组成部分。

公元 132 年 汉顺帝阳嘉元年 壬申

蔡邕生。

案：据《后汉书》卷六〇下，《蔡邕传》，邕卒于汉献帝初平三年（公元 192 年），年六十一。逆推之，知生于本年。

公元 134 年 汉顺帝阳嘉三年 甲戌

张衡指摘司马迁、班固的史事记述。

《后汉书》卷五九，《张衡传》：张衡字平子，南阳西鄂人也。……衡少善属文，游于三辅，因入京师，观太学，遂通五经，贯六艺。……永元中，举孝廉不行，连辟公府不就。……大将军邓骘奇其才，累召不应。衡善机巧，尤致思于天文、阴阳、历算。……安帝雅闻衡善术学，公车特徵拜郎中，再迁为太史令。……顺帝初，再转复为中史令。……及为侍中，上疏请得专事东观，收检遗文，毕力补缀。又条上司马迁、班固所叙与典籍不合者十余事；（李贤注：《衡集》其略曰：《易》称宓戏氏王天下，宓戏氏没，神农氏作；神农氏没，黄帝、尧、舜氏作。史迁独载五帝，不记三皇，今宜并录。又一事曰帝系，黄帝产青阳、昌意。《周书》曰：乃命少皞清，清即青阳也，今宜实定之。）又以为《王莽本传》但应载篡事而已，至于编年月，纪灾祥，宜为《元后本纪》；又更始居位，人无异望，光武初为其将，然后即真，宜以更始之号建于光武之初。书数上，竟不听。及后之著述，多不详典，时人追恨之。

案：张衡条上司马迁、班固所叙与典籍不合者十余事，不详何年。今据孙文青《张衡年谱》，编于本年。

公元 141 年　汉顺帝永和六年　辛巳

应奉著《汉书后序》及《汉事》。

《后汉书》卷四八，《应奉传》：应奉字世叔，汝南南顿人也。……著《汉书后序》，多所述载。大将军梁冀举茂才。（李贤注引《袁山松书》曰："奉又删《史记》、《汉书》及《汉记》三百六十余年，自汉兴至其时，凡十七卷，名曰《汉事》。）

章宗源《隋书经籍志考证》：《隋志》子部儒家注云梁有《后序》十二卷，应奉撰，亡。当即范氏所称《汉书后序》。寻其名义，似宜列诸史部。

案：梁冀于顺帝永和六年（公元 141 年）始为大将军。据《应奉传》之文，应奉著《汉书后序》，当在本年以前。

公元 148 年　汉桓帝建和二年　戊子

《汉纪》作者 荀悦生。

案：据《后汉书》卷六二《荀淑传附荀悦传》："年六十二，建安十四年（公元 209 年）卒"。逆推之，知生于本年。

公元151年 汉桓帝元嘉元年 辛卯

伏无忌、黄景、崔寔等于本年前后共撰《汉记》。伏无忌著《伏侯注》。

《后汉书》卷二六，《伏湛传》：元嘉中，桓帝复诏（伏）无忌与黄景、崔寔等共撰《汉记》；又自（案：指伏无忌。）采集古今，删著事要，号曰《伏侯注》。（李贤注："其书上自黄帝，下尽汉质帝，为八卷，见行于今。）

《隋书》卷三三，《经籍志二》：《古今注》八卷，伏无忌撰。

《后汉书》卷五二，《崔骃传附崔寔传》：寔字子真……（桓帝时）召拜议郎，迁大将军（梁）冀司马，与边韶、延笃等著作东观。

《后汉书》卷八〇上，《边韶传》：边韶字孝先，陈留浚仪人也。……桓帝时为临颍侯相，徵拜太中大夫，著作东观。

《后汉书》卷一六，《邓禹传》：永寿中，（邓嗣）与伏无忌、延笃著书东观，官至屯骑校尉。

案：余嘉锡《四库提要辨证》卷五《史部三》云："是与伏无忌等同著书者，又有邓嗣，《史通》偶遗其名。"

《史通》卷一二，《古今正史》：复命侍中伏无忌与谏议大夫黄景作《诸王王子功臣恩泽侯表》、《南单于西羌传》、《地理志》。至元嘉元年，复令太中大夫边韶、大军营司马崔实、议郎朱穆、曹寿杂作孝穆、崇二皇（后）及顺烈皇后传，又增《外戚传》入安思等后，《儒林传》入崔篆诸人。实、寿又与议郎延笃杂作《百官表》、顺帝功臣孙程、郭愿及郑众、蔡伦等传，凡百十有四篇，号曰《汉记》。

案：余嘉锡《四库提要辨证》卷五，《史部三》："大军营司马，官名，殊不经见。考之范书《崔实传》云：'召拜议郎，迁大将军冀司马，与边韶、延笃著作东观。'盖《史通》传刻，脱一'将'字，浅人因不知冀为大将军之名，遂妄改为营。……至于浦起龙《通释》谓考穆崇二皇'传写讹脱，当作献穆、考崇二皇后。'则又非是。（黄叔琳《史通训故补》不言有讹脱。）献穆皇后乃曹操之女，献帝之后，薨于魏景初元年，崔寔等死已久矣，安得为之作传乎？考《桓帝纪》云：'本初元年，闰月，即皇帝位。九月，追尊皇祖河间献王曰孝穆皇，皇考蠡吾侯曰孝崇皇。'以其位号出于追尊，故皇而不帝，且不作纪而作传也。起龙不知此事，而欲轻改篇文，妄孰甚焉？《史通》又云：'实、寿又与议郎延笃杂作《百官表》、顺帝功臣孙程、郭愿及郑众、蔡伦等传。' 案顺帝即位时，宦官以功封侯者十九人，姓名具见范书《宦者孙程传》，无郭愿其人，此盖郭镇之误。镇……事迹附见《郭躬传》。"

公元 167 年　汉灵帝永康元年　丁未

延笃卒。延笃曾著作东观，又著《战国策论》。

《后汉书》卷六四，《延笃传》：延笃字叔坚，南阳犨人也。少从颍川唐溪典受《左氏传》，旬日能讽诵之，典深敬焉。又从马融受业，博通经传及百家之言，能著文章，有名京师。……桓帝以博士徵，拜议郎，与朱穆、边韶共著作东观。稍迁侍中。……迁左冯翊，又徙京兆尹。……永康元年，卒于家。……笃论解经传，多所驳正，后儒服虔等以为折中。所著诗、论、铭、书、应讯、表、教令，凡二十篇云。

《隋书》卷三三，《经籍志二》：《战国策论》一卷，汉京兆尹延笃撰。

公元 175 年　汉灵帝熹平四年　乙卯

蔡邕等正定五经文字，立石碑于太学门外。

《后汉书》卷八，《灵帝纪》：（熹平）四年春三月，诏诸儒正五经文字，刻石立于太学门外。

《后汉书》卷七九，《儒林列传序》：熹平四年，灵帝乃诏诸儒正定五经，刊于石碑，为古文、篆、隶三体书法，以相参检，树之学门，使天下咸取则焉。

《后汉书》卷六四，《卢植传》：熹平四年……时始立太学石经，以正五经文字。

《后汉书》卷六〇下，《蔡邕传》：蔡邕，字伯喈，陈留圉人也。……少博学，师事太傅胡广。好辞章、数术、天文，妙操音律。……建宁三年，辟司徒桥玄府。……出补河平长。召拜郎中，校书东观。迁议郎。邕以经籍去圣久远，文字多谬，俗儒穿凿，疑误后学。熹平四年，乃与五官中郎将堂溪典、光禄大夫杨赐、谏议大夫马日磾、议郎张驯、韩说、太史令单飏等，奏求正定六经文字。

灵帝许之。邕乃自书册于碑，使工镌刻，立于太学门外。于是后儒晚学，咸取正焉。（李贤注引《洛阳记》曰："太学在洛城南开阳门外，讲堂长十丈，广二丈。堂前石经四部，本碑凡四十六枚。西行，《尚书》、《周易》、《公羊传》十六碑存，二十碑毁；南行，《礼记》十五碑悉崩坏；东行，《论语》三碑，二碑毁。《礼记》碑上有谏议大夫马日磾、议郎蔡邕名。）

《后汉书》卷七九上，《张驯传》：张驯，字子俊，济阴定陶人也。……拜议郎，与蔡邕共奏定六经文字。

公元 177 年 汉灵帝熹平六年 丁巳

马日磾、蔡邕、杨彪、卢植等于本年前补续《汉记》。

《后汉书》卷六〇下，《蔡邕传》：邕前在东观，与卢植、韩说等撰补《后汉记》。

《后汉书》卷五四，《杨震传附杨彪传》：彪字文先……熹平中，以博习旧闻，公车徵拜议郎。（李贤注：《华峤书》曰：与马日磾、卢植、蔡邕等著作东观。）

《后汉书》卷六四，《卢植传》：卢植，字子幹，涿郡涿人也。……少与郑玄俱事马融，能通古今学，好研精而不守章句。……熹平四年……拜九江太守……以疾去官。……拜为庐江太守。……岁余复徵拜议郎，为谏议大夫马日磾、议郎蔡邕、杨彪、韩说等，并在东观校中书五经记传，补续《汉记》。帝以非急务，转为侍中，迁尚书。

《史通》卷一二，《古今正史》：熹平中，光禄大夫马日磾、议郎蔡邕、杨彪、卢植著作东观，接续纪传之可成者；而邕别作《朝会》、《车服》二志。

公元 178 年 汉灵帝光和元年 戊午

蔡邕奏上所著《十意》。

《后汉书》卷六〇下，《蔡邕传》：邕前在东观，与卢植、韩说等撰补《后汉记》，会遭事流离，不及得成，因上书自陈，奏其所著《十意》（李贤注：犹前书十志也。《邕别传》曰：邕昔作《汉记十意》，未及奏上，遭事流离，因上书自陈曰："……臣自在布衣，常以为《汉书十志》下尽王莽而止，光武以来，唯记纪传，无续志者。臣所事师故太傅胡广，知臣颇识其门户，略以所有旧事与臣，虽未备悉，粗见首尾。积累思惟二十余年，不在其位，非外史庶人所得擅述。天诱其衷，得备著作郎，建言十志皆当撰录。会臣被罪，逐放边野，恐所怀随躯朽腐，抱恨黄泉，遂不设施，谨先颠踣，科条诸志，臣欲删定者一，所当连续者四，前志所无，臣欲著者五；及经典群书〔所〕宜捃摭，本奏诏书所当依据，分别首目，并书章左。惟陛下留神省察。臣谨因临戎长霍圉封上。”有《律历意》第一，《礼意》第二，《乐意》第三，《郊祀意》第四，《天文意》第五，《车服意》第六），分别首目，连置章左，帝嘉其才高。

《后汉书·律历志下》：论曰：“……光和元年中，议郎蔡邕、郎中刘洪，补续《律历志》。邕能著文，清浊钟律；洪能为算，述叙三光。今考论其业，义指博通，术数略举，是以集录为上下篇，放续前志，以备一家”。（李贤注：蔡邕戍边上章曰：“……臣邕……以叔父故卫尉质时为尚书，召拜郎中，受诏诣东观著作，遂与群儒并拜议郎。……臣自在布衣，常以为《汉书十志》下尽王莽，而世祖以来唯有纪传，无续志者。臣所师事故太傅胡广，知臣颇识其门户，略以所有旧事，虽未备悉，粗见首尾。积累思惟二十余年，不在其位，非外吏庶人所得擅述。天诱其衷，得备著作郎，建言十志皆当撰录，遂与议郎张华等分受之。所使元顺难者皆以付臣。先治律历，以筹算为本，天文为验。请太师旧注，考校连年，往往颇有差舛。……郎中刘洪，密于用算，故臣表上洪，与共参思，图牒寻绎。适有头角，会臣被罪，遂〔逐〕放边野。臣窃自痛：一为不善，使史籍所阙，胡广所校，二十年之思，中道废绝，不得究竟。……诚恐所怀随躯腐朽，抱恨黄泉，遂不设施，谨先颠踣科条诸志。臣欲制删定者一，所当接续者四，前志所无，臣欲著者三，及经典群书所宜捃摭，本奏诏书所当依据，分别首目，并书章左。……谨因临戎长霍圉封上。”）

《后汉书·礼仪志上》刘昭注引《谢沈书》曰：太傅胡广博综旧仪，立汉制度，蔡邕依以为志。

《后汉书·祭祀志上》刘昭注引《谢沈书》曰：蔡邕引中兴以来所修者为《祭祀〔意〕》〔此〕志即邕之意也。

《后汉书·天文志上》刘昭注引《谢沈书》曰：蔡邕撰建武以后星验著明，以续前志。

《后汉书·舆服志下》刘昭注引蔡邕《表志》曰：永平初，诏书下车服制度……臣以为宜集旧事仪注本奏以成志也。

《后汉书·律历志中》刘昭注引《袁山松书》曰：刘洪，字元卓，泰山蒙阴人，鲁王之宗室也。延熹中，以校尉应太史徵，拜郎中，迁常山长史，以父忧去官。

后为上计掾，拜郎中，检东观，著作《律历记》……洪善算，当世无偶，作《七曜术》。及在东观，与蔡邕共述《律历记》。

公元181年 汉灵帝光和四年 辛酉

《尚书记难》作者张奂卒。

《后汉书》卷六五，《张奂传》：张奂，字然明，敦煌酒泉人也。……奂少游三辅，师事太尉朱宠，学欧阳《尚书》。初，《牟氏章句》浮辞繁多，（李贤注：时牟卿受书于张堪，为博士，故有《牟氏章句》。）有四十五万余言，奂减为九万言。后辟大将军梁冀府，乃上书桓帝，奏其《章句》，诏下东观。……著《尚书记难》三十余万言。……光和四年卒，年七十八。

公元183年 汉灵帝光和六年 癸亥

刘陶撰《中文尚书》。

《后汉书》卷五七，《刘陶传》：刘陶字子奇，一名伟，颍川颍阴人。……陶明《尚书》、《春秋》，为之训诂。推三家《尚书》（李贤注：三家谓夏侯建、夏侯胜、欧阳和伯也。）及古文，是正文字七百余事，名曰《中文尚书》。顷之，拜侍御史。灵帝宿闻其名，数引纳之。……方诏陶次第《春秋》条例。明年，张角反乱，海内鼎沸。

公元188年 汉灵帝中平五年 戊辰

服虔于本年前著《春秋左氏传解》。

《后汉书》卷七九下，《服虔传》：服虔字子慎，初名重，又名祇，后改为虔，河南荥阳人也。少以清苦建志，入太学受业。有雅才，善著文论，作《春秋左氏传解》，行之至今。又以《左传》驳何休之所驳汉事六十条。举孝廉，稍迁。中平末拜九江太守，免。遭乱行，客病卒。所著赋、碑、诔、书记、连珠、《九愤》，凡十余篇。

公元 190 年　汉献帝初平元年　庚午

《汉语》作者荀爽卒。

《后汉书》卷九，《献帝纪》：初平元年……夏五月，司空荀爽薨。

《后汉书》卷六二，《荀淑传附荀爽传》：爽字慈明，一名谞。……延熹九年……拜郎中……因复就拜平原相。行至宛陵，复追为光禄勋。视事三日，进拜司空。……会病薨，年六十三。著《礼》、《易传》、《诗传》、《尚书正经》、《春秋条例》。又集汉事成败可为鉴戒者，谓之《汉语》。

案：《史记·孝文本纪》有司马贞《索隐》指出：《汉语》是书名，荀爽所作。

公元 192 年　汉献帝初平三年　壬申

蔡邕卒。

《后汉书》卷六〇下，《蔡邕传》：及（董）卓被诛，邕在司徒王允坐，殊不意言之而叹，有动于色。允勃然叱之曰："董卓国之大贼，几倾汉室，君为王臣，所宜同忿，而怀其私遇，以忘大节。今天诛有罪，而反相伤痛，岂不共为逆哉？"即收付廷尉治罪。邕陈辞谢，乞黥首刖足，继成汉史。士大夫多矜救之，不能得。太尉马日磾驰往谓允曰："伯喈旷世逸才，多识汉事，当续成后史，为一代大典。且忠孝素著，而所坐无名，诛之无乃失人望乎？"允曰："昔武帝不杀司马迁，使作谤书流于后世。方今国祚中衰，神器不固，不可令佞臣执笔在幼主左右，既无益圣德，复使吾党蒙其讪议。"日磾退而告人曰："王公其不长世乎！善人，国之纪也；制作，国之典也。灭纪废典，其能久乎？"邕遂死狱中，允悔欲止而不及，时年六十一。搢绅诸儒莫不流涕，北海郑玄闻而叹曰："汉世之事，谁与正之？"兖州、陈留间皆画像而颂焉。其撰集汉事，未见录以继后史。适作《灵纪》及《十意》，又补诸列传四十二篇，因李傕之乱，湮没多不存。所著诗、赋、碑、诔、铭、赞、连珠、箴、吊、论议、《独断》、《劝学》、《释诲》、

《叙乐》、《女训》、《篆执》、祝文、章表、书记，凡百四篇，传于世。

《直斋书录解题》卷六，《职官类》：《独断》二卷，汉议郎陈留蔡邕伯喈撰，记汉世制度礼文车服及诸帝世次，而兼及前代礼乐。舒、台二郡皆有刻本。向在莆田，尝录李氏本，大略与二本同。而上下卷前后错互，因并存之。

公元196年 汉献帝建安元年 丙子

应劭著成《汉仪》、《驳议》。

《后汉书》卷四八，《应奉传附应劭传》：劭字仲远。……又删定律令为《汉仪》，建安元年乃奏之曰："夫国之大事，莫尚载籍。载籍也者，决嫌疑，明是非，赏刑之宜，允获厥中，俾后之人永为监焉。……今大驾东迈，巡省许都，拔出险难，其命惟新。臣累世受恩，荣祚丰衍，窃不自揆，贪少云补，辄撰具律本章句、尚书旧事、廷尉板令、决事比例、司徒都目、五曹诏书及春秋断狱，凡二百五十篇，蠲去复重，为之节文。又集《驳议》三十篇，以类相从，凡八十二事：其见《汉书》二十五、《汉记》四（李贤注：即《东观记》），皆删叙润色，以全本体；其二十六，博采古今瓌玮之士，文章焕炳，德义可观；其二十七，臣所创造，岂繄自谓，必合道衷，心焉愤邑，聊以藉手。……虽未足纲纪国体，宣洽时雍，庶几观察，增阐圣听。惟因万机之余暇，游意省览焉。"献帝善之。

公元197年 汉献帝建安二年 丁丑

应劭于本年后著《汉官礼仪故事》、《汉官仪》、《风俗通》等。

《后汉书》卷四八，《应奉传附应劭传》：（建安）二年，诏拜劭为袁绍军谋校尉。时始迁都于许，旧章湮没，书记罕存。劭慨然叹息，乃缀集所闻，著《汉官礼仪故事》，凡朝廷制度，百官典式，多劭所立。初，父奉为司隶时，并下诸官府郡国，各上前人像赞；劭乃连缀其名，录为《状人纪》；又论当时行事，著《中汉辑序》；撰《风俗通》，以辩物类名号，释时俗嫌疑，文虽不典，后世服其洽闻。凡所著述百三十六篇。又集解《汉书》，皆传于时。后卒于邺。

《三国志》卷二一，《王粲传注》：华峤《汉后书》曰：劭字仲远，亦博学多识，尤好事，诸所撰述《风俗通》等凡百余篇。辞虽不典，世服其博闻。《续汉书》曰：劭又著《中汉辑叙》、《汉官仪》及《礼仪故事》凡十一种，百三十六卷，朝廷制度、百官仪式所以不亡者，由劭记之。

《隋书》卷三三，《经籍志二》：《汉官》五卷，应劭注。《汉官仪》十卷，应劭撰。

公元 200 年 汉献帝建安五年 庚辰

荀悦著成《汉纪》。

《后汉书》卷六二，《荀淑传附荀悦传》：悦字仲豫，俭之子也，俭早卒。悦年十二能说《春秋》。家贫无书，每之人间所见篇牍，一览多能诵记。性沉静，美姿容，尤好著述。灵帝时阉官用权，士多退身穷处，悦乃托疾隐居，时人莫之识。唯从弟彧特称敬焉，初辟镇东将军曹操府，迁黄门侍郎。献帝颇好文学，悦与（从弟）彧及少府孔融侍讲禁中，旦夕谈论。累迁秘书监、侍中。时政移曹氏，天子恭己而已。悦志在献替，而谋无所用，乃作《申鉴》五篇。……其大略曰："……又古者天子、诸侯，有事必告于庙，朝有二史，左史记言，右史书事，事为《春秋》，言为《尚书》。君举必记，善恶成败无不存焉。下及士庶，苟有茂异，咸在载籍。或欲显而不得，或欲隐而名章。得失一朝而荣辱千载，善人劝焉，淫人惧焉。宜于今者备置史官，掌其典文，纪其行事，每于岁尽，举之尚书。以助赏罚，以弘法教。"帝览而善之。帝好典籍，常以班固《汉书》文繁难省，乃命悦依《左氏传》体以为《汉纪》三十篇，诏尚书给笔札。辞约事详，论辨多美。其序之曰："昔在上圣，惟建皇极，经纬天地，观象立法，乃作书契以通宇宙。扬于王庭，厥用大焉。先王光演大业，肆于时夏，亦惟厥后，永世作典。夫立典有五志焉：一旦达道义，二曰章法式，三曰通古今，四曰著功勋，五曰表贤能，于是天人之际，事物之宜，粲然显著，罔不备矣。……汉四百有六载，拨乱反正，统武兴文，永惟祖宗之洪业，思光启乎万嗣。圣上穆然，惟文之恤，瞻前顾后，是绍是继，阐崇大猷，命立国典。于是缀叙旧书，以述《汉纪》，中兴以前，明主贤臣得失之轨，亦足以观矣。"又著《崇德正论》及诸论数十篇，年六十二，建安十四年卒。

《汉纪序》（载张溥《汉魏六朝百三家集》卷一七）：凡《汉纪》十二世、十一帝，通王莽二百四十二年。……建安元年，上巡省幸许昌，以镇万国。外命亢辅征讨不庭，内齐七政允亮圣业，综练典籍，兼览传记。其三年，诏给事中，秘书监荀悦抄撰《汉书》，略举其要。假以不直，尚书给纸笔，虎贲给书吏。悦于是约集旧书，撮序表、志，总为帝纪，通比其事，例系年月。其祖宗功勋、先帝事业、国家纲纪、天地灾异、功臣名贤奇策善言殊德异行、法式之典，凡在《汉书》者，本末体殊，大略粗举。其经传所遗阙者差少，而求志势有所不能尽繁重之语，凡所行之事，出入省要，删略其文，凡为三十卷，数十万言。作为帝纪，省约易习，无妨本书，有便于用，其旨云尔。会悦迁为侍中，其五年书成。……凡《汉纪》有法式焉，有监戒焉，有废乱焉，有持平焉，有兵略焉，有政化焉，有休祥焉，有灾异焉，有华夏之事焉，有四夷之事焉，有常道焉，有权变焉，有策谋焉，有诡说焉，有术艺焉，有文章焉，斯皆明主贤臣命世立业，群后之盛勋，髦俊之遗事。是故质之事实而不诬，通之万方而不泥；可以兴，可以治，可以动，可以静，可以言，可以行；惩恶而劝善，奖成而惧败。兹亦有国之常训，典籍之渊林。虽云撰之者陋浅，而本末存焉尔，故君子可观之矣。

《三国志》卷一〇，《荀彧传》裴松之注：张璠《汉纪》称悦清虚沉静，善于著述。建安初，为秘书监、侍中，被诏删《汉书》，作《汉纪》三十篇。因事以明臧否，致有典要，其书大行于世。

《隋书》卷三三，《经籍志二》：自史官放绝，作者相承，皆以班、马为准。起汉献帝，雅好典籍，以班固《汉书》文繁难省，命颍川荀悦作《春秋左传》之体，为《汉纪》三十篇。言约而事详，辩论多美，大行于世。又，《汉纪》三十卷，汉秘书监荀悦撰。

公元201年 汉献帝建安六年 辛巳

《古史考》作者谯周生。

案：据《三国志》卷四二《谯周传》，谯周卒于晋泰始六年（公元270年），七十岁。逆推之，知生于本年。

《三辅决录》作者赵岐卒。

《后汉书》卷六四，《赵岐传》：赵岐字邠卿，京兆长陵人也。初名嘉，生于御史台，因字台卿。后避难，故自改名字，示不忘本土也。岐少明经有才艺。……

及献帝西都，复拜议郎，稍迁太仆。……拜岐为太常。年九十余，建安六年卒。……岐多所述作，著《孟子章句》、《三辅决录》传于时。（李贤注：《决录序》曰：三辅者，本雍州之地，世世徙公卿吏二千石及高赀，皆以陪诸陵，五方之俗杂会，非一国之风，不但系于《诗·秦豳》也。其为士好高尚义，贵于名行，其俗失则趣势进权，唯利是视。余以不才，生于西土，耳能听而闻故老之言，目能视见衣冠之畴，心能识而观其贤愚。常以玄冬，梦黄发之士，姓玄名明，字子真，与余寤言，言必有中，善否之间，无所依违，命操笔者书之，近从建武以来暨于斯。今其人既亡，行乃可书，玉石朱紫，由此定矣，故谓之《决录》矣。）

《隋书》卷三三，《经籍志二》：《三辅决录》七卷，汉太仆赵岐撰，挚虞注。

公元 204 年　汉献帝建安九年　甲申

《吴书》作者韦曜生。

案：据《三国志》卷六五《韦曜传》，韦曜于吴凤凰二年（公元 273 年）入狱致死，年七十。逆推之，知生于本年。

公元 209 年　汉献帝建安十四年　己丑

《汉纪》作者荀悦卒。

《后汉书》卷六二，《荀淑传附荀悦传》：年六十二，建安十四年卒。

公元 217 年　汉献帝建安二十二年　丁酉

《汉末英雄记》作者王粲卒。

《三国志》卷二一，《王粲传》：王粲字仲宣，山阳高平人也。……魏国既建，拜侍中，博物多识，问无不对。……建安二十一年从征吴，二十二年春道病卒，时年四十一。

《隋书》卷三三，《经籍志二》：《汉末英雄记》八卷，王粲撰，残缺，梁有十卷。

公元220年 汉献帝建安二十五年 庚子

东汉亡。东汉时较重要之史学事迹，其年代不详者，尚有：

侯瑾著《汉皇德纪》。

《后汉书》卷八〇下,《侯瑾传》:侯瑾字子瑜,敦煌人也。少孤贫,依宗人居。性笃学，恒傭作为资，暮还，辄燃柴以读书。……州郡累召，公车有道徵，并称疾不到。……而徙入山中，覃思著述，以莫知于世，故作《应宾难》以自寄。又案《汉记》撰中兴以后行事，为《皇德传》三十篇行于世。

《隋书》卷三三,《经籍志二》:《汉皇德纪》三十卷，汉有道徵士侯瑾传，起光武，至冲帝。

《旧唐书》卷四六,《经籍志上》:《汉皇德纪》三十卷，侯瑾撰。

刘艾著《汉灵献二帝纪》。

《隋书》卷三三,《经籍志二》:《汉灵献二帝纪》三卷，汉侍中刘芳（案:"芳"当作"艾"）撰，残缺，梁有六卷。

《旧唐书》卷四六,《经籍志上》:《汉灵献二帝纪》六卷，刘艾撰。

高诱著《战国策注》。

《隋书》卷三三,《经籍志二》:《战国策》二十一卷，高诱撰注。

《旧唐书》卷四六,《经籍志上》:《战国策》三十二卷，高诱注。

《新唐书》卷五八,《艺文志二》:高诱注《战国策》三十二卷。

高诱《淮南子叙》:自诱之少，从故侍中同县卢君（案：指涿郡涿县人卢植）受其句读,诵举大义。……建安十年辟司空掾,除东郡濮阳令……为之注解。……至十七年，迁监河东，复更补足。……

齐思和《补后汉书高诱传》(见《周叔弢先生六十生日纪念论文集》，香港龙门书店1967年影印):诱生卒年俱无可考，但诱于建安十七年既成《淮南注》，又注《孝经》、《吕氏春秋》、《战国策》等书，则其卒至早亦当远在魏代汉之后。诱自称少受学于卢君，是时如诱年二十，则其监河东当在四十以后，而其卒或在魏明帝时矣。

公元 221 年　魏文帝黄初二年　辛丑

郑默约于本年后著《中经簿》。

《初学记》卷一二，引王隐《晋书》：郑默，字思元，为秘书郎，删省旧文，除其浮秽，著魏《中经簿》。中书令虞松谓默曰："而今而后，朱紫别矣。"

《广弘明集》卷三，阮孝绪《七录序》：魏晋之世，文籍逾广，皆藏在秘书中外三阁。魏秘书郎郑默删定旧文，时之论者谓为朱紫有别。

《隋书》卷三二，《经籍志一》：董卓之乱，献帝西迁，图书缣帛，军人皆取为帷囊。所收而西，犹七十余载。两京大乱，扫地皆尽。魏氏代汉，采掇遗亡，藏在秘书中外三阁，魏秘书郎郑默始制《中经》。

案：郑默著《中经簿》不详何年，据上引诸文，当在本年以后，故编于此。

公元 222 年　吴王（孙权）黄武元年　壬寅

谢承约于本年前后著《后汉书》。

《三国志》卷五〇，《吴主权谢夫人传》：吴主权谢夫人，会稽山阴人也。父煚，汉尚书郎、徐令。权母吴为权聘以为妃，爱幸有宠。后权纳姑孙徐氏，欲令谢下之，谢不肯，由是失志，早卒。后十余年，弟承拜五官郎中，稍迁长沙东部都尉、武陵太守。撰《后汉书》百余卷。（裴松之注：《会稽典录》曰：承字伟平，博学洽闻，尝所知见，终身不忘。）

《隋书》卷三三，《经籍志二》：《后汉书》一百三十卷，无帝纪，吴武陵太守谢承撰。又，《会稽先贤传》七卷，谢承撰。

案：谢承著《后汉书》之年代，史无明文。据《三国志·谢夫人传》所云，谢承任五官郎中等职系谢夫人卒后十余年之事，而谢夫人之卒在孙权娶徐夫人以后。《三国志》卷五〇《徐夫人传》云："权为讨虏将军，在吴聘以为妃。"考《三国志》卷四七《孙权传》，孙权为讨虏将军在公元 200 年（汉献帝建安五年），则谢夫人之卒最早不过此年，可知谢承开始为五官郎中约在公元 215 年（建安二十年）前后。又据《谢夫人传》及《隋书·经籍志》

之文，谢承著成《后汉书》当在其为武陵太守之时。考武陵本属蜀，自公元 219 年（建安二十四年）吕蒙攻杀关羽后始属吴，则谢承为武陵太守及其著成《后汉书》最早约在此后数年中。故编于此。

公元 227 年 魏明帝太和元年 丁未

魏明帝即位后，开始设置专掌修史之官，称为著作郎。

《晋书》卷二四，《职官志》：著作郎，周左史之任也。汉东京图籍在东观，故使名儒著作东观，有其名尚未有官。魏明帝太和中，诏置著作郎，于此始有其官，隶中书省。

公元 232 年 魏明帝太和六年 壬子

卫觊、缪袭于本年前撰著魏史。

《史通》卷一二，《古今正史》：魏史：黄初、太和中始命尚书卫觊、缪袭草创纪传。累载不成。

《三国志》卷二一，《卫觊传》：卫觊字伯儒，河东安邑人也。……文帝践阼，复为尚书，封阳吉亭侯。明帝即位，进封阌乡侯。……受诏典著作。又为《魏官仪》。凡所撰数十篇。

《三国志》卷二一，《刘劭传附缪袭传》：东海缪袭亦有才学，多所述叙，官至尚书光禄勋。（裴松之注：《文章志》曰：袭字熙伯，辟御史大夫府，历事魏四世，正始六年，年六十卒。）

案：据《史通》所述，卫觊与缪袭撰著魏史系在魏文帝黄初（公元 220—226 年）及魏明帝太和（公元 227—232 年）十余年间，当在本年以前，故编于此。

公元 233 年 蜀后主建兴十一年 癸丑

《三国志》作者陈寿生。

案：据《晋书》卷八二，《陈寿传》，陈寿卒于晋惠帝元康七年（公元 297 年），六十五岁。逆推之，知生于本年。

公元 251 年 吴大帝太元元年 辛未

吴大帝（孙权）始命丁孚与项峻撰著《吴书》。

《三国志》卷五三，《薛综传附薛莹传》：右国史华覈上疏曰："……大吴受命，建国南土。大皇帝末年，命太史令丁孚、郎中项峻始撰《吴书》。孚、峻俱非史才，其所撰作，不足纪录。"

公元 252 年 吴少帝建兴元年 壬申

韦昭与华覈、薛莹、周昭、梁广等共撰《吴书》。

《三国志》卷六五，《韦曜传》：韦曜，字弘嗣，吴郡云阳人也。（裴注：曜本名昭，史为晋讳改之。）……孙亮（少帝）即位，诸葛恪辅政，表曜为太史令，撰《吴书》。华覈、薛莹等皆与参同。

《三国志》卷五三，《薛综传附薛莹传》：右国史华覈上疏曰："……至少帝时，更差韦曜、周昭、薛莹、梁广及臣五人访求往事，所共撰立，备有本末。"

《三国志》卷五二，《步骘传》：周昭者，字恭远，与韦曜、薛莹、华覈并述《吴书》。

《史通》卷一二，《古今正史》：（吴）少帝时，更敕韦曜、周昭、薛莹、梁广、华覈访求往事，相与记述。并作之中，曜、莹为首。

公元 255 年 魏高贵乡公正元二年 乙亥

在本年前后，王沉与荀觊、应璩、阮籍、孙该、傅玄等均曾奉命撰著魏史，最后由王沉著成《魏书》。

《晋书》卷三九,《王沉传》: 王沉，字处道，太原晋阳人也。……(齐王曹芳时)转秘书监。正元中，迁散骑常侍、侍中，典著作。与荀觊、阮籍共撰《魏书》，多为时讳，未若陈寿之实录也。

《史通》卷一二，《古今正史》：魏史：黄初、太和中，始命尚书卫觊、缪袭草创纪传，累载不成。又命侍中韦诞、应璩、秘书监王沉、大将军从事中郎阮籍、司徒右长史孙该、司隶校尉傅玄等复共撰定。其后王沉独就其业，勒成《魏书》四十四卷。其书多为时讳，殊非实录。

《太平御览》卷二三三,引王隐《晋书》: 王沉为秘书监,著《魏书》,多为时讳，而善序事。

《宋书·五行志序》：王沉《魏书》，志篇缺，凡厥灾异，但编帝纪而已。

《三国志》卷二一，《王粲传附应璩传》注引《文章叙录》:（应）璩，字休琏……齐王即位，稍迁侍中、大将军长史。……复为侍中，典著作。嘉平四年卒。

《晋书》卷四九，《阮籍传》: 阮籍，字嗣宗，陈留尉氏人也。……宣帝（司马懿）为太傅，命籍为从事中郎。及帝崩，复为景帝（司马师）大司马从事中郎。高贵乡公即位，封关内侯，徙散骑常侍。……及文帝（司马昭）辅政……引为大将军从事中郎。……景元四年冬卒，时年五十四。

《三国志》卷二一，《刘劭传》裴注引《文章叙录》:（孙）该，字公达，强志好学。年二十，上计掾，召为郎中，著《魏书》。迁博士、司徒右长史，复还入著作。景元二年卒官。

《晋书》卷四七，《傅玄传》: 傅玄，字休奕，北地泥阳人也。……（魏时）除郎中，与东海缪施俱以时誉选入著作，撰集《魏书》。

案：王沉最后著成《魏书》之年代已不能确考。

公元 263 年　蜀后主炎兴元年　癸未

蜀亡。王崇于本年后著《蜀书》。

《华阳国志》卷一一，《王化传》：（王）崇，字幼远，学业渊博，雅性洪粹。蜀时东观郎。大同后，梁州辟别驾，别举秀才，尚书郎。与寿良、李宓、陈寿、李骧、杜烈同入京洛，为二州标隽。……著《蜀书》及诗赋之属数十篇，其书与陈寿颇不同。

案：王崇著《蜀书》不详何年，据《华阳国志》所述，当在蜀亡之后。

公元 265 年　魏陈留王咸熙二年　晋武帝泰始元年　乙酉

魏亡。魏史撰述有鱼豢所著《魏略》，鱼豢又撰有《典略》。

《隋书》卷三三，《经籍志二》：《典略》八十九卷，魏郎中鱼豢撰。

《旧唐书》卷四六，《经籍志上》正史类：《魏略》三十八卷，鱼豢撰。

《旧唐书》卷四六，《经籍志上》杂史类：《典略》五十卷，鱼豢撰。

《史通》卷一二，《古今正史》：魏时京兆鱼豢，私撰《魏略》，事止明帝。

《新唐书》卷五八，《艺文志二》：鱼豢《魏略》五十卷。

杭世骏《诸史然疑》之《三国志》条：《唐书》志艺文，称鱼豢《魏略》有五十卷，并不言有《典略》，《隋志》则并《魏略》亦无。此注引《魏略》又引《典略》，即一书也。《太平御览》直称《魏典略》焉。《略》有列传，有《纯固传》、有《清介传》、有《儒宗传》、有《勇侠传》、有《游说传》、有《苛吏传》、有《佞幸传》、有《西戎传》，皆与他史题目不同。姚思廉修《梁书》，又称《魏略·知足传》"方田徐於管胡"，则其道本异。刘勰云："《阳秋》、《魏略》之属，《江表》、《吴录》之类，或激抗难徵，或疏阔寡要。"刘知幾云："鱼豢、姚察著魏、梁二史，巨细毕载，芜累甚多。而俱牓之以略，考名责实，奚其爽欤！"

姚振宗《隋书经籍志考证》卷一三：《典略》八十九卷，魏郎中鱼豢撰……章氏《考证》曰："鱼豢《魏略》只记曹魏，故以魏名，若《典略》所载，惟裴松之《三国志注》、章怀《后汉书注》专引汉末及三国事。至《史记·苏秦传·索隐》，《初学记》地部、文部、兽部，《艺文类聚》礼部、职官部、杂文部，《北堂书钞》帝王部、政术部、设官部，《文选·魏都赋注》、《别赋注》，《太平御览》地部、兵部、人事部、礼仪部、乐部、服章部、工艺部、布帛部、资产部、兽部、药部，皆春秋、战国、秦汉事。记载既广，体裁亦杂，与《魏略》断代为书者，一为正史，一为杂史。……”侯康补《三国艺文志》："杭世骏《诸史然疑》曰《唐书》志艺文，称鱼豢《魏略》有五十卷，并不言有《典略》，《隋志》则并《魏略》亦无，《三国志注》引《魏略》又引《典略》，即一书也。《太平御览》直称《魏典略》焉。康按：《隋志》无《魏略》而有《典略》，杭氏似并《典略》忘之。要其合二书为一，则确论也。……”

（姚振宗）按：此八十九卷，即《唐志》之《魏略》三十八卷、《典略》五十卷也，两书合并凡八十八卷，志或有录一卷耳。杭氏、侯氏所考良信。……

案：鱼豢生平及其著书年代均不详。张鹏一《魏略辑本》有云"考《魏略》有司马宣王、景王之称，而懿卒于齐王嘉平二年，师卒于高贵乡公正元二年。又记赵王干卒、司马文王西征，事当陈留王景元二年（司马昭西征在景元四年）。其书非止明帝，《史通》有误。"今检《三国志》卷四注引《魏略》之文，亦有记齐王曹芳于嘉平六年被废事，则《魏略》记事实不止于明帝也。又鱼豢卒年亦不可考，而张氏补作《鱼豢传》云："豢卒在泰康以后，上距泰始禅让之初，星踰二纪，而未委质新朝，故名位止此也。"但未注明出处，不知何据？

又案：鱼豢所著书，《隋书·经籍志》仅著录《典略》，《新唐书·艺文志》仅著录《魏略》，惟《旧唐书·经籍志》兼载《魏略》及《典略》，故前人有以二者为一书者（如杭世骏《诸史然疑》及侯康补《三国艺文志》），亦有以为二书者（如章宗源《隋书经籍志考证》及姚振宗《三国艺文志》）。

公元 266 年　晋武帝泰始二年　丙戌

《魏书》作者王沉卒。

《晋书》卷三九《王沉传》：泰始二年薨。

公元 270 年　晋武帝泰始六年　庚寅

晋武帝命撰录晋朝建立以后之大事。

《晋书》卷三，《武帝纪》：泰始六年……诏曰：自泰始以来大事皆撰录，秘书写副；后有其事，辄宜缀集，以为常。

《古史考》、《蜀本纪》作者谯周卒。

《三国志》卷四二，《谯周传》：谯周，字允南，巴西西充国人也。……周幼孤，与母兄同居，既长，耽古笃学，家贫未尝问产业。诵读典籍，欣然独笑，以忘寝食。研精六经，尤善书札，颇晓天文，而不以留意诸子文章，非心所存，不悉遍视也。身长八尺，体貌素朴，性推诚不饰，无造次辩论之才，然潜识内敏。建兴中，丞相亮领益州牧，命周为劝学从事……景耀六年冬，魏大将军邓艾克江油，长驱而前。而蜀本谓敌不便至，不作城守调度，及闻艾已入阴平，百姓扰扰，皆迸山野，不可禁制。后主使群臣会议，计无所出，或以为蜀之与吴本为和国，宜可奔吴，或以为南中七郡阻险斗绝，易以自守，宜可奔南。惟周以为自古已来，无寄他国为天子者也，今若入吴，固当臣服，且政理不殊，则大能吞小，此数之自然也。由此言之，则魏能并吴，吴不能并魏，明矣。等为小称臣，孰与为大，再辱之耻，何与一辱？且若欲奔南，则当早为之计，然后可果。今大敌以近，祸败将及，群小之心，无一可保，恐发足之日，其变不测，何至南之有乎？群臣或难周曰：今艾以不远，恐不受降，如之何？周曰：方今东吴未宾，事势不得不受之，受之后不得不礼。若陛下降魏，魏不裂土以封陛下者，周请身诣京都，以古义争之……时晋文王为魏相国，以周有全国之功，封阳城亭侯。又下书辟周，周发至汉中，困疾不进……（泰始）六年秋，为散骑常侍，病笃不拜，至冬卒。凡所著述撰定《法训》、《五经论》、《古史考》书之属百余篇。

《晋书》卷八二，《司马彪传》：初，谯周以司马迁《史记》书周秦以上，或采俗语百家之言，不专据正经。周于是作《古史考》二十五篇，皆凭旧典以纠迁之谬误。

《三国志》卷三八，《秦宓传》注：谯周《蜀本纪》曰……

《隋书》卷三三，《经籍志二》：《古史考》二十五卷，晋义阳亭侯谯周撰。

《史通》卷一二，《古今正史》：晋散骑常侍巴西谯周，以迁书周秦已上，或采家人诸子，不专据正经，于是作《古史考》二十五篇，皆凭旧典以纠其谬，今则与《史记》并行于代焉。

章宗源《隋书经籍志考证》：愚按《文选》王元长《曲水诗》注引公孙述窃位、蜀人任永托目盲一事，其书兼及东京，不徒纠迁史之谬。

姚振宗《隋书经籍志考证》卷一三：《古史考》二十五卷，晋义阳亭侯谯周撰……按是书专为考《史记》百三十篇耳作，每篇皆有所考。就所存佚文观之，其体例可想见。蜀人任永之事，或其论辩中语所引，《世本·作篇》，则其考补之辞。

案：据《续汉书注》及《宋书·礼志》所引，谯周尚著有《天文志》、《灾异志》、《礼仪志》、《祭志》等。

公元 273 年 吴归命侯凤凰二年 晋武帝泰始九年 癸巳

华覈上书荐薛莹继续撰著吴史。

《三国志》卷五三，《薛综传附薛莹传》：（薛）莹，字道言。……建衡三年……何定建议凿圣溪以通江、淮，（孙）皓令莹督万人往，遂以多磐石、难施功，罢还。出为武昌左部督。后定被诛，皓追圣溪事，下莹狱，徙广州。右国史华覈疏曰："臣闻五帝三王皆立史官，叙录功美，垂之无穷。汉时司马迁、班固咸命世大才，所撰精妙，与六经俱传。大吴受命，建国南土。大皇帝末年，命太史令丁孚、郎中项峻始撰《吴书》。孚、峻俱非史才，其所撰作，不足纪录。至少帝时，更差韦曜、周昭、薛莹、梁广及臣五人访求往事，所共撰立，备有本末。昭、广先亡；曜负恩蹈罪；莹出为将，复以过徙。其书遂委滞，迄今未撰奏。臣愚浅才劣，适可为莹等记注而已，若使撰合，必袭孚、峻之迹，惧坠大皇帝之元功，损当世之盛美。莹涉学既博，文章尤妙，同僚之中，莹为冠首。今者见吏虽多经学，记述之才如莹者少，是以慺慺为国惜之，实欲使卒垂成之功，编于前史之末，奏上之后，退填沟壑，无所复恨。"皓遂召莹还为左国史。

《三国志》卷六五，《华覈传》：华覈，字永先，吴郡武进人也。……孙皓即位，封徐陵亭侯。……后迁东观令，领右国史。

《史通》卷一一，《史官建置》：吴归命侯时，有左右二国史之职，薛莹为其左，华覈为其右。又周处自左国史迁东观令。

《晋书》卷五八，《周处传》：周处，字子隐，义兴阳羡人也。……著《默语》三十篇及《风土记》，并撰集《吴书》。

案：据《三国志·薛莹传》所载，华覈上疏荐薛莹撰史，系在何定被诛之后，韦曜获罪系狱之时。考《三国志》卷四八《孙皓传》，何定被诛在凤凰元年；又卷六五《韦曜传》，韦曜下狱在凤凰二年，故编于此。

《吴书》、《洞纪》、《国语解》等作者韦昭卒。

《三国志》卷六五，《韦曜传》：韦曜，字弘嗣，吴郡云阳人也（裴注：曜本名昭，史为晋讳改之）。少好学，能属文，从丞相掾除西安令，还为尚书郎，迁太子中庶子……诸葛恪辅政，表曜为太史令，撰《吴书》，华覈、薛莹等皆与参同。孙休践祚。为中书郎、博士祭酒，命曜依刘向故事校定众书，又欲延曜侍讲。而左将军张布近习宠幸，事行多玷，惮曜侍讲，儒士又性精确，惧以古今警戒。休意固争不可。休深恨布，语在《休传》。然曜竟止不入，孙皓即位，封高陵亭侯，迁中书仆射，职省为侍中，常领左国史。时所在承指，数言瑞应，皓以问曜，曜答曰："此人家筐箧中物耳。"又皓欲为父和作纪，曜执以和不登帝位，宜名为传。如是者非一，渐见责怒。……皓以为不承用诏命，意不忠尽，遂积前后嫌忿，收曜付狱，是岁凤凰二年也。曜因狱吏上辞曰："……囚昔见世间有古历注，其所纪载既多虚无，在书籍者亦复错谬。囚寻按传记，考合异同，采摭耳目所及，以作《洞纪》，起自庖牺，至于秦汉，凡为三卷。当起黄武以来别作一卷，事尚未成。又见刘熙所作《释名》，信多佳者，然物类众多，难得详究，故时有得失，而爵位之事又有非是。愚以官爵今之所急，不宜乖误。囚自忘至微，又作《官职训》及《辩释名》各一卷，欲表上之。新写始毕，会以无状幽囚待命，泯没之日，恨上不闻。"……华覈连上疏救曜曰："……臣慺慺见曜自少勤学，虽老不倦；探综坟典，温故识新。……昔李陵为汉将，军败不还而降匈奴，司马迁不加疾恶，为陵游说。汉武帝以迁有良史之才，欲使毕成所撰，忍不加诛，书卒成立，垂之无穷。今曜在吴，亦汉之史迁也。……又《吴书》虽已有头角，叙赞未述。昔班固作《汉书》，文辞典雅，后刘珍、刘毅等作《汉记》，远不及固，叙传尤劣。今《吴书》当垂千载，编次诸史，后之才士论次善恶，非得良才如曜者，实不可使阙不朽之书。……曜年已七十。余数无几。乞赦其一等之罪为终身徒，使成书业，永足传示，垂之百世。谨通进表叩头百下。"皓不许，遂诛曜。

《史通》卷一二，《古今正史》：当归命侯（孙皓）时，昭（周昭）、广（梁广）先亡，曜（韦曜）、莹（薛莹）徙黜，史官久阙，书遂无闻。覈（华覈）表请召曜、莹续成前史。其后曜独终其书（《吴书》），定为五十五卷。

《隋书》卷三三，《经籍志二》：《吴书》二十五卷，韦昭撰，本五十五卷。梁有，今残缺。又，《洞纪》四卷，韦昭撰，记庖牺以来至汉建安二十七年。

姚振宗《隋书经籍志考证》卷一三：《洞纪》四卷，韦昭撰，记庖牺以来至汉建安二十七年。……按建安尽于二十五年，此称二十七年者，以接吴黄武改元之岁也。是岁于魏为黄初三年，于蜀则章武二年，吴未改元之前仍称建安之号，故是书止于二十七年。

韦昭《国语解叙》：昔孔子发愤于旧史，垂法于素王；左丘明因圣言以摅意，托王义以流藻。其渊源深大，沉懿雅丽，可谓命世之才，博物善作者也。其明识高远，雅思未尽，故复采录前世穆王以来，下讫鲁悼智伯之诛，邦国成败，嘉言善语，阴阳律吕，天时人事，逆顺之数，以为《国语》。其文不主于经，故号曰《外传》。所以包罗天地，探测祸福，发起幽微，章表善恶者，昭然甚明，实与经艺并陈，非特诸子之伦也。遭秦之乱，幽而复光，贾生、史迁颇综述焉。及刘光禄，于汉成世始更考校，是正疑谬。至于章帝，郑大司农为之训注，解疑释滞，昭晰可观；至于细碎有阙略，侍中贾君敷而衍之，其所发明，大义略举，为已瞭然矣，然于文，间时有遗忘。建安、黄武之间，故侍御史会稽虞君、尚书仆射丹阳唐君，皆英才硕儒，洽闻之士也，采摭所见，因贾为主而损益之。观其辞义，信多善者，然所理释，犹有异同。昭以末学，浅暗寡闻，阶数君之成训，思事义之是非，愚心颇有所觉。今诸家并行，是非相贸，虽聪明疏达识机之士，知所去就，然浅闻初学，犹或未能祛过。切不自料，复为之解。因贾君之精实，采虞、唐之信善，亦以所觉，增润补缀，参之以五经，检之以《内传》，以《世本》考其流，以《尔雅》齐其训，去非要，存事实，凡所发正三百七事。又诸家纷错，载述为烦，是以时有所见，庶几颇近事情，裁有补益，犹恐人之多言，未详其故，欲世览者必察之也。

《隋书》卷三三《经籍志二》：《春秋外传国语》二十二卷，韦昭注。

公元 274 年　晋武帝泰始十年　甲午

司马彪于本年前著成《九州春秋》。又于本年前后开始著作《续汉书》。

《晋书》卷八二，《司马彪传》：司马彪，字绍统。……泰始中为秘书郎，转丞。

注《庄子》，作《九州春秋》。以为先王立史官以书时事，载善恶以为沮劝，撮教世之要也。是以《春秋》不修则仲尼理之，《关雎》既乱而师挚修之，前哲岂好烦哉？盖不得已故也。汉氏中兴，讫于建安，忠臣义士，亦以昭著，而时无良史，记述烦杂。谯周虽已删除，然犹未尽；安、顺以下，亡缺者多。彪乃讨论众书，缀其所闻，起于世祖，终于孝献，编年二百，录世十二，通综上下，旁贯庶事，为纪、志、传凡八十篇，号曰《续汉书》。

《隋书》卷三三，《经籍志二》：《续汉书》八十三卷，晋秘书监司马彪撰。又，《九州春秋》十卷，司马彪撰，记汉末事。

《史通》卷一，《六家》：当汉氏失驭，英雄角力，司马彪又录其行事，因为《九州春秋》，州为一篇，合为九卷。寻其体统，亦近代之《国语》也。

《直斋书录解题》卷五：《九州春秋》九卷，晋司马彪绍统撰。汉末州郡之乱，冀、徐、兖、青、荆、扬、梁、益、幽，凡盗贼僭叛皆纪之。

案：司马彪著史之确实年代，史无明文。据《晋书》本传所云，当于泰始中著成《九州春秋》之后，又著《续汉书》。因泰始共十年，故编于此。

陈寿约在本年前后著成《益部耆旧传》。

《华阳国志》卷一一，《陈寿传》：陈寿，字承祚，巴西安汉人也。……（蜀时）东观秘书郎，散骑黄门侍郎。大同后，察孝廉，为丁郡中正。益部自建武后，蜀郡郑伯邑、太尉赵彦信及汉中陈申伯、祝元灵、广汉王文表皆以博学洽闻，作巴蜀耆旧传。寿以为不足经远，乃并巴汉撰为《益部耆旧传》十篇。散骑常侍文立表呈其传，武帝善之。

《华阳国志》卷一二，《序志》：陈君承祚，别为耆旧，始汉及魏，焕乎可观。

案：陈寿著成《益部耆旧传》不详何年，据《华阳国志》本传所云，当在文立为散骑常侍之时或之前。考《华阳国志》卷一一《文立传》，文立为散骑常侍始于泰始十年，则陈寿之著成是书大约在本年前后，故编于此。

公元 279 年 晋武帝咸宁五年 己亥

在汲郡发见《竹书纪年》等书。

《晋书》卷三，《武帝纪》：咸宁五年“冬十月……汲郡人不准掘魏襄王冢，得竹简小篆古书十余万言，藏于秘府。”

杜预《春秋左氏经传集解后序》：太康元年三月，吴寇始平，余自江陵还襄阳，解甲休兵。……会汲郡汲县有发其界内旧冢者，大得古书，皆简编科斗文字。发冢者不以为意，往往散乱。……所记大凡七十五卷，多杂碎怪妄，不可训知。《周易》及《纪年》最为分了。……其《纪年》篇，起自夏、殷、周，皆三代王事，无诸国别也。唯特记晋国，起自殇叔，次文侯、昭侯，以至曲沃、庄伯。庄伯之十一年十一月，鲁隐公之元年正月也，皆用夏正建寅之月为岁首，编年相次。晋国灭，独记魏事，下至魏哀王之二十年，盖魏国之史记也。……其著书文意大似《春秋》经，推此足见古者国史策书之常也。……诸所记多与《左传》符同，异于《公羊》、《谷梁》，知此二书近世穿凿，非《春秋》本意审矣。虽不皆与《史记》、《尚书》同，然参而求之，可以端正学者。……《纪年》又称殷仲壬即位，居亳，其卿士伊尹；仲壬崩，伊尹放太甲于桐，乃自立也；伊尹即位，放太甲，七年，太甲潜出自桐，杀伊尹，乃立其子伊涉、伊奋，命复其父之田宅而中分之。《左氏传》伊尹放太甲而相之，卒无怨色。然则太甲虽见放，还杀伊尹，而犹以其子为相也。此为大与《尚书》叙说太甲事乖异，不知老叟之伏生或致昏忘将此古书，亦当时杂记未足以取审也。……

孔颖达《春秋左氏经传集解后序正义》引王隐《晋书·束皙传》：太康元年，汲郡民盗发魏安釐王冢，得竹书漆字科斗之文。科斗之文者，周时古文也。其字头粗尾细，似科斗之蛊，故俗名之也。大凡七十五卷……其六十八卷皆有名题，其七卷折简碎杂，不可名题。有《周易》上下经二卷；《纪年》十二卷；《琐语》十一卷；《周王游行》五卷，说周穆王游行天下之事，今谓之《穆天子传》。此四部差为整顿。汲郡初得此书，表藏秘府，诏荀勖、和峤以隶字写之。

《晋书》卷五一，《束皙传》：太康二年，汲郡人不准盗发魏襄王墓，或言安釐王冢，得竹书数十车。其《纪年》十三篇，记夏以来至周幽王为犬戎所灭，以（晋）事接之。三家分，仍述魏事，至安釐王之二十年，盖魏国之史书。大略与《春秋》皆多相应。其中经传大异，则云夏年多殷；益干启位，启杀之；太甲杀伊尹；文丁杀季历；自周受命至穆王百年，非穆王寿百年岁也；幽（案：

应作历）王既亡，有共伯和者摄行天子事，非二相共和也。其《易经》二篇，与《周易》上下经同。《易繇阴阳卦》二篇，与《周易》略同，《繇辞》则异。《卦下易经》一篇，似《说卦》而异。《公孙段》二篇，公孙段与邵陟论《易》。《国语》三篇，言楚、晋事。《名》三篇，似《礼记》，又似《尔雅》、《论语》。《师春》一篇，书《左传》诸卜筮，师春似是造书者姓名也。《琐语》十一篇，诸国卜梦妖怪相书也。《梁丘藏》一篇，先叙魏之世数，次言丘藏金玉事。《缴书》二篇，论弋射法。《生封》一篇，帝王所封。《大历》二篇，邹子谈天类也。《穆天子传》五篇，言周穆王游行四海，见帝台、西王母。《图诗》一篇，画赞之属也。又杂书十九篇，《周食田法》、《周书》、《论楚事》、《周穆王美人盛姬死事》，大凡七十五篇。七篇简书折坏，不识名题。……初，发冢者烧策照取宝物，及官收之，多烬简断札。文既残缺，不复诠次，武帝以其书付秘书校缀次第，寻考指归，而以今文写之。

《晋书》卷三六《卫瓘传附卫恒传》：太康元年，县人盗发魏襄王冢，得策书十余万言。……古书亦有数种，其一卷《论楚事》者，最为工妙。

案：汲冢竹书发见之年代，记载不一，有咸宁五年（公元279年）、太康元年（公元280年）、太康二年（公元281年）三说。唐修《晋书》屡记此事而纪传互异，尤失考核。雷学淇《竹书纪年考证》云："竹书发于咸宁五年十月，明年三月吴平遂上之。《帝纪》之说，录其实也。余就官收以后上于帝京时言，故言太康元年。《束皙传》云二年，或命官校理之岁也。"朱希祖《汲冢书来历考》云："雷说是也。惟云'吴平遂上之'，恐尚嫌过久。盖出土在咸宁五年十月，当时地方官吏即表闻于朝，至洛京虽隔黄河，相去不过二三日程，及帝命藏于秘府，至迟必在太康元年正月。……当收藏秘府之时，正大举伐吴之际，军事孔亟，未遑文事。及三月吴平，论功行赏，吴土战乱，尚未全定，故至太康二年春始命官校理也。"今从雷、朱之说，编于本年。

公元280年　晋武帝太康元年　吴归命侯天纪四年　庚子

吴亡。陈寿自本年后开始著作《三国志》。

《华阳国志》卷一一，《陈寿传》：吴平后，寿乃鸠合三国史，撰魏、吴、蜀三书六十五篇，号《三国志》。

公元281年 晋武帝太康二年 辛丑

荀勖著《中经新簿》，分甲、乙、丙、丁四部，以史书为丙部。

《晋书》卷三九，《荀勖传》：荀勖，字公曾，颍川颍阴人。……拜中书监，加侍中，领著作。……俄领秘书监，与中书令张华依刘向《别录》整理记籍。……及得汲郡冢中古文竹书，诏勖撰次之，以为《中经》，列在秘书。

《广弘明集》卷三，阮孝绪《七录序》：晋领秘书监荀勖，因魏《中经》，更著《新簿》。虽分为十有余卷，而总以四部别之。又："晋《中经簿》四部书一千八百八十五部，二万九百三十五卷。"

《隋书》卷三二，《经籍志一》：秘书监荀勖又因《中经》更著新簿，分为四部，总括群书：一曰甲部，纪六艺及小学等书；二曰乙部，有古诸子家、近世子家、兵书、兵家、术数；三曰丙部，有史记、旧事、皇览簿、杂事；四曰丁部，有诗赋、图赞、汲冢书。大凡四部，合二万九千九百四十五卷。但录题及言，盛以缥囊，书用湘素。至于作者之意，无所论辩。又，卷三三《经籍志二》：《晋中经》十四卷，荀勖撰。

案：荀勖著《中经新簿》不详何年，今据《晋书》本传所言，当在汲冢竹书发见之后，故编于此。

公元282年 晋武帝太康三年 壬寅

《帝王世纪》、《年历》、《高士传》等作者皇甫谧卒。

《晋书》卷五一，《皇甫谧传》：皇甫谧，字士安……安定朝那人。……太康三年卒，时年六十八。……谧所著诗赋诔颂论难甚多，又撰《帝王世纪》、《年历》、《高士》、《逸士》、《列女》等传，《玄晏春秋》，并重于世。

《隋书》卷三三，《经籍志二》：《帝王世纪》十卷，皇甫谧撰，起三皇，尽汉魏。又，《高士传》六卷，皇甫谧撰。《逸士传》一卷，皇甫谧撰。……《玄晏春秋》三卷，皇甫谧撰。……《列女传》六卷，皇甫谧撰。

《旧唐书》卷四六，《经籍志上》：《年历》六卷，皇甫谧撰。

《郡斋读书后志》卷一，传记类：《高士传》十卷，晋皇甫谧撰。纂自陶唐至魏八代，二千四百余载世士高节者。其或以身徇名，虽如夷、齐、两龚皆不录。

凡九十六人，而东汉之士居三之一，自古名节之盛，议者独推焉，观此尤信。

《玉海》卷四七引《中兴书目》:《帝王世纪》,晋正始初安定皇甫谧撰。以《汉记》残缺，始博案经传，旁观百家，著《帝王世纪》并《年历》合十二篇，起太昊帝，讫汉献帝。(姚振宗《隋书经籍志考证》:"按正始为魏齐王芳年号，此称晋正始者，犹《汉书叙例》称魏建安也，或是泰始之误。其谓《汉记》残缺者，指《东观汉记》也。")

薛莹卒。薛莹除参撰吴史外，又著《后汉记》。

《三国志》卷五三，《薛综传附薛莹传》：薛莹……（吴亡后仕晋）为散骑常侍，……太康三年卒。

《隋书》卷三三，《经籍志二》：《后汉记》六十五卷，本一百卷，梁有，今残缺。晋散骑常侍薛莹撰。

公元 284 年　晋武帝太康五年　甲辰

《春秋左氏经传集解》、《春秋释例》、《春秋长历》等作者杜预卒。

《晋书》卷三四,《杜预传》:杜预，字元凯，京兆杜陵人也。……既立功之后，从容无事，乃耽思经籍，为《春秋左氏经传集解》;又参考众家谱第，谓之《释例》;又作《盟会图》、《春秋长历》。备成一家之学，比老乃成。又撰《女记赞》，当时论者谓预文义质直，世人未之重，唯秘书监挚虞赏之曰:"左丘明本为《春秋》作传，而《左传》遂自孤行。《释例》本为传设，而所发明何但《左传》，故亦孤行。"……其后徵为司隶校尉，加位特进，行次邓县而卒，时年六十三。

《晋书》卷三，《武帝纪》：太康五年……镇南大将军当阳侯杜预卒。

《三国志》卷一六,《杜畿传》裴松之注:王隐《晋书》称（杜）预智谋渊博，明于理乱，常称德者非所以企及，立功立言所庶几也。大观群典，谓公羊、谷梁诡辩之言；又非先儒说左氏未究丘明意，而横以二传乱之，乃错综微言，著《春秋左氏经传集解》;又参考众家，谓之《释例》;又作《盟会图》、《春秋长历》。备成一家之学，至老乃成。

杜预《春秋左氏经传集解序》：古今言《左氏春秋》者多矣，今其遗文可见者十数家，大体转相祖述，进不成为错综经文以尽其变，退不守丘明之传，于丘明之传有所不通，皆没而不说，而更肤引《公羊》、《谷梁》，适足自乱。

预今所以为异，专修丘明之传以释经，经之条贯必出于传，传之义例总归诸凡，推变例以正褒贬，简二传而去异端，盖丘明之志也。其有疑错，则备论而阙之，以俟后贤。然刘子骏创通大义，贾景伯父子、许惠卿皆先儒之美者也，末有颍子严者，虽浅近亦复名家。故特举刘、贾、许、颍之违以见同异，分经之年与传之年相附，比其义类，各随而解之，名曰《经传集解》。又别集诸例及地名、谱第、历数，相与为部，凡四十部，十五卷，皆显其异同，从而释之，名曰《释例》，特令学者观其所聚异同之说，释例详之也。

《史通》卷一八，《杂说下》：杜元凯撰《列女记》，博采经籍前史，显录古老明言，而事有可疑，犹阙而不载，斯岂非理存雅正，心嫉邪僻者乎！

《隋书》卷三二，《经籍志一》：《春秋左氏经传集解》三十卷，杜预撰。又，《春秋释例》十五卷，杜预撰。《春秋左氏传评》二卷，杜预撰。又，卷三三《经籍志二》：《女记》十卷，杜预撰。

公元 285 年 晋武帝太康六年 乙巳

陈寿约于本年或稍后著成《三国志》。

《晋书》卷八二，《陈寿传》：撰魏、吴、蜀三国志凡六十五篇，时人称其善叙事，有良史之才。夏侯湛时著《魏书》，见寿所作，便坏己书而罢。张华深善之，谓寿曰："当以《晋书》相付耳。"其为时所重如此。

案：陈寿著成《三国志》之年，史无明文。考《三国志》卷四八《孙皓传》云："皓举家西迁，以太康元年三月集于京邑。五年，皓死于洛阳。"此为《三国志》中记事最晚之一条，则陈寿著成全书必在太康五年孙皓死后，故编于本年。

公元 287 年 晋武帝太康八年 丁未

王范著成《交广二州春秋》。

《三国志》卷四六，《孙策传》裴松之注：臣松之案：太康八年，广州大中正王范上《交广二州春秋》。

公元 290 年　晋惠帝永熙元年　庚戌

晋朝议定以泰始元年为晋史之起元。

《晋书》卷四〇，《贾充传附贾谧传》：朝廷议立《晋书》限断，中书监荀勖谓宜以魏正始起年，著作郎王瓒欲引嘉平以下朝臣尽入晋史，于时依违未有所决。惠帝立，更使议之。谧上议请从泰始为断，于是事下三府。司徒王戎、司空张华、领军将军王衍、侍中乐广、黄门侍郎嵇绍、国子博士谢衡，皆从谧议；骑都尉济北侯荀畯、侍中荀藩、黄门侍郎华混，以为宜用正始开元；博士荀熙、刁协谓宜嘉平起年。谧重执奏戎、华之议，事遂施行。

案：晋朝议定晋史限断事，史文未明言在何年，但据“惠帝立，更使议之”一语观之，当在惠帝初即位后，故编于本年。

公元 292 年　晋惠帝元康二年　壬子

著作郎原属中书省，自本年改属秘书省，并增置佐著作郎。

《晋书》卷二四，《职官志》：及晋受命，武帝以缪徵为中书著作郎。元康二年，诏曰："著作旧属中书，而秘书既典文籍，今改中书著作为秘书著作。"于是改隶秘书省。后别自置省，而犹隶秘书。著作郎一人，谓之大著作郎，专掌史任。又置佐著作郎八人。著作郎始到职，必撰名臣传一人。

《史通》卷一一，《史官建置》：旧事，佐郎职知博采，正郎资以草传，如正、佐有失、则秘监职思其忧。其有才堪撰述，学综文史，虽居他官或兼领著作；亦有虽为秘书监而仍领著作郎者。……又案晋令：著作郎掌起居集注，撰录诸言行勋伐旧载史籍者。

公元 293 年　晋惠帝元康三年　癸丑

《汉后书》作者华峤卒。华峤卒时，《汉后书》尚未全部完成，复由其子华彻、华畅继续完成之。

《晋书》卷四四，《华表传附华峤传》：峤字叔骏。……泰始初，赐爵关内侯，迁太子中庶子。……更拜散骑常侍，典中书著作，领国子博士，迁侍中。……元康初……迁尚书。后以峤博闻多识，属书典实，有良史之志，转秘书监，加散骑常侍，班同中书。寺为内台，中书、散骑、著作及治礼音律，天文，数术，南省文章，门下撰集，皆典统之。初，峤以《汉记》烦秽，慨然有改作之意。会为台郎典官制事，由是得遍观秘籍，遂就其绪。起于光武，终于孝献，一百九十五年，为帝纪十二卷，皇后纪二卷，十典十卷，传七十卷，及三谱、序传、目录，凡九十七卷。峤以皇后配天作合，前史作外戚传以继末编，非其义也，故易为皇后纪以次帝纪；又改志为典，以有《尧典》故也；而改名《汉后书》，奏之。诏朝臣会议。时中书监荀勖、令和峤、太常张华、侍中王济，咸以峤文质事核，有迁、固之规，实录之风。藏之秘府。……元康三年卒。……所撰书十典未成而终。秘书监何劭奏峤中子彻为佐著作郎，使踵成之，未竟而卒；后监缪徵又奏峤少子畅为佐著作郎，克成十典，并草魏晋纪传，与著作郎张载等俱在史官。永嘉丧乱，经籍遗没，峤书存者五十余卷。

公元 297 年 晋惠帝元康七年 丁巳

陈寿卒。晋廷遣吏至其家抄写《三国志》。

《晋书》卷八二，《陈寿传》：元康七年病卒，时年六十五。梁州大中正尚书郎范頵等上表曰："昔汉武帝诏曰：司马相如病甚，可遣悉取其书。使者得其遗书，言封禅事，天子异焉。臣等案：故治书侍御史陈寿作《三国志》，辞多劝诫，明乎得失，有益风化；虽文艳不若相如，而质直过之。愿垂采录。"于是诏下河南尹、洛阳令就家写其书。寿又撰《古国志》五十篇，《益部耆旧传》十篇，余文章传于世。

《北堂书钞》卷一〇四，引王隐《晋书》：诏河南尹华澹下洛阳令张泓遣吏赍纸笔就（陈）寿门下写取《三国志》。

公元 300 年 晋惠帝永康元年 庚申

《晋书帝纪》、《十志》、《三魏人士传》等作者束皙约卒于本年或以后数年中。

《晋书》卷五一，《束皙传》：束皙，字广微，阳平元城人。……皙博学多闻……

转佐著作郎，撰《晋书帝纪》、《十志》。迁转博士，著作如故。……皙在著作，得观竹书，随疑分释，皆有义证。迁尚书郎。……赵王伦为相国，请为记室，皙辞疾罢归，教授门徒。年四十卒。……皙才学博通，所著《三魏人士传》、《七代通记》、《晋书》纪、志，遇乱亡失。

《太平御览》卷二三四：《文士传》曰：束皙晚应司空辟入府，六日除佐著作郎，著作西观，撰《晋书》，草创三帝纪及十志。

案：束皙卒年史无明文，据《晋书》本传所述，当在赵王伦为相国之后。考《晋书》卷四，《惠帝纪》，赵王伦为相国在永康元年，则束皙之卒最早在本年，故编于此。

公元 303 年　晋惠帝太安二年　癸亥

《晋纪》作者陆机卒。

《晋书》卷五四，《陆机传》：陆机，字士衡，吴郡人也。……年二十而吴灭。……至太康末，与弟云俱入洛。……累迁太子洗马、著作郎。……遇害于军中，时年四十三。

《文心雕龙 · 史传》：晋代之书，陆机肇始而未备。

《史通》卷一二，《古今正史》：晋史：洛京时，著作郎陆机始撰《三祖纪》。又，卷二《本纪》：陆机《晋书》，列纪三祖，直叙其事，竟不编年。年既不编，何纪之有？

《隋书》卷三三，《经籍志二》：《晋纪》四卷，陆机撰。

《初学记》卷二一，引陆机《晋书》限断议：三祖实终为臣，故书为臣事，不可不如传，此实录之谓也；而名同帝王，故自帝王之籍，不可不称纪，则追王之义。

《太平御览》卷二三四，引王隐《晋书》：陆士衡以文学秘书监虞濬所请为著作郎。议《晋书》限断。

案：《晋书》本传虽未明言陆机卒于何年，但由吴亡时（公元 280 年）机年二十，卒年四十三推之，知卒于本年。

公元305年　晋惠帝永兴二年　乙丑

张辅卒。张辅曾评论司马迁与班固之史学。

《晋书》卷六〇，《张辅传》：张辅，字世伟，南阳西鄂人。……（河间王颙）以辅代（皇甫）重为秦州刺史。……陇西太守韩稚……收兵伐辅，辅与稚战于遮多谷口，辅军败绩，为天水故帐下督富整所杀。初，辅尝著论云……又论班固司马迁云："迁之著述，辞约而事举，叙三千年事唯五十万言，班固叙二百年事乃八十万言，烦省不同，不如迁一也；良史述事，善足以奖劝，恶足以监诫，人道之常、中流小事，亦无取焉，而班皆书之，不如二也；毁贬晁错，伤忠臣之道，不如三也；迁既造创，固又因循，难易益不同矣；又迁为苏秦、张仪、范雎、蔡泽作传，逞辞流离，亦足以明其大才，故述辨士则辞藻华靡，叙实录则隐核名检。此所以迁称良史也。"

《晋书》卷四，《惠帝纪》：（永兴二年六月）陇西太守韩稚攻秦州刺史张辅，杀之。

公元306年　晋惠帝光熙元年　丙寅

司马彪卒。司马彪除著《续汉书》与《九州春秋》外，又曾据《竹书纪年》以纠正谯周《古史考》之错误。

《晋书》卷八二，《司马彪传》：惠帝末年卒，时年六十余。初，谯周以司马迁《史记》书周秦以上，或采俗语百家之言，不专据正经，周于是作《古史考》二十五篇，皆凭旧典以纠迁之谬误。彪复以周为未尽善也，条《古史考》中凡百二十二事为不当，多据汲冢《纪年》之义，亦行于世。

案：《晋书》本传未确言司马彪卒于何年，今据"惠帝末年卒"之语编于本年。

公元310年　晋怀帝永嘉四年　庚午

《江表传》作者虞溥约卒于本年。

《晋书》卷八二，《虞溥传》：虞溥，字允源，高平昌邑人也。……专心坟籍。……

郡察孝廉，除郎中，补尚书都令史。……稍迁公车司马令，除鄱阳内史。……注《春秋》经传，撰《江表传》及文章诗赋数十篇。卒于洛，时年六十二。子勃过江上《江表传》于元帝，诏藏于秘书。

《三国志》卷四，《高贵乡公纪》裴松之注：（虞）溥著《江表传》，亦粗有条贯。

《旧唐书》卷四六，《经籍志上》：《江表传》五卷，虞溥撰。

章宗源《隋书经籍志考证》：愚按此书（《江表传》）逸篇，裴松之徵引最多，皆述魏、蜀、吴事，而吴事尤详。

案：虞溥卒年史无明文，据本传所述，当在永嘉五年洛阳被攻陷之前，故编于本年。

公元311年　晋怀帝永嘉五年　汉刘聪嘉平元年　辛未

荀绰于本年前著成《晋后书》（亦称《晋后略记》或《晋后略》）。

《晋书》卷三九，《荀勖传》：（荀）绰，字彦舒，博学有才能，撰《晋后书》十五篇传于世。永嘉末，为司空从事中郎，没于石勒，为勒参军。

《隋书》卷三三，《经籍志二》：《晋后略记》五卷，晋下邳太守荀绰撰。

《新唐书》卷五五，《艺文志二》：荀绰《晋后略》五卷。

案：荀绰著成《晋后书》不详何年，据《晋书》所述及《隋书·经籍志》所题职衔，当在永嘉末年没于石勒之前。

刘聪杀史官公师彧。

《史通》卷一一，《史官建置》：伪汉嘉平初，公师彧以太中大夫领左国史，撰其国君臣纪传。

《史通》卷一二，《古今正史》：前赵刘聪时，领左国史公师彧撰高祖本纪及功臣传二十人，甚得良史之体。凌修谮其讪谤先帝，聪怒而诛之。

公元315年 晋愍帝建兴三年 乙亥

在本年前，王铨曾撰著晋史，未成而卒。本年祖纳举荐王铨之子王隐为史官，未果。

《晋书》卷八二，《王隐传》：王隐，字处叔，陈郡陈人也，世寒素。父铨，历阳令，少好学，有著述之志，每私录晋事及功臣行状，未就而卒。隐以儒素自守，不交势援，博学多闻，受父遗业，西都旧事多所谙究。建兴中过江，丞相军谘祭酒涿郡祖纳雅相知重。纳好博弈，每谏止之，纳曰："聊用忘忧耳。"隐曰："……当今晋未有书，天下大乱，旧事荡灭，非凡才所能立。君少长王都，游宦四方，华夷成败皆在耳目，何不述而裁之？应仲远作《风俗通》，崔子真作《政论》，蔡伯喈作《劝学篇》，史游作《急就章》，犹行于世，便为没而不朽。当其同时，人岂少哉？而了无闻，皆由无所述作也。故君子疾没世而无闻，《易》称自强不息，况国史明乎得失之迹，何必博奕而后忘忧哉？"纳喟然叹曰："非不悦子之道，力不足也！"乃上疏荐隐。元帝以草创务殷，未遑史官，遂寝不报。

公元316年 晋愍帝建兴四年 丙子

西晋亡。西晋时较重要之史学事迹，其年代不详者，尚有：乐资著《春秋后传》及《山阳公载记》。

《史通》卷一，《六家》：晋著作郎鲁国乐资，乃追采二史（案：指《战国策》与《史记》），撰为《春秋后传》。其书始以周贞王续前传鲁哀公后，至王赧入秦；又以秦文王之继周，终于二世之灭，合成三十卷。

《隋书》卷三三，《经籍志二》：《春秋后传》三十一卷，晋著作郎乐资撰。又，《山阳公载记》十卷，乐资撰。

袁晔著《献帝春秋》。

《三国志》卷五七，《陆瑁传》裴松之注：（袁）迪孙晔，字思光，作《献帝春秋》。

《隋书》卷三三，《经籍志二》：《献帝春秋》十卷，袁晔撰。

《旧唐书》卷四六，《经籍志上》：《汉献帝春秋》十卷，袁晔撰。

案：裴松之《三国志注》屡引《献帝春秋》之文，但作者则题为袁暐，未知“晔”、“暐”二字孰是。

阴澹著《魏纪》。

《三国志》卷一九，《陈思王植传》裴松之注：阴澹《魏纪》载（曹）植赋曰：……

《隋书》卷三三，《经籍志二》：《魏纪》十二卷，（晋）左将军阴澹撰。

案：《晋书》卷八六《张轨传》载张轨于永宁（晋惠帝年号）初为凉州刺史时，以阴澹为股肱谋主之一。又卷九四《索袭传》载阴澹于张茂时为敦煌太守，时当西晋及东晋初年。则阴澹之著《魏纪》，大约在西晋时。

环济著《吴纪》及《帝王要略》。

《隋书》卷三三，《经籍志二》：《吴纪》九卷，晋太学博士环济撰。又，《帝王要略》十二卷，环济撰。纪帝王及天官、地理、丧服。

张勃著《吴录》。

《隋书》卷三三，《经籍志二》：晋有张勃《吴录》三十卷，亡。

《史记》卷六六，《伍子胥传》索隐：张勃，晋人，吴鸿胪俨之子，作《吴录》。

曹嘉之著《晋纪》。

《隋书》卷三三，《经籍志二》：《晋纪》十卷，晋前军谘议曹嘉之撰。

《三国志》卷二〇，《楚王彪传》：正元元年诏曰：“……其封彪世子嘉为常山真定王。”景元元年增邑，并前二千五百户。（裴注：“臣松之案：嘉入晋封高邑公，元康中与石崇俱为国子博士，嘉后为东莞太守。……王隐《晋书》载吏部郎李重启云：魏氏宗室屈滞，每圣恩所存。东莞太守曹嘉，才干学义不及志翕，而良素修洁，性业逾之。”）

章宗源《隋书经籍志考证》：《魏志·楚王彪传》注：王隐《晋书》曰吏部郎中李重启东莞太守曹嘉。无“之”字。《北堂书钞·设官部》亦引此事，作“曹嘉之”。

郭颁著《魏晋世语》。

《隋书》卷三三，《经籍志二》：《魏晋世语》十卷，晋襄阳令郭颁撰。

《三国志》卷四，《高贵乡公纪》裴松之注：……案：张璠、虞溥、郭颁皆晋之令史，璠、颁出为官长，溥鄱阳内史。……惟颁撰《魏晋世语》，蹇乏全无宫商，最为鄙劣；以时有异事，故颇行于世。干宝、孙盛等多采其言以为晋书。

《世说新语·方正篇》注：按：郭颁，西晋人，世相近，为《魏晋世语》，事多详覈。孙盛之徒，皆采以著书。

张璠著《后汉纪》。

《隋书》卷三三，《经籍志二》：《后汉记》三十卷，张璠撰。

《三国志》卷四，《高贵乡公纪》裴松之注：案：张璠、虞溥、郭颁皆晋之令史，璠、颁出为官长，溥鄱阳内史。璠撰《后汉纪》，虽似未成，辞藻可观。

袁宏《后汉纪·自序》：始见张璠所撰书，其言汉末之事差详。

公元 317 年 晋元帝建武元年 丁丑

东晋初置史官，以干宝掌修国史。

《晋书》卷六，《元帝纪》：建武元年……置史官。

《晋书》卷六五，《王导传》：王导，字茂弘。……及帝（晋元帝）登尊号……进骠骑大将军、仪同三司……进位侍中、司空、假节、录尚书、领中书监。……时中兴草创，未置史官，导始启立，于是典籍颇具。

《晋书》卷八二，《干宝传》：干宝，字令升，新蔡人也。……宝少勤学，博览书记，以才器召为著作郎。……中兴草创，未置史官。中书监王导上书曰："夫帝王之迹莫不必书，著为令典，垂之无穷。宣皇帝廓定四海，武皇帝受禅于魏，至德大勋，等纵上圣；而纪传不存于王府，德音未被乎管弦。陛下圣明，当中兴之盛，宜建立国史，撰集帝纪，上敷祖宗之烈，下纪佐命之勋；务以实录为后代之准，厌率土之望，悦人神之心，斯诚雍熙之至美，王者之弘基也。宜备史官，敕佐著作郎干宝等渐就撰集。"元帝纳焉，宝于是始领国史。

今案：干宝本年即已纂修晋史，"撰集帝纪"，乃是编纂《晋纪》的开始。干宝之《晋纪》，本起自官方的修史，而后职事改变，政局波动，遂从官修蜕化为私修，此乃干宝修史之一大关节，不可不辨。

公元318年　晋元帝大兴元年　戊寅

王隐与郭璞为著作郎，撰著晋史。

《晋书》卷八二，《王隐传》：大兴初，典章稍备，乃召隐及郭璞俱为著作郎，令撰晋史。

公元319年　后赵石勒元年　晋元帝大兴二年　己卯

石勒命其官吏修史。

《晋书》卷一〇五，《石勒载记下》：大兴二年，勒伪称赵王。……任播、崔濬为史学祭酒。……命记室佐明楷、程机撰《上党国记》，中大夫傅彪、贾蒲、江轨撰《大将军起居注》，参军石泰、石同、石谦、孔隆撰《大单于志》。

公元320年　晋元帝大兴三年　庚辰

《汉尚书》、《汉春秋》、《春秋时国语》等作者孔衍卒。

《晋书》卷九一，《孔衍传》：孔衍，字舒元，鲁国人。……中兴初，与庾亮俱补中书郎。明帝之在东宫，领太子中庶子。于时庶事草创，衍经学深博，又练识旧典，朝仪轨制多取正焉。由是元、明二帝并亲爱之。王敦专权，衍私于太子曰："殿下宜博延朝彦，搜扬才俊，询谋时政，以广圣聪。"敦闻而恶之，乃启出衍为广陵郡。……以大兴三年卒于官，年五十三。

《史通》卷一，《六家》：晋广陵相鲁国孔衍，以为国史所以表言行、昭法式，至于人理常事，不足备列。乃删汉魏诸史，取其美词典言足为龟镜者，定以篇第，纂成一家，由是有《汉尚书》、《后汉尚书》、《魏尚书》，凡为二十六卷。……至孔衍又以《战国策》所书，未为尽善。乃引太史公所记，参其异同，删彼二家（案：指《战国策》与《史记》）聚为一录，号为《春秋后语》。除二周及宋、卫、中山，其所留者七国而已。始自秦孝公，终于楚汉之际，比于《春秋》，亦尽二百三十余年行事。始，衍撰《春秋时国语》，复撰《春秋后语》，勒成二书，各为十卷。今行于世者，唯《后语》存焉。案其书序云："虽左氏莫能加。"世人皆尤其不量力，不度德。寻衍之此义，自比于丘明者，当谓《国语》，非《春秋传》也。

《隋书》卷三三，《经籍志二》：《汉魏春秋》九卷，孔舒元撰。又：《魏尚书》八卷，孔衍撰。

案：《旧唐书》卷四六，《经籍志上》著录孔衍所撰《汉春秋》十卷，《后汉春秋》六卷，《后魏春秋》九卷，《春秋国语》十卷，《汉尚书》十卷，《后汉尚书》六卷，《国志历》五卷。《新唐书》卷五八《艺文志二》著录孔衍所撰《春秋时国语》十卷，《春秋后国语》十卷，《汉尚书》十卷，《汉春秋》十卷，《后汉尚书》六卷，《后汉春秋》六卷，《后魏尚书》十四卷，《后魏春秋》九卷，《国志历》五卷。

公元 322 年 晋元帝永昌元年 壬午

《蜀后志》等作者常宽卒于本年或以后数年中。

《华阳国志》卷一一，《常宽传》：常宽，字泰恭。……撰《蜀后志》及《后贤传》，续陈寿《耆旧》作《梁益篇》。元帝践祚……拜武平太守……在官三年去职。寻梁硕作乱，得免难，卒于交州。……汉嘉太守蜀郡杜袭、敬修亦著《蜀后志》，及志赵廞、李特叛乱之事。又，卷八《大同志》：族祖武平府君、汉嘉杜府君，并作《蜀后志》，书其大同，及其丧乱。

《隋书》卷三三，《经籍志二》：《蜀志》一卷，东京武平太守常宽撰。

丁国钧《补晋书艺文志》卷二：《隋志》有《蜀志》一卷，云东京武平太守常宽著，即此书。（案：指《蜀后志》。宽为蜀郡江源人，卒于晋元帝时，《隋志》"东京"二字似误。）

《隋书》卷三三，《经籍志二》：《续益部耆旧传》二卷。

丁国钧《补晋书艺文志》卷二：《续益部耆旧传》二卷，旧脱撰人名。谨案《华阳国志》言常宽续陈寿《耆旧传》作《梁益篇》，即此书，今为补名列入。《新唐志》有《益州耆旧杂传记》二卷，亦此书也。

案：常宽卒年史无明文，据《华阳国志》本传所述，当在“梁硕作乱”之后。考《晋书》卷六《元帝纪》，“新昌太守梁硕起兵反”在永昌元年，故编于此。

公元 323 年　晋明帝太宁元年　癸未

李充著《晋元帝书目》，分甲、乙、丙、丁四部，以史书为乙部。

《晋书》卷九二，《李充传》：李充，字弘度，江夏人。……辟丞相王导掾，转记室参军。……征北将军褚裒又引为参军。充以家贫苦求外出……乃除剡县令。遭母忧，服阕，为大著作郎。于时典籍混乱，充删除烦重，以类相从，分作四部，甚有条贯，秘阁以为永制。

《广弘明集》卷三，阮孝绪《七录序》：魏晋之世，文籍逾广，皆藏在秘书中外三阁。……惠、怀之乱，其书略尽。江左草创，十不一存。后虽鸠集，淆乱已甚。及著作佐郎李充，始加删正，因荀勖旧簿四部之法，而换其乙丙之书，没略众篇之名，总以甲乙为次。自时厥后，世相祖述。又，《晋元帝书目》四部三百五帙，三千一十四卷。

《隋书》卷三二，《经籍志一》：惠、怀之乱，京华荡覆，渠阁文籍，靡有孑遗。东晋之初，渐更鸠聚。著作郎李充以（荀）勖旧簿校之，其见存者但有三千一十四卷。充遂总没众篇之名，但以甲乙为次。自尔因循，无所变革。

案：李充著《晋元帝书目》未详何年，但以书名测之，当在晋元帝死后，故编于此。

干宝约在本年后著成《晋纪》。

《晋书》卷八二，《干宝传》：王导请为司徒右长史，迁散骑常侍。著《晋纪》，自宣帝迄于愍帝，五十三年，凡二十卷。奏之。其书简略，直而能婉，咸称良史。……宝又为《春秋左氏义外传》，注《周易》、《周官》，凡数十篇。

《隋书》卷三三，《经籍志二》：《晋纪》二十三卷，干宝撰，迄愍帝。

《晋纪总论》（载《文选》卷四九）：史臣曰：昔高祖宣皇帝以雄才硕量，应运而仕，值魏太祖创基之初，筹划军国，嘉谋屡中，遂服舆轸，驱驰三世……太康之中，天下书同文、车同轨，牛马被野，余粮栖亩，行旅草舍，外闾不闭……

武皇既崩，山陵未干，杨骏被诛，母后废黜。朝士旧臣，夷灭者数十族。寻以二公、楚王之变，宗子无维城之助……二十余年而河洛为墟，戎羯称制，二帝失尊，山陵无所。何哉？树立失权，托付非才，四维不张，而苟且之政多也。夫作法于治，其弊犹乱，作法于乱，谁能救之？……今晋之兴也，功烈于百王，事捷于三代，盖有为以为之矣。宣、景遭多难之时，务伐英雄、诛庶桀以便事，不及修公刘、太王之仁也。受遗辅政，屡遇废置，故齐王不明，不获思庸于亳，高贵冲人，不得复子明辟。二祖逼禅代之期，不暇待三分、八百之会也。是其创基立本，异于先代者也，又加之以朝寡纯德之士，乡乏不二之老，风俗淫僻，耻尚失所，学者以庄、老为宗而黜《六经》，谈者以虚薄为辩而贱名俭，行身者以放浊为通而狭节信，进仕者以苟得为贵而鄙居正，当官者以望空为高而笑勤恪。是以目三公以萧杌之称，标上议以虚谈之名，刘颂屡言治道，傅咸每纠邪正，皆谓之俗吏。其倚杖虚旷，依阿无心者，皆名重海内。若夫文王日昃不暇食，仲山甫夙夜匪懈者，盖共嗤点以为灰尘，而相诟病矣。由是毁誉乱于善恶之实，情慝奔于货欲之涂，选者为人择官，官者为身择利，而秉钧当轴之士，身兼官以十数，大极其尊，小录其要，机事之失，十恒八九。而世族贵戚之子弟，陵迈超越，不拘资次，悠悠风尘，皆奔竞之士，列官千百，无让贤之举……礼法、刑政，于此大坏，如室斯构而去其凿契，如水斯积而决其堤防，如火斯畜而离其薪燎也。国之将亡，本必先颠，其此之谓乎！……

案：干宝著成《晋纪》未详在何时，据《晋书》本传所述，当在被王导荐为司徒右长史之后。考《晋书》卷六《明帝纪》、卷七《成帝纪》及卷六五《王导传》，王导为司徒始于明帝太宁元年，则干宝为司徒右长史最早在是年，其著成《晋纪》最早亦当在是年以后。故编于此，容待详考。

公元 328 年 前赵刘曜光初十一年 晋成帝咸和三年 戊子

和苞于本年前著《汉赵记》。

《史通》卷一二，《古今正史》：刘曜时，平舆子和苞撰《汉赵记》十篇，事止当年，不终曜灭。

《隋书》卷三三，《经籍志二》：《汉赵记》十卷，和苞撰。

《后汉纪》作者袁宏生。

案：据《晋书》卷九二《袁宏传》，袁宏卒于晋孝武帝太元元年（公元376年），四十九岁。逆推之，知生于本年。

公元329年　晋成帝咸和四年　己丑

虞预约于本年后著《晋书》、《会稽典录》。

《晋书》卷八二，《虞预传》：预，字叔宁。……除佐著作郎……迁秘书丞、著作郎。……苏峻作乱，预先假归家，太守王舒请为谘议参军。峻平，进爵平康县侯，迁散骑侍郎，著作如故。除散骑常侍，仍领著作。以年老归，卒于家，预雅好经史……著《晋书》四十余卷，《会稽典录》二十篇，《诸虞传》十二篇，皆行于世。

《晋书》卷八二，《王隐传》：著作郎虞预私撰《晋书》，而生长东南，不知中朝事，数访于隐，并借隐所著书窃写之，所闻渐广。

《隋书》卷三三，《经籍志二》：《晋书》二十六卷，本四十四卷，讫明帝，今残缺，晋散骑常侍虞预撰。又，《会稽典录》二十四卷，虞预撰。

案：虞预著史不详何时，据《晋书》及《隋志》所述，约当苏峻乱平以前，考《晋书》卷七《成帝纪》及卷一〇〇《苏峻传》，苏峻乱平在咸和四年，故暂编于此，容待详考。

公元330年　晋成帝咸和五年　后赵石勒建平元年　庚寅

《晋诸公赞》、《晋公卿礼秩故事》作者傅畅卒。

《晋书》卷四七，《傅玄传附傅畅传》：（傅）畅，字世道。……年未弱冠，甚有重名。以选入侍讲东宫，为秘书丞。寻没于石勒，勒以为大将军右司马。谙识朝仪，恒居机密，勒甚重之。作《晋诸公叙赞》二十二卷，又为《公卿故事》九卷。咸和五年卒。

《三国志》卷二一，《傅嘏传》注：（傅）畅，字世道，秘书丞，没在胡中。著《晋诸公赞》及《晋公卿礼秩故事》。

《隋书》卷三三，《经籍志二》：《晋诸公赞》二十一卷，晋秘书监傅畅撰。又，《晋公卿礼秩故事》九卷，傅畅撰。

公元332年 后赵石勒建平三年 晋成帝咸和七年 壬辰

石勒置史官撰述时事。

《晋书》卷一〇五，《石勒载记下》：于是擢拜太学生五人为佐著作郎，录述时事。

案：《晋书·石勒载记》叙次此事于晋将桓宣战败石勒部将郭敬、攻破樊城并取得襄阳之下，考《晋书》卷七《成帝纪》，桓宣破樊城、取襄阳在咸和七年七月，故编于此。

公元333年 后赵石勒建平四年 蜀（成）李雄玉衡二十三年 晋成帝咸和八年 癸巳

后赵石勒卒。在此以前，石勒曾命徐光、王兰等相继修史。

《史通》卷一二，《古今正史》：后赵石勒，命其臣徐光、宗历、傅畅、郑愔等撰《上党国记》、《起居注》、《赵书》。其后又令王兰、陈宴、程阴、徐机等相次撰述。至石虎，并令刊削，使勒功业不传。

案：《史通》所述徐光等修史，系自石勒建国以来十余年间之事，已不可分考其年次，故编于此。

蜀（成）李雄卒。李友在蜀曾建史官。

《晋书》卷一二一，《李雄载记》：咸和八年，雄生疡于头，六日死，时年六十一，在位三十年。……时海内大乱，而蜀独无事，故归之者相寻，雄乃兴学校，置史官。

《史通》卷一一，《史官建置》：蜀李……记事委之门下。

案：《晋书》卷七《成帝纪》，云李雄卒于咸和九年，今从《载记》。

公元 339 年　前凉张骏太元十五年　晋成帝咸康五年　己亥

索绥著《凉国春秋》。刘庆约在此时开始撰修凉史。

《史通》卷一二，《古今正史》：前凉张骏十五年，命其西曹边浏集内外事以付秀才索绥，作《凉国春秋》五十卷。

《太平御览》卷一二四，引崔鸿《十六国春秋·前凉录》：前凉张骏太元十五年，“命西曹掾集阁内外事付索绥，以著《凉春秋》。”

《史通》卷一一，《史官建置》：前凉张骏时，刘庆任儒林郎、中常侍，在东苑撰其国书。

杨方于本年前著《吴越春秋削繁》。

《晋书》卷六八，《杨方传》；杨方，字公回。……司徒王导辟为掾，转东安太守，迁司徒参军事。……不愿久留京华，求补远郡，欲闲居著述。导从之，上补高梁太守。在郡积年，著《五经钩沉》，更撰《吴越春秋》。……以年老弃郡归。导将进之台阁，固辞。还乡里，终于家。

《隋书》卷三三，《经籍志二》：《吴越春秋削繁》五卷，杨方撰。

案：杨方著《吴越春秋削繁》不详在何年，据《晋书》本传所述，必在王导之卒以前。考《晋书》卷六五《王导传》，导卒于咸康五年。故编于此。

公元 340 年　晋成帝咸康六年　庚子

王隐著成《晋书》。

《晋书》卷八二，《王隐传》：（王隐）豫平王敦功，赐爵平陵乡侯。时著作郎虞预私撰《晋书》，而生长东南，不知中朝事，数访于隐，并借隐所著书窃写之，所闻渐广；是后更疾隐，形于言色。预既豪族，交结权贵，共为朋党以斥。隐竟以谤免，黜归于家，贫无资用，书遂不就，乃依征西将军庾亮于武昌。亮供其纸笔，书乃得成，诣阙上之，隐虽好著述，而文辞鄙拙，芜舛不伦。其书次第可观者，皆其父所撰；文体混漫，义不可解者，隐之作也。年七十余，卒于家。

《史通》卷一二，《古今正史》：先是，历阳令陈郡王铨有著述才，每私录晋事及功臣行状，未就而卒。子隐，博学多闻，受父遗业，西都事迹多所详究。

过江为著作郎，受诏撰晋史，为其同僚虞预所诉，坐事免官。家贫无资，书遂未就，乃依征西将军庾亮于武昌镇。亮给其纸墨，由是获成，凡为《晋书》八十九卷。咸康六年，始诣阙奏上。隐虽好述作而辞拙才钝，其书编次有序者皆铨所修，章句混漫者必隐所作。

《隋书》卷三三，《经籍志二》：《晋书》八十九卷，本九十三卷。今残缺，晋著作郎王隐撰。

王隐除著《晋书》外，又著《蜀记》。

《史通》卷一二，《古今正史》：王隐撰《蜀记》。

《旧唐书》卷四六，《经籍志上》：《删补蜀记》七卷，王隐撰。（丁国钧《补晋书艺文志》卷二：此云删补，疑后人有增益，非隐之原本也。）

案：王隐《蜀记》，裴松之《三国志注》屡引之，惟不详何时所著，暂附编于此。

公元 345 年 晋穆帝永和元年 乙巳

《后汉书》、《晋书》作者谢沈约卒于本年。

《晋书》卷八二，《谢沈传》：谢沈，字行思，会稽山阴人也。……博学多识，明练经史。……康帝即位，朝议疑七庙迭毁，乃以太学博士徵，以质疑滞。以母忧去职。服阕，除尚书度支郎。何充、庾冰并称沈有史才，迁著作郎，撰《晋书》三十余卷。会卒，时年五十二。沈先著《后汉书》百卷，及《毛诗》、《汉书外传》，所著述及诗赋文论皆行于世。其才学在虞预之右云。

《隋书》卷三三，《经籍志二》：《后汉书》八十五卷，本一百二十二卷，晋祠部郎谢沈撰。

《旧唐书》卷四六，《经籍志上》：《后汉书》一百二卷，谢沈撰。《后汉书外传》十卷，谢沈撰。

案：谢沈卒年史无明文，据《晋书》本传所述，当在康帝时何充、庾冰荐为著作郎后不久。考康帝在位不过三年（公元 342—344 年），而庾冰卒于康帝建元二年（公元 344 年），何充卒于穆帝永和二年（公元 346 年）；再参照《谢沈传》之文，谢沈于母丧服阕后迁著作郎，当系康帝建元二年庾冰卒（庾冰卒于十一月）前之事，则谢沈之卒约在穆帝永和元年也。

公元 347 年　蜀李势嘉宁二年　晋穆帝永和三年　丁未

蜀亡。常璩在本年以前著《汉之书》。

《史通》卷一二,《古今正史》:蜀初号曰成,后改汉。李势散骑常侍常璩撰《汉书》十卷，后入晋秘阁改为《蜀李书》。

《颜氏家训》卷下，《书证第十七》:《蜀李书》一名《汉之书》。

《隋书》卷三三，《经籍志二》:《汉之书》十卷，常璩撰。

常璩于本年后著成《华阳国志》。

《华阳国志》卷一二，《序志》: 巴蜀厥初开国，载在书籍，或因文纬，或见史记，久远隐没，实多疏略。及周之世，侯伯擅威，虽与牧野之师，希同盟要之会，而秦资其富，用兼天下。汉祖阶之，奄有四海。梁、益及晋，分益为宁。司马相如、严君平、杨子云、阳成子玄、郑伯邑、尹彭城、谯常侍、任给事等，各集传记，以作本纪，略举其隅。其次圣称贤，仁人志士，言为世范，行为表则者，名注史录。而陈君承祚，别为《耆旧》，始汉及魏，焕乎可观。……李氏据蜀，兵连战结，三州倾坠，生民歼尽。……丘城芜邑，莫有名者。嗟乎三州，近为荒裔，桑梓之域，旷为长野。反侧惟之，心若焚灼。惧益遐弃，城陴靡闻。乃考诸旧记、先宿所传，并《南裔志》，验以《汉书》，取其近是，及自所闻，以著斯于篇；又略言公孙述、《蜀书》、咸熙以来丧乱之事，约取耆旧士女英彦；又肇自开辟，终乎永和三年，凡十二篇，号曰《华阳国记》。夫书契有五善:达道义，章法戒，通古今，表功勋，而后旌贤能。恨璩才短，少无远及，不早援翰执素，广访博咨，流离困瘵，方资腐帛于颠墙之下，求余光于灰尘之中，劘灭者多，故虽有所阙，犹愈于遗忘焉。

《史通》卷一二，《古今正史》:（常）璩又撰《华阳国志》。

《隋书》卷三三，《经籍志二》:《华阳国志》十二卷，常璩撰。

案：常璩著《华阳国志》之年代无考，惟其书记事终于晋穆帝永和三年，则著成必在此以后也。

公元 349 年 后赵石虎太宁元年 晋穆帝永和五年 己酉

田融、王度于本年后著后赵史书。

《史通》卷一二，《古今正史》：其后，燕太傅长史田融……北中郎参军王度，追撰二石事，集为《邺都记》、《赵记》等书。

《隋书》卷三三，《经籍志二》：《赵书》十卷，一曰《二石集》，记石勒事，伪燕太傅长史田融撰。《二石传》二卷，晋北中郎参军王度撰。《二石伪治时事》二卷，王度撰。

案：田融、王度著后赵史书不详何时，据《史通》所云“追撰二石事”，当在石虎卒后。考石虎卒于本年，故编于此。

公元 356 年 晋穆帝永和十二年 丙辰

《汉书集解》作者蔡谟卒。

《晋书》卷七七，《蔡谟传》：蔡谟，字道明，陈留考城人也。……（永和）十二年卒，时年七十六。……谟博学。于礼仪宗庙制度多所议定，文笔论议有集行于世。总应劭以来注班固《汉书》者为之集解。

公元 362 年 晋哀帝隆和元年 壬戌

桓温建议官修晋史。

《晋书》卷九八，《桓温传》：桓温，字元子。……隆和初……（温）又上疏陈便宜七事：“……其七：宜选建史官，以成《晋书》。”有司皆奏行之。

公元 370 年 前燕慕容暐建熙十一年 庚午

前燕亡。在本年以前，崔逞著《燕记》，杜辅全著《燕纪》。

《魏书》卷三二，《崔逞传》：崔逞，字叔祖，清河东武城人也。……逞少好学，有文才。遭乱，孤贫，躬耕于野，而讲诵不废。慕容暐时，郡举上计掾，补著作郎，撰《燕记》。

《史通》卷一二，《古今正史》：前燕有起居注，杜辅全录以为《燕纪》。

公元 372 年　晋简文帝咸安二年　壬申

《三国志注》作者裴松之生。

案：据《宋书》卷六四《裴松之传》，裴松之卒于宋文帝元嘉二十八年（公元 451 年），时年八十。逆推之，知生于本年。

公元 373 年　晋孝武帝宁康元年　癸酉

《魏氏春秋》、《晋阳秋》作者孙盛卒。

《晋书》卷八二，《孙盛传》：孙盛，字安国，太原中都人。……盛年十岁，避难渡江。……起家佐著作郎。……累迁秘书监，加给事中。年七十二卒。盛笃学不倦，自少至老，手不释卷。著《魏氏春秋》、《晋阳秋》，并造诗、赋、论难复数十篇。《晋阳秋》词直而理正，咸称良史焉。既而桓温见之，怒谓盛子曰："枋头诚为失利，何至乃如尊君所说？若此史遂行，自是关君门户事！"其子遽拜谢，谓请删改之。时盛年老还家，性方严，有轨宪，虽子孙班白而庭训愈峻。至此，诸子乃共号泣稽颡，请为百口切计。盛大怒。诸子遂尔改之。盛写两定本，寄于慕容儁。（案：钱大昕《廿二史考异》卷二二云："枋头之役在慕容暐时，儁已先死久矣。《晋书》所记有误。"）太元中，孝武帝博求异闻，始于辽东得之。以相考校，多有不同，书遂两存。

《隋书》卷三三，《经籍志二》：《魏氏春秋》二十卷，孙盛撰。……《晋阳秋》三十二卷，讫哀帝，孙盛撰。

《旧唐书》卷四六，《经籍志上》：《魏阳秋异同》八卷，孙寿撰。

钱大昕《廿二史考异》卷一五，"裴松之表"条：孙盛《异同评》，或作《异同杂语》，又作《异同记》，又作《杂记》，其实一书也。

章宗源《隋书经籍志考证》卷三：《魏阳秋异同》八卷（孙寿撰，不著录），见《唐志》。按:《魏志·武帝纪》注:“太祖私入中常侍张让室”一事,题孙盛《异同杂语》。(《北堂书钞·武功部》亦作孙盛)……又《魏志·武纪》注引孙盛《异同评》，言刘备先破公军，孙权后攻合肥……《御览·兵部》“公孙瓒为辽东属国长史”事，又称《三国异同传》。《唐志》“孙寿”，当是“孙盛”之讹。

案：孙盛卒年史无明文，惟《晋书》本传云“盛年十岁，避难渡江”。又云“年七十二卒”。考孙盛避难渡江应在晋怀帝永嘉五年（公元311年），洛阳沦陷之时，其年十岁，则至七十二岁应为本年也。

今案:孙盛著述，除《魏氏春秋》、《晋阳秋》外，尚有《魏阳秋异同》、《魏世谱》、《蜀世谱》及议论之文若干。《魏阳秋异同》有多种称谓，盖其书内容有所分类，其中“异同评”乃援引三国时不同记载，作出取舍的选择和评析，开史学“考异”而成专书之先河。其余抄录异说而未及评析者，或归为“杂语”。《魏世谱》、《蜀世谱》在裴松之《三国志注》内屡被徵引，明确标示为孙盛所撰。其内容是梳理两国人物的世系、事迹，追踪后代直至东晋时期。因此，《魏世谱》、《蜀世谱》与《魏阳秋异同》，都是纂修《魏氏春秋》等书的副产品，源于纂修中的先期具体工作，可知孙盛撰史，有一个综合性规划。详参阅乔治忠《孙盛史学发微》(载《史学史研究》1995年第4期)。

公元376年 晋孝武帝太元元年 前凉张天锡太清十四年 丙子

《后汉纪》作者袁宏卒。

《晋书》卷九二，《袁宏传》:袁宏，字彦伯，侍中猷之孙也。父勖，临汝令。宏有逸才，文章绝美，曾为咏史诗，是其风情所寄。少孤贫，以运租自业……谢安常赏其机对辩速，后安为扬州刺史，宏自吏部郎出为东阳郡，乃祖道于冶亭，时贤皆集，安欲以卒迫试之，临别执其手顾就左右取一扇，而授之曰：“聊以赠行”。宏应声答曰：“辄当奉扬仁风，慰彼黎庶。”时人叹其率而能要焉。宏见汉时傅毅作《显宗颂》，辞甚典雅，乃作颂九章，颂简文之德，上之于孝武。太元初，卒于东阳，时年四十九。撰《后汉纪》三十卷，及《竹林名士传》三卷，诗赋诔表等杂文凡三百首，传于世。

袁宏《后汉纪·自序》：予尝读《后汉书》，烦秽杂乱，睡而不能竟也。聊以暇日撰集为《后汉纪》。其所缀会《汉记》、谢承书、司马彪书、华峤书、谢忱书、《汉山阳公记》、《汉灵献起居注》、《汉名臣奏》，旁及诸郡耆旧先贤传，凡数百卷。前史阙略，多不次叙，错谬同异，谁使正之？经营八年，疲而不能定。颇有传者，始见张璠所撰书，其言汉末之事差详，故复探而益之。夫史传之兴，所以通古今而笃名教也。丘明之作，广大悉备。史迁剖判六家，建立十书，非徒记事而已，信足扶明义教，网罗治体，然未尽之。班固源流周赡，近乎通人之作，然因籍史迁，无所甄明。荀悦才智经纶，足为嘉史，所述当世，大得治功已矣；然名教之本，帝王高义，韫而未叙。今因前代遗事，略举义教所归，庶以弘敷王道前史之阙。古者方今不同，其流亦异，言行趣舍各以类书，故观其名迹想见其人。丘明所以斟酌抑扬，寄其高怀；末吏区区，注疏而已。其所称美，止于事义；疏外之意，殁而不传，其遗风余趣蔑如也。今之史书或非古之人心，恐千载之外所诬者多，所以怅怏踌躇，操笔恨然者也。

《隋书》卷三三，《经籍志二》：《后汉纪》三十卷，袁彦伯撰。

《新唐书》卷五八，《艺文志二》：袁宏《名士传》三卷。

《世说新语·文学篇》：袁彦伯作《名士传》。刘孝标注："宏以夏侯太初、何平叔、王辅嗣为正始名士；阮嗣宗、嵇叔夜、山巨源、向子期、刘伯伦、阮仲容、王濬冲为竹林名士；裴叔则、乐彦辅、王夷甫、庾子嵩、王安期、阮千里、卫叔宝、谢幼舆为中朝名士。"

前凉亡。在本年前后，刘庆著《凉记》，索晖著《凉书》，刘昞著《凉书》及《敦煌实录》。

《史通》卷一二，《古今正史》：张重华护军刘参军庆，在东苑专修国史二十余年，著《凉记》十二卷。建康太守索晖、从事中郎刘昞，又各著《凉书》。

《魏书》卷五二，《刘昞传》：刘昞，字延明，敦煌人也。……昞以三史文繁，著《略记》百三十篇、八十四卷；《凉书》十卷；《敦煌实录》二十卷。

《隋书》卷三三，《经籍志二》：《凉书》十卷，记张轨事，伪凉大将军从事中郎刘景撰。……《敦煌实录》十卷，刘景撰。（注：刘景即刘昞，唐避讳改昞为景。）

公元381年 前秦苻坚建元十七年 辛巳

在本年以前，前秦史官赵渊等撰著国史，苻坚于本年焚毁之。

《晋书》卷一一三，《苻坚载记上》：初，坚母少寡，将军李威有辟阳之宠，史官载之。至是，坚收起居注及著作所录而观之，见其事，惭怒，乃焚其书；而大检史官将加其罪，著作郎赵泉（注：本名赵渊，唐避讳改。）、车敬等已死，乃止。

《史通》卷一二，《古今正史》：前秦史官初有赵渊、车敬、梁熙、韦谭相继著述，苻坚尝取而观之，见苟太后幸李威事，怒而焚灭其本。后著作郎董谊追录旧语，十不一存。

《魏书》卷九五，《临渭氐传》：（苻坚）遣其子长乐公丕攻克襄阳。坚观其史书，见母苟氏通李威之事，惭怒，乃焚其书。

案：《晋书·苻坚载记》叙次苻坚焚书事于东西六十二国向前秦朝贡之时，即本年也。时当晋孝武帝太元六年。

公元384年 晋孝武帝太元九年 甲申

《汉晋春秋》等作者习凿齿约卒于本年。

《晋书》卷八二，《习凿齿传》：习凿齿，字彦威，襄阳人也。……荆州刺史桓温辟为从事。江夏相袁乔深器之，数称其才于温。转西曹主薄，亲遇隆密。……累迁别驾。……出凿齿为荥阳太守。……凿齿既罢郡归……是时（桓）温觊觎非望，凿齿在郡著《汉晋春秋》以裁正之。起汉光武，终于晋愍帝。于三国之时，蜀以宗室为正；魏武虽受汉禅晋，尚为篡逆，至文帝平蜀，乃为汉亡，而晋始兴焉。引世祖讳炎，兴而为禅受，明天心不可以势力强也，凡五十四卷。后以脚疾废于里巷，及襄阳陷于苻坚，坚素闻其名，与道安俱舆而致焉。……俄以疾归襄阳。寻而襄、邓反正，朝廷欲徵凿齿使典国史，会卒不果。临终上疏曰："臣每谓皇晋宜越魏继汉，不应以魏后为三恪。而身微官卑，无由上达，怀抱愚情三十余年。今沉沦重疾，性命难保，遂尝怀此，当与之朽烂。区区之情，切所悼惜，谨力疾著论一篇，写上如左。愿陛下考寻古义，求经常之表，超然远览，不以臣微贱废其所言。"论曰：或问魏武帝功盖中夏，文帝受禅于汉，而吾子谓汉终有晋，岂实理乎？且魏之见废，晋道亦病，晋之臣子，宁可以同此言哉？答曰："此乃所以尊晋也，但绝节赴曲，非常耳，所悲见殊心异，虽奇莫察，请为子言焉……至于武皇，遂并强吴，混一宇宙，乂清四海，同轨二汉，除三国之大害，静汉末之交争，开九域之蒙晦，定千载之盛功者，皆司马氏也。而推魏继汉，以晋承魏，比义唐虞，自托纯臣，岂不惜哉！今若以魏有代王之德，则其道不足，有静乱之功，则孙刘鼎立。道不足则不可谓制当年，当年不制于魏，则魏未曾为天下之主。王道不足于曹，则曹未始为一日之王矣。昔共工伯有九州岛，秦政奄平区夏，鞭挞华戎，专总六合，犹不见序于帝王，沦没于战国。何况暂制数州之人，威行境内而已，便可推为一代者乎？……以晋承汉，功实显然，正名当事，情体亦厌，又何为虚尊不正之魏而亏我道于大通哉！"

《隋书》卷三三，《经籍志二》：《汉晋春秋》四十七卷，讫愍帝，晋荥阳太守习凿齿撰。……《襄阳耆旧记》五卷，习凿齿撰。

《旧唐书》卷四六，《经籍志三》：《汉晋阳秋》五十四卷，习凿齿撰。……《襄阳耆旧传》五卷，习凿齿撰。……《逸人高士传》八卷，习凿齿撰。

《郡斋读书后志·传记类》：《襄阳耆旧记》五卷，晋习凿齿撰。前载襄汉人物，中载其山川城邑，后载其牧守。《隋经籍志》曰《耆旧记》，《唐艺文志》曰《载旧传》，观其书记录丛脞，非传体也，名当从《经籍志》云。

案：习凿齿卒年史无明文，据《晋书》本传所述，系在淝水战后"襄、邓反正"后不久。考《晋书》卷九《孝武帝纪》，襄阳复归晋有在太元九年四月，则习凿齿之卒大约即在本年也。

《晋元明纪》作者邓粲约卒于本年前后。

《晋书》卷八二，《邓粲传》：邓粲，长沙人。少以高洁著名。……荆州刺史桓冲卑辞厚礼请粲为别驾，粲嘉其好贤，乃起应召。……后患足疾，不能朝拜，求去职；不听，令卧视事。后以病笃乞骸骨，许之。粲以父骞有忠信言而世无知者，乃著《元明纪》十篇。注《老子》，并行于世。

《文心雕龙·史传》：按春秋经传，举例发凡；自史汉以下，莫有准的。至邓粲《晋纪》，始立条例，又撮略汉魏，宪章殷周。虽湘州曲学，亦有心典谟。及安国（孙盛）立例，乃邓氏之规焉。

《隋书》卷三三，《经籍志二》：《晋纪》十一卷，讫明帝，晋荆州别驾邓粲撰。章宗源《隋书经籍志考证》：《世说》注引粲《纪》二十余事……《赏誉篇》注："咸和中，贵游子弟慕王平子、谢幼舆为达，卞壶欲奏治之。"按咸和，成帝年号，是粲所纪不止讫于明帝。

案：邓粲卒年史无明文，据《晋书》本传所述，当在桓冲为荆州刺史时或稍后。考《晋书》卷九《孝武帝纪》及卷七四《桓冲传》，桓冲于太元二年至九年为荆州刺史，且于太元九年卒于荆州任内，则邓粲之卒大约在本年前后，故编于此。

公元 386 年 后燕慕容垂建兴元年 丙戌

董统著《后燕书》。其后申秀、范亨又各著前燕与后燕之史书。

《史通》卷一二，《古今正史》：后燕建兴元年，董统受诏草创《后书》，著本纪并佐命功臣王公列传，合三十卷。慕容垂称其叙事富赡，足成一家之言。但褒述过美，有惭董史之直。其后申秀、范亨各取前后二燕合成一史。

《隋书》卷三三，《经籍志二》：《燕书》二十卷，记慕容儁事，伪燕尚书范亨撰。

公元 390 年 晋孝武帝太元十五年 庚寅

孙潜奏上其父孙盛所著《晋阳秋》。

《晋书》卷八二，《孙盛传》：太元中，孝武帝博求异闻，始于辽东得之。

案：指《晋阳秋》。孙盛著《晋阳秋》事见公元 373 年条。

吴士鉴《晋书斠注》：《释藏给三集古今佛道论衡实录一》：孙盛子潜以晋太元十五年上之（案：指《晋阳秋》），诏曰：得上故秘书监所著书，省以慨然。远模前典，宪章在昔。一代之事，辄敕纳之秘阁，以贻于后。（案：本传但言孝武求书，不言其子潜上之，盖有阙略。此诏即作于上书之后也。）

公元 397 年 南凉秃发乌孤太初元年 丁酉

南凉以郭韶为史官，撰录时事。

《史通》卷一一，《史官建置》：南凉主乌孤初定霸基，欲造国纪，以其参军郭韶为国纪祭酒，使撰录时事。

公元398年　晋安帝隆安二年　魏道武帝天兴元年　戊戌

《后汉书》作者范晔生。

案：据《宋书》卷六九《范晔传》，范晔卒于宋文帝元嘉二十二年（公元445年），四十八岁。逆推之，知生于本年。

北魏自本年置史撰修国史。

《史通》卷一一，《史官建置》：元魏初称制即有史臣，杂取他官，不恒厥职。故如崔浩、高闾之徒，唯知著述而未列名号。其后始于秘书置著作局，正郎二人，佐郎四人，其佐参史者不过一二而已。

《魏书》卷二四，《邓渊传》：邓渊，字彦海，安定人也。……太祖定中原，擢为著作郎。……太祖诏渊撰《国纪》。渊造十余卷，惟次年月起居行事而已，未有体例。

公元400年　西凉李暠庚子元年　庚子

西凉于本年建国后置史官纪事。

《晋书》卷八七，《凉武昭王（李暠）传》：群下……请史官记其事，玄盛（案：李暠字。）从之。

《史通》卷一一，《史官建置》：西凉……记事委之门下。

公元401年　晋安帝隆安五年　辛丑

《后汉书》作者袁山松卒。

《晋书》卷八三，《袁瓌传附袁山松传》：山松少有才名，博学有文章。著《后汉书》百篇。……山松历显位，为吴郡太守。孙恩作乱，山松守沪渎城，城陷被害。

《晋书》卷一〇，《安帝纪》：隆安五年……夏五月，孙恩寇吴国，内史袁山松死之。

《隋书》卷三三，《经籍志二》：《后汉书》九十五卷，本一百卷，晋秘书监袁山松撰。

《史通》卷八，《模拟》：袁山松云："书之为难也有五：烦而不整，一难也；俗而不典，二难也；书不实录，三难也；赏罚不中，四难也；文不胜质，五难也。"

公元403年 后凉吕隆神鼎三年 癸卯

后凉亡。在本年以后，后凉史官段龟龙著《凉记》。

《隋书》卷三三，《经籍志二》：《凉记》十卷，记吕光事，伪凉著作佐郎段龟龙撰。

《史通》卷一二，《古今正史》：段龟龙记吕氏。

公元406年 晋安帝义熙二年 丙午

徐广始著《晋纪》。

《宋书》卷五五，《徐广传》：徐广，字野民，东莞姑幕人也。……（义熙）二年，尚书奏曰："臣闻左史述言，右官书事；《乘》、《志》显于晋、郑，《阳秋》著乎鲁史。自皇代有造，中兴晋祀，道风帝典，焕乎史策。而太和以降，世历三朝，玄风圣迹，倏为畴古。臣等参详，宜敕著作郎徐广撰成国史。"诏曰："先朝至德光被，未著方策，宜流风缅代，永贻将来者也。"便敕撰集。

公元410年 南燕慕容超太上六年 庚戌

南燕亡。在本年前后，王景晖与张诠各著《南燕录》。

《史通》卷一二，《古今正史》：南燕有赵郡王景晖，尝事德、超，撰二主起居注。超亡，仕于冯氏，官至中书令，仍撰《南燕录》六卷。

《隋书》卷三三，《经籍志二》:《南燕录》五卷，记慕容德事，伪燕尚书郎张诠撰。……《南燕录》六卷，记慕容德事，伪燕中书郎王景晖撰。

公元 414 年　南凉秃发傉檀嘉平七年　甲寅

南凉亡。南凉有史书，作者不详。

《史通》卷一二，《古今正史》：失名记秃发氏。

《隋书》卷三三，《经籍志二》:《托跋凉录》十卷。

案：阙作者名。《旧唐书·经籍志》及《新唐书·艺文志》亦然。

公元 415 年　晋安帝义熙十一年　乙卯

《晋书》作者臧荣绪生。

案：据《南齐书》卷五四《臧荣绪传》，臧荣绪卒于齐武帝永明六年（公元 488 年），七十四岁，逆推之，知生于本年。

公元 416 年　晋安帝义熙十二年　丙辰

徐广著成《晋纪》。

《宋书》卷五五，《徐广传》:（义熙）十二年，《晋纪》成，凡四十六卷，表上之。

《隋书》卷三三，《经籍志二》:《晋纪》四十五卷，宋中散大夫徐广撰。

公元 417 年　后秦姚泓永和二年　魏明元帝泰常二年　丁巳

后秦亡。在本年前后，马僧虔、卫隆景、姚和都皆著后秦史书。

《史通》卷一二，《古今正史》：后秦扶风马僧虔、河东卫隆景，并著秦史。及姚氏之灭，残缺者多。（姚）泓从弟和都，仕魏为左民尚书，又追撰《秦纪》

十卷。

《隋书》卷三三,《经籍志二》:《秦纪》十卷,记姚苌事,魏左民尚书姚和都撰。

《燕书》作者封懿卒。

《魏书》卷三二，《封懿传》：封懿，字处德，勃海蓨人也。……仕慕容宝，位至中书令、民部尚书。宝败，归阙，除给事黄门侍郎、都坐大官、宁朔将军、章安子。太祖数引见，问以慕容旧事；懿应对疏慢，废还家。太宗初，复徵拜都坐大官，进爵为侯。泰常二年卒。懿撰《燕书》，颇行于世。

公元418年 晋安帝义熙十四年 戊午

王韶之约于本年前著成《晋安帝阳秋》。

《宋书》卷六〇，《王韶之传》：王韶之，字休泰，琅邪临沂人也。……父伟之。……伟之少有志尚，当世诏命表奏辄自书写；泰元、隆安时事，大小悉撰录之。韶之因此私撰《晋安帝阳秋》。既成，时人谓宜居史职，即除著作佐郎。使续后事，讫义熙九年。善叙事，辞论可观，为后代佳史。

《隋书》卷三三,《经籍志二》:《晋纪》十卷,宋吴兴太守王韶之撰。章宗源《隋书经籍志考证》:愚按《世说注》、《初学记》所引，并题韶之《晋安帝纪》。……今以《初学记》……合他书徵引，大抵皆安帝事，故题《晋安帝纪》。

案：《宋书》本传叙次王韶之著成《晋安帝阳秋》于宋武帝受禅之前，故编于本年。又《晋纪》及《晋安帝纪》当即《晋安帝阳秋》之异名，实为一书也。

荀伯子与王韶之同为著作佐郎，助撰晋史。

《宋书》卷六〇,《荀伯子传》:荀伯子,颍川颍阴人也。……著作郎徐度（案：殿本《宋书考证》云：“徐度当作徐广。”《南史》卷三三《荀伯子传》作“徐广”。）重其才学，举伯子及王韶之并为佐郎，助撰晋史，及著桓玄等传。

公元 420 年　晋恭帝元熙二年　宋武帝永初元年　庚申

东晋亡。东晋时较重要之史学事迹，其年代不详者尚有：

朱凤著《晋书》。

《隋书》卷三三，《经籍志二》：《晋书》十卷，未成，本十四卷，今残阙。晋中郎朱凤撰，讫元帝。

《晋书》卷五二，《华谭传》：华谭，字令思，广陵人也。……建武初，授秘书监，固让不拜。太兴初，拜前军，以疾复转秘书监。……时晋陵朱凤、吴郡吴震并学行清修，老而未调，谭皆荐为著作佐郎。

《太平御览》卷二三四引《晋中兴书》：华谭为秘书监时，晋陵朱凤、吴郡吴震等以单寒有史才，白首衡门，谭荐二人擢补著作佐郎，并皆称职。

王涛著《三国志序评》。

《隋书》卷三三，《经籍志二》：梁有《三国志序评》三卷，晋著作郎王涛撰，亡。

《新唐书》卷五八，《艺文志二》：王涛《三国志序评》三卷。

《晋书》卷七一，《王鉴传》：王鉴，字茂高，堂邑人也。……中兴建，拜驸马都尉、奉朝请。弟涛……字茂略，历著作郎、无锡令。

徐众著《三国志评》。

《隋书》卷三三，《经籍志二》：《三国志评》三卷，徐爰撰。（章宗源《隋书经籍志考证》：裴松之注……并引徐众《三国评》……爰疑众字之讹。）

《旧唐书》卷四六，《经籍志上》：《三国评》三卷，徐众撰。

严可均辑《全晋文》卷一三一：徐众，咸康（东晋成帝年号）中为黄门郎，建元（东晋康帝年号）初进侍中。有《三国志评》三卷。

何琦著《三国评论》。

《晋书》卷八八，《何琦传》：何琦，字万伦……司空陆玩、太尉桓温并辟命，皆不就。诏徵博士，又不起。简文帝时为抚军，钦其名行，召为参军，固辞以疾。公车再徵通直散骑侍郎、散骑常侍，不行。……恒以述作为事，著《三国评论》。凡所撰录百许篇，皆行于世。年八十二卒。

《隋书》卷三三，《经籍志二》：《论三国志》九卷，何常侍撰。

孟仪著《周载》。

《隋书》卷三三，《经籍志二》：《周载》八卷，东晋临贺太守孟仪撰。略记前代下至秦，本三十卷，亡。

喻归著《西河记》。

《隋书》卷三三，《经籍志二》：《西河记》二卷，记张重华事，晋侍御史喻归撰。（章宗源《隋书经籍志考证》："《元和姓纂》曰：东晋有喻归撰《西河纪》三卷。"）

李轨撰起居注数种。

《隋书》卷三三，《经籍志二》：《晋泰始起居注》二十卷，李轨撰。《晋咸宁起居注》十卷，李轨撰。《晋泰康起居注》二十一卷，李轨撰。……《晋咸和起居注》十六卷，李轨撰。

宋建国后，史官制度沿袭晋朝，仅稍有改易。

《宋书》卷四〇，《百官志下》：著作郎谓之大著作，专掌史任。晋制：著作佐郎始到职，必撰名臣传一人。宋氏初，国朝始建，未有合撰者，此制遂替矣。

《史通》卷一一，《史官建置》篇：晋……著作郎一人，谓之大著作，专掌史任；又置佐著作郎八人。宋齐已来，以佐名施于作下。（原注：改佐著作郎为著作佐郎。）

公元 425 年　宋文帝元嘉二年　乙丑

《晋纪》作者徐广卒。徐广除著《晋纪》外，又著《史记音义》。

《宋书》卷五五，《徐广传》：元嘉二年卒，时年七十四。

《隋书》卷三三，《经籍志二》：《史记音义》十二卷，宋中散大夫徐野民撰。

裴骃《史记集解序》：故中散大夫东莞徐广，研核众本，为作《音义》，具列异同，兼述训解，粗有所发明而殊恨省略。

公元 426 年　宋文帝元嘉三年　丙寅

谢灵运自本年开始撰著《晋书》。

《宋书》卷六七，《谢灵运传》：谢灵运，陈郡阳夏人也。……太祖登祚，诛徐羡之等，徵为秘书监……使整理秘阁书，补足遗阙。又以晋氏一代自始至终竟无一家之史，令灵运撰《晋书》。粗立条流，书竟不就。

《隋书》卷三三，《经籍志二》：《晋书》三十六卷，宋临川内史谢灵运撰。

案：《宋书》本传言灵运著《晋书》在宋文帝诛徐羡之以后。据《宋书》卷五《文帝纪》，宋文帝诛徐羡之在元嘉三年正月，故编于此。

裴松之自本年后开始撰著《三国志注》。

《宋书》卷六四，《裴松之传》：裴松之，字世期，河东闻喜人也。……元嘉三年……分遣大使巡行天下……松之使湘州。……松之反使……转中书侍郎，司、冀二州大中正。上使注陈寿《三国志》。

公元 429 年　宋文帝元嘉六年　魏太武帝神䴥二年　己巳

裴松之著成《三国志注》。

裴松之《上三国志注表》：……臣前被诏，使采三国异同以注陈寿《国志》。寿书铨叙可观，事多审正，诚游览之苑囿，近世之嘉史。然失在于略，时有所脱漏。臣奉旨寻详，务在周悉，上搜旧闻，傍摭遗逸。按三国历年不远，而事关汉晋，首尾所涉，出入百载，注记分错，每多舛互。其寿所不载，事宜存录者，则罔不采取，以补其阙；或同说一事而辞有乖杂，或出事本异疑不能判，并皆抄内，以备异闻；若乃纰缪显然，言不附理，则随违矫正，以惩其妄；其时事当否，及寿之小失，颇以愚意有所论辩。自就撰集，已垂期月，写校始讫，谨封上呈。……元嘉六年七月二十四日，中书侍郎西乡侯臣裴松之。

《宋书》卷六四，《裴松之传》：上使注陈寿《三国志》，松之鸠集传记，增广异闻。既成，奏上。上善之曰："此为不朽矣！"

崔浩等撰著魏史。

《魏书》卷三五，《崔浩传》：崔浩，字伯渊，清河人也。……天兴中，给事秘书转著作郎。……初，太祖诏尚书郎邓渊著《国记》十余卷，编年次事，体例未成。逮于太宗，废而不述，神䴥二年，诏集诸文人撰录国书，浩及弟览、高谠、邓颖、晁继、范亨、黄辅等共参著作，叙成国书三十卷。

《魏书》卷二四，《邓渊传附邓颖传》：世祖诏太常崔浩集诸文学撰述国书，颖（案：颖为邓渊之子）与浩弟览等俱参著作事。

《魏书》卷五七，《高祐传》：父谠，从世祖灭赫连昌，以功拜游击将军，赐爵南皮子，与崔浩共参著作。

《史通》卷一二，《古今正史》：元魏史：……神䴥二年，又诏集诸文士崔浩、浩弟览、高谠、邓颖、晁继、范亨、黄辅等，撰国书为三十卷。又特命浩总监史任，务从实录。

公元431年 夏赫连定胜光四年 魏太武帝神䴥四年 宋文帝元嘉八年 辛未

夏亡。赵逸等在本年以前著夏史。

《史通》卷一二，《古今正史》：夏。天水赵思群、北地张渊，于真兴（赫连勃勃年号）、承光（赫连昌年号）之世，并受命著其国书；及统万之亡，多见焚烧。

《魏书》卷五二，《赵逸传》：赵逸字思群，天水人也。……逸好学夙成。仕姚兴，历中书侍郎。为兴将齐难军司，征赫连屈丐。难败，为屈丐所虏，拜著作郎。世祖平统万，见逸所著，曰："此竖无道，安得为此言乎？作者谁也？其速推之！"司徒崔浩进曰："彼之谬述，亦犹子云之美新。皇王之道固宜容之。"世祖乃止。拜中书侍郎。

公元432年 宋文帝元嘉九年 壬申

范晔于本年后始著《后汉书》。

《宋书》卷六九，《范晔传》：范晔，字蔚宗，顺阳人，车骑将军泰少子也。……

少好学，博涉经史，善为文章，能隶书，晓音律。年十七，州辟主簿，不就。高祖相国掾，彭城王义康冠军参军，随府转右军参军，入补尚书外兵郎，出为荆州别驾从事史。寻召为秘书丞。父忧，去职。服终，为征南大将军檀道济司马，领新蔡太守。道济北征，晔惮行，辞以脚疾，上不许，使由水道统载器仗部伍。军还，为司徒从事中郎。顷之，迁尚书吏部郎。元嘉九年（案：此据中华书局点校本）冬，彭城太妃薨，将葬，祖夕，僚故并集东府。晔弟广渊，时为司徒祭酒，其日在直。晔与司徒左西属王深宿广渊许，夜中酣饮，开北牖听挽歌为乐。义康大怒，左迁晔宣城太守。不得志，乃删众家《后汉书》为一家之作。

公元 435 年　宋文帝元嘉十二年　乙亥

《晋安帝阳秋》作者王韶之卒。

《宋书》卷六〇，《王韶之传》：王韶之，字休泰，琅邪临沂人也……时事小大，悉撰录之，韶之因此私撰《晋安帝阳秋》，既成，时人谓宜居史职，即除著作佐郎，使续后事讫义熙九年。善叙事，辞论可观，为后代佳史。迁尚书祠部郎……高祖受禅，加骁骑将军，本郡中正黄门如故。西省职解，复掌宋书。……韶之为晋史，序王珣货殖、王廞作乱。珣子弘、廞子华并贵显，韶之惧为所陷，深结徐羡之、傅亮等。……（元嘉）十二年，又出为吴兴太守，其年卒，时年五十六。

裴松之撰《宋元嘉起居注》。

《文苑英华》卷七五四，裴子野《宋略·总论》：子野曾祖宋中大夫西乡侯（裴松之）以文帝之十二年受诏撰《元嘉起居注》。

公元 436 年　宋文帝元嘉十三年　丙子

萧思话约于本年撰成《平定汉中本末》。

《宋书》卷七八，《萧思话传》：太祖使思话上《平定汉中本末》，下之史官。

案：《宋书》本传叙次此事于元嘉十年之后，十四年之前，故编于此。

公元437年 宋文帝元嘉十四年 北凉沮渠牧犍永和五年 丁丑

北凉与宋互赠史书。

《宋书》卷九八,《大且渠传》:(元嘉)十四年,茂虔奉表献方物,并献……《三国总略》二十卷……《十三州志》十卷……《燉煌实录》十卷,《凉书》十卷,《汉皇德传》二十五卷……《皇帝王历三合纪》一卷……合一百五十四卷。茂虔又求晋赵起居注、诸杂书数十件,太祖赐之。

公元439年 宋文帝元嘉十六年 魏太武帝太延五年 北凉沮渠牧犍永和七年 己卯

宋以何承天、山谦之撰修国史。又立史学,以何承天主之。

《宋书》卷六四,《何承天传》:何承天,东海剡人也。……(元嘉)十六年,除著作佐郎,撰国史。承天年已老,而诸佐并名家年少。……寻转太子率更令,著作如故。

《宋书》卷一〇〇,《自序》:宋故著作郎何承天始撰《宋书》,草立纪传,止于武帝功臣,篇牍未广;其所撰志,唯天文、律历,自此外悉委奉朝请山谦之。

《南史》卷二,《宋文帝纪》元嘉十六年:上好儒雅,又命丹阳尹何尚之立玄素(案:素字衍)学,著作佐郎何承天立史学,司徒参军谢元立文学,各聚门徒,多就业者。

《宋书》卷九三,《雷次宗传》:元嘉十五年,徵次宗至京师,开馆于鸡笼山,聚徒教授,置生百余人。会稽朱膺之、颍川庾蔚之并以儒学监总诸生。时国子学未立,上留心艺术,使丹阳尹何尚之立玄学,太子率更令何承天立史学,司徒参军谢元立文学,凡四学并建。

北魏以崔浩、高允等撰修国史。

《魏书》卷三五,《崔浩传》:(魏太武帝太延五年灭北凉后)乃诏浩曰:"……朕以眇身,获奉宗庙,战战兢兢,如临渊海,惧不能负荷至重,继名丕烈。故即位之初,不遑宁处,杨威朔裔,扫定赫连。逮于神䴥,始命史职注集前功,以成一代之典。自尔已来,戎旗仍举。秦陇克定,徐兖无尘,平逋寇于龙川,讨孽竖于凉域。岂朕一人获济于此?赖宗庙之灵,群公卿士宣力之效也。而史阙其职，篇籍不著，每惧斯事之坠焉。公德冠朝列，言为世范，小大之任，望君存之。命公留台综理史务，述成此书，务从实录。”浩于是监秘书事，以中书侍郎高允、散骑侍郎张伟参著作，续成前纪。至于损益褒贬，折中润色，浩所总焉。

《魏书》卷四八，《高允传》：高允，字伯恭，渤海人也。……凉州平，以参谋之勋，赐爵汶阳子，加建武将军。后诏允与司徒崔浩述成国记，以本官领著作郎。

《魏书》卷五二，《阴仲达传》：阴仲达，武威姑臧人。……少以文学知名，世祖平凉州，内徙代都，司徒崔浩启仲达与段承根云，二人俱凉土才华，同修国史。除秘书著作郎。

《史通》卷一二，《古今正史》：复以中书郎高允、散骑侍郎张伟并修著作，续成前史书。叙述国事，无隐所恶。

北凉亡。在此之前，宗钦撰著凉史。

《魏书》卷五二，《宗钦传》：宗钦字景若，金城人也。……仕沮渠蒙逊为中书郎，世子洗马。……世祖平凉州，入国，赐爵卧树男，加鹰扬将军，拜著作郎。……钦在河西撰《蒙逊记》十卷，无足可称。

《史通》卷一二，《古今正史》：宗钦记沮渠氏。

《隋书》卷三三，《经籍志二》：《凉书》十卷，沮渠国史。

公元 441 年 宋文帝元嘉十八年 辛巳

《宋书》作者沈约生。

案：据《梁书》卷一三《沈约传》，沈约卒于天监十二年（公元 513 年），七十三岁，知生于本年。

公元 444 年 宋文帝元嘉二十一年 甲申

《徐州先贤传》、《后汉书》、《世说新语》等书作者刘义庆卒。

《宋书》卷五一，《宗室传》：（宋临川王刘义庆）撰《徐州先贤传》十卷，奏上之。又拟班固《典叙》，以述皇代之美。……（元嘉）二十一年薨于京邑，时年四十二。

《南史》卷一三，《宋宗室及诸王传上》:（刘义庆）撰《徐州先贤传》十卷，奏上之。又拟班固《典叙》，以述皇代之美。……所著《世说》十卷，撰《集林》二百卷，并行于世。……（元嘉）二十一年薨于都下。

《金楼子·说蕃篇》:刘义庆为荆州刺史，在州八年，撰《徐州先贤传》奏上之。

《隋书》卷三三，《经籍志二》:《徐州先贤传赞》九卷，刘义庆撰。又，《江左名士传》一卷，刘义庆撰。

《旧唐书》卷四六，《经籍志上》:《后汉书》五十八卷，刘义庆撰。

公元 445 年 宋文帝元嘉二十二年 乙酉

《后汉书》作者范晔卒。

《宋书》卷六九，《范晔传》:（元嘉）二十二年……伏诛，晔时年四十八。……晔狱中与诸甥侄书以自序曰:“吾少懒学问，晚成人，年三十许，政始有向耳。……本未关史书，政恒觉其不可解耳。既造《后汉》，转得统绪。详观古今著述及评论，殆少可意者。班氏最有高名，既任情无例，不可甲乙辨;后赞于理近，无所得，唯志可推耳。博赡不可及之，整理未必愧也。吾杂传论皆有精意深旨，既有裁味，故约其词句。至于《循吏》以下及《六夷》诸序论，笔势纵放，实天下之奇作。其中合者，往往不减《过秦》篇。尝共比方班氏所作，非但不愧之而已。欲遍作诸志，前汉所有者悉令备，虽事不必多，且使见文得尽。又欲因事就卷内发论，以正一代得失，意复未果。赞自是吾文之杰思，殆无一字空设，奇变不穷，同合异体，乃自不知所以称之。此书行，故应有赏音者。纪、传例为举其大略耳，诸细意甚多。自古体大而思精，未有此也。恐世人不能尽之，多贵古贱今，所以称情狂言耳。……吾书虽小小有意，笔势不快，余竟不成就，每愧此名。”

《后汉书》卷一〇下，《皇后纪下》注:沈约《谢俨传》曰:范晔所撰十志，一皆托俨搜撰，垂毕，遇晔败，悉蜡以覆车。宋文帝令丹阳尹徐湛之就俨寻求，已不复得，一代以为恨。其志今阙。

《隋书》卷三三，《经籍志二》:《后汉书》九十七卷，宋太子詹事范晔撰。又，

《后汉书赞论》四卷，范晔撰。又，《汉书缵》十八卷，范晔撰。

公元 447 年　宋文帝元嘉二十四年　丁亥

何承天卒。何承天除撰修宋史（见公元 439 年条）外，又著《春秋前传》及《春秋前杂传》。

《宋书》卷六四，《何承天传》：（元嘉）二十四年，承天迁廷尉，未拜，上欲以为吏部，已受密旨，承天宣漏之，坐免官，卒于家，年七十八。

《隋书》卷三三，《经籍志二》：《春秋前传》十卷，何承天撰。《春秋前杂传》九卷，何承天撰。

《旧唐书》卷四六，《经籍志上》：《春秋前传》十卷，何承天撰。《春秋前传杂语》十卷，何承天撰。

公元 450 年　魏太武帝太平真君十一年　庚寅

北魏诛杀史官崔浩，史官建置废止。

《魏书》卷三五，《崔浩传》：著作令史太原闵湛、赵郡郄标素谄事浩，乃请立石铭刊载国书，并勒所注五经，浩赞成之。……真君十一年六月诛浩。清河崔氏无远近，范阳卢氏、太原郭氏、河东柳氏皆浩之姻亲，尽夷其族。初，郄标等立石铭刊国记，浩尽述国事，备而不典，而石铭显在衢路，往来行者咸以为言，事遂闻发。

《魏书》卷四八，《高允传》：是时，著作令史闵湛、郄标性巧佞，为（崔）浩信待。见浩所注《诗》、《论语》、《尚书》、《易》，遂上疏言马、郑、王、贾虽注述六经，并多疏谬，不如浩之精微，乞收境内诸书，藏之秘府；班浩所注，命天下习业；并求敕浩注《礼传》，令后生得观正义。浩亦表湛有著述之才。既而劝浩刊所撰国史于石，用垂不朽，欲以彰浩直笔之迹。允闻之，谓著作郎宗钦曰："闵湛所营，分寸之间，恐为崔门万世之祸，吾徒无类矣。"未几而难作。初，浩之被收也，允直中书省，恭宗使东宫侍郎吴延召允，仍留宿宫内。翌日，恭宗入奏世祖，命允骖乘。至宫门，谓曰："入当见至尊，吾自导卿。脱至尊有问，但依吾语。"允请曰："为何等事也？"恭宗曰："入自知之。"既入见帝，恭宗曰："中书侍郎高允自在臣宫，同处累年，小心密慎，臣所委悉。虽与浩同事，然允微贱，制由于浩，请赦其命。"世祖召允，谓曰："国书皆崔浩作不？"允对曰："《太祖记》，前著作郎邓渊所撰，先帝记及今记，臣与浩同作。然浩综务处多，总裁而已，至于注疏，臣多于浩。"世祖大怒曰："此甚于浩，安有生路？"恭宗曰："天威严重，允是小臣，迷乱失次耳。臣向备问，皆云浩作。"世祖问："如东宫言不？"允曰："臣以下才，谬参著作，犯逆天威，罪应灭族。今已分死，不敢虚妄。殿下以臣侍讲日久，哀臣乞命耳。实不问臣，臣无此言。臣以实对，不敢迷乱。"世祖谓恭宗曰："直哉！此亦人情所难，而能临死不移，不亦难乎！且对君以实，贞臣也。如此言，宁失一有罪，宜宥之。"允竟得免。于是召浩前，使人诘浩，浩惶惑不能对。允事事申明，皆有条理。时世祖怒甚，敕允为诏，自浩已下、僮吏以上百二十八人皆夷五族。允持疑不为，频诏催切。允乞更一见，然后为诏。诏引前，允曰："浩之所坐，若更有余衅，非臣敢知。直以犯触，罪不至死。"世祖怒，命介士执允。恭宗拜请。世祖曰："无此人忿朕，当有数千口死矣！"浩竟灭族，余皆身死。宗钦临刑叹曰："高允其殆圣乎！"恭宗后让允曰："人当知机，不知机，学复何益？当尔之时，吾导卿端绪，何故不从人言，怒帝如此？每一念之，使人心悸！"允曰："臣东野凡生，本无宦意。属休延之会，应旌弓之举，释褐凤池，仍参麟阁，尸素官荣，妨贤已久。夫史籍者，帝王之实录，将来之炯戒，今之所以观往，后之所以知今。是以言行举动，莫不备载，故人君慎焉。然浩世受殊遇，荣曜当时，孤负圣恩，自贻灰灭。即浩之迹，时有可论，浩以蓬蒿之才，荷栋梁之重；在朝无謇谔之节，退私无委蛇之称，私欲没其公廉，爱憎蔽其直理，此浩之责也。至于书朝廷起居之迹，言国家得失之事，此亦为史之大体，未为多违。然臣与浩实同其事，死生荣辱，义无独殊。诚荷殿下大造之慈，违心苟免，非臣之意。"恭宗动容称叹。

《史通》卷一二，《古今正史》：浩坐此夷三族，同作死者百二十八人，自是遂废史官。

与崔浩同时被诛之史官有宗钦、段承根等。

《魏书》卷五二，《宗钦传》：宗钦……仕沮渠蒙逊为中书郎、世子洗马。……世祖平凉州，入国，赐爵卧树男，加鹰扬将军，拜著作郎。……崔浩之诛也，钦亦赐死。

《魏书》卷五二，《段承根传》：段承根，武威姑臧人。……承根好学机辩，有文思……司徒见而奇之，以为才堪注述，言之世祖，请为著作郎，引与同事。……浩诛，承根与宗钦俱死。

公元 451 年 宋文帝元嘉二十八年 辛卯

《三国志注》作者裴松之卒。

《宋书》卷六四，《裴松之传》：（元嘉）十四年致仕。拜中散大夫，寻领国子博士，进太中大夫，博士如故。续何承天国史，未及撰述。二十八年卒，时年八十。子骃，南中郎参军。松之所著文论及《晋纪》，骃注司马迁《史记》，并行于世。

《文苑英华》卷七五四，引裴子野《宋略·总论》：子野曾祖宋中大夫西乡侯（裴松之），以文帝之十二年受诏撰《元嘉起居注》。二十六（案："六"恐系"八"之误。）年重被绍（原注：疑作诏）续成何承天《宋书》，其年终于位，书则未遑述作。

《史通》卷一二，《古今正史》：宋史：元嘉中著郎何承天草创纪传；自此以外，悉委奉朝请山谦之，补承天残缺；后又命裴松之续成国史。松之寻卒，史佐孙冲之表求别自创立为一家之言。

《隋书》卷三三，《经籍志二》：《裴氏家传》四卷，裴松之撰。

车频著成《秦史》。

《史通》卷一二，《古今正史》：宋武帝入关，曾访秦国事，又命梁州刺史吉翰问诸仇池，并无所获。先是，秦秘书郎赵整参撰国史，值秦灭，隐于商洛山，著书不辍。右冯翊车频，助其经费。整卒，翰乃启频纂成其书。以元嘉九年起，至二十八年方罢，定为三卷。而年月失次，首尾不伦。

公元 454 年 宋孝武帝孝建元年 甲午

苏宝生于本年后继山谦之撰著《宋书》。

《宋书》卷一〇〇，《自序》：（山）谦之孝建初又被诏撰述（《宋书》），寻值病亡，仍使南台侍御史苏宝生续造诸传，元嘉名臣皆其所撰。

沈怀远于本年后著《南越志》。

《宋书》卷八二，《沈怀文传》：（沈怀文弟）怀远，为始兴王濬征北长流参军，深见亲待。坐纳王鹦鹉为妾，世祖徙之广州，使广州刺史宗悫于南杀之。会南郡王义宣反，怀远颇闲文笔，悫起义，使造檄书，并衔命至始兴，与始兴相沈法系论起义事。事平，悫具为陈请，由此见原。终世祖世不得还。……前废帝世，流徙者并听归本。官至武康令。撰《南越志》。

《隋书》卷三三，《经籍志二》：《南越志》八卷，沈氏撰。

《旧唐书》卷四六，《经籍志上》：《南越志》五卷，沈怀远撰。

《直斋书录解题》卷八，《地理类》：《南越志》七卷，宋武康令吴兴沈怀远撰，此五岭诸书之最在前者也。

《玉海》卷一六引《中兴书目》：《南越志》五卷，宋沈怀远载三代至晋南越疆域事迹。

> 案：沈怀远著《南越志》之年代史无明文，据《宋书·沈怀文传》所述，最早亦当在南郡王刘义宣谋反事平以后。考《宋书》卷六《孝武帝纪》，刘义宣于孝建元年二月谋反，六月败死，则沈怀远著《南越志》当在本年以后。

公元 455 年 宋孝武帝孝建二年 乙未

刘义恭著《要记》。

《宋书》卷六一，《江夏王义恭传》：（孝建）二年……义恭撰《要记》五卷，起前汉、讫晋太元。表上之，诏付秘阁。

公元 456 年 宋孝武帝孝建三年 丙申

何法盛约于本年前后著《晋中兴书》。

《南史》卷三二，《徐广传》：时有高平郗绍亦作《晋中兴书》，数以示何法盛，法盛有意图之，谓绍曰："卿名位贵达，不复俟此延誉；我寒士无闻于时，如袁宏、干宝之徒，赖有著述流声于后，宜以为惠。"绍不与。至书成，在斋内厨中。法盛诣绍，绍不在，直入窃书。绍还，失之，无复兼本，于是遂行何书。

《史通》卷一二，《古今正史》：晋江左史，自邓粲、孙盛、王韶之、檀道鸾已下相次继作，远则偏记两帝，近则唯叙八朝。至宋湘东太守何法盛，始撰《晋中兴书》，勒成一家，首尾该备。

《隋书》卷三三，《经籍志二》：《晋中兴书》七十八卷，起东晋，宋湘东太守何法盛撰。

案：何法盛之生平及其著书年代均不详。《宋书》卷一〇〇《自序》云："（沈）伯玉，字德润。……世祖（宋孝武帝）践祚……复为江夏王义恭太宰行参军，与奉朝请谢超宗、何法盛校书东宫。"考《宋书》卷六《孝武帝纪》，江夏王义恭于孝建三年进位太宰，则何法盛在是年以后校书东宫无疑，吾人所知何法盛事迹之年代亦仅此一条，其著《晋中兴书》或在此前后，因史无明文，故暂编于此。至于《南史·徐广传》所载何法盛窃书于郗绍事，确否尚不可知。刘知幾熟于史事，既言法盛始撰《晋中兴书》，今从之。

公元 457 年　宋孝武帝大明元年　丁酉

裴景仁著《秦纪》。

《宋书》卷五四，《沈昙庆传》：……大明元年（沈昙庆）督徐、兖二州及梁郡诸军事、辅国将军、徐州刺史。时殿中员外将军裴景仁助戍彭城，本伧人，多悉戎荒事，昙庆使撰《秦记》十卷，叙苻氏僭伪本末，其书传于世。

《南史》卷三四，《沈怀文传附沈昙庆传》：大明元年（沈昙庆）为徐州刺史，时殿中员外将军裴景仁助戍彭城。景仁本北人，多悉关中事，昙庆使撰《秦纪》十卷，叙苻氏事，其书传于世。

《史通》卷一二，《古今正史》：河东裴景仁，又正其讹僻（案：指车频所著《秦史》，见公元 451 年条所载），删为《秦纪》十一篇。

《隋书》卷三三，《经籍志二》：《秦纪》十一卷，宋殿中将军裴景仁撰，梁雍州主簿席惠明注。

公元460年 魏文成帝和平元年 庚子

北魏复置史官。

《魏书》卷五，《高宗纪》：和平元年……六月……崔浩之诛也，史官遂废，至是复置。

《史通》卷一二，《古今正史》：（崔浩被诛）自是遂废史官。至文成帝和平元年始复其职，而以高允典著作，修国记。允年已九十，手目俱衰；时有校书郎刘模，长于缉缀，乃令执笔而口占授之。如是者五六岁，所成篇卷，模有力焉。

公元462年 宋孝武帝大明六年 壬寅

徐爰著宋史。

《宋书》卷九四，《徐爰传》：徐爰，字长玉，南琅邪开阳人也。……先是，元嘉中使著作郎何承天草创国史，世祖（宋孝武帝）初，又使奉朝请山谦之、南台御史苏宝生踵成之。（大明）六年，又以爰领著作郎，使终其业，爰虽因前作，而专为一家之书。上表曰："臣闻虞史炳图，原光被之美；夏载昭策，先随山之勤。天飞虽王德所至，终陟固有资田跃。神宗始于俾乂，上日兆于纳揆。其在《殷颂》，《长发》玄王，受命作周，实唯雍伯考行之盛则，振古之弘轨。降逮二汉，亦同兹义，基帝创乎丰郊，绍祚本于昆邑。魏以武命《国志》，晋以宣启《阳秋》，明黄初非更姓之本，太始为造物之末，又近代之令准式远之鸿规。典谋缅邈，纪传成准，善恶具书，成败毕记。然余分紫色，滔天泯夏，亲所芟夷，而不序于始传；涉圣卓绍，烟起云腾，非所诛灭，而显冠乎首述。岂不以事先归之前录，功偕著之后撰。伏维皇宋承金行之浇季，钟经纶之屯极，拥玄光以凤翔，秉神符而龙举。剿定鲸鲵，天人伫属，晋禄数终，上帝临宋，便应奄膺纮寓，对越神工；而恭服勤于三分，让德迈于不嗣，其为巍巍荡荡，赫赫明明，历观逖闻，莫或斯等，宜依衔书改文、登舟变号。起元义熙，改王业之始，载序宣力，为功臣之断。其伪玄篡窃，同于新莽，虽灵武克殄，自详之晋录；及犯命干纪，受戮霸朝，虽揖让之前，皆著之宋策。国典体大，方垂不朽，请外详议，伏须遵承。"于是内外博议。太宰江夏王义恭等三十五人同爰议，宜以义熙元年为断；散骑常侍巴陵王休若、尚书金部郎檀道鸾二人谓宜以元兴三年为始；太学博士虞和谓宜以开国为宋公元年。诏曰："项籍、圣公编录二汉，前史已有成列（殿本《考证》：列当作例），《桓玄传》宜在宋典，余如爰议。"

《宋书》卷一〇〇，《自序》：大明中，又命著作郎徐爰踵成前作。爰因何、苏所述，撰为一史，起自义熙之初，讫于大明之末。至于臧质、鲁爽、王僧达诸传，又皆孝武所造。自永光以来，至于禅让，十余年内，阙而不续。

《南齐书》卷五二，《丘巨源传》：丘巨源，兰陵人也。……巨源少举丹阳郡孝廉，为宋孝武所知。大明五年（案：此与《宋书·徐爰传》所载相差一年），敕助徐爰撰国史。

《史通》卷一二，《古今正史》：宋史：元嘉中，著作郎何承天草创纪传，自此以外，悉委奉朝请山谦之补承天残缺。后又命裴松之续成国史。松之寻卒，史佐孙冲之表求别自创立为一家之言。孝建初，又敕南台侍御史苏宝生续造诸传，元嘉名臣皆其所撰。宝生被诛，大明六年，又命著作郎徐爰踵成前作。爰因何、孙、山、苏所述，勒为一书，其臧质、鲁爽、王僧达诸传又皆孝武自造，而序事多虚，难以取信。自永光已后至禅让，十余年中，阙而不载。

公元465年　宋明帝泰始元年　乙巳

沈约开始撰著《晋书》。

《宋书》卷一〇〇，《自序》：史臣（沈约）年十三而孤。少颇好学，虽弃日无功，而伏膺不改。常以晋氏一代竟无全书，年二十许，便有撰述之意。泰始初，征西将军蔡兴宗为启明帝，有敕赐许。

公元469年　宋明帝泰始五年　己酉

《宋略》作者裴子野生。

案：据《梁书》卷三〇《裴子野传》，裴子野卒于梁武帝大通二年（公元530年），六十二岁，逆推之，知生于本年。

公元473年 宋废帝元徽元年 癸丑

王俭著《七志》及《元徽四部书目》

《南齐书》卷二三，《王俭传》：王俭字仲宝，琅琊临沂人。……幼有神彩，专心笃学，手不释卷。……解褐祕书郎，太子舍人，超迁祕书丞。

上表求校坟籍，依《七略》撰《七志》四十卷，上表献之，表辞甚典。又撰定《元徽四部书目》。

《文选》卷四六，任彦升《王文宪集序》：公讳俭，字仲宝，琅琊临沂人也。……初拜秘书郎，迁太子舍人，以选尚公主，拜驸马都尉。

元徽初，迁秘书丞。于是采公曾之《中经》，刊弘度之四部，依刘歆《七略》，更撰《七志》。

《广弘明集》卷三，阮孝绪《七录序》：（王）俭又依《别录》之体，撰为《七志》，其中朝遗书收集稍广，然所亡者犹太半焉。又，宋元徽元年秘阁《四部书目录》二千二十帙，一万五千七十四卷。

《隋书》卷三二，《经籍志·总序》：元徽元年，秘书丞王俭又造目录，大凡一万五千七百四卷。俭又别撰《七志》：一曰《纪典志》，纪六艺、小学、史记、杂传；二曰《诸子志》，纪今古诸子；三曰《文翰志》，纪诗赋；四曰《军书志》，纪兵书；五曰《阴阳志》，纪阴阳图纬；六曰《术艺志》，纪方技；七曰《图谱志》，纪地域及图书。其道、佛附见，合九条。然亦不述作者之意，但于书名之下，每立一传，而又作九篇条例，编乎首卷之中。文义浅近，未为典则。

《隋书》卷三三，《经籍志二》：《宋元徽元年四部书目录》四卷，王俭撰。《今书七志》七十卷，王俭撰。

公元475年 宋废帝元徽三年 乙卯

《宋书》作者徐爰卒。

《宋书》卷九四，《徐爰传》：元徽三年卒，时年八十二。

公元 479 年 宋顺帝升明三年 齐高帝建元元年 己未

本年宋亡。在宋时较重要之史学事迹而不详其年代者，尚有：

刘谦之著《晋纪》。

《宋书》卷五〇，《刘康祖传》：（刘）谦之，好学，撰《晋纪》二十卷。

《隋书》卷三三，《经籍志二》：《晋纪》二十三卷，宋中散大夫刘谦之撰。

案：刘谦之著《晋纪》在何时不详，据《宋书·刘康祖传》所载，谦之“义熙末为始兴相，东海人徐道期……招集亡命出攻始兴，谦之破走之，进平广州，诛其党与。……复为太中大夫。”又《晋书》卷一〇《安帝纪》义熙十三年载：“南海贼徐道期陷广州，始兴相刘谦之讨平之。”再据《隋志》所题“宋中散大夫”官名，则谦之仕于东晋末及宋初，其著《晋纪》盖在宋朝也。

裴骃著《史记集解》。

《宋书》卷六四，《裴松之传》：子骃，南中郎参军。松之所著文论及《晋纪》，骃注司马迁《史记》，并行于世。

裴骃《史记集解序》：班固有言曰：“司马迁据《左氏》、《国语》，采《世本》、《战国策》，述《楚汉春秋》，接其后事，迄于天汉。其言秦汉详矣。至于采经摭传，分散数家之事，甚多疏略，或有抵牾。亦其涉猎者广博，贯穿经传，驰骋古今，上下数千载间，斯以勤矣。又其是非颇缪于圣人，论大道则先黄老而后六经，序游侠则退处士而进奸雄，述货殖则崇势利而羞贫贱，此其所蔽也。然自刘向、杨雄博极群书，皆称迁有良史之材，服其善序事理，辨而不华，质而不俚，其文直，其事核，不虚美，不隐恶，故谓之实录。”骃以为固之所言，世称其当。虽时有纰缪，实勒成一家，总其大较，信命世之宏才也。考较此书，文句不同，有多有少，莫辩其实，而世之惑者，定彼从此，是非相贸，真伪舛杂。故中散大夫东莞徐广研核众本，为作《音义》，具列异同，兼述训解，粗有所发明，而殊恨省略。聊以愚管，增演徐氏。采经传百家并先儒之说，豫是有益，悉皆抄内。删其游辞，取其要实，或义在可疑，则数家兼列。《汉书音义》称“臣瓒”者，莫知氏姓，今直云“瓒曰”，又都无姓名者，但云“汉书音义”，时见微意，有所裨补。譬彗星之继朝阳，飞尘之集毕岳。以徐为本，号曰《集解》。

未详则阙，弗敢臆说。人心不同，闻见异辞，班氏所谓“疏略抵牾”者，依违不悉辩也。愧非胥臣之多闻，子产之博物，妄言末学，芜秽旧史，岂足以关诸蓄德，庶贤无所用心而已。

《隋书》卷三三，《经籍志二》：《史记》八十卷宋南中郎外兵参军裴骃注。

檀道鸾著《续晋阳秋》。

《南史》卷七二，《檀超传》：超叔父道鸾，字万安，仕国子博士、永嘉太守，亦有文学，撰《续晋阳秋》二十卷。

《隋书》卷三三，《经籍志二》：《续晋阳秋》二十卷，宋永嘉太守檀道鸾撰。

郭季产著《续晋纪》。

《隋书》卷三三，《经籍志二》：《续晋纪》五卷，宋新兴太守郭季产撰。（姚振宗《隋书经籍志考证》：按郭季产始末未详。唯《宋书·蔡兴宗传》：“废帝时领军王玄谟，有所亲故吏郭季产”，殆即其人。）

崔祖思上书论修史事。

《南齐书》卷二八，《崔祖思传》：崔祖思字敬元，清河东武城人。……建元元年……祖思启陈政事曰：“……又曰：古者左史记言，右史记事，故君举必书，尽直笔而不污。上无忘动，知如丝之成纶。今者著作之官，起居而已，述事之徒，褒谀为体，世无董狐，书法必隐。时阙南史，直笔未闻。”

公元480年 齐高帝建元二年 庚申

齐初置史官，以檀超及江淹掌修史事，并立条例，王俭、袁彖均参与讨论。

《南齐书》卷五二，《檀超传》：檀超字悦祖，高平金乡人也。……建元二年，初置史官，以超与骠骑记室江淹掌史职。上表立条例：开元纪号不取宋年；封爵各详本传，无假年表；立十志：《律历》、《礼乐》、《天文》、《五行》、《郊祀》、《刑法》、《艺文》依班固；《朝会》、《舆服》依蔡邕、司马彪；《州郡》依徐爰；《百官》依范晔，合《州郡》。班固五星载《天文》，日蚀载《五行》，改日蚀入《天文志》。以建元为始。帝女体自皇宗，立传以备甥舅之重；又立《处士》、《列女传》。诏内外详议。左仆射王俭议：“金粟之重，八政所先，食货通则国富民实，宜加编录，以崇务本，《朝会志》前史不书，蔡邕称先师胡广说《汉旧仪》，此乃伯喈一家之意，曲碎小仪，无烦录。宜立《食货》，省《朝会》。《洪范》九畴，一曰五行，五行之本先乎水火之精，是为日月五行之宗也，今宜宪章前轨，无所改革。又立《帝女传》，亦非浅识所安，若有高德异行，自当载在《列女》，若止于常美，则仍旧不书。”诏：“日月灾隶《天文》，余如俭议。”超史功未就，卒官。江淹撰成之，犹不备也。

《南史》卷五九，《江淹传》：建元二年，始置史官，淹与司徒左长史檀超共掌其任，所为条例并为王俭所驳，其言不行。淹任性文雅，不以著述在怀，所撰十三篇竟无次序。

《南史》卷七二，《檀超传》：檀超字悦祖，高平金乡人也。……建元二年，初置史官，以超与骠骑记室江淹掌史职，上表立条例：开元纪号不取宋年；封爵各详本传，无假年表；又制著十志。多为左仆射王俭所不同。既与物多忤，史功未就，徙交州，于路见杀。江淹撰成之，犹不备也。

《南齐书》卷四八，《袁彖传》：袁彖字伟才，陈郡阳夏人也。……议驳国史檀超：以《天文志》纪纬序位度，《五行志》载当时祥沴，二篇所记，事用相悬，日蚀为灾，宜居《五行》。超欲立《处士传》，彖曰：“夫事关业用，方得列其名行。今栖遁之士，排斥皇王，陵轹将相，此偏介之行，不可长风移俗，故迁书未传，班史莫编，一介之善，无缘顿略，宜列其（性）〔姓〕业，附出他篇。”

《史通》卷一一，《史官建置》：齐、梁二代，又置修史学士。

《史通》卷一二，《古今正史》：齐史：江淹始受诏著述，以为史之所难无出于志，故先著十志以见其才。

熊襄著《齐典》（又名《十代记》、《河洛金匮》）。

《南齐书》卷五二，《檀超传》：时豫章熊襄著《齐典》，上起十代。其序云：“《尚书·尧典》谓之《虞书》，则附所述，故通谓之齐，名为《河洛金匮》。”

《隋书》卷三三，《经籍志二》：《齐典》十卷。（章宗源《隋书经籍志考证》：《隋志》无撰人名。愚按《南齐书·檀超传》：“时豫章熊襄著《齐典》，上起十代。其序云：《尚书·尧典》谓之《虞书》，则附所述，故通谓之齐，名为《河洛金匮》。”未知《隋志》所载即襄所撰否？）

《旧唐书》卷四六，《经籍志上》：《十代记》十卷，熊襄撰。

《新唐书》卷五八，《艺文志二》：熊襄《十代记》十卷。

姚振宗《隋书经籍志考证》卷一二:《齐典》十卷,不著撰人……按此证以《齐书》、《南史·文学传》及两《唐志》所载书名、卷数，皆有可据，是为熊襄书无可疑者,本《志》失注撰人耳。其书相传有三名,曰《河洛金匮》,曰《齐典》,曰《十代记》。

案：熊襄著《齐典》不详何年，据《南齐书·檀超传》所云，当与檀超修史同时，故编于此。

公元483年 齐武帝永明元年 癸亥

刘祥撰《宋书》。

《南齐书》卷三六，《刘祥传》：刘祥字显徵，东莞莒人也。……永明初，迁长沙王镇军，板谘议参军。撰《宋书》，讥斥禅代，尚书令王俭密以启闻，上衔而不问。

公元484年 齐武帝永明二年 甲子

沈约著《晋书》，至本年中辍。

《宋书》卷一〇〇，《自序》：常以晋氏一代竟无全书，年二十许便有撰述之意。泰始初，征西将军蔡兴宗为启明帝，有敕赐许。自此迄今，年逾二十（案：沈约《自序》作于永明六年，“自此迄今，年逾二十”系指自宋泰始初至齐永明六年，即公元465年至公元488年），所撰之书凡一百二十卷，条流虽举，而采掇未周。永明（案：应作升明）初，遇盗失第五秩。建元四年，未终，被敕撰国史。永明二年，又忝兼著作郎，撰次起居注，自兹王役，无暇搜撰。

公元486年 魏孝文帝太和十年 丙寅

《略注》作者平恒卒。

《北史》卷八一，《平恒传》：平恒字继叔，燕郡（案：《魏书》卷八四《平恒传》作“国”）蓟人也。……恒耽勤读诵，多通博闻。自周以降，暨于魏世，帝王传代之由，贵臣升降之绪，皆撰（案:《魏书·平恒传》“撰”下有“录”字）品第，商略是非，号曰《略注》，合百余篇。……太和十年，以恒为秘书令，而固请为郡，未受而卒。（案：《魏书·平恒传》此下有“时年七十六”五字。）

公元487年 齐武帝永明五年 魏孝文帝太和十一年 丁卯

《南齐书》作者萧子显生。

案：据《广弘明集》卷二〇《梁简文帝〈法宝联璧〉序》（作于梁武帝中大通六年，即公元534年），“侍中、国子祭酒南兰陵萧子显，年四十八，字景畅。”知生于本年。

沈约开始著作《宋书》。

《宋书》卷一〇〇，沈约《自序》：（永明）五年春，又被敕撰《宋书》。

《南史》卷七二，《王智深传》：（齐）武帝使太子家令沈约撰《宋书》，拟立《袁粲传》，以审武帝，帝曰:“袁粲自是宋家忠臣。”约又多载孝武、明帝诸亵黩事，上遣左右语约曰：“孝武事迹不容顿尔；我昔经事宋明帝，卿可思讳恶之义。”于是多所省除。

北魏史官高允卒。高允撰修魏史，实得刘模之助。

《魏书》卷四八，《高允传》：（高允）虽久典史事，然而不能专勤属述，时与校书郎刘模有所缉缀，大较续崔浩故事，准《春秋》之体，而时有刊正。自高宗迄于显祖，军国书檄多允文也。……虽年渐期颐，而志识无损，犹心存旧职，披考史书。……（太和）十一年正月卒，年九十八。……初，允所引刘模者，长乐信都人也。……允领秘书典著作，选为校书郎。允修撰国记，与俱缉著，常令模持管籥，每日同入史阁，接膝对筵，属述时事。允年已九十，目手稍衰，多遣模执笔，而指授裁断之。如此者五六岁，允所成篇卷，著论上下，模预有功焉。

李彪与崔光撰修魏史，改原修之编年体为纪传体。

《魏书》卷七下，《高祖纪》：（太和）十有一年……十有二月，诏秘书丞李彪、著作郎崔光改析国记，依纪传之体。

《魏书》卷六二，《李彪传》：李彪，字道固，顿丘卫国人。……高祖初，为中书教学博士，后假员外散骑常侍、建威将军、卫国子，使于萧赜。迁秘书丞，参著作事。自成帝以来至于太和，崔浩、高允著述国书，编年序录，为《春秋》之体，遗落时事，三无一存。彪与秘书令高祐始奏从迁、固之体，创为纪、传、表、志之目焉。

《魏书》卷六七，《崔光传》：崔光，本名孝伯，字长仁，高祖赐名焉，东清河鄃人也。……太和六年，拜中书博士，转著作郎，与秘书丞李彪参撰国书。

《魏书》卷五七，《高祐传》：高祐，字子集，小名次奴，勃海人也。……祐博涉书史，好文字杂说，材性通放，不拘小节。……高祖拜秘书令，后与丞李彪等奏曰："臣等闻典谟兴，话言所以光著；载籍作，成事所以昭扬，然则《尚书》者，记言之体；《春秋》者，录事之辞。寻览前志，斯皆言动之实录也。夏殷以前，其文弗具；自周以降，典章备举。史官之体，文质不同；立书之旨，随时有异。至若左氏，属词比事，两致并书，可谓存史意而非全史体。逮司马迁、班固，皆博识大才，论叙今古，曲有条章；虽用达未兼，斯实前史之可言者也。至于后汉、魏、晋，咸以放焉。惟圣朝创制上古，开基长发，自始均以后至于成帝，其间世数久远，是以史弗能传。臣等疏陋，忝当史职，披览国记，窃有志焉。愚谓自王业始基，庶事草创，皇始以降，光宅中土，宜依迁、固大体，令事类相从，纪、传区别，表、志殊贯，如此修缀，事可备尽。伏惟陛下先天开物，洪宣帝命，太皇太后淳曜二仪，惠和王度，声教之所渐洽，风译之所覃加，固已义振前王矣。加太和以降，年未一纪，然嘉符祯瑞，备臻于往时，洪功茂德，事萃于曩世。会稽伫玉牒之章，岱宗想石记之列。而秘府策勋，述美未尽。将令皇风大猷，或阙而不载；功臣懿绩，或遗而弗传。著作郎已下，请取有才用者，参造国书，如得其人，三年有成矣。然后大明之德功，光于帝篇，圣后之勋业，显于皇策。佐命忠贞之伦，纳言司直之士，咸以备著载籍矣。"高祖从之。……时李彪专统著作；祐为令，时相关预而已。

《史通》卷一二，《古今正史》：初，《国记》自邓、崔以下皆承作编年体。至孝文太和十一年，诏秘书丞李彪、著作郎崔光始分为纪传异科。

公元488年　齐武帝永明六年　魏孝文帝太和十二年　戊辰

《晋书》作者臧荣绪卒。臧荣绪除著《晋书》外，又著《续洞纪》。

《南齐书》卷五四,《臧荣绪传》：臧荣绪，东莞莒人也。……纯笃好学，括东、西晋为一书，纪、录、志、传百一十卷。隐居京口教授。南徐州辟西曹，举秀才，不就。太祖（萧道成）为扬州，徵荣绪为主簿，不到。司徒褚渊少时尝命驾寻之。建元中启太祖曰："荣绪朱方隐者。昔臧质在宋，以国戚出牧彭岱，引为行佐，非其所好，谢疾求免，蓬庐守志，漏湿是安，灌蔬终老，与友关康之沉深典素，追古著书，撰《晋史》十帙，赞论虽无逸才，亦足弥纶一代。臣岁时往京口，早与之遇。近报其取书，始方送出，庶得备录渠阁，采异甄善。"上答曰："公所道臧荣绪者，吾甚志之，其有史翰，欲令入天禄，甚佳。"荣绪惇爱五经……常以宣尼生庚子日，陈五经拜之。自号被褐先生。又以饮酒乱德，言常为诫。永明六年卒，年七十四。

《史通》卷一二，《古今正史》：晋史：……齐隐士臧荣绪，又集东、西二史，合成一书。

《隋书》卷三三,《经籍志二》:《晋书》一百一十卷，齐徐州主簿臧荣绪撰。……《续洞纪》一卷，臧荣绪撰。（案：姚振宗《隋书经籍志考证》："按是书《南齐书·高逸传》及《南史·隐逸传》皆略而不言，其续韦氏书，则大抵讫于宋齐之际。"）

沈约著成《宋书》纪、传七十卷。

《宋书》卷一〇〇，《自序》：（永明）五年春，又被敕撰《宋书》。六年二月毕功，表上之曰：臣约言：臣闻大禹刊木，事炳虞书；西伯戡黎，功焕商典。伏惟皇基积峻，帝烈弘深，树德往朝，立勋前代。若不观风唐世，无以见帝妫之美；自非覩乱秦余，何用知汉祖之业？是以掌言未记，爰动天情；曲诏史官，追述大典。臣实庸妄，文史多阙；以兹不才，对扬盛旨，是用夕惕载怀，忘其寝食者也。臣约顿首死罪。窃惟宋氏南面，承历统天。虽世穷八主，年减百载；而兵车亟动，国道屡屯，垂文简牍，事数繁广。若夫英主启基，名臣建绩，拯世夷难之功，配天光宅之运，亦足以勒铭钟鼎，昭被方策。及虐后暴朝，前王罕二，国衅家祸，旷古未书，又可以式规万叶，作鉴于后。宋故著作郎何承天始撰宋书，草立纪、传，止于武帝功臣，篇牍未广；其所撰志，唯《天文》、《律历》，自此外悉委奉朝请山谦之。谦之孝建初又被诏撰述，寻值病亡，仍使南台侍御史苏宝生续造诸传，元嘉名臣皆其所撰。宝生被诛，大明中又命著作郎徐爰踵成前作。爰因何、苏所述，勒为一史，起自义熙之初，讫于大明之末。至于臧质、鲁爽、王僧达诸传，又皆孝武所造。自永光以来至于禅让，十余年内阙而不续，一代典文，始末未举。且事属当时，多非实录；又立传之方，取舍乖衷，进由时旨，退傍世情，垂之方来，难以取信。臣今谨更创立，制成新史，始自义熙肇号，终于升明三年。桓玄、谯纵、卢循、马鲁之徒，身为晋贼，非关后代；吴隐、谢混、郗僧施义止前朝，不宜滥入宋典；刘毅、何无忌、魏咏之、檀凭之、孟昶、诸葛长民志在兴复，情非造宋。今并刊除，归之晋籍。臣远愧南、董，近谢迁、固，以闾阎小才，述一代盛典，属辞比事，望古惭良，鞠躬跼蹐，靦汗亡厝。本纪、列传缮写已毕，合志、表（案：志、表二字乃衍文，见王鸣盛《十七史商榷》及余嘉锡《四库提要辨正》）七十卷。臣今谨奏呈。所撰诸志须成续上。谨条目录诣省拜表奉以闻。臣约诚惶诚恐，顿首顿首，死罪死罪。

《隋书》卷三三，《经籍志二》：《宋书》一百卷，梁尚书仆射沈约撰。

清殿本《宋书》卷一〇〇《考证》：按沈约《自序》，《宋书》成于齐武帝永明六年。今刻本题曰“梁沈约撰”，盖要其终而命之为梁臣，非言此书为梁时书也。

今案：沈约此篇序言，史称是本年的进书表，其中已经道明仅撰成纪、传七十卷，还有典志有待纂修。因此，清朝殿本之考释粗疏讹误，全书实际修成于梁武帝天监年间。现今学者已经通过查考《宋书》三十卷志内的避讳，知其多处避梁武帝之讳，确认成书于梁，但无具体年分而已，特此说明。

《魏国统》作者梁祚卒。

《魏书》卷八四，《儒林·梁祚传》：梁祚，北地泥阳人。……撰并陈寿《三国志》，名曰《国统》。……年八十七，太和十二年卒。

《隋书》卷三三，《经籍志二》：《魏国统》二十卷，梁祚撰。

《旧唐书》卷四六，《经籍志上》：《国记》十卷，梁祚撰。

《新唐书》卷五八，《艺文志二》：梁祚《魏书国纪》十卷。

案：据章宗源《隋书经籍志考证》，两《唐志》所载书名均误。

公元 489 年　齐武帝永明七年　己巳

《七志》、《元徽四部书目》作者王俭卒。

《南齐书》卷二三，《王俭传》：王俭……（永明）七年……薨，年三十八。

《文选》卷四六，任彦升《王文宪集序》：公讳俭……春秋三十有八，（永明）七年五月三日，薨于建康官舍。

公元 490 年　魏孝文帝太和十四年　庚午

北魏定起居注制。

《魏书》卷七下，《高祖纪》：太和十有四年……二月……初诏定起居注制。

《史通》卷一一，《史官建置》：元魏置起居令史，每行幸讌会，则在御左右，记录帝言及宾客酬对。后别置修起居注二人，多以余官兼掌。

《魏书》卷七下，《高祖纪》：（魏孝文帝）每言凡为人君，患于不均、不能推诚御物。苟能均诚，胡越之人亦可亲如兄弟。常从容谓史官曰：直书时事，无讳国恶。人君威福自已，史复不书，将何所惧？

今案：至迟汉代，中国对记史体制即已形成"左史记言，右史记事"的理想化观念，但并没有按此施行，两晋、南朝的起居注非由史官即时记载。倒是北魏孝文帝这样热衷汉文化的少数民族政权皇帝，真的建立即时记录、直书时事的起居注制度，《魏书·官氏志》，确有"起居注令史"一职，这在官员职名上属于首创，对此后史学的发展影响巨大。

公元 491 年　齐武帝永明九年　魏孝文帝太和十五年　辛未

王颢呈上其父王珪之所著《齐职仪》。

《南齐书》卷五二，《王逡之传》：（王逡之）从弟珪之，有史学，撰《齐职仪》。永明九年，其子中军参军颢上启曰："臣亡父故长水校尉珪之，藉素为基，依儒习性。以宋元徽二年被敕使纂集古设官历代分职，凡在坟策，必尽详究。是以等级掌司，咸加编录；黜陟迁补，悉该研记。述章服之差，兼冠佩之饰。属值启运，轨度惟新。故太宰臣渊（褚渊）奉宣敕旨，使速洗正。刊定未毕，臣私门凶祸。不揆庸微，谨冒启上，凡五十卷，谓之《齐职仪》。仰希永升天阁，长铭秘府。”诏付秘阁。

《隋书》卷三三，《经籍志二》：《齐职仪》五十卷，齐长水校尉王珪之撰。梁有王珪之《齐仪》四十九卷，亡。

北魏分置左右史官。

《魏书》卷七下，《高祖纪》：（太和）十五年春，正月丁卯，帝始听政于皇信东室，初分置左右史官。

公元493年 齐武帝永明十一年 癸酉

王智深著成《宋纪》。

《南齐书》卷五二，《王智深传》：王智深，字云才，琅邪临沂人也。……（齐武帝）敕智深撰《宋纪》，召见芙蓉堂，赐衣服，给宅。智深告贫于豫章王，王曰：“须卿书成，当相论以禄。”书成三十卷。世祖后召见智深于璿明殿，令拜表奏上，表未奏而世祖崩。隆昌元年，敕索其书。

案：齐武帝卒于本年。

在本年以前，袁炳著《晋书》，未成而卒。

《南齐书》卷五二，《王智深传》：先是，陈郡袁炳，字叔明，有文学，亦为袁粲所知，著《晋书》，未成，卒。

《南史》卷七二，《丘巨源传》：（袁）仲明，陈郡人，撰晋史未成而卒。

案：《南齐书·王智深传》云袁炳字叔明，《南史·丘巨源传》仅云袁仲明而未著其名，但据两书所述事迹（《南史·丘巨源传》亦云袁仲明“为袁粲所赏”）当是一人。

公元 495 年　齐明帝建武二年　乙亥

齐史官王逡之卒。

《南齐书》卷五二,《王逡之传》: 王逡之,字宣约,琅邪临沂人也。……升明末,右仆射王俭重儒术,逡之以著作郎兼尚书左丞,参定齐国仪礼。初,俭撰《古今丧服集记》,逡之难俭十一条;更撰《世行》五卷。转国子博士。国学久废,建元二年,逡之先上表立学,又兼著作。撰《永明起居注》。转通直常侍,骁骑将军,领博士,著作如故。……建武二年卒。

《隋书》卷三三,《经籍志二》:《礼仪制度》十三卷,王逡之撰。

公元 497 年　魏孝文帝太和二十一年　丁丑

李彪解免史官职务,崔光专任撰修国史之事。

《魏书》卷六二,《李彪传》: 车驾南征(案:据《魏书》卷七下《高祖纪》,事在太和十七年八月),假彪冠军将军、东道副将,寻假征虏将军。车驾还京(案:据《魏书·高祖纪》,事在太和十八年闰二月),迁御史中尉,领著作郎。……汾州胡叛,诏彪持节绥慰,事宁还京。除散骑常侍,仍领御史中尉,解著作事。

《魏书》卷六七,《崔光传》: 初,光与李彪共撰国书。太和之末,彪解著作,专以史事任光。

> 案:据《魏书》卷七下《高祖纪》:太和二十年十一月,"右将军元隆大破汾州叛胡。"又:太和二十一年三月"诏汾州民百年以上假县令,九十以上赐爵三级,八十以上赐爵二级,七十以上赐爵一级"。则李彪之解著作事应在二十一年春。

公元 499 年　齐东昏侯永元元年　魏孝文帝太和二十三年　己卯

《海岱志》作者崔慰祖卒。

《南齐书》卷五二,《崔慰祖传》: 崔慰祖,字悦宗,清河东武城人也。……与丹阳丞刘沨素善。遥光据东府反,慰祖在城内,城未溃,一日沨谓之曰:"卿有老母，宜其出矣。”命门者出之。慰祖诣阙自首，系尚方，病卒。慰祖著《海岱志》，起太公迄西晋人物为四十卷，半未成（案：《南史》卷七十二本传作“半成”），临卒与从弟纬书云：“常欲更注迁、固二史，采《史》、《汉》所漏二百余事，在厨簏，可检写之，以存大意。《海岱志》良未周悉，可写数本，付护军诸从事人一通，及友人任昉、徐夤、刘洋、裴揆。（案：《南史》卷七十二本传在此下有“令后世知吾微有素业也”一句）”……时年三十五。

《隋书》卷三三，《经籍志二》：《海岱志》二十卷，齐前将军记室崔慰祖撰。

案：据《南齐书》卷七《东昏侯纪》及卷二〇《始安王遥光传》，始安王遥光谋反被斩在东昏侯永元元年，则崔慰祖之卒亦当在是年也。

北魏史官高祐卒。

《魏书》卷五七，《高祐传》：高祐字子集，小名次奴，勃海人也。本名禧，以与咸阳王同名，高祖赐名祐，司空允从祖弟也……祐博涉书史，好文字杂说，材性通放，不拘小节。初拜中书学生，转博士侍郎。以祐招下邵郡群贼之功，赐爵建康子……高祖皆善之，加给事中、冀州大中正，余如故。时李彪专统著作，祐为令，时相关豫而已。……太和二十三年卒。

《燕志》作者韩显宗卒。

《史通》卷一二，《古今正史》：韩显宗记冯氏。

《魏书》卷六〇，《韩麒麟传附韩显宗传》：显宗，字茂亲。……太和初，举秀才，对策甲科，除著作佐郎。……高祖曾谓显宗及程灵虬曰：“著作之仕，国书是司。卿等之文，朕自委悉；中省之品，卿等所闻。若欲取况古人班、马之徒，固自辽阔；若求之当世文学之能，卿等应推崔孝伯。”又谓显宗曰：“见卿所撰《燕志》及在齐诗咏，大胜比来之文；然著述之功，我所不见，当更访之监令。校卿才能，可居中第。”又谓程灵虬曰：“卿比显宗复有差降，可居下上。”……（太和）二十三年卒。显宗撰冯氏《燕志》、《孝友传》各十卷。

锐意汉化改革的北魏孝文帝元宏卒。

（明）何乔新《椒邱文集》卷六，《史论·金主雍卒》：魏孝文、金世宗，皆北方之贤君也。考其为治之迹，盖汉文帝、宋仁宗之流，景帝、真宗殆有愧焉。孝文遵汉法，变代俗，爱民好士，制礼崇文，其材略优于世宗矣。然务勤远略，师旅数兴，其宽仁不及也。世宗恭俭宽洪，好贤纳谏，上下相安，家给人足，号称小尧舜，其宽仁优于孝文矣，然其材略不及也。孝文有明哲之资，世宗有宏裕之度，议者不可少之也。

王夫之《读通鉴论》卷十六《齐明帝》：拓拔宏之伪也，儒者之耻也。夫宏之伪，欺人而遂以自欺久矣……自冯后死，宏始亲政，以后五年之间，作明堂，正祀典，定祧庙，祀圜丘，迎春东郊，定次五德、朝日养老，修舜、禹、周、孔之祀，耕藉田，行三载考绩之典，禁胡服胡语，亲祠阙里，求遗书，立国子大学四门小学，定族姓，宴国老庶老，听群臣终三年之丧，小儒争艳称之以为荣。凡此者，典谟之所不道，孔、孟之所不言，立学终丧之外，皆汉儒依托附会，逐末舍本，杂识纬巫觋之言。涂饰耳目，是为拓拔宏所行之王道而已。尉元为三老，游明根为五更，岂不辱名教而羞当世之士哉？故曰儒者之耻也。……虽然，抑岂足为君子儒之耻哉？君子儒之以道佐人主也，本之以德，立之以诚。视宏之所为，沐猴之冠，优俳之戏而已矣。备纪宏之伪政于史策，所以示无本而效汉儒附托之文具，则亦索虏欺人之术也，可以鉴矣。

乾隆帝《评鉴阐要》卷四，“魏改姓元氏纲”：魏孝文断北语而改姓元，是亡其祖也，不惟失德，实非吉兆。其意必以为法二帝、三王之治也，夫二帝三王之治，岂在语言、姓氏、衣服乎！又，“魏主重门族注”：孝文变其祖宗之法，而循南朝尚名门族之覆辙，不德孰甚焉！

今案：北魏孝文帝变法革新，改从汉制，全面接收汉人文化习俗，甚至强令改从汉人姓氏，是以汉文化为中心的民族融合典型事例。历代对此褒贬不一，而赞誉为主。但清代王夫之一以排抑“夷狄”心态詈骂之，乾隆帝以民族戒备思维批斥之，亦读史者所当知也。

李彪上书论修史事；在秘书省以白衣修史。

《魏书》卷六二，《李彪传》：车驾南伐（案：指太和二十一年八月魏孝文帝南伐，见《魏书》卷七下《高祖纪》），彪兼度支尚书，与仆射李冲、任城王等参理留台事。彪素性刚豪，与冲等意议乖异，遂形于声色，殊无降下之心；自谓自为法官，莫能纠劾己者，遂多专恣。冲积其前后罪过，乃于尚书省禁止彪，上表曰：“……臣今请以见事免彪所居职，付廷尉治狱。”……有司处彪大辟，高祖恕之，除名而已。……高祖崩，世宗践祚。彪自托于王肃，又与邢峦诗书往来，迭相称重，因论求复旧职修史官之事。肃等许为左右，彪乃表曰：“……唯我皇魏之奄有中华也，岁越百龄，年几十纪。太祖以弗违开基，武皇以奉时拓业，虎啸域中，龙飞宇外，小往大来，品物咸亨。自兹以降，世济其光，史官叙录，未充其盛。加以东观中圮，册勋有阙，美随日落，善因月稀。故谚曰：'一日不书，百事荒芜。'至于太和之十一年，先帝先后远惟景业，绵绵休烈，若不恢史阐录，惧上业茂功始有缺矣。于是召名儒博达之士，充麟阁之选。于时忘臣众短，采臣片志，令臣出纳，授臣丞职，猥属斯事，无所与让。高祖时诏臣曰：'平尔雅志，正尔笔端，书而不法，后世何观。'臣奉以周旋，不敢失坠，与著作等鸠集遗文，并取前记，撰为国书。假有新进时贤制作于此者，恐闺门既异，出入生疑，弦柱既易，善者或谬。自十五年以来，臣使国迁，频有南辕之事，故载笔遂寝，简牍弗张，其于书功录美，不其阙欤！……窃谓史官之达者，大则与日月齐明，小则与四时并茂，其大者孔子、左丘是也，小者史迁、班固是也。故能声流于无穷，义昭于来裔，是以金石可灭而流风不泯者，其唯载籍乎！……史职不修，事多沦旷，天人之际，不可须臾阙载也。是以谈、迁世事而功立，彪、固世事而名成，道争（案：殿本《魏书考证》云："道争"二字不可晓，疑衍文）此乃前鉴之轨辙，后镜之蓍龟也。然前代史官之不终业者有之，皆陵迟之世不能容善。是以平子去史而成赋，伯喈违阁而就志。近僭晋之世，有佐郎王隐为著作虞预所毁，亡官在家，昼则樵薪供爨，夜则观文属缀。集成《晋书》，存一代之事，司马绍敕尚书唯给笔札而已。国之大籍成于私家，末世之弊乃至如此，史官之不遇时也！今大魏之史，职则身贵，禄则亲荣，优哉游哉，式谷尔休矣。而典谟弗恢者，其有以也。而故著作渔阳傅毗、北平阳尼、河间邢产、广平宋弁、昌黎韩显宗等，并以文才见举，注述是同，皆登年不永，弗终茂绩，前著作程灵虬同时应举，共掌此务，今从他职，官非所司。唯崔光一人，虽不移任，然侍官两兼，故载述致阙。臣闻载籍之兴，由于大业。雅颂垂荐，起于德美。虽时有文质，史有备略，然历世相仍，不改此度也。昔史谈诫其子迁曰：当世有美而不书，汝之罪也。是以久而见美。孔明在蜀不以史官留意，是以久而受讥。取之深衷，史谈之志贤亮远矣。……臣虽今非所司，然昔忝斯任，故不以草茅自疏，敢言及于此。……今求都下乞一静处，综理国籍，以终前志。官给事力，以充所须，虽不能光启大录，庶不为饱食终日耳。近则期月可就，远则三年有成。正本蕴之麟阁，副贰藏之名山。"时司空北海王详、尚书令王肃以其无禄，颇相赈饷。遂在秘书省同王隐故事，白衣修史。

《魏书》卷六七,《崔光传》:太和之末,彪解著作,专以史事任光,彪寻以罪废。

世宗居谅闇（案：《魏书》卷八《世宗纪》载太和“二十三年夏四月丁巳，即皇帝位于鲁阳，太赦天下。帝居谅暗，委政宰辅。”），彪上表求成《魏书》，诏许之。彪遂以白衣于秘书省著述。光虽领史官，以彪意在专功，表解侍中、著作以让彪，世宗不许。

公元 501 年　魏宣武帝景明二年　辛巳

北魏史官李彪卒。

《魏书》卷六二，《李彪传》：……世宗亲政（案：据《魏书》卷八《世宗纪》景明二年正月“帝始亲政”），崔光表曰：“伏见前御史中尉臣李彪，夙怀美意，创刊魏典。臣昔为彪所致，与之同业积年。其志力贞强，考述无倦；督劝群僚，注缀略举。虽顷来契阔，多所废离，近蒙收起，还综厥事，老而弥厉，史才日新；若克复旧职，专功不殆，必能昭明《春秋》，阐成皇籍。既先帝厚委，宿历高班，纤负微愆，应从涤洗。愚谓宜申以常伯，正绾著作，停其外役，展其内思。研积岁月，纪册必就。鸿声巨迹，蔚乎有章，盛轨懋咏，铄焉无泯矣。”世宗不许，诏彪兼通直散骑常侍，行汾州事，非彪好也。固请不行，有司切遣之。会遘疾累旬，景明二年秋，卒于洛阳，年五十八。……彪在秘书岁余，史业竟未及就；然区分书体，皆彪之功。

公元 502 年　齐和帝中兴二年　梁武帝天监元年　壬午

刘勰于本年前著成《文心雕龙》，内有《史传》篇。

《梁书》卷五〇，《刘勰传》：刘勰字彦和，东莞莒人。……勰早孤，笃志好学。……依沙门僧祐，与之居处积十余年，遂博通经论，因区别部类，录而序之。今定林寺经藏，勰所定也。天监初，起家奉朝请。……迁车骑仓曹参军。出为太末令，政有清绩。除仁威南康王记室，兼东宫通事舍人。……迁步兵校尉，兼舍人如故。昭明太子好文学，深爱接之。初，勰撰《文心雕龙》五十篇，论古今文体，引而次之。

《文心雕龙·序志》：齿在逾立……于是搦笔和墨，乃始论文。

《文心雕龙》卷四，《史传第十六》：开辟草昧，岁纪绵邈，居今识古，其载籍乎！……夫载籍之作也，必贯乎百姓，被之千载，表徵盛衰，殷鉴兴废，使一代之制共日月而长存，王霸之迹并天地而久大。……是立义选言，宜依经以树则，劝戒与夺，必附圣以居宗，然后铨评昭整，苛滥不作矣。然纪传为式，编年缀事，文非泛论，按实而书，岁远则同异难密，事积则起讫易疏，斯固总会之为难也。或有同归一事，而数人分功，两记则失于复重，偏举则病于不周，此又铨配之未易也……若乃尊贤隐讳，固尼父之圣旨，盖纤瑕不能玷瑾瑜也；奸慝惩戒，实良史之直笔，农夫见莠其必锄也；若斯之科，亦万代一准焉。至于寻繁领杂之术，务信弃奇之要，明白头讫之序，品酌事例之条，晓其大纲，则众理可贯。然史之为任，乃弥纶一代，负海内之责而赢是非之尤。秉笔荷担，莫此之劳！迁固通矣，而历诋后世，若任情失正，文其殆哉。赞曰：史肇轩黄，体备周孔。世历斯编，善恶偕总。腾褒裁贬，万古魂动。辞宗丘明，直归南董。

案：刘勰著成《文心雕龙》，据清人刘毓崧《通义堂文集·书文心雕龙后》及今人杨明照《梁书刘勰传笺注》所考证，应在南齐末世，故编于此。

南齐亡。南齐时较重要之史学事迹，其著作年代不详者尚有：

孙严著《宋书》。

《隋书》卷三三，《经籍志二》：《宋书》六十五卷，齐冠军录事参军孙严撰。

姚振宗《隋书经籍志考证》卷一一：《宋书》六十五卷，齐冠军录事参军孙严撰。孙严始末未详。……按《史通·正史篇》云："宋史：元嘉中又命裴松之续成国史，松之寻卒；史佐孙冲之表求别自创立为一家之书。"《史通》于列朝修史诸人，备汇其全，此云史佐孙冲之，表求为一家之书，似即此孙严《宋书》，冲之其字欤？

庾铣著《东晋新书》。

《隋书》卷三三，《经籍志二》：梁有……庾铣《东晋新书》七卷，亡。

《南齐书》卷五二，《王智深传》：先是，陈郡袁炳，字叔明，有文学，亦为袁粲所知，著晋史未成，卒。颍川庾铣善属文，见赏豫章王，引至大司马记室参军，卒。

案：姚振宗《隋书经籍志考证》：按此当有脱文，意盖谓袁炳著《晋书》未成，铣续之也。齐豫章文献王嶷尝为大司马，铣为其记室参军。又，此为颍川庾铣，卒于齐代，章氏《考证》题梁庾铣，非也。

梁建国后设置史官。

《隋书》卷二六，《百官志》：著作郎一人，佐郎八人，掌国史，集注起居。著作郎谓之大著作，梁初周舍、裴子野皆以他官领之。又有撰史学士，亦知史书。佐郎为起家之选。

《史通》卷一一，《史官建置》：齐梁二代，又置修史学士。

公元 505 年　梁武帝天监四年　乙酉

《齐史十志》作者江淹卒。

《梁书》卷一四，《江淹传》：江淹，字文通，济阳考城人也。……建元（案：齐高帝年号）初，又为骠骑建安王记室，带东武令，参掌诏册，并典国史。寻迁中书侍郎。永明（案：齐武帝年号）初，迁骠骑将军，掌国史。……（天监）四年卒，时年六十二，凡所著述百余篇，自撰为前后集；并《齐史十志》，并行于世。

《隋书》卷三三，《经籍志二》：梁有江淹《齐史》十三卷，亡。

公元 506 年　梁武帝天监五年　魏宣武帝正始三年　丙戌

裴子野在本年以前著成《宋略》。

《梁书》卷三〇，《裴子野传》：裴子野……少好学，善属文。……时中书范缜与子野未遇，闻其行业而善焉。会迁国子博士，乃上表让之曰："伏见前冠军府录事参军河东裴子野，年四十……家传素业，世习儒史，苑囿经籍，游息文艺。著《宋略》二十卷，弥纶首尾，勒成一代，属辞比事有足观者。……"初，子野曾祖松之，宋元嘉中受诏续修何承天宋史，未及成而卒。子野常欲继成先业。及齐永明末，沈约所撰《宋书》既行，子野更删撰为《宋略》

二十卷，其叙事评论多善，约见而叹曰："吾弗逮也！"兰陵萧琛、北地傅昭、汝南周舍咸称重之。至是吏部尚书徐勉言之于高祖，以为著作郎，掌国史及起居注。

《南史》卷三三，《裴子野传》：子野字幾原。……初，子野曾祖松之，宋元嘉中受诏续修何承天宋史，未成而卒。子野欲继成先业。及齐永明末，沈约所撰《宋书》称松之已复无闻焉，子野更撰为《宋略》二十卷，其叙事评论多善，而云戮淮南太守沈璞，以其不从义师故也。约惧，徒跣谢之，请两释焉。叹其述作曰："吾弗逮也。"兰陵萧琛言其评论可与《过秦》、《王命》分路扬镳，于是吏部尚书徐勉言之于武帝，以为著作郎，掌修国史及起居注。

《文苑英华》卷七五四，裴子野《宋略·总论》：齐兴后数十年，宋之新史既行于世也。子野生乎泰始之季，长于永明之年，家有旧书，闻见又接，是以不用浮浅，因宋之新史为《宋略》二十卷，剪截繁文，删撮事要，即其简寡，志以为名。夫黜恶章善，臧否与夺，则以先达格言，不有私也。岂以勒成一家，贻之好事？盖司典之后而不忘焉。

《隋书》卷三三，《经籍志二》：《宋略》二十卷，梁通直郎裴子野撰。

案：裴子野著成《宋略》之年，史无明文。据《梁书》本传载范缜上表所云，子野四十岁时已完成无疑。又据本传载子野卒于梁武帝大通二年（公元 528 年），六十二，则本年为四十岁，故编于此。

《魏书》作者魏收生。

案：据《北史》卷五六《魏收传》，魏节闵帝普泰元年（公元 531 年）时，魏收年二十六，知生于本年。

公元 510 年 梁武帝天监九年 庚寅

萧琛得所谓古本《汉书》，由萧范献于太子萧统，遂命刘之遴等参校异同。

《梁书》卷二六，《萧琛传》：萧琛字彦瑜，兰陵人。……天监元年，迁庶子，出为宣城太守，徵为卫尉卿。……九年，出为宁远将军、平西长史、江夏太守。始琛在宣城，有北僧南度，惟赍一胡芦，中有《汉书·序传》。僧曰："三辅旧老相传以为班固真本。"琛固求得之，其书多有异今者，而纸墨亦古，文字多如龙举之例，非隶非篆。琛甚秘之，及是行也，以书饷鄱阳王范，范乃献于东宫。

《南史》卷五〇，《刘虬传附刘之遴传》：（刘）之遴，字思贞。……时鄱阳嗣王范，得班固所撰《汉书》真本，献东宫。皇太子令之遴与张缵、到溉、陆襄等参校异同，之遴录其异状数十事，其大略云："案古本《汉书》称永平十六年五月二十一日己酉，郎班固上，而今本无上书年月日子；又案古本《叙传》号为《中篇》，今本称为《叙传》，载班彪事行，而古本云彪自有传；又今本纪及表、志、列传不相合为次，而古本相合为次，总成三十八卷。"又今本《外戚》在《西域》后，古本《外戚》次《帝纪》下；又今本高五子、文三王、景十三王、孝武六子、宣元六王杂在诸传帙中，古本诸王悉次《外戚》下、在《陈、项传》上；又今本《韩彭英卢吴述》云："信惟饿隶，布实黥徒，越亦狗盗，芮尹江湖，云起龙骧，化为侯王。"古本《述》云："淮阴毅毅，伏剑周章，邦之杰之，实惟彭、英，化为侯王，云起龙骧"；又古本第三十七卷解音释义以助雅诂，今本无此卷也。……时《周易》、《尚书》、《礼记》、《毛诗》并有武帝义疏，惟《左氏传》尚阙，之遴乃著《春秋大意》十科、《左氏》十科、《三传同异》十科，合三十事以上之。帝大悦。

《四库全书总目》卷四五，史部正史类：《汉书》一百二十卷，汉班固撰，其妹班昭续成之。始末具《后汉书本传》。是书历代宝传，咸无异论。惟《南史·刘之遴传》云：鄱阳嗣王范，得班固所撰《汉书》真本，献东宫皇太子，令之遴与张缵、到溉、陆襄等参校异同，之遴录其异状数十事。以今考之，则语皆谬妄……之遴所谓古本者，不足信矣。自汉张霸始撰伪经，至梁人于《汉书》复有伪撰古本，然一经考证，纰缪显然……

案：萧琛求得之所谓"古本《汉书》"实系伪作，详见殿本《汉书叙传考证》及《四库全书总目》之文。

今案：《四库全书总目》之《汉书》提要。对《南史·刘之遴传》所云古本内容一一驳斥，事事中理。文繁恕不全录，读者自行查阅。又，原引《南史·刘之遴传》之文，与今中华书局本文字多有出入，此处据中华书局本校订。

公元511年 梁武帝天监十年 辛卯

萧子云著成《晋书》。

《梁书》卷三五，《萧子恪传附萧子云传》：子云字景乔，子恪第九弟也。年十二，齐建武四年封新浦县侯，自制拜章，便有文采。天监初，降爵为子。既长，勤学。以晋代竟无全书，弱冠便留心撰著。至年二十六，书成，表奏之。诏付秘阁。

《南史》卷四二，《豫章文献王嶷传附萧子云传》：弱冠撰《晋书》，至年二十六，书成百余卷，表奏之。诏付秘阁。

《隋书》卷三三，《经籍志二》：《晋书》十一卷，本一百二卷，梁有，今残缺，萧子云撰。

案：据《梁书》本传所云，齐建武四年（公元497年）子云年十二，则其二十六岁著成《晋书》当在天监十年。

公元513年 梁武帝天监十二年 癸巳

《晋书》、《宋书》、《齐纪》等作者沈约卒。

《梁书》卷一三，《沈约传》：沈约，字休文，吴兴武康人也。……笃志好学，昼夜不倦，母恐其以劳生疾，常遣减油灭火，而昼之所读，夜辄诵之，遂博通群籍，能属文。起家奉朝请……高祖受禅，为尚书仆射，封建昌县侯，邑千户，常侍如故……十二年卒官，时年七十三。诏赠本官赙钱五万、布百疋谥曰隐。约左目重瞳子，腰有紫志，聪明过人，好坟籍，聚书至二万卷，京师莫比。少时孤贫，丐于宗党，得米数百斛，为宗人所侮，覆米而去。及贵，不以为憾……所著《晋书》百一十卷，《宋书》百卷，《齐纪》二十卷，《高祖纪》十四卷，《迩言》十卷，《谥例》十卷，《宋文章志》三十卷，文集一百卷，皆行于世。又撰《四声谱》，以为在昔词人累千载而不寤，而独得胸衿，穷其妙旨，自谓入神之作。

《隋书》卷三三，《经籍志二》：《新定官品》二十卷，梁沈约撰。

公元 515 年　魏宣武帝延昌四年　乙未

张彝于本年前奏上所著《历帝图》。

《魏书》卷六四，《张彝传》：张彝字庆宾，清河东武城人。……彝性公强，有风气，历览经史。……参以定迁都之勋，进爵为侯，转太常少卿，迁散骑常侍，兼侍中，持节巡察陕东、河南十二州，甚有声称。……迁尚书。……世宗初，除正尚书，兼侍中，寻正侍中。……寻除安西将军，秦州刺史。……久之，除光禄大夫，加金章紫绶。……（魏宣武帝时）上表曰："……辄私访旧书，窃观图史，其帝皇兴起之元，配天隆家之业，修造益民之奇，龙麟云凤之瑞，卑宫爱物之仁，释网改祝之泽，前歌后舞之应，囹圄寂寥之美，可为辉风景行者，辄谨编丹青，以标睿范。至如太康好田，遇穷后迫祸；武丁逸离，罹震雷暴酷；夏桀淫乱，南巢有非命之诛；殷纣昏酣，牧野有倒戈之陈；周厉逐兽，灭不旋踵；幽王遇惑，死亦相寻；暨于汉成失御，亡新篡夺；桓灵不纲，魏武迁鼎；晋惠暗弱，骨肉相屠，终使聪、曜鸮视并州，勒、虎狼据燕赵。如此之辈，罔不毕载。起元庖牺，终于晋末。凡十六代，百二十八帝，历三千二百七年，杂事五百八十九，合成五卷，名曰《历帝图》，亦谤木、谏鼓、虞人、盘盂之类。脱蒙置御坐之侧，时复披览，冀或起予左右，上补未萌。……"世宗善之。

案：张彝奏上《历帝图》不详在何年，仅知在魏宣武帝时。因魏宣武帝卒于本年，故编于此。

公元 519 年　魏孝明帝神龟二年　己亥

《科录》作者元晖卒。

《北史》卷一五，《魏诸宗室传》：（元）晖字景袭。少沉敏，颇涉文史。宣武即位，为给事黄门侍郎。……再迁侍中，领右卫将军。……迁吏部尚书。……明帝初，徵拜尚书左仆射，诏摄吏部选事。……晖雅好文学，招集儒士崔鸿等撰录百家要事，以类相从，名为《科录》，凡二百七十卷，上起伏羲，迄于晋，凡十四代。晖疾笃，表上之。卒……谥曰文宪。

《汉魏南北朝墓志集释·元晖墓志》：神龟二年九月庚午卒。

《史通》卷一，《六家》篇：元魏济阴王晖业（案：此误以元晖业为元晖）又著《科录》二百七十卷，其断限亦起自上古而终于宋年。其编次多依放通史，而取其行事尤相似者共为一科，故以《科录》为号。

案：今本《魏书·昭成子孙传》（系后人所补）叙元晖“神龟元年卒”，误。

张始均卒。张始均曾改陈寿《魏志》为编年史。

《魏书》卷六四，《张彝传附子张始均传》：始均字子衡，端洁好学，有文才，司徒行参军，迁著作佐郎。……始均才干有美于父，改陈寿《魏志》为编年之体，广益异闻，为三十卷。

案：据《魏书·张彝传》所述，张始均卒于本年。

公元 520 年 梁武帝普通元年 魏孝明帝正光元年 庚子

《齐春秋》、《通史》、《钱唐先贤传》等作者吴均卒。

《梁书》卷四九，《吴均传》：吴均，字叔庠，吴兴故鄣人也。……先是，均表求撰《齐春秋》，书成奏之。高祖以其书不实，使中书舍人刘之遴诘问数条，竟支离无对，敕付省焚之，坐免职，寻有敕召见，使撰《通史》，起三皇，讫齐代。均草本纪、世家功已毕，唯列传未就。普通元年卒，时年五十二。均注范晔《后汉书》九十卷，著《齐春秋》三十卷、《庙记》十卷、《十二州记》十六卷、《钱唐先贤传》五卷、《续文释》五卷、文集二十卷。

《南史》卷七二，《吴均传》：先是，均将著史以自名，欲撰《齐书》，求借齐起居注及群臣行状，（梁）武帝不许。遂私撰《齐春秋》，奏之。书称帝为齐明帝佐命，帝恶其实录，以其书不实，使中书舍人刘之遴诘问数十条，竟支离无对。敕付省焚之，坐免职。寻有敕召见，使撰《通史》，起三皇、讫齐代。均草本纪、世家已毕，唯列传未就，卒。

《史通》卷一二，《古今正史》：时奉朝请吴均亦表请撰齐史，乞给起居注并群臣行状。有诏：“齐氏故事，布在流俗，闻见既多，可自搜访也。”均遂撰《齐春秋》三十篇。其书称梁帝为齐明佐命，帝恶其实，诏燔之。然其私本，竟能与萧氏所撰（案：指萧子显《南齐书》）并传于后。

《隋书》卷三三，《经籍志二》：《齐春秋》三十卷，梁奉朝请吴均撰。

崔鸿与王遵业修魏起居注。

《魏书》卷六七，《崔光传附崔鸿传》：鸿字彦鸾，少好读书，博综经史。……景明三年，迁员外郎兼尚书虞曹郎中。敕撰起居注。……（延昌）四年……为司徒长史。正光元年，加前将军，修高祖、世宗起居注。

《魏书》卷三八，《王慧龙传附王遵业传》：遵业风仪清秀，涉历经史，位著作佐郎，与司徒左长史崔鸿同撰起居注。迁右军将军兼散骑常侍，慰劳蠕蠕，乃诣代京采拾遗文，以补起居所阙。……著《三晋记》十卷。

《显忠录》作者元怿卒。

《魏书》卷二二，《清河王怿传》：清河王（元）怿，字宣仁……博涉经史，兼综群言。……怿以忠而获谤，乃鸠集昔忠烈之士为《显忠录》二十卷以见意焉。正光元年七月（卒）……时年三十四。

《魏书》卷六〇，《韩麒麟传附韩子熙传》：（韩）子熙字元雍……侍中崔光举子熙为清河王怿常侍，迁郎中令。……（清河王怿卒后）子熙与怿中大夫刘定兴、学官令傅灵标、宾客张子慎伏阙上书曰："……王之忠诚款笃、节义纯贞，非但蕴藏胸襟，实乃形于文翰。搜括史传，撰《显忠录》，区目十篇，分卷二十。"

《北史》卷二七，《李先传》：（李）义徽……补清河王怿府记室……又为怿撰《舆地图》及《显忠录》。

公元 521 年　梁武帝普通二年　辛丑

《梁皇帝实录》作者周兴嗣卒。

《梁书》卷四九，《周兴嗣传》：周兴嗣，字思纂，陈郡项人。……（天监）九年，除新安郡丞，秩满，复为员外散骑侍郎，佐撰国史。十二年，迁给事中，撰史如故。……普通二年卒。所撰《皇帝实录》、《皇德记》、《起居注》、《职仪》等百余卷，文集十卷。

《隋书》卷三三，《经籍志二》：《梁皇帝实录》三卷，周兴嗣撰，记武帝事。

公元523年 梁武帝普通四年 癸卯

阮孝绪撰《七录》，其中《记传录》著录史书。

《梁书》卷五一,《阮孝绪传》:阮孝绪字士宗,陈留尉氏人也。……所著《七录》……行于世。

《广弘明集》卷三，阮孝绪《七录序》：……孝绪少爱坟籍，长而弗倦。卧病闲居，傍无尘杂。晨光才启，湘囊已散，宵漏既分，绿帙方掩，犹不能穷究流略，探尽秘奥。每披录内省，多有缺然，其遗文隐记，颇好搜集。凡自宋齐以来，王公搢绅之馆。苟能蓄聚坟籍。必思致其名簿。凡在所遇，若见若闻，校之官目，多所遗漏。遂总集众家，更为新录。其方内经史至于术技，合为五录，谓之内篇；方外佛道，各为一录，谓之外篇。凡为录有七，故名《七录》。昔司马子长记数千年事，先哲愍其勤，虽复称为良史，犹有捃拾之责；况总括群书四万余卷，皆讨论研核，标判宗旨。才愧疏通，学惭博达，靡班嗣之赐书，微黄香之东观，倘欲寻检，内寡卷轴，如有疑滞，傍无沃启，其为纰谬，不亦多乎！将恐后之罪予者，岂不在于斯录？如有刊正，请俟君子。……刘（歆）、王（俭）并以众史合于《春秋》。刘氏之世，史书甚寡，附见《春秋》，诚得其例。今众家记传，倍于经典，犹从此志，实为繁芜;且《七略·诗赋》，不从《六艺》诗部，盖由其书既多，所以别为一略。今依拟斯例，分出众史。序《记传录》为内篇第二。……有梁普通四年,岁惟单阏仲春十有七日,于建康禁中里宅,始述此书。通人平原刘杳从余游，因说其事。杳有志积久，未获操笔。闻余已先着鞭，欣然会意。凡所抄集，尽以相与，广其闻见，实有力焉。斯亦康成之于传释。尽归子慎之书也。

《隋书》卷三二,《经籍志·总序》：普通中，有处士阮孝绪，沉静寡欲，笃好坟史，博采宋、齐已来，王公之家凡有书记，参校官簿，更为《七录》：一曰《经典录》，纪六艺；二曰《记传录》，纪史传；三曰《子兵录》，纪子书、兵书;四曰《文集录》，纪诗赋;五曰《技术录》，纪数术;六曰《佛录》;七曰《道录》。其分部题目，颇有次序，割析辞义，浅薄不经。

《隋书》卷三三,《经籍志二》:《七录》十二卷，阮孝绪撰。

公元 524 年　魏孝明帝正光五年　甲辰

崔鸿撰修魏史。

《魏书》卷六七,《崔光传附崔鸿传》:（崔）光撰魏史，徒有卷目，初未考正，阙略尤多。每云此史会非我世所成，但须记录时事，以待后人。临薨，言（崔）鸿于肃宗。（正光）五年正月诏鸿以本官修缉国史。

公元 525 年　魏孝明帝孝昌元年　乙巳

《十六国春秋》作者崔鸿卒。

《魏书》卷六七，《崔光传附崔鸿传》：鸿字彦鸾。……孝昌初，拜给事黄门侍郎，寻加散骑常侍、齐州大中正。鸿在史甫尔，未有所就，寻卒。……鸿弱冠便有著述之志，见晋魏前史皆成一家，无所措意；以刘渊、石勒、慕容儁、苻健、慕容垂、姚苌、慕容德、赫连屈孑、张轨、李雄、吕光、乞伏国仁、秃发乌孤、李暠、沮渠蒙逊、冯跋等，并因世故，跨僭一方，各有国书，未有统一，鸿乃撰为《十六国春秋》，勒成百卷，因其旧记，时有增损褒贬焉。鸿二世仕江左，故不录僭晋、刘、萧之书，又恐识者责之，未敢出行于外。世宗闻其撰录，遣散骑常侍赵邕诏鸿曰:“闻卿撰定诸史，甚有条贯，便可随成者送呈，朕当于机事之暇览之。”鸿以其书有与国初相涉，言多失体，且既未讫，迄不奏闻。鸿后典起居，乃妄载其表曰：“臣闻帝王之兴也，虽诞应图箓，然必有驱除，盖所以翦彼厌政，成此乐推。故战国纷纭，年过十纪，而汉祖夷殄群豪，开四百之业，历文、景之怀柔蛮夏，世宗之奋扬威武，始得凉朔同文，牂越一轨。于是谈、迁感汉德之盛，痛诸史放绝，乃钤括旧书，著成《太史》，所谓缉兹人事，光彼天时之义也。昔晋惠不竞，华戎乱起，三帝受制于奸臣，二皇晏驾于非所，五都萧条，鞠为煨烬，赵燕既为长蛇，辽海缅成殊域，穷兵锐进，以力相雄，中原无主八十余年。遗晋僻远，势略孤微，民残兵革，靡所归控。皇魏龙僭幽代，世笃公刘，内修德政，外抗诸伪，并冀之民，怀宝之士，襁负而至者，日月相寻；虽邠岐之赴太王，讴歌之归西伯，实可同年而语矣。太祖道武皇帝以神武之姿，接金行之运，应天顺民，龙飞受命，太宗必世重光，业隆玄默；世祖雄才睿略，阐曜威灵，农战兼修，扫清氛秽。岁垂四季，而寰宇一同。

儋耳、文身之长，卉服、断发之酋，莫不请朔率职，重译来庭，隐愍鸿济之泽，三乐击壤之歌，百姓始得陶然苏息，欣于尧舜之世。自晋永宁以后，虽所在称兵，竞自尊树，而能建邦命氏，成为战国者十有六家。善恶兴灭之形，用兵乖会之势，亦足以垂之将来，昭明劝戒。但诸史残阙，体例不全，编录纷谬，繁略失所，宜审正不同，定为一书。伏惟高祖以大圣应期，钦明御运，合德乾坤，同光日月，建格天之功，创不世之法，开凿生民，惟新大造。陛下以青阳继统，睿武承天，应符屈己，则道高三五，颐神至境，则洞彼玄宗。剖判百家，斟酌六籍，远迈石渠，美深白虎。至如导礼革俗之风，昭文变性之化，固以感彼禽鱼，穆兹寒暑。而况愚臣沐浴太和，怀音正始，而可不勉强难革之性、砥砺木石之心哉？诚知敏谢允南，才非承祚，然《国志》、《史考》之美，窃亦辄所庶几。始自景明之初，搜集诸国旧史，属迁京甫尔，率多分散，求之公私，驱驰数岁。又臣家贫禄薄，唯任孤力，至于纸尽。书写所资，每不周接。暨正始元年，写乃向备。仅于吏按之暇，草构此书，区分时事，各系本录。破彼异同，凡为一体，约损烦文，补其不足。三豕五门之类，一事异年之流，皆稽以长历，考诸旧志；删正差谬，定为实录，商校大略，著《春秋》百篇。至三年之末，草成九十五卷。唯常璩所撰李雄父子据蜀时书，寻访不获，所以未及缮成。缀笔私求，七载于今。此书本江南撰录，恐中国所无，非臣私力所能终得。其起兵僭号，事之始末，乃亦颇有，但不得此书，惧简略不成。久思陈奏，乞敕缘边求采，但愚贱无因，不敢轻辄。散骑常侍、太常少卿、荆州大中正臣赵邕，忽宣明旨，敕臣送呈。不悟九皋微志，乃得上闻，奉敕欣惶，庆惧兼至。今谨以所讫者，附臣邕呈奏。臣又别作序例一卷、年表一卷。仰表皇朝统括大义，俯明愚臣著录微体。徒窃慕古人立言美意，文致疏鄙，无一可观，简御之日，伏深惭悸。”鸿意如此。然自正光以前，不敢显行其书，自后以其伯光贵重当朝，知时人未能发明其事，乃颇相传读。亦以光故，执事者遂不论之。鸿经综既广，多有违谬，至如太祖天兴二年，姚兴改号，鸿以为改在元年；太宗永兴二年，慕容超擒于广固，鸿又以为事在元年；太常二年，姚泓败于长安，而鸿亦以为灭在元年。如此之失，多不考正。

《隋书》卷三三，《经籍志二》：《十六国春秋》一百卷，魏崔鸿撰。

案：据《魏书》本传所云，崔鸿之卒当在“孝昌初”，故编于此。

公元 527 年 魏孝明帝孝昌三年 丁未

《凉书》作者高谦之约卒于本年。

《魏书》卷七七，《高崇传附高谦之传》：（高）谦之，字道让。……孝昌初，行河阴县令。……寻诏除宁远将军、正河阴令，在县二年。……除国子博士。……以父舅氏沮渠蒙逊曾据凉土，国书漏阙，谦之乃修《凉书》十卷，行于世。……直谦之家僮诉良，（李）神轨左右之，入讽尚书判禁谦之于廷尉，时将赦，神轨乃启灵太后发诏于狱赐死，时年四十二。

《隋书》卷三三，《经籍志二》：《凉书》十卷，高道让撰。

案：高谦之卒年史无明文，但据本传所述推之，必在孝昌二年（公元526 年）以后、胡太后之卒（公元 528 年）以前，故编于此。

公元 528 年 梁武帝大通二年 魏孝庄帝永安元年 戊申

《帝录》作者元顺卒。

《魏书》卷一九中，《任城王顺传》：（元）顺，字子和。……尔朱荣之奉庄帝，召百官悉至河阴……（顺）为陵户鲜于康奴所害。……顺撰《帝录》二十卷。

案：尔朱荣奉立魏孝庄帝事在公元 528 年，元顺即卒于是年。

公元 529 年 魏孝庄帝永安二年 己酉

崔子元约在本年奏上其父崔鸿所著《十六国春秋》。

《魏书》卷六七，《崔光传附崔子元传》：（崔鸿）子子元，祕书郎。后永安中乃奏其父书曰："臣亡考故散骑常侍、给事黄门侍郎、前将军、齐州大中正鸿，不殒家风，式缵世业，古学克明，在新必镜，多识前载，博极群书，史才富洽，号称籍甚，年止壮立，便斐然怀著述意。正始之末，任属记言，撰缉余暇，乃刊著赵、燕、秦、夏、凉、蜀等遗载，为之赞序褒贬评论。先朝之日，草构悉了，唯有李雄蜀书，搜索未获。阙兹一国，迟留未成，去（案：疑为"至"字之误）正光三年，购访始得。讨论适讫，而先臣弃世。凡十六国，名为《春秋》，一百二卷。近代之事，最为备悉，未曾奏上，弗敢宣流。今缮写一本，敢以仰呈，倘或浅陋，不回睿赏，乞藏祕阁，以广异家。”

案：《魏书》本传云崔子元于“永安中”奏上崔鸿所著《十六国春秋》，考永安共三年，故编于此。

公元530年 梁武帝中大通二年 魏孝庄帝永安三年 庚戌

《宋略》作者裴子野卒。

《梁书》卷三〇，《裴子野传》：中太通二年卒官，年六十二。……子野少时集注《丧服》、续《裴氏家传》各二卷，抄合后汉事四十余卷，又敕撰《众僧传》二十卷、《百官九品》二卷、《附益谥法》一卷、《方国使图》一卷，文集二十卷，并行于世。又欲撰《齐梁春秋》，始草创，未就而卒。

《隋书》卷三三，《经籍志二》：《众僧传》二十卷，裴子野撰。

公元531年 梁武帝中大通三年 魏节闵帝普泰元年 辛亥

《后汉略》、《晋书钞》作者张缅卒。

《梁书》卷三四，《张缅传》：张缅字元长。……缅少勤学，自课读书，手不辍卷，尤明后汉及晋代众家。客有执卷质缅者，随问便对，略无遗失。……中大通三年，迁侍中未拜，卒，时年四十二。……缅性爱坟籍，聚书至万余卷，抄后汉、晋书众家异同为《后汉纪》四十卷、《晋抄》三十卷；又抄江左集，未及成。

《隋书》卷三三，《经籍志二》：《晋书钞》三十卷，梁豫章内史张缅撰。又，“《后汉略》二十五卷，张缅撰。”

《旧唐书》卷四六，《经籍志上》：《后汉书略》二十五卷，张缅撰。又，《晋书钞》三十卷，张缅撰。

魏收、阳休之等修魏史。

《北史》卷五六，《魏收传》：魏收字伯起，小字佛助，钜鹿下曲阳人也。……节闵帝立……迁散骑侍郎。寻敕典起居注并修国史，俄兼中书侍郎。时年二十六。

《北齐书》卷四二，《阳休之传》：普泰中……寻敕与魏收、李同轨等修国史。

公元 532 年 魏孝武帝永熙元年 梁武帝中大通四年 壬子

在本年前，魏以山伟、谷纂等掌国史，无所撰述，二十余年间史事阙载。

《北史》卷五〇，《山伟传》：山伟字仲才，河南洛阳人也。……（孝明帝时）修起居注。……（孝庄帝时）领著作郎。节闵帝立，除秘书监，仍著作。初，尔朱兆入洛，官守奔散，国史典书高法显密埋史书，故不遗落。伟自以为功，诉求爵赏。伟挟附（尔朱）世隆，遂封东阿县伯，而法显止获男爵。伟寻进侍中，孝静初，除卫大将军、中书令、监起居。后以本官复领著作，卒官。……国史自邓彦海（渊）、崔深、崔浩、高允、李彪、崔光以还，诸人相继撰录。綦儁及伟等谄说上党王天穆及尔朱世隆，以为国书正应代人修缉，不宜委之余人，是以儁、伟等更主大籍，守旧而已，初无述著。故自崔鸿死后，迄终伟身，二十许载，时事荡然，万不记一，后人执笔，无所凭据。史之遗阙，伟之由也。

《魏书》卷三三，《谷浑传附谷纂传》：纂字灵绍，颇有学涉。……稍迁著作郎。……迁骠骑大将军、左光禄大夫、营州大中正。纂前为著作，又监国史，不能有所缉缀。

《史通》卷一一，《史官建置》：元魏……普泰（公元 531 年）以来，三史稍替，别置修史局，其职有六人。当代都之时，史臣每上奉王言，下询国俗，兼取工于翻译者，来直史曹。及洛京之末，朝议又以为国史当专任代人，不宜归之汉士，于是以谷纂、山伟更主文籍。凡经二十余年，其事阙而不载。

案：魏以山伟等掌国史不详在何年，惟据《山伟传》所载："綦俊及伟等谄说上党王天穆及尔朱世隆，以为国书正应代人修缉，不宜委之余人。"及《史通》所述观之，当在元天穆及尔朱世隆当权之时。考元天穆卒于公元 530 年（魏孝庄帝永安三年），尔朱世隆卒于公元 532 年（魏孝武帝永熙元年），则山伟等掌国史最迟不过本年也。

《帝历》、《晋朝杂事》等作者庾诜卒

《梁书》卷五一，《庾诜传》：庾诜字彦宝，新野人也。……中大通四年……

卒，时年七十八。……诜所撰《帝历》二十卷，《易林》二十卷，续伍端休《江陵记》一卷，《晋朝杂事》五卷，《总抄》八十卷，行于世。

公元536年 梁武帝大同二年 丙辰

《七录》、《正史削繁》、《高隐传》作者阮孝绪卒。

《梁书》卷五一，《阮孝绪传》：阮孝绪，字士宗，陈留尉氏人也。……著《高隐传》，上自炎黄，终于天监之末，斟酌分为三品，凡若干卷。……大同二年卒，时年五十八。门徒诔其德行，谥曰文贞处士。所著《七录》等书二百五十卷，行于世。

《南史》卷七六，《阮孝绪传》：阮孝绪……乃著《高隐传》，上自炎皇，终于天监末，斟酌分为三品：言行超逸，名氏弗传，为上篇；始终不耗，姓名可录，为中篇；挂冠人世，栖心尘表，为下篇。……大同二年……十月卒，年五十八。……所著《七录》、《削繁》等一百八十一卷，并行于世。初，孝绪所撰《高隐传》中篇所载一百三十七人，刘歊、刘訏览其书曰："昔嵇康所赞，缺一自拟，今四十之数，将待吾等成邪？"对曰："所谓荀君虽少，后事当付钟君。若素车白马之日，辄获麟于二子。"歊、訏果卒，乃益二传。及孝绪亡，訏兄絜录其所遗行次篇末，成绝笔之意云。

《隋书》卷三三，《经籍志二》：《正史削繁》九十四卷，阮孝绪撰。又，《高隐传》十卷，阮孝绪撰。

《玉海》卷五八，《艺文》：……阮孝绪著《高隐传》上自炎黄，终于天监末，斟酌分为三品：言行超绝、名氏弗传，为上篇；始终不耗、姓名可录，为中篇；挂冠人世、栖心尘表，为下篇。（原注：中篇载一百三十七人，后益刘歊、刘訏二传。及孝绪亡，訏兄洁录次篇末，成绝笔之意。）

《续汉书注》作者王规卒。

《梁书》卷四一，《王规传》：王规字威明，琅邪临沂人。……大同二年卒，时年四十五。……规集后汉众家异同，注《续汉书》二百卷。

公元 537 年 梁武帝大同三年 丁巳

《后汉书》、《南齐书》等作者萧子显卒。

《梁书》卷三五，《萧子恪传附萧子显传》：子显……好学，工属文，尝著《鸿序赋》，尚书令沈约见而称曰："可谓得明道之高致，盖幽通之流也。"又采众家《后汉》，考正异同，为一家之书。又启撰齐史，书成表奏之，诏付秘阁。……又启撰《高祖集》并《普通北伐记》。……大同三年，出为仁威将军、吴兴太守，至郡未几卒，时年四十九。……子显所著《后汉书》一百卷，《齐书》六十卷，《普通北伐记》五卷，《贵俭传》三十卷，文集二十卷。

《隋书》卷三三，《经籍志二》：梁有萧子显《后汉书》一百卷。……《晋史草》三十卷，梁萧子显撰，……《齐书》六十卷。梁吏部尚书萧子显撰。

案：据《广弘明集》卷二〇，梁简文帝《法宝联璧序》（作于梁武帝中大通六年，即公元 534 年）："侍中、国子祭酒南兰陵萧子显，年四十八，字景畅。"则子显卒年于大同三年当为五十一岁，《梁书》本传所记卒年四十九有误。（参见王达津：《梁代作家生卒年代考二题》，《文学遗产》1982 年第 1 期。）

公元 547 年 东魏孝静帝武定五年 西魏文帝大统十三年 丁卯

杨衒之著《洛阳伽蓝记》。

杨衒之（署衔"魏抚军司马"）《洛阳伽蓝记序》：三坟、五典之说，九流百代之言，并理在人区，而义兼天外。至于一乘二谛之原，三明六通之旨，西域备详，东土靡记。自项日感梦，满月流光，阳门饰毫眉之像，夜台图绀发之形，尔来奔兢，其风遂广。至晋永嘉，惟有寺四十二所。逮皇魏受图，光宅嵩洛，笃信弥繁，法教逾盛，王侯贵臣弃象马如脱屣，庶士豪家舍资财若遗迹。于是招提栉比，宝塔骈罗，争写天上之姿，竞模山中之影。金刹与灵台比高，广殿共阿房等壮，岂直木衣绨绣，土被朱紫而已哉！暨永熙多难，皇舆迁邺，诸寺僧尼，亦与时徙。至武定五年，岁在丁卯，余因行役，重览洛阳。城郭崩毁，宫室倾覆，寺观灰烬，庙塔丘墟，墙被蒿艾，巷罗荆棘。野兽穴于荒阶，山鸟巢于庭树。游儿牧竖，踯躅于九逵；农夫耕稼，艺黍于双阙。麦秀之感，非独殷墟，黍离之悲，信哉周室。京城表里，凡有一千余寺，今日寥廓，钟声罕闻，恐后世无传，故撰斯记。然寺数最多，不可遍写，今之所录，止大伽蓝，其中、小者，取其详世谛事，因而出之。先以城内为始，次及城外，表列门名，以远近为五篇。余才非著述，多有遗漏，后之君子，详其阙焉。

《洛阳伽蓝记》卷一，《城内》：永安中……衒之时为奉朝请。

《广弘明集》卷六，《叙列代王臣滞惑解》：杨衒之，北平人，元魏末为秘书监。见寺宇壮丽，损费金碧，王公相竞，侵渔百姓，乃撰《洛阳伽蓝记》，言不恤众庶也。

《历代三宝记》：洛阳地《伽蓝记》五卷。或为一大卷。右一部五卷，期城郡太守杨衒之撰。

《隋书》卷三三，《经籍志二》：《洛阳伽蓝记》五卷，后魏杨衒之撰。

公元 549 年 梁武帝太清三年 己巳

梁武帝（萧衍）卒。梁武帝时曾撰《通史》（见公元 520 年条），又命沈约、周兴嗣、谢昊等撰梁史。

《梁书》卷三，《武帝纪下》：太清三年五月丙辰高祖崩于净居殿，时年八十六。……又造《通史》，躬制赞序。凡六百卷。

《南史》卷七，《梁武帝纪下》：撰《通史》六百卷。

《梁书》卷三五，《萧子恪传附萧子显传》：高祖雅爱子显才，又嘉其容止吐纳，每御筵侍坐，偏顾访焉。尝从容谓子显曰："我造《通史》。此书若成、众史可废。"子显对曰："仲尼赞《易》道，黜《八索》，述《职方》，除《九丘》，圣制符同，复在兹日。"时以为名对。

《史通》卷一，《六家》篇：至梁武帝，又敕其群臣上自太初，下终齐室，撰成《通史》六百二十卷。其书自秦以上，皆以《史记》为本，而别采他说，以广异闻；至两汉已还，则全录当时纪传。而上下通达，臭味相依。又吴蜀二主皆入世家，五胡及拓跋氏列于夷狄传。大抵其体皆如《史记》，其所为异者，唯无表而已。

《隋书》卷三三，《经籍志二》：《通史》四百八十卷，梁武帝撰，起三皇，讫梁。

《旧唐书》卷四六，《经籍志上》：《通史》六百二卷，梁武帝撰。

《史通》卷一二，《古今正史》：梁史：（梁）武帝时，沈约与给事中周兴嗣、步兵校尉鲍行卿、秘书监谢昊（《隋志》作吴）相承撰录，已有百篇。值承圣（案：梁元帝年号）沦没，并从焚荡。

《隋书》卷三三，《经籍志二》：《梁书》四十九卷，梁中书郎谢吴撰，本一百卷。

梁武帝时，刘彤注干宝《晋纪》，刘昭注《后汉书》。

《梁书》卷四九，《刘昭传》：刘昭，字宣卿，平原高唐人。……天监初，起家奉朝请，累迁征北行参军、尚书仓部郎，寻除无锡令，历为宣惠豫章王中军、临川记室。初，昭伯父彤集众家《晋书》注干宝《晋纪》为四十卷，至昭又集后汉同异以注范晔书，世称博悉。迁通直郎，出为剡令，卒官。集注《后汉》一百八十卷，《幼童书》十卷，文集十卷。

刘昭《后汉书注补志序》：昔司马迁作《史记》，爰建八书；班固因广，是曰十志。天人经纬，帝政纮维，区分源奥，开廓著述，创藏山之秘宝，肇刊石之遐贯，诚有繁于《春秋》，亦自敏于改作。至乎永平，执简东观，纪传虽显，书志未闻。推检旧记，先有地理，张衡欲存炳发，未有成功。《灵宪》精远，天文已焕。自蔡邕大弘鸣条，实多绍宣。协妙元卓，律历以详；承洽伯始，仪礼克举；郊庙社稷，祭祀该明；轮騑冠章，车服赡列。于是应、谯缵其业，董巴袭其轨。司马《续书》总为八志，律历之篇仍乎洪、邕所构，车服之本即依董、蔡所立，仪祀得于往制，百官就乎故簿，并籍据前修，以济一家者也。王教之要，国典之源，粲然略备，可得而知矣。既接继班书，通其流贯，体裁渊深虽难逾等，序致肤约有伤悬越，后之名史，弗能罢意。叔骏之书，是为十典，矜缓杀青，竟而不成。二子平业，俱称丽富，华辙乱亡，典则偕泯，雅言邃义，于是俱绝。沈、松因循，尤解功创，时改见句，非更搜求，加艺文以矫前弃，流书品采自近录。初平、永嘉，图籍焚丧，尘消烟灭，焉识其限，借南晋之新虚，为东汉之故实，是以学者亦无取焉。范晔《后汉》，良诚跨众氏，序或未周，志遂全阙。国史鸿旷，须寄勤闲，天才富博，犹俟改具。若草昧厥始，无相凭据，穷其身世，少能已毕。迁有承考之言，固深资父之力，太初以前，班用马史，十志所因，实多往制，升入校部，出二十载，续志昭表，以助其间，成父述者，夫何易哉！况晔思杂风尘，心桡成毁，弗克员就，岂以兹乎？夫辞润婉赡，可得起改，覈求见事，必应写袭，故序例所论，备精与夺。及与八志，颇褒其美，虽出拔前群，归相沿也。又寻本书当作《礼乐志》，其《天文》、《五行》、《百官》、《车服》，为名则同。此外诸篇，不著纪传，《律历》、《郡国》，必依往式。晔遗书自序，应遍作诸志，《前汉》有者，悉欲备制，卷中发论，以正得失，书虽未明，其大旨也。曾台云构，所缺过乎榱桷，为山霞高，不终逾乎一匮，郁绝斯作，吁可痛哉！徒怀缵缉，理惭钩远，乃借旧志，注以补之。狭见寡陋，匪同博远，及其所值，微得论列。分为三十卷，以合范史。求于齐工，孰曰文类；比兹阙恨，庶贤乎已。昔褚生补子长之削少，马氏接孟坚之不毕，相成之义，古有之矣。引彼先志，又何猜焉！而岁代逾邈，立言湮散，义存广求，一隅未觌，兼钟律之妙，素揖校雠，参历算之微，有惭证辨，星候秘阻，图纬藏严，是须甄明，每用疑略，时或有见，颇邀傍遇，非览正部，事乖详密。今令行禁止，此书外绝，其有疏漏，谅不足诮。

《旧唐书》卷四六，《经籍志上》：《晋纪》六十卷，干宝撰，刘协注。（章宗源《隋书经籍志考证》：愚按《梁书·刘昭传》，昭伯父彤集众家《晋书》注干宝《晋纪》四十卷。《史通》亦作刘彤。《太平御览·设官部》引李允母丧拜金紫光禄大夫给吏卒门施行马一事题刘彤注。《唐志》作刘协，恐误。）

案：刘彤、刘昭注书均不详何年，约在梁武帝时，故编于此。

梁武帝时，谢绰著《宋拾遗》。

《隋书》卷三三，《经籍志二》：《宋拾遗》十卷，梁少府卿谢绰撰。

《旧唐书》卷四六，《经籍志上》：《宋拾遗录》十卷，谢绰撰。

《史通》卷八，《书事》：裴松之补陈寿之阙，谢绰拾沈约之遗。

严可均辑《全梁文》卷五九：谢绰，陈郡阳夏人。天监初廷尉卿，终少府卿。有《宋拾遗》十卷。

《晋书》、《东宫新记》作者萧子云卒。

《梁书》卷三五，《萧子恪传附萧子云传》：太清元年，复为侍中、国子祭酒、领南徐州大中正。二年，侯景寇逼，子云逃民间。三年三月，宫城失守，东奔晋陵，馁卒于显灵寺僧房，年六十二（案：《南史》卷四二本传作“年六十三”）。所著《晋书》一百一十卷，《东宫新记》二十卷。

《隋书》卷三三，《经籍志二》：《东宫新记》二十卷，萧子云撰。

案：《梁书》及《南史》所记萧子云卒年六十二或六十三均有误。考子云于齐明帝建武四年（公元497年）十二岁，梁武帝天监十年（公元

511 年）二十六岁（见公元 511 年条），则太清三年应为六十四岁。

《三十国春秋》作者萧方等卒。

《梁书》卷四四，《世祖二子传》：忠壮世子方等，字实相，世祖（梁元帝萧绎）长子也。……值侯景乱……宫城陷，方等归荆州。……时河东王（萧誉）为湘州刺史，不受督府之令。方等乃乞征之……（世祖）令帅精卒二万南讨……河东王率军逆战，方等击之，军败，遂溺死，时年二十二。……方等注范晔《后汉书》未就；所撰《三十国春秋》及《静住子》行于世。

《梁书》卷五，《元帝纪》：太清三年……景午，遣世子方等帅众讨（河东王）誉，战所败死。

《隋书》卷三三，《经籍志二》：《三十国春秋》三十一卷，梁湘东世子萧万（案："万"系"方"之误）等撰。

《旧唐书》卷四六《经籍志上》：《三十国春秋》三十卷，萧方（案：遗一"等"字）撰。

《通志艺文略·史部霸史类》：《三十国春秋》三十卷，梁湘东王世子萧方（案：遗一"等"字）撰，起汉建安，讫晋元熙，凡百五十六年，以晋为主，包吴孙、刘渊等三十国事。

《郡斋读书志》卷五上，《附志·编年类》：《晋春秋》二十卷……杜延业所述。其自序云：萧方等采削群史著《三十国春秋》，囊括两晋之言，网罗诸国之事，以晋国为主，附列二十九国。

萧韶著《梁太清纪》。

《南史》卷五一，《梁宗室传上》：（萧）韶字德茂，初封上甲县都乡侯。太清初，为舍人，城陷，奉诏西奔。及至江陵，人士多往寻省，令韶说城内事。韶不能人人为说，乃疏为一卷，客问者便示之。湘东王（萧绎）闻而取看，谓曰："昔王韶之为《隆安纪》十卷，说晋末之乱离；今之萧韶，亦可为《太清纪》十卷矣。"韶乃更为《太清纪》，其诸议论，多谢昊为之。韶既承旨撰著，多非实录。

《隋书》卷三三，《经籍志上》：《梁太清纪》十卷，梁长沙蕃王萧韶撰。

公元550年 北齐文宣帝天保元年 庚午

北齐文宣帝下诏徵求史料。

《北齐书》卷四,《文宣帝纪》:天保元年八月……诏曰:“朕以虚寡,嗣弘王业,思所以赞扬盛绩,播之万古。虽史官执笔,有闻无坠;犹恐绪言遗美,时或未书。在位王公、文武大小,降及民庶,爰至僧徒,或亲奉音旨,或承传傍说,凡可载之文籍,悉宜条录封上。”

公元551年 北齐文宣帝天保二年 辛未

魏收撰修魏史。

《北史》卷五六,《魏收传》:(东魏初)召赴晋阳,以为中外府主簿。以受旨乖忤,频被嫌责,加以箠楚,久不得志。……转府属,然未甚优礼。……收本以文才必望颖脱见知,位既不遂,求修国史。崔暹为言于文襄(高澄)曰:“国史事重!公家父子霸王功业,皆须具载,非收不可。”文襄乃启收兼散骑常侍、修国史。武定二年(公元544年),除正常侍领兼中书侍郎,仍修国史。……四年,神武(高欢)于西门豹祠宴集,谓司马子如曰:“魏收为史官,书吾善恶。闻北伐时诸贵常饷史官饮食,司马仆射颇曾饷不?”因共大笑。乃谓收曰:“卿勿见元康等在吾目下趋走,谓吾以为勤劳。我后世功名在卿手,勿谓我不知。”寻加兼著作郎。……文襄崩,文宣如晋阳,令与黄门郎崔季舒、高德正、吏部郎中尉瑾于北第参掌机密,转秘书监兼著作郎,又除定州大中正。……(齐)天保元年,除中书令,仍兼著作郎,富平县子。二年,诏撰魏史。

《北齐书》卷四四,《刁柔传》:刁柔字子温,渤海人也。……天保初,除国子博士。中书舍人魏收撰魏史,启柔等与同其事。柔性颇专固,自是所闻,收常所嫌惮。

《辨宗室录》作者元晖业卒。

《北齐书》卷二八,《元晖业传》:元晖业,字绍远,魏景穆皇帝之玄孙。……齐初,降封美阳县公,开府仪同三司,特进。……晖业之在晋阳也,无所交通,居常闲暇,乃撰魏藩王家世,号为《辨宗室录》四十卷,行于世。……天保二年,从驾至晋阳，于宫门外骂元歆……文宣闻而杀之。

《史通》卷一二，《古今正史》：……济阴王晖业撰《辨宗室录》。

公元 552 年　西魏废帝元年　壬申

薛寘撰修西魏史。

《周书》卷三八，《薛寘传》：薛寘，河东汾阴人也。……魏废帝元年领著作佐郎，修国史。寻拜中书侍郎，修起居注。……又撰《西京记》三卷，引据该洽，世称其博闻焉。

公元 553 年　北齐文宣帝天保四年　癸酉

魏收专力撰修魏史。

《北史》卷五六，《魏收传》：（天保）四年，除魏尹，故优以禄力，专在史阁，不知郡事。初，帝令群臣各言志，收曰："臣愿得直笔东观，早成魏书。"故帝使收专其任。又诏平原王高隆之总监之，署名而已。帝敕收曰："好直笔，我终不作魏太武诛史官。"

《北齐书》卷二三，《崔㥄传》：㥄素与魏收不协，收既专典国史，㥄恐被恶言，乃悦之曰："昔有班固，今则魏子。"收笑而憾不释。

公元 554 年　北齐文宣帝天保五年　西魏恭帝元年　梁元帝承圣三年　甲戌

魏收著成《魏书》。

《北史》卷五六，《魏收传》：始，魏初邓彦海撰《代记》十余卷；其后崔浩典史，游（游雅）、允（高允）、程骏、李彪、崔光、李琰之徒，世修其业。浩为编年体，彪始分作纪、表、志、传，书犹未出。宣武时，命邢峦追撰孝文起居注，书至太和十四年；又命崔鸿、王遵业补续焉。下讫孝明，事甚委悉；

济阴王晖业撰《辨宗室录》三十卷。收于是与通直常侍房延佑、司空司马辛元植、国子博士刁柔、裴昂之、尚书郎高孝干专总斟酌，以成《魏书》。辨定名称，随条甄举；又搜采亡遗，缀续后事，备一代史籍。表而上闻之，勒成一代大典，凡十一纪、九十二列传，合一百一十卷。（天保）五年三月奏上之。秋，除梁州刺史。收以志未成，奏请终业，许之。十一月，复奏十志，《天象》四卷、《地形》三卷、《律历》二卷、《礼乐》四卷、《食货》一卷、《刑罚》一卷、《灵徵》二卷、《官氏》二卷，《释老》一卷，凡二十卷，续于纪传合一百三十卷，分为十二帙。其史三十五例、二十五序、九十四论、前后二表一启，皆独出于收。收所引史官，恐其陵逼，唯取学流先相依附者。其房延佑、辛元植、眭仲让虽涉朝位，并非史才；刁柔、裴昂之以儒业见知，全不堪编辑；高孝干以左道求进；修史诸入宗祖姻戚多被书录，饰以美言。收颇急不甚能平，夙有怨者多没其善，每言："何物小子，敢共魏收作色？举之则使上天，按之当使入地！"初，收在神武时为太常少卿，修国史，得阳休之助，因谢休之曰："无以谢德，当为卿作佳传。"休之父固，魏世为北平太守，以贪虐为中尉李平所弹获罪，载在魏起居注；收书云："固为北平，甚有惠政，坐公事免官。"又云："李平深相敬重。"尔朱荣于魏为贼，收以高氏出自尔朱，且纳荣子金，故减其恶而增其善，论云："若修德义之风，则韦、彭、伊、霍夫何足数。"时论既言收著史不平，文宣诏收于尚书省与诸家子孙共加论讨，前后投诉百有余人，或云遗其家世职位，或云其家不见记录，或云妄有非毁。收皆随状答之。范阳卢斐父同附出族祖玄传下，顿丘李庶家传，称其本是梁国家人，斐、庶讥议云："史书不直。"收性急，不胜其愤，启诬其欲加屠害。帝大怒，亲自诘责，斐曰："臣父仕魏位至仪同，功业显著，名闻天下，与收无亲，遂不立传，博陵崔绰，位至本郡功曹，更无事迹，是收外亲，乃为传首。"收曰："绰虽无位，道义可嘉，所以合传。"帝曰："卿何由知其好人？"收曰："高允曾为绰赞，称有道德。"帝曰："司空才士，为人作赞，正应称扬，亦如卿为人作文章，道其好者，岂能皆实？"收无以对，战栗而已。但帝先重收才，不欲加罪。时太原王松年亦谤史，及斐、庶并获罪，各被鞭配甲坊，或因以致死，卢思道亦抵罪。然犹以群口沸腾，敕魏史且勿施行，令群官博议，听有家事者入署，不实者陈牒。于是众口諠然，号为"秽史"。投牒者相次，收无以抗之。时左仆射杨愔、右仆射高德正二人势倾朝野，与收皆亲，收遂为其家并作传。二人不欲言史不实，抑塞诉辞，终文宣世，更不重论。又尚书陆操尝谓愔曰："魏收《魏书》可谓博物宏才，有大功于魏室。"愔尝谓收曰："此谓不刊之书，传之万古。但恨论及诸家枝叶亲姻过为繁碎，与旧史体例不同耳。"收曰："往因中原丧乱，人士谱牒遗逸略尽，是以具书其枝派，望公观过知仁，以免尤责。"

《北齐书》卷四四，《刁柔传》：柔在史馆未久，逢勒成之际，志存偏党，《魏书》中与其内外通亲者，并虚美过实，深为时论所讥焉。

《北齐书》卷四二，《卢潜传》：卢潜，范阳涿人也。……天保初，除中书舍人，以奏事忤旨免。寻除左民郎中，坐讥议《魏书》，与王松年、李庶等俱被禁止。

《北齐书》卷三五，《李构传》：李构字祖基，黎阳人。祖平，魏尚书仆射。构从父弟庶，魏大司农谐子，方雅好学，风流规检，甚有家风。稍迁临漳令。《魏书》出，庶与卢斐、王松年等讼其不平，并系狱。魏收书王慧龙自云太原人；又言王琼不善事；卢同附《卢玄传》；李平为陈留人，云其家贫贱。故斐等致讼，语杨愔云："魏收合诛。"愔党助魏收，遂白显祖罪斐等，并髡头、鞭二百，庶死于临漳狱中。

《北齐书》卷三五，《王松年传》：魏收撰《魏书》成，松年有谤言，文宣怒禁止之，仍加杖罚。

《北齐书》卷四七，《卢斐传》：卢斐，字士章，范阳涿人也。父同，魏殿中尚书。……斐后以谤史与李庶俱病鞭死狱中。

《北史》卷四四，《崔光传附崔劼传》：劼常恨魏收书，欲更作编年纪，而才思竟不能就。

《魏书》（《四库全书》本）卷首，魏收等《前上十志启》：臣收等启：昔子长命世伟才，孟坚冠时特秀，宪章前哲，裁勒坟史，纪传之间，申以书志，绪言余述可得而闻。叔峻删缉后刘，绍统削撰季汉，十志实范、迁固，表盖阙焉。曹氏一代之籍，了无具体；典午终世之笔，罕云周洽。假复事播四夷，盗听间有，小道俗言，要奇好异，考之雅旧，咸乘实录。自永嘉丧圮，中原淆然，偏伪小书，殆无可取。魏有天下，跨踪前载，顺末克让，善始令终；陛下极圣穷神，奉天屈己，顾眄百王，指掌万世，深存有魏抚运之业，永念神州人伦之绪。臣等肃奉明诏，刊著魏籍，编纪次传，备闻天旨。窃谓志之为用，网罗遗逸，载纪不可，附传非宜；理切必在甄明，事重尤应标著；搜猎上下，总括代终，置之众篇之后，一统天人之迹，褊心末识，辄在于此，是以晚始撰录，弥历炎凉，采旧增新，今乃断笔。时移世易，理不刻船，发阁含毫，论叙殊致。河沟往时之切，释老当今之重，艺文前志可寻，官氏魏代之急，去彼取此，敢率愚心。谨成十志二十卷，请续于传末，并前例目合一百三十卷。臣等妨官秉笔，迄无可采，尘黩旒冕，堕深冰谷。谨启。十一月，持节都督梁州诸军事、骠骑将军、梁州刺史、前著作郎、富平县开国子臣魏收启。平南将军、司空司马、修史臣辛元植，冠军将军、国子博士、修史臣刁柔，陵江将军、尚书左主客郎中、修史臣高孝干，前西河太守、修史臣綦毋怀文。

西魏史官柳虬卒。柳虬曾论述对于修史之见解。

《周书》卷三八，《柳虬传》：柳虬字仲蟠。……大统三年，冯翊王元季海、领军独孤信镇洛阳……以虬为行台郎中……久之，为独孤信开府从事中郎。信出镇陇右，因为秦州刺史，以虬为二府司马。……因使见太祖（宇文泰），被留为丞相府记室。……虬以史官密书善恶，未足惩劝，乃上疏曰："古者人君立史官，非但记事而已，盖所以为监诫也。动则左史书之，言则右史书之，彰善瘅恶，以树风声。故南史抗节，表崔杼之罪；董狐书法，明赵盾之愆。是知直笔于朝，其来久矣。而汉魏已还，密为记注，徒闻后世，无益当时，非所谓将顺其美、匡救其恶者也。且著述之人密书其事，纵能直笔，人莫知之，何止物生横议，亦自异端互起。故班固致受金之名，陈寿有求米之论。著汉魏者非一氏，造晋史者至数家，后代纷纭，莫知准的。伏惟陛下则天稽古，劳心庶政，开诽谤之路，纳忠谠之言。诸史官记事者，请皆当朝显言其状，然后付之史阁，庶令是非明著，得失无隐；使闻善者日修，有过者知惧。敢以愚管轻冒上闻，乞以瞽言访之众议。"事遂施行。（大统）十四年，除秘书丞。秘书虽领著作，不参史事，自虬为丞，始令监掌焉。十六年，迁中书侍郎，修起居注，仍领丞事……魏恭帝元年冬卒，时年五十四。

《史通》卷一二，《古今正史》：宇文周史：大统年（案："年"疑为"中"之误），有秘书丞柳虬兼领著作，直辞正色，事有可称。

梁元帝卒。梁元帝曾注《汉书》，并著有《孝德传》、《忠臣传》等。

《梁书》卷五，《元帝纪》：世祖孝元皇帝讳绎，字世诚……承圣三年……十二月……西魏害世祖，遂崩焉。时年四十七。……好学，博总群书。……所著《孝德传》三十卷、《忠臣传》三十卷、《丹阳尹传》十卷，注《汉书》一百一十五卷……《全德志》、《怀旧志》、《荆南志》、《江州记》、《贡职图》、《古今同姓名录》一卷。……

《高僧传》作者慧皎卒。

慧皎《高僧传序录》：原夫至道冲漠，假蹄筌而后彰；玄致幽凝，藉师保以成用。是由圣迹迭兴，贤能异托。……云龙表于夜明，风虎彰乎宵梦。洪风既扇，大化斯融。自尔西域名僧，往往而至。或传度经法，或教授禅道，或以异迹化人，或以神力救物。自汉之梁，纪历弥远，世涉（案：明本、金陵本“涉”作“践”）六代，年将五百，此土桑门，含章秀发，群英间出，迭有其人。众家记录，叙载各异。沙门法济，偏叙高逸一迹；沙门法安，但列志节一门；沙门僧宝，止命游方一科。沙门法进，乃通撰传论，而辞事阙略。并皆互有繁简，出没成异，考之行事，未见其归。宋临川康王义庆《宣验记》及《幽明录》、太原王琰《冥祥记》、彭城刘悛《益部寺记》、沙门昙宗《京师寺记》、太原王延秀《感应传》、朱君台《徵应传》、陶渊明《搜神录》，并傍出诸僧，叙其风素，而皆是附见，亟多疏阙。齐竟陵文宣王《三宝记传》，或称佛史，或号僧录。既三宝共叙，辞旨相关，混滥难求，更为荒昧。琅琊王巾所撰《僧史》，意似该综，而文体未足。沙门僧祐撰《三藏记》，止有三十余僧，所无甚众。中书郎（案：金陵本无“郎”）郄景兴《东山僧传》、治中张孝季《庐山僧传》、中书陆明霞《沙门传》，各竞举一方，不通古今，务存一善，不及余行。逮乎即时，亦继有作者，然或褒赞之下，过相揄扬。或叙事之中，空列辞费，求之实理，无的可称；或复嫌以繁广，删减其事，而抗迹之奇，多所遗削，谓出家之士，处国宾王，不应励然自远，高蹈独绝。寻辞荣弃爱，本以异俗为贤，若此而不论，竟何所纪？尝以暇日遇览群作，辄搜捡杂录数十余家，及晋、宋、齐、梁《春秋》书史，秦、赵、燕、凉荒朝伪历，地理杂篇，孤文片记，并博咨古老，广访先达，校其有无，取其同异。始于汉明帝永平十年，终于梁天监十八年，凡四百五十三载，二百五十七人。又傍出附见者二百余人。开其德业，大为十例：一曰译经，二曰义解，三曰神异，四曰习禅，五曰明律，六曰遗身，七曰诵经，八曰兴福，九曰经师，十曰唱导。……凡十科所叙，皆散在众记。今止删聚一处，故述而无作。俾夫披览于一本之内，可兼诸要。其有繁辞虚赞，或德不及称者，一皆省略。故述六代贤异，止为十三卷，并叙录合十四轴，号曰《高僧传》。自前代所撰，多曰名僧，然名者，本实之宾也。若实行潜光，则高而不名；寡德适时，则名而不高。名而不高，本非所纪；高而不名，则备今录。故省名音，代以高字。其间草创，或有遗逸。今此十四卷，备赞论者，意以为定。如未隐括，览者详焉。

《高僧传初集》卷一五，《后记》：右此传是会稽嘉祥寺释慧皎法师所撰。法师学通内外，精研经律，著《涅槃疏》十卷，《梵网戒》等义疏，并为世轨。又撰此《高僧传》及序共十四卷。梁末承圣二年太岁癸酉，避侯景之难，来湓城，少时讲说，甲戌岁二月舍化，春秋五十有八。江州僧正慧恭为首经营，葬于卢山禅阁寺墓。时龙光寺释僧果同避难在山，遇见时事，聊记之云耳。

《续高僧传》卷六：释慧皎，未详氏族，会稽上虞人。学通内外，博训经律。住嘉祥寺，春夏弘法，秋冬著述。撰《涅槃义疏》十卷及《梵网经疏》行世。又以唱公撰《名僧》颇多浮沉，因遂开例成广，著《高僧传》一十四卷。其序略云："前之作者，或嫌以繁广，删减其事，而抗迹之奇，多所遗削，谓出家之士，处国宾王，不应励然自远，高蹈独绝。寻辞荣弃爱，本以异俗为贤，若此而不论，竟何所纪？"又云："自前代所撰，多曰名僧，然名者，本实之宾也，若实行潜光，则高而不名；寡德适时，则名而不高。明而不高，本非所纪；高而不名，则备今录。故省名音，代以高字。"传成，通国传之，实为龟镜。文义名约，即世崇重，后不知所终。江表多有裴子野《高僧传》一帙十卷，文极省约，未极通鉴，故其差少。

《隋书》卷三三，《经籍志二》：《高僧传》十四卷，释慧皎撰。

《郡斋读书后志》卷一，《传记类》：《高僧传》十四卷，萧梁僧释慧皎撰。慧皎以刘义宣《灵验记》（案：应为刘义庆《宣验记》，盖脱"庆"而衍"灵"所致）、陶潜《搜神录》等数十家并书诸僧，殊疏略。乃博采诸书，咨访古老，起于永平十年，终于天监十八年，凡四百五十二载，二百五十七人，又附见者二百余人。分为译经、义解、神异、习禅、明律、遗身、诵经、兴福、经师、唱导十科。

公元555年 梁敬帝绍泰元年 乙亥

梁以杜之伟、姚察撰修国史。

《陈书》卷二七，《姚察传》：姚察，字伯审，吴兴武康人也。……中书侍郎领著作杜之伟与察深相眷遇，表用察佐著作，仍撰史。

《陈书》卷三四，《杜之伟传》：之伟启求解著作，曰："臣以绍泰元年，忝中书侍郎、掌国史……"

公元 557 年　北齐文宣帝天保八年　北周明帝元年　陈武帝永定元年　丁丑

魏收任监修齐史之职。

《北史》卷五六，《魏收传》：（天保）八年夏，除太子少博，监国史。

周明帝自本年后召集臣下撰《世谱》。

《周书》卷四，《明帝纪》：世宗明皇帝讳毓，小名统万突，太祖长子也。……幼而好学，博览群书，善属文，词彩温丽。及即位，集公卿已下有文学者八十余人，于麟趾殿刊校经史；又捃采众书，自羲农以来讫于魏末，叙为《世谱》，凡五百卷（案：《北史》卷九《周本纪上》作“凡百卷”）云。

本年梁亡。梁时较重要之史学事迹，其年代不详者，尚有：

王琰著《宋春秋》。

《隋书》卷三三，《经籍志二》：《宋春秋》二十卷，梁吴兴令王琰撰。

刘陟著《齐纪》。

《隋书》卷三三，《经籍志二》：《齐纪》十卷，刘陟撰。

《南史》卷七二，《杜之伟传》：杜之伟……（梁武帝时）乃启补东宫学士，与学士刘陟等钞撰群书，各为题目。

钟岏著《良吏传》。

《梁书》卷四九，《钟嵘传》：（钟嵘兄）岏，字长岳，官至府参军，建康平（案：《南史》“平”作“令”），著《良吏传》十卷。

《隋书》卷三三，《经籍志二》：《良吏传》十卷，钟岏撰。

陈朝继齐、梁设置修史学士。

《史通》卷一一，《史官建置》：齐、梁二代，又置修史学士；陈氏因循，无所变革。

公元559年 陈武帝永定三年 己卯

梁、陈史官杜之伟卒。

《陈书》卷三四，《杜之伟传》：杜之伟，字子大，吴郡钱塘人也。……及高祖（陈霸先）为丞相，素闻其名，召补记室参军，迁中书侍郎领大著作。高祖受禅，除鸿胪卿，余并如故。之伟启求解著作曰："臣以绍泰（梁敬帝年号）元年（公元555年）忝中书侍郎，掌国史，于今四载。臣本庸贱，谬蒙盼识，思报恩奖，不敢废官。皇历惟新，驱驭轩昊，记言记事，未易其人，著作之材，更宜选众。……"优敕不许。寻转大匠卿，迁太中大夫，仍敕撰梁史。永定三年卒，时年五十二。

公元560年 北齐孝昭帝皇建元年 庚辰

魏收奉命修改《魏书》。

《北史》卷五六，《魏收传》：皇建元年，除兼侍中、右光禄大夫，仍仪同监史。……又除兼太子少傅，解侍中。帝以魏史未行，诏收更加研审，收奉诏颇有改正。及诏行魏史，收以为直置秘阁，外人无由得见，于是命送一本付并省，一本付邺下，任人写之。

公元564年 北齐武成帝河清三年 甲申

宋绘在本年前注王隐《晋书》及何法盛《晋中兴书》，著《中朝多士传》、《姓系谱录》、《年谱录》。

《北齐书》卷二〇，《宋显传》：……（宋）绘，少勤学，多所博览，好撰述。魏时张缅《晋书》未入国，绘依准裴松之注《国志》体注王隐及《中兴书》；又撰《中朝多士传》十卷、《姓系谱录》五十篇；以诸家年历不同，多有纰缪，乃刊正异同，撰《年谱录》，未成。河清五年（案：河清四年即改为天统元年，无五年，当系三年之讹）并遭水漂失。绘虽博闻强记，而天性恍惚，晚又遇风疾，言论迟缓，及失所撰之书，乃抚膺恸哭曰："可谓天丧予也！"天统中卒。

公元 565 年 北齐后主天统元年 乙酉

阳休之任监修北齐国史之职。

《北齐书》卷四二，《阳休之传》：阳休之，字子烈，右北平无终人也……天统初，徵为光禄卿，监国史。

祖孝徵著《黄初传天禄》。陆元规著《皇帝实录》。

《史通》卷一二，《古今正史》：高齐史：天统初，太常少卿祖孝徵述献武起居，名曰《黄初传天录》。时中书侍郎陆元规，常从文宣征讨，著《皇帝实录》，惟记行师，不载他事。

《北史》卷四七，《祖莹传附子珽传》：祖莹字元珍，范阳遒人也。……珽字孝徵。

公元 566 年 北齐后主天统二年 丙戌

魏收再度奉命修改《魏书》。

《北史》卷五六，《魏收传》：……天统元年，除左光禄大夫，二年，行齐州刺史……其后群臣多言魏史不实，武成（时为太上皇）复敕更审，收又回换，遂为卢同立传，崔绰反更附出。杨愔家传本云“有魏以来，一门而已”，至是改此八字，又先云“弘农华阴人”，乃改“自云弘农”以配王惠龙“自云太原人”，此其失也。

公元 568 年 北周武帝天和三年 戊子

《梁典》作者刘璠卒。

《周书》卷四二，《刘璠传》：刘璠字宝义，沛国沛人也。……天和三年卒，时年五十九。著《梁典》三十卷。

《史通》卷一二，《古今正史》：梁史：……庐江何之元、沛国刘璠，以所闻见，究其始末，合（案：“合”应作“各”）撰《梁典》三十篇。

《周书》卷四二,《刘璠传附刘祥传》:（刘璠之子）祥字休徵……初,璠所撰《梁典》始就，未及刊定而卒。临终谓休徵曰："能成我志，其在此书乎！"休徵治定缮写，勒成一家，行于世。

《隋书》卷三三,《经籍志二》:《梁典》三十卷，刘璠撰。

公元 569 年 陈宣帝太建元年 己丑

陆琼于本年后撰著《陈书》。

《史通》卷一二,《古今正史》: 陈史：……太建初，中书郎陆琼续撰诸篇，事伤烦杂。

《隋书》卷三三,《经籍志二》:《陈书》四十二卷,讫宣帝,陈吏部尚书陆琼撰。

公元 570 年 陈宣帝太建二年 庚寅

《梁史》作者许亨卒。

《陈书》卷三四,《许亨传》: 许亨，字亨道，高阳新城人。……高祖（陈霸先）受禅，授中散大夫领羽林监，迁太中大夫领大著作，知梁史事。……太建二年卒,时年五十四。初撰《齐书》并《志》五十卷,遇乱失亡;后撰《梁史》,成者五十八卷。

《隋书》卷五八,《许善心传》: 许善心……父亨，仕梁至给事黄门侍郎，在陈历羽林监、太中大夫、卫尉卿，领大著作。……初，善心父（亨）撰著《梁史》，未就而殁。善心述成父志，修续家书，其《序传》末述制作之意曰:"……先君昔在前代，早怀述作，凡撰《齐书》为五十卷；《梁书》纪传，随事勒成及阙而未就者，目录注为一百八卷。梁室交丧，坟籍销尽，冢壁皆残，不准无所盗；帷囊同毁，陈农何以求？秦儒既坑，先王之道将坠；汉臣徒请，口授之文亦绝。所撰之书，一时亡散。有陈初建，诏为史官，补阙拾遗，心识口诵，依旧目录更加修撰，且成百卷，已有六帙五十八卷上秘阁讫。"

《隋书》卷三三,《经籍志二》:《梁史》五十三卷，陈领军大著作郎许亨撰。

公元 571 年　北齐后主武平二年　辛卯

魏收与阳休之、李德林等论修北齐史限断。

《北齐书》卷四二，《阳休之传》：……魏收监史之日，立《高祖本纪》，取平四胡之岁为齐元。收在齐州，恐史官改夺其意，上表论之。武平中，收还朝，敕集朝贤议其事，休之立议从天保为限断。魏收存日，犹两议未决，收死后，便讽动内外，发诏从其议。

《隋书》卷四二，《李德林传》：李德林字公辅，博陵安平人也。……魏收与阳休之论《齐书》起元事，敕集百司会议。收与德林书曰："前者议文，总诸事意，小如混漫，难可领解。今便随事条列，幸为留怀，细加推逐。凡言或者，皆是敌人之议，既闻人说，因而探论耳。"德林复书曰："即位之元，《春秋》常义。谨按鲁君息姑不称即位，亦有元年，非独即位得称元年也。议云受终之元，《尚书》之古典。谨案《大传》周公摄政，一年救乱，二年伐殷，三年践奄，四年建侯卫，五年营成周，六年制礼作乐，七年致政成王。论者或以舜、禹受终，是为天子；然则周公以臣礼而死，此亦称元，非独受终为帝也。蒙示议文，扶病省览，荒情迷识，暂得发蒙，当世君子，必无横议，唯应阁笔赞成而已。辄谓前二条有益于议，仰见议中不录，谨以写呈。"收重遗书曰："惠示二事，感佩殊深，以鲁公诸侯之事，昨小为疑。息姑不书即位，舜、禹亦不言即位。息姑虽摄，尚得书元，舜禹之摄称元，理也。周公居摄，乃云一年救乱，似不称元，自无《大传》，不得寻讨。一之与元，其事何别？更有所见，幸请论之。"德林答曰："摄之与相，其义一也。故周公摄政，孔子曰'周公相成王'，魏武相汉，曹植曰'如虞翼唐'。或云高祖身未居摄，灼然非理。摄者，专赏罚之名，古今事殊，不可以体为断。陆机见舜肆类上帝，班瑞群后，便云舜有天下须格于文祖也，欲使晋之三主异于舜摄。窃以为舜若尧死狱讼不归，便是夏朝之益，何得不须格于文祖也？若使用王者之礼，便曰即真，则周公负扆朝诸侯，霍光行周公之事，皆真帝乎？斯不然矣。必知高祖与舜摄不殊，不得从士衡之谬。或以为书元年者，当时实录，非追书也。大齐之兴，实由武帝谦匿受命，岂直史也？比观论者闻追举受命之元，多有河汉；但言追数受命之岁，情或安之。似所怖者，元字耳。耳类朝三，是许其一年，不许其元年也。案《易》'黄裳元吉'，郑玄注云：'如舜试天子、周公摄政'，是以试摄不殊，《大传》虽无元字，一之与元，无异义矣。《春秋》不言一年一月者，欲使人君体元以居正，盖史之婉辞，非一与元别也。汉献帝死，刘备自尊崇；陈寿蜀人，以魏为汉贼，宁肯蜀主未立，已云魏武受命乎？士衡自尊本国，诚如高议，欲使三方鼎峙，同为霸名，习氏《汉晋春秋》，意在是也。正司马炎兼并，许其帝号；魏之君臣，吴人并以为戮贼，亦宁肯当涂之世，云晋有受命之徵？史者，编年也，故鲁号纪年，墨子又云吾见百国《春秋》，史又有无事而书年者，是重年，验也。若欲高祖事事谦冲，即须号令皆推魏氏，便是编魏年、纪魏事，此即魏末功臣之传，岂复皇朝帝纪者也？陆机称纪元立断或以正始、或以嘉平。束晳议云：赤雀白鱼之事，恐晋朝之议，是并论受命之元，非止代终之断也。公议云陆机不论元者，是所未喻，愿更思之。陆机以刊木著于虞书，龛黎见于商典，以蔽晋朝正始、嘉平之议，斯又谬矣。唯可二代相涉，两史并书，必不得以后朝创业之迹，断入前史。若然，则世宗、高祖皆天保以前，唯入魏氏列传，不作齐朝帝纪，可乎？此既不可，彼复何证？”

公元 572 年 北齐后主武平三年 壬辰

《魏书》作者魏收卒。

《北史》卷五六，《魏收传》：魏收字伯起，小字佛助，巨鹿下曲阳人也。……永安三年，除北主客郎中。节闵帝立妙简近侍，诏试收为《封禅书》，收下笔便就，不立稿草，文将千言，所改无几。时黄门郎贾思同侍立，深奇之，白帝曰：“虽七步之才，无以过此。”迁散骑侍郎，寻敕典起居注并修国史，俄兼中书侍郎，时年二十六……收本以文才必望颖脱，见知位既不遂，求修国史。崔暹为言于文襄曰：“国史事重，公家父子霸王功业，皆须具载，非收不可。”文襄乃启收兼散骑常侍、修国史。武定二年，除正常侍领兼中书侍郎，仍修国史……时齐将受禅，杨愔奏收置之别馆，令撰禅代诏册诸文，遣徐之才守门，不听出。天保元年，除中书令，仍兼著作郎，封富平县子。二年，诏撰魏史，四年除魏尹，故优以禄力，专在史阁，不知郡事。初帝令群臣各言志，收曰：“臣愿得直笔东观，早出魏书。”故帝使收专其任，又诏平原王高隆之总监之，署名而已。帝敕收曰：“好直笔，我终不作魏太武诛史官。”始魏初，邓彦海撰《代记》十余卷，其后崔浩典史，游雅、高允、程骏、李彪、崔光、李琰之、郎知世修其业，浩为编年体，彪始分作纪表志传，书犹未出。宣武时，命邢峦追撰《孝文起居注》，书至太和十四年，又命崔鸿、王遵业补续焉，下讫孝明，事甚委悉。

济阴王晖业撰《辨宗室录》三十卷，收于是与通直常侍房延佑、司空司马辛元植、国子博士刁柔、裴昂之、尚书郎高孝干，博总斟酌，以成《魏书》。辨定名称，随条甄举，又搜采亡遗，缀续后事，备一代史籍，表而上闻之，勒成一代大典。凡十二纪、九十二列传，合一百一十卷，五年三月奏上之。秋，除梁州刺史，收以志未成，奏请终业，许之。十一月，复奏十志：天象四卷、地形三卷、律历二卷、礼乐四卷、食货一卷、刑罚一卷、灵徵二卷、官氏二卷、释老一卷，凡二十卷，续于纪传，合一百三十卷，分为十二帙。其史三十五例、二十五序、九十四论、前后二表、一启，皆独出于收。收所引史官，恐其陵逼，唯取学流先相依附者。其房延佑、辛元植、眭仲让虽夙涉朝位，并非史才，刁柔、裴昂之以儒业见知，全不堪编缉。高孝干以左道求进，修史诸人宗祖姻戚，多被书录饰以美言。……时论既言收著史不平，文宣诏收于尚书省，与诸家子孙共加论讨，前后投诉百有余人，云遗其家世职位，或云其家不见记录，或云妄有非毁，收皆随状答之……但帝先重收才，不欲加罪，时太原王松年亦谤史，及（卢）斐、（李）庶并获罪，各被鞭配甲坊，或因以致死，卢思道亦抵罪。然犹以群口沸腾，敕魏史且勿施行，令群官博议，听有家事者入署，不实者陈牒。于是众口喧然，号为"秽史"，投牒者相次，收无以抗之。时左仆射杨愔、右仆射高德正二人，势倾朝野，与收皆亲，收遂为其家并作传，二人不欲言史不实，抑塞诉辞，终文宣世更不重论。又尚书陆操尝谓愔曰："魏收《魏书》可谓博物宏才，有大功于魏室。"愔尝谓收曰："此谓不刊之书，传之万古，但恨论及诸家枝叶亲姻过为繁碎，与旧史体例不同耳。"收曰："往因中原丧乱，人士谱牒遗逸略尽，是以具书其枝派。望公观过知仁，以免尤责。"八年夏，除太子少傅，监国史……武平三年薨，赠司空、尚书左仆射，谥文贞。有集七十卷……既缘史笔多憾于人，齐亡之岁，收家被发，弃其骨于外。

公元 573 年　北齐后主武平四年　癸巳

北齐命史官更撰《魏书》。

《北齐书》卷八，《后主纪》：武平四年五月，诏史官更撰《魏书》。

李德林与魏澹撰修《齐史》。

《隋书》卷四二，《李德林传》：寻除中书侍郎，仍诏修国史。（案：本传叙此事于武平三年之后、五年之前。）

《史通》卷一二，《古今正史》：李（德林）在齐预修国史，创纪传书二十七卷。

《隋书》卷五八，《魏澹传》：（魏澹在北齐）与李德林俱修国史。

公元 577 年 北齐幼主承光元年 丁酉

北齐亡。北齐时史官相继撰修齐史，其后杜台卿、崔子发均著成《齐纪》。

《史通》卷一二，《古今正史》：高齐史：……自武平后，史官阳林之、杜台卿、祖崇儒、崔子发等相继注记，逮于齐灭。

《隋书》卷五八，《杜台卿传》：杜台卿，字少山，博陵曲阳人也。……仕齐奉朝请，历司空、西阁祭酒、司徒户曹、著作郎、中书黄门侍郎。……及周武帝平齐，归于乡里。……（隋）开皇初，被徵入朝。……终于家。有集十五卷，撰《齐纪》二十卷，并行于世。

《隋书》卷三三，《经籍志二》：《齐纪》三十卷，纪后齐事，崔子发撰。

荣建绪著《齐纪》。

《隋书》卷六六。《荣毗传》：毗兄建绪……仕周为载师下大夫仪同三司。及平齐之始，留镇邺城，因著《齐纪》三十卷。

宋孝王著《关东风俗传》。

《北史》卷二六，《宋隐传》：（宋）孝王，学涉，亦好缉缀文藻。……为（北齐）北平王（高贞）文学，求入文林馆不遂，因非毁朝士，撰《朝士别录》二十卷。会周武灭齐，改为《关东风俗传》，更广闻见，勒成三十卷以上之。

《旧唐书》卷四六，《经籍志上》：《关东风俗传》六十三卷，宋孝王撰。

在北齐时较重要之史学著作，其年代不详者，尚有：

李概著《战国春秋》。

《北史》卷三三，《李灵传附李公绪传》：公绪弟概，字季节。……为齐文襄大将军府参军。……除殿中侍御史，修国史，后为太子舍人。……后卒于并州功曹参军。撰《战国春秋》及《音谱》，并行于世。

《隋书》卷三三，《经籍志二》：《战国春秋》二十卷，李概撰。又，《战国春秋》二十卷，李概撰。

姚振宗《隋书经籍志考证》卷十四：其所谓《战国春秋》者，殆即记十六国之事，本志入霸史，次《十六国春秋》之后，自得部居。其古史类别出一条，失于删除。

《隋书》卷三三，《经籍志二》：《左史》六卷，李概撰。

公元 581 年　陈宣帝太建十三年　隋文帝开皇元年　辛丑

陈史官、《通史要略》等书作者顾野王卒。

《陈书》卷三〇，《顾野王传》：顾野王，字希冯，吴郡吴人也。天嘉元年（陈文帝年号，公元 560 年），敕补撰史学士。……太建二年，迁国子博士。……六年，除太子率更令，寻领大著作，掌国史，知梁史事。十三年卒，时年六十三。……其所撰著《玉篇》三十卷、《舆地志》三十卷、《符瑞图》十卷、《顾氏谱传》十卷、《分野枢要》一卷、《续洞冥纪》一卷、《玄象表》一卷，并行于世。又撰《通史要略》一百卷，《国史纪传》二百卷，未就而卒。

《隋书》卷三三，《经籍志二》：《舆地志》三十卷，陈顾野王撰。

《史通》卷一二，《古今正史》：陈史：初有吴郡顾野王、北地傅縡，各为撰史学士，其武、文二帝纪即顾、傅所修。

李德林续撰北齐史。

《史通》卷一二，《古今正史》：李（德林）在齐预修国史，创纪传书二十七卷。至开皇初，奉诏续撰，增多齐史三十八篇。以上送官，藏之秘府。

公元 582 年　陈宣帝太建十四年　隋文帝开皇二年　壬寅

何之元著《梁典》。

《陈书》卷三四，《何之元传》：何之元，庐江灊人也。……太建八年，除中卫府功曹参军事，寻迁谘议参军。及叔陵诛（案：始兴王陈叔陵被杀在太建十四年），之元乃屏绝人事，锐精著述。以为梁氏肇自武皇，终于敬帝，其兴亡之运、盛衰之迹，足以垂鉴戒、定褒贬，究其始终，起齐永元元年，迄于王琳遇获，七十五年行事，草创为三十卷，号曰《梁典》。其序曰：记事之史，其流不一。编年之作，无若《春秋》，则鲁史之书，非帝皇之籍也。案三皇之简为《三坟》，五帝之策为《五典》，此典义所由生也。至乃《尚书》述唐帝为《尧典》，虞帝为《舜典》，斯又经文明据，是以典之为义久矣哉！若夫马《史》、班《汉》，述帝称纪，自兹厥后，因相祖习。及陈寿所撰，名之曰《志》，总其三国，分路扬镳。唯何法盛《晋书》，变帝纪为帝典，既云师古，在理为优。故今之所作，称为《梁典》。梁有天下，自中大同以前区寓宁晏，太清以后寇盗交侵，首尾而言，未为尽美，故开此一书，分为六意：以高祖创基，因乎齐末，寻宗讨本，起自永元，今以前如干卷为追述。高祖生自布衣，长于弊俗，知风教之臧否，识民黎之情伪，爰逮君临，弘斯政术，四纪之内，实云殷阜，今以如干卷为太平；世不常夷，时无恒治，非自我后，仍属横流，今以如干卷为叙乱。洎高祖晏驾之年，太宗幽辱之岁，讴歌狱讼，向西陕不向东都，不庭之民，流逸之士，征伐礼乐，归世祖不归太宗，拨乱反正，厥庸斯在，治定功成，其勋有属，今以如干卷为世祖。至于四海困穷，五德升替，则敬皇绍立，仍以禅陈，今以如干卷为敬帝；骠骑王琳，崇立后嗣，虽不达天命，然是其忠节，今以如干卷为后嗣主。至在太宗虽加美谥，而大宝之号世所不遵，盖以拘于贼景故也。承圣纪历，自接太清，神笔诏书，非宜辄改，详之后论，盖有理焉。夫事有始终，人有业行，本末之间，颇宜诠叙。案臧荣绪称史无裁断，犹起居注耳。由此而言，实资详悉，又编年而举其岁次者，盖取分明而易寻也。若夫猃狁孔炽，鲠我中原，始自一君，终为二主，事有相涉，言成混漫。今以未分之前为北魏。既分之后，高氏所辅为东魏，宇文所挟为西魏，所以相分别也。重以盖彰殊体，繁省异文，其间损益，颇有凡例。

《隋书》卷三三，《经籍志二》：《梁典》三十卷，陈始兴王谘议何之元撰。

《幽州人物志》作者阳休之卒。

《北齐书》卷四二，《阳休之传》：阳休之字子烈，右北平无终人也。……大象末，进位上开府，除和州刺史。隋开皇二年罢任，终于洛阳，年七十四。所著文集三十卷，又撰《幽州人物志》，并行于世。

《旧唐书》卷四六，《经籍志上》：《幽州古今人物志》十三卷，阳休之撰。

《梁旧事》作者萧大圜卒于本年前后。

《周书》卷四二，《萧大圜传》：萧大圜，字仁显。……隋开皇初，拜内史侍郎，出为西河郡守，寻卒。大圜性好学，务于著述，撰《梁旧事》三十卷。

《隋书》卷三三，《经籍志二》：《梁旧事》三十卷，内史侍郎萧大环撰。（案：钱大昕《廿二史考异》卷三四："环当作圜。"）

公元584年　隋文帝开皇四年　后梁萧岿二十三年　甲辰

《淮海乱离志》作者萧圆肃卒。

《周书》卷四二，《萧圆肃传》：萧圆肃字明恭，梁武帝之孙，武陵王纪之子也。……（后降周，仕至大将军。）……隋开皇初，授贝州刺史，以母老请归就养，隋文帝许之，四年卒，时年四十六。有文集十卷，又撰……《淮海乱离志》四卷，行于世。

《隋书》卷三三，《经籍志二》：《淮海乱离志》四卷，萧世怡撰，叙梁末侯景之乱。

《旧唐书》卷四六，《经籍志上》：《淮海乱离志》四卷，萧大圆撰。

案：《周书》本传、《隋志》及《旧唐志》所载《淮海乱离志》作者各不同。又《周书》卷四二《萧世怡传》及《萧大圜传》均不载著此书，未知孰是，今从《萧圆肃传》。

《梁史》作者萧欣卒。

《周书》卷四八，《萧詧传附萧欣传》：萧欣……（仕后梁）历侍中、中书令、尚书仆射、尚书令。（萧）岿之二十三年卒。……著《梁史》百卷，遭乱失本。

公元 589 年 陈后主祯明三年 隋文帝开皇九年 己酉

陈亡。陈朝时较重要之史学事迹而年代不详者，尚有：

阴僧仁著《梁撮要》。

《隋书》卷三三，《经籍志二》：《梁撮要》三十卷，陈征南谘议阴僧仁撰。

姚察在陈历任史官，著梁、陈之史。

《陈书》卷二七，《姚察传》：姚察字伯审，吴兴武康人也。……值梁室丧乱……元帝于荆州即位……元帝授察原乡令。……中书侍郎领著作杜之伟与察深相眷遇，表用察佐著作，仍撰史。（陈）永定初……吏部尚书徐陵时领著作，复引为史佐。……太建初……报聘于周。江左耆旧先在关右者，咸相倾慕。沛国刘臻窃于公馆访《汉书》疑事十余条，并为剖析，皆有经据。……著《西聘道里记》，所叙事至详。使还，补东宫学士。……迁尚书祠部侍郎。……历仁威淮南王、平南建安王二府谘议参军，丁内忧去职。俄起为戎昭将军，知撰梁史事，固辞不免。后主纂业，敕兼东宫通事舍人，将军、知撰史如故。……至德元年，除中书侍郎，转太子仆，余并如故。……寻以忠毅将军起兼东宫通事舍人。……俄敕知著作郎事……除给事黄门侍郎，领著作。……又诏授秘书监，领著作如故。……察在秘书省大加删正，又奏撰中书表集。拜散骑常侍，寻授度支尚书，旬月迁吏部尚书，领著作并如故。……陈灭入隋，开皇九年，诏授秘书丞，别敕成梁、陈二史。

《史通》卷一二，《古今正史》：梁史：……陈祠部郎中姚察，有志撰勒，施工未周。但既当朝务，兼知国史，至于陈亡，其书不就。陈史：……姚察就加删改，粗有条贯。及江东不守，持以入关。隋文帝尝索梁、陈事迹，察具以所成每篇续奏，而依违荏苒，竟未绝笔。

公元 591 年 隋文帝开皇十一年 辛亥

《齐史》作者李德林卒。

《隋书》卷四二，《李德林传》：（开皇）十年……转怀州刺史……岁余卒官，时年六十一。……所撰文集勒成八十卷，遭乱亡失，凡五十卷行于世。敕撰《齐史》，未成。

《史通》卷一二，《古今正史》：隋……内史令李德林……少仕邺中，多识故事。……在齐预修国史，创纪传书二十七卷。至开皇初，奉诏续撰，增多《齐史》三十八篇。已上送官，藏之秘府。

陆爽与宇文恺于本年以前著《东宫典记》。

《隋书》卷五八，《陆爽传》：陆爽，字开明，魏郡临漳人也。……高祖受禅，转太子内直监，寻迁太子洗马，与左庶子宇文恺等撰《东宫典记》七十卷。……开皇十一年卒官，时年五十三。

《隋书》卷六八，《宇文恺传》：宇文恺，字安乐。……家世武将，诸兄并以弓马自达，恺独好学，博览书记。……初为千牛，累迁御正中大夫、仪同三司。高祖为丞相，加上开府中大夫。及践阼……后拜营宗庙副监、太子左庶子。

《隋书》卷三三，《经籍志二》：《东宫典记》七十卷，左庶子宇文恺撰。

《旧唐书》卷四六，《经籍志上》：《东宫典记》七十卷，宇文恺等撰。

《新唐书》卷五八，《艺文志二》：陆开明、宇文恺《东宫典记》七十卷。

公元593年　隋文帝开皇十三年　癸丑

隋朝禁止私人撰集国史。

《隋书》卷二，《高祖纪下》：（开皇）十三年……五月癸亥，诏人间有撰集国史、臧否人物者，皆令禁绝。

王劭著成《齐志》。

《隋书》卷六九，《王劭传》：王劭字君懋，太原晋阳人也。……劭少沈默，好读书。弱冠，齐尚书仆射魏收辟参开府军事，累迁太子舍人，待诏文林馆。时祖孝徵、魏收、阳休之等尝论古事，有所遗忘，讨阅不能得，因呼劭问之，劭具论所出，取书验之，一无舛误，自是大为时人所许，称其博物。后迁中书舍人。齐灭入周，不得调。高祖受禅，授著作佐郎。以母忧去职，在家著《齐书》。时制禁私撰史，为内史侍郎李元操所奏。上怒，遣使收其书，览而悦之，于是起为员外散骑侍郎，修起居注。……拜著作郎。

《史通》卷一二，《古今正史》：隋秘书监王劭……少仕邺中，多识故事，乃凭述起居注，广以异闻，造编年书，号曰《齐志》，十有六卷。（原注：其序云二十卷，今世间传者唯十六卷焉。）

《隋书》卷三三，《经籍志二》：《齐志》十卷，后齐事，王劭撰。

《旧唐书》卷四六，《经籍志上》：《北齐志》十七卷，王劭撰。

王劭与辛德源、刘炫、王孝籍、刘焯等同修隋史。

《隋书》卷五八，《辛德源传》：辛德源，字孝基，陇西狄道人也。……高祖受禅。……秘书监牛弘以德源才学显著，奏与著作郎王劭同修国史。……德源每于务隙撰《集注春秋三传》三十卷，注扬子《法言》二十三卷。

《隋书》卷七五，《刘炫传》：刘炫，字光伯，河间景城人也。……奉敕与著作郎王劭同修国史。

《隋书》卷七五，《王孝籍传》：平原王孝籍……与河间刘炫同志友善，开皇中召入秘书助王劭修国史。

《册府元龟》卷五五四：刘焯以儒学知名，举秀才，射策甲科，与著作郎王劭同修国史。

《梁典》作者何之元卒。

《陈书》卷三四，《何之元传》：何之元，庐江灊人也。祖僧达，齐南台治书侍御史；父法胜，以行业闻。之元幼好学有才思，居丧过礼，为梁司空袁昂所重，天监末，昂表荐之，因得召见解褐……祯明三年，京城陷，乃移居常州之晋陵县。隋开皇十三年，卒于家。

公元 594 年 隋文帝开皇十四年 甲寅

《后魏书》作者魏澹约卒于本年。

《隋书》卷五八，《魏澹传》：魏澹字彦深，钜鹿下曲阳人也。……父季景，齐大司农卿。……澹年十五而孤，专精好学，博涉经史，善属文，词采赡逸。齐博陵王济闻其名，引为记室。及琅邪王俨为京畿大都督，以澹为铠曹参军，转殿中侍御史。寻与尚书左仆射魏收、吏部尚书阳休之、国子博士熊安生同修《五礼》。又与诸学士撰《御览》，书成，除殿中郎中、中书舍人。复与李德林俱修国史。周武帝平齐，授纳言中士。及（隋）高祖受禅，出为行台礼部侍郎。……数年，迁著作郎，仍为太子学士。高祖以魏收所撰书褒贬失实，平绘为《中兴书》，事不伦序，诏澹别成魏史。澹自道武下及恭帝，为十二纪，七十八传，别为史论及例一卷，并目录合九十二卷。澹之义例与魏收多所不同。

其一曰：臣闻天子者，继天立极，终始绝名。故《谷梁传》曰"太上不名"。《曲礼》曰"天子不言出，诸侯不生名"。诸侯尚不生名，况天子乎？若为太子必须书名，良由子者对父，生称父前子名，礼之意也。是以桓公六年九月丁卯，子同生。《传》曰"举以太子之礼"，杜预注云"桓公子，庄公也"。十二公唯子同是嫡夫人之长子，备用太子之礼，故史书之于策。即位之日，尊成君而不名，《春秋》之义，圣人之微旨也。至如马迁，周之太子并皆言名，汉之储两俱没其讳，以尊汉卑周，臣子之意也。窃谓虽立此理，恐非其义，何者？《春秋》、《礼记》，太子必书名，天王不言出，此仲尼之褒贬，皇王之称谓，非当时与异代遂为优劣也。班固、范晔、陈寿、王隐、沈约，参差不同，尊卑失序。至于魏收，讳储君之名，书天子之字，过又甚焉。今所撰史，讳皇帝名，书太子字，欲以尊君卑臣，依《春秋》之义也。其二曰：五帝之圣，三代之英，积德累功，乃文乃武，贤圣相承，莫过周室，名器不及后稷，追谥止于三王，此即前代之茂实，后人之龟镜也。魏氏平文以前，部落之君长耳，太祖远追二十八年，并极崇高，违尧、舜宪章，越周公典礼。但道武出自结绳，未师典诰，当须南、董直笔，裁而正之。反更饰非言是观过，所谓决渤澥之水，复去隄防，襄陵之灾，未可免也。但力微天女所诞，灵异绝世，尊为始祖，得礼之宜。平文、昭成雄据塞表，英风渐盛，图南之业，基自此始。长孙斤之乱也，兵交御坐，太子授命，昭成获免。道武此时，后缗方娠，宗庙复存，社稷有主，大功大孝，实在献明。此之三世，称谥可也。自兹以外，未之敢闻。其三曰：臣以为南巢桀亡，牧野纣灭，斩以黄钺，悬首白旗，幽王死于骊山，厉王出奔于彘，未尝隐讳，直笔书之，欲以劝善惩恶，贻诫将来者也。而太武、献文，并皆非命，前史立纪，不异天年，言论之间，颇露首尾。杀主害君，莫知名姓，逆臣贼子何所惧哉！君子之过如日月之食，圆首方足，孰不瞻仰，况复兵交御坐，矢及王屋，而可隐没者乎？今所撰史，分明直书，不敢回避。且隐、桓之死，闵、昭杀逐，丘明据实叙于经下，况复悬隔异代而致依违哉？其四曰：周道陵迟，不胜其敝，楚子亲问九鼎，吴人来征百牢，无君之心，实彰行路，夫子刊经，皆书曰卒。自晋德不兢，宇宙分崩，或帝或王，各自署置。当其生日，聘使往来，略如敌国，及其终也，书之曰死，便同庶人。存没顿殊，能无怀愧？今所撰史，诸国凡处华夏之地者，皆书曰卒，同之吴、楚。其五曰：壶遂发问，马迁答之，义已尽矣。后之述者，仍未领悟。董仲舒、司马迁之意，本云《尚书》者隆平之典，《春秋》者拨乱之法，兴衰理异，制作亦殊。治定则直叙钦明，世乱则辞兼显晦，分路命家，不相依放。故云“周道废，《春秋》作焉；尧舜盛，《尚书》载之”，是也。“汉兴以来，改正朔，易服色，臣力诵圣德，仍不能尽，余所谓述故事，而君比之《春秋》，谬哉！”然则纪传之体，出自《尚书》，不学《春秋》，明矣。而范晔云：“《春秋》者，文既总略，好失事形，今之拟作所以为短；纪传者，史、班之所变也，网罗一代，事义周悉，适之后学，此焉为优，故继而述之。”观晔此言，岂直非圣人之无法，又失马迁之意旨。孙盛自谓钻仰具体而放之。魏收云：“鲁史既修，达者贻则，子长自拘纪传，不存师表。盖泉源所由，地非企及。”虽复逊辞畏圣，亦未思纪传所由来也。

澹又以为司马迁创立纪传以来，述者非一，人无善恶，皆为立论。计在身行迹，具在正书，事既无奇，不足惩劝。再述乍同铭颂，重叙唯觉繁文。案丘明亚圣之才，发扬圣旨，言“君子曰”者，无非甚泰，其间寻常，直书而已。今所撰史，窃有慕焉。可为劝戒者，论其得失；其无损益者。所不论也。澹所著《魏书》甚简要，大矫收、绘之失，上览而善之。未几，卒，时年六十五。有文集三十卷行于世。

《北齐书》卷二三，《魏兰根传》：（魏）澹，学识有词藻。武平初，殿中御史，迁中书舍人，待诏文林馆。隋开皇中，太子舍人，著作郎，撰《后魏书》九十二卷，甚得史体，时称其善云。

《隋书》卷五七，《薛道衡传》：（道衡）从子德音，有隽才，起家为游骑尉。佐魏澹修魏史，史成，迁著作佐郎。

《史通》卷一二，《古今正史》：元魏史：……至隋开皇，敕著作郎魏澹与颜之推、辛德源更撰《魏书》，矫正收失。澹以西魏为真，东魏为伪，故文恭列纪，孝靖称传。合纪、传、论、例，总九十二篇。

《隋书》卷三三，《经籍志二》：《后魏书》一百卷，著作郎魏彦深撰。

案：魏澹卒年史无明文。本传云其年十五而孤。考《北史》卷五六《魏季景（澹父）传》云：“元象初，兼给事黄门侍郎。后兼散骑常侍，使梁还，历大司农卿、魏郡尹，卒。”又考《北史》卷五东魏《孝静帝纪》武定二年“五月甲午，遣散骑常侍魏季景聘于梁。”则季景之卒最早为武定二年（公元544年）。若季景卒于是年，则据本传“年十五而孤”之文，魏澹本年为十五，再据本传“卒，时年六十五”之文，则澹之卒最早在本年。故编于此。

《古今帝代记》、《续名僧记》作者明克让卒。

《隋书》卷五八，《明克让传》：明克让，字弘道，平原鬲人也。……梁灭归于长安，周明帝引为麟趾殿学士，俄授著作上士。……高祖受禅，拜太子内舍人，转率更令，进爵为侯。……开皇十四年，以疾去官，加通直散骑常侍，卒，年七十。……著《孝经义疏》一部，《古今帝代记》一卷，《文类》四卷，《续名僧记》一卷。

公元597年 隋文帝开皇十七年 丁巳

许善心著《七林》。

《隋书》卷五八，《许善心传》：（开皇）十七年，除秘书丞。于时秘藏图籍尚多淆乱，善心放阮孝绪《七录》，更制《七林》，各为总叙，冠于篇首。又于部录之下，明作者之意，区分其类例焉。

公元600年 隋文帝开皇二十年 庚申

陆从典于本年以前续司马迁《史记》。

《陈书》卷三〇，《陆琼传附陆从典传》：陆琼……第三子从典，字由仪。……从典笃好学业，博涉群书，于班史尤所属意。年十五，本州兴秀才。解褐，著作佐郎。……金陵沦没，随例迁关右。仕隋为给事郎兼东宫学士，又除著作佐郎。右仆射杨素奏从典续司马迁《史记》迄于隋，其书未就。

案：据《隋书》卷二《高祖纪下》，杨素为尚书右仆射时自开皇十二年十二月至开皇二十年十二月，陆从典续《史记》当在本年以前数年中。

《承圣实录》作者裴政卒于本年以前。

《隋书》卷六六，《裴政传》：裴政，字德表，河东闻喜人也。……开皇元年，转率更令，加位上仪同三司。……进位散骑常侍，转左庶子。……东宫凡有大事，皆以委之。……出为襄州总管。……卒官，年八十九。著《承圣降录》十卷。

《北史》卷七七，《裴政传》：裴政……卒于官。著《承圣实录》十卷。及太子废，文帝追忆之曰：向遣裴政、刘行本在，共匡弼之，犹应不令至此。

案：据《隋书》卷二《高祖纪下》，太子勇被废在开皇二十年，则裴政之卒当在本年以前。

今案：裴政所撰之书，《隋书》本传记载为“承圣降录”，书名扞格难通，当以《北史》本传所载《承圣实录》为是。然此书未著录于《隋书经籍志》，历代目录学著述亦乏考证。

公元 603 年 隋文帝仁寿三年 癸亥

《梁后略》作者姚最卒。

《周书》卷四七，《姚僧垣传附子姚最传》：姚僧垣，字法卫，吴兴武康人。……次子最，字士会，幼而聪敏，及长，博通经史，尤好著述。年十九，随僧垣入关。……隋文帝践极，除太子门大夫。……俄转蜀王秀友。秀镇益州，迁秀府司马。……最竟坐诛。时年六十七。……撰《梁后略》十卷，行于世。

《隋书》卷三三，《经籍志二》：《梁后略》十卷。姚勖（应作最）撰。

案：据《周书·姚僧垣传》，僧垣入关在西魏攻陷江陵之次年，即西魏恭帝二年（公元 555 年），姚最年十九，则当生于西魏文帝大统三年（公元 537 年）。卒年六十七，当在本年。

公元 605 年 隋炀帝大业元年 乙丑

《晋王北伐记》作者柳䛒卒。

《隋书》卷五八，《柳䛒传》：柳䛒，字顾言，本河东人也，永嘉之乱，徙家襄阳。……仕梁，释褐著作佐郎。……仁寿初，引䛒为东宫学士，加通直散骑常侍，检校洗马。……炀帝嗣位，拜秘书监。……从幸扬州，遇疾卒，年六十九。……撰《晋王北伐记》十五卷，有集十卷，行于世。

裴矩著《西域图记》。

《隋书》卷六七，《裴矩传》：裴矩，字弘大，河东闻喜人也。……矩襁褓而孤，及长，好学，颇爱文藻，有智数。世父让之谓矩曰："观汝神识，足成才士，欲求宦达，当资干世之务。"矩始留情世事。……炀帝即位……时西域诸蕃多至张掖。与中国交市，帝令矩掌其事。矩知帝方勤远略，诸商胡至者，矩诱令言其国俗、山川险易，撰《西域图记》三卷，入朝奏之。其序曰："臣闻禹定九州，导河不踰积石。秦兼六国，设防止及临洮。故知西胡杂种，僻居遐裔，礼教之所不及，书典之所罕传。自汉氏兴基，开拓河右，始称名号者有三十六国。其后分立，乃五十五王，仍置校尉都护，以存招抚。然叛服不恒，屡经征战，后汉之世，频废此官，虽大宛以来略知户数，而诸国山川未有名目。……皇上膺天育物，无隔华夷，率土黔黎，莫不慕化。风行所及，日入以来职贡皆通，无远不至。臣既因抚纳监知关市，寻讨书传，访采胡人，或有所疑，即译众口，依其本国服饰，仪形王及庶人，各显容止，即丹青模写，为《西域图记》，共成三卷，合四十四国，仍别造地图穷其要害……"

《旧唐书》卷六三，《裴矩传》：裴矩，字弘大，河东闻喜人。……（隋）大业初，西域诸蕃款张掖塞，与中国互市。炀帝遣矩监其事。矩知帝方勤远略，欲并吞夷狄，乃访西域风俗及山川险易、君长姓族、物产服章，撰《西域图记》三卷，入朝奏之。

《隋书》卷三三，《经籍志二》：《隋西域图》三卷，裴矩撰。

隋炀帝置起居舍人二员。

《隋书》卷二八，《百官志下》：炀帝即位，多所改革。……加置起居舍人，员二人（从六品）。

《史通》卷一一，《史官建置》：（隋）炀帝以为古有内史、外史，今既有著作，宜立起居，遂置起居舍人二员，职隶中书省，如庾自直、崔浚祖、虞世南、蔡允恭等咸居其职，时谓得人。

公元606年 隋炀帝大业二年 丙寅

杨素等奉敕撰《魏书》未成。

《隋书》卷七六，《潘徽传》：藩徽字伯彦，吴郡人也。……炀帝嗣位，诏徽与著作郎陆从典、太常博士褚亮、欧阳询等助越公杨素撰《魏书》，会素薨而止。

《史通》卷一二，《古今正史》：元魏史：……（隋）炀帝以（魏）澹书犹未能善，又敕左仆射杨素别撰，学士潘徽、褚亮、欧阳询等佐之，会素薨而止。

案：据《隋书》卷四八《杨素传》，杨素卒于大业二年。

梁、陈二代史及《汉书训纂》等作者姚察卒。

《陈书》卷二七，《姚察传》：年七十四，大业二年终于东都。……所著《汉书训纂》三十卷，《说林》十卷，《西聘》、《玉玺》、《建康》、《三钟》等记各一卷，悉穷该博，并文集二十卷，并行于世。察所撰梁、陈史，虽未毕功，隋文帝开皇之时，遣内史舍人虞世基索本且进上，今在内殿。梁、陈二史，本多是察之所撰，其中序论及纪、传有所阙者，临亡之时，仍以体例诫约子思廉博访撰续，思廉泣涕奉行。思谦在陈，为衡阳王府法曹参军，转会稽王主薄。入隋，补汉王府行参军、掌记室，寻除河间郡司法。大业初，内史侍郎虞世基奏思廉踵成梁、陈二代史，自尔以来，稍就补续。

《隋书》卷三三，《经籍志二》：《汉书训纂》三十卷，陈吏部尚书姚察撰。《汉书集解》一卷，姚察撰。……《定汉书疑》二卷，姚察撰。……《梁书帝纪》七卷，姚察撰。

《齐志》、《隋书》等作者王劭约卒于本年。

《隋书》卷六九，《王劭传》：炀帝嗣位。……迁秘书少监，数载，卒官。劭在著作将二十年，专典国史。撰《隋书》八十卷，多录口敕，又采迂怪不经之语及委巷之言，以类相从，为其题目，辞义繁杂，无足称者，遂使隋代文武名臣列将善恶之迹，堙没无闻。初撰《齐志》，为编年体二十卷；复为《齐书》纪传一百卷及《平贼记》三卷，或文词鄙野，或不轨不物，骇人视听，大为有识所嗤鄙。然其采摘经史谬误，为《读书记》三十卷，时人服其精博。……史臣曰：王劭爰自幼童，迄乎白首，好学不倦，究极群书，搢绅洽闻之士无不推其博物。雅好著述，久在史官，既撰齐书，兼修隋典。好诡怪之说，尚委巷之谈，文词鄙秽，体统繁杂，直愧南、董，才无迁、固，徒烦翰墨，不足观采。

《史通》卷一，《六家》：至隋秘书监太原王劭，又录开皇、仁寿时事，编而次之，以类相从，各为其目，勒成《隋书》八十卷。寻其义例，皆准《尚书》。

《史通》卷一二，《古今正史》：隋史：当开皇、仁寿时，王劭为书八十卷，以类相从，定其篇目，至于编年、纪传，并阙其体。

《隋书》卷三三，《经籍志二》：《隋书》六十卷，未成，秘书监王劭撰。

《旧唐书》卷四六，《经籍志上》：《尔朱氏家传》二卷，王劭撰。

《新唐书》卷五八，《艺文志二》：王劭《隋开皇二十年书目》四卷。

案：王劭卒年，史无明文。据《隋书》本传“炀帝嗣位……迁秘书少监，数载卒官”之语；又据《隋书·高祖纪下》仁寿二年十月诏以杨素、牛弘、许善心、虞世基、王劭等修定五礼，而《隋书·炀帝纪上》大业二年二月诏杨素、牛弘、虞世基、许善心等制定舆服，已无王劭之名，则王劭可能卒于大业二年。

公元610年 隋炀帝大业六年 庚午

《周史》作者牛弘卒。

《隋书》卷四九，《牛弘传》：牛弘，字里仁，安定鹑觚人也。……在周，起家中外府记室、内史上士。俄转纳言上士，专掌文翰，甚有美称。加威烈将军、员外散骑侍郎，修起居注。……开皇初，迁授散骑常侍、秘书监。弘以典籍遗逸，上表请开献书之路。……三年，拜礼部尚书，奉敕修撰《五礼》，勒成百卷，行于当世。……拜吏部尚书。……大业二年，进位上大将军，三年改为右光禄大夫……六年，从幸江都，其年十一月卒于江都郡，时年六十六。

《隋书》卷三，《炀帝纪上》：（大业六年）十二月己未，左光禄大夫、吏部尚书牛弘卒。

《史通》卷一二，《古今正史》：宇文周史：……至隋开皇中，秘书监牛弘追撰《周纪》十有八篇，略叙纪纲，仍皆秕牾。

《隋书》卷三三，《经籍志二》：《周史》十八卷，未成，吏部尚书牛弘撰。

《新唐书》卷五八，《艺文志二》：牛弘《隋开皇四年书目》四卷。

公元 612 年 隋炀帝大业八年 壬申

《汉书刊繁》作者于仲文卒。

《隋书》卷六〇，《于仲文传》：于仲文，字次武。……炀帝即位，迁右翊卫大将军。……辽东之役，仲文率军指乐浪道……师遂败绩。……帝大怒……系仲文。仲文忧恚发病困笃，方出之，卒于家，时年六十八。撰《汉书刊繁》三十卷，《略览》三十卷。

案：于仲文卒年，本传无明文。据《隋书》卷四《炀帝纪下》，隋军于大业八年正月进击辽东，七月败还。十一月，“败将宇文述、于仲文等并除名为民。”则于仲文之卒当即在本年也。

公元 613 年 隋炀帝大业九年 癸酉

许善心约于本年前后著成《梁书》。

《隋书》卷五八，《许善心传》：许善心，字务本，高阳北新城人也。……（大业）四年，撰《方物志》奏之。……九年，摄左翊卫长史，从度辽授建节尉。……初，善心父（亨）撰著梁史，未就而殁。善心述成父志，修续家书，其《序传》末述制作之意曰：“……先君昔在前代，早怀述作，凡撰《齐书》为五十卷；《梁书》纪传随事勒成及阙而未就者、目录、注为一百八卷。梁室交丧，坟籍销尽。……所撰之书，一时亡散。有陈初建，诏为史官，补阙拾遗，心识口诵，依旧目录更加修撰，且成百卷，已有六帙五十八卷上秘阁讫。善心早婴荼蓼，弗荷薪构。大建之末，频抗表闻，至德之初，蒙授史任。方愿油素采访，门庭记录，俯励弱才，仰成先志。而单宗少强，近虚室类，原颜退屏，无所交游，栖迟不求进益。假班嗣之书，徒闻其语；给王隐之笔，未见其人。加以庸琐凉能，孤陋末学，忝职郎署，兼撰《陈史》，致此书延时，未即成续。祯明二年，以台郎入聘，值本邑沦覆，他乡播迁，行人失时，将命不复。望都亭而长恸，迁别馆而悬壶。家史旧书，在后焚荡。今止有六十八卷在，又并缺落失次。自入京已来，随见补葺，略成七十卷。四帝纪八卷、后妃一卷、三太子录一卷为一帙，十卷；宗室王侯列传一帙，十卷；具臣列传二帙，二十卷；《外戚传》一卷、《孝德传》一卷、《诚臣传》一卷、《文艺传》二卷、《儒林传》二卷、《逸民传》一卷、《数术传》一卷、《藩臣传》一卷，合一帙，十卷；《止足传》一卷、《烈女传》一卷、《权幸传》一卷、《羯贼传》二卷、《逆臣传》二卷、《叛臣传》二卷、叙传论述一卷，合一帙，十卷。凡称史臣者，皆先君所言，下称名案者，并善心补阙。别为《叙论》一篇，托于叙传之末。”

《大业起居注》作者王胄卒。

《隋书》卷七六，《王胄传》：王胄，字承基，琅琊临沂人也。……大业初，为著作佐郎。……礼部尚书杨玄感虚襟与交，数游其弟。及玄感败，与虞绰俱徙边。胄遂亡匿，潜还江左，为吏所捕，坐诛，时年五十六。

《史通》卷一二，《古今正史》：隋史：……炀帝世，唯有王胄等所修《大业起居注》，及江都之祸，仍多散逸。

公元 615 年　隋炀帝大业十一年　乙亥

《銮驾北巡记》、《洛阳古今记》等作者诸葛颍卒。

《隋书》卷七六，《诸葛颍传》：诸葛颍，字汉，丹阳建康人也。……起家梁邵陵王参军事，转记室。侯景之乱，奔齐，待诏文林馆。历太学博士、太子舍人。……晋王广素闻其名，引为参军事，转记室。……炀帝即位，迁著作郎，甚见亲幸。……从征吐谷浑，加正议大夫。后从驾北巡，卒于道，年七十七。……撰《銮驾北巡记》三卷，《幸江都道里记》一卷，《洛阳古今记》一卷，《马名录》二卷，并行于世。

《隋书》卷三三，《经籍志二》：《北伐记》七卷，诸葛颍撰。《巡抚扬州记》七卷，诸葛颍撰。

案：据《隋书》卷四《炀帝纪下》，炀帝于大业十一年八月“巡北塞”，则诸葛颍当卒于本年。

公元 617 年　隋炀帝大业十三年（隋恭帝义宁元年）丁丑

《元经》作者王通卒。

《旧唐书》卷一九〇上，《王勃传》：王勃……祖通，隋蜀郡司户书佐。大业末，弃官归，以著书讲学为业。依《春秋》体例，自获麟后历秦汉至于后魏，著纪年之书，谓之《元经》。……义宁元年卒。

公元618年 隋炀帝大业十四年 唐高祖武德元年 戊寅

《梁书》作者许善心卒

《隋书》卷五八，《许善心传》：（大业）十四年，（宇文）化及杀逆之日，隋官尽诣朝堂谒贺，善心独不至。……化及遣人就宅执至朝堂……因遂害之，时年六十一。

隋亡。隋朝时较重要之史学事迹。其年代不详者，尚有：

许懋著《齐记》、《述行记》。

《册府元龟》卷五五五：许懋为著作郎，著《述行记》四卷，撰《齐记》二十卷。

唐初史官制度沿袭隋朝。

《旧唐书》卷四三，《职官志二》：史馆：历代史官隶秘书省著作局，皆著作郎掌修国史。武德因隋旧制。……著作局：著作郎二人，佐郎四人，校书郎二人，正字二人，楷书手五人，掌固四人。著作郎、佐郎掌修撰碑志、祝文、祭文，与佐郎分判局事也。

《唐会要》卷六三：武德初，（史馆）因隋旧制，隶秘书省著作局。

《旧唐书》卷四三，《职官志二》：起居郎二员，楷书手三人。起居郎掌起居注，录天子之言动法度，以修记事之史。凡记事之制，以事系日，以日系月，以月系时，以时系年。必书其朔日甲乙以纪历数，典礼文物以考制度，迁拜旌赏以劝善，诛伐黜免以惩恶。季终则授之国史焉。

《旧唐书》卷四三，《职官志二》：起居舍人二员（原注：从六品上）。……起居舍人，掌修记言之史，录天子之制诰德音，如记事之制，以记时政损益。季终，则授之于国史。

《史通》卷一一，《史官建置》：（隋炀帝）置起居舍人二员。……唐氏因之，又加置起居郎二员，职与舍人同。每天子临轩，侍立于玉阶之下，郎居其左，舍人居其右。人主有命，则逼阶延首而听之。退而编录以为起居注。……夫起居注者，编次甲子之书，至于策命章奏、封拜薨免，莫不随事记录，言惟详审。凡欲撰帝纪者，皆因之以成功。

今案：《旧唐书·职官志》所言起居郎、起居舍人等官衔名、员额，并非唐初即已确立，而有待至唐高宗时期。为资料集中，均系于此，读者务须注意。

公元622年　唐高祖武德五年　壬午

令狐德棻等奉命撰修北魏、北齐、北周、隋、梁、陈诸代史，数载未就。

《旧唐书》卷七三，《令狐德棻传》：令狐德棻，宜州华原人。……高祖入关，引直大丞相府记室。武德元年，转起居舍人，甚见亲待。五年，迁移书丞。与侍中陈叔达等受诏撰《艺文类聚》。……德棻尝从容言于高祖曰："窃见近代已来，多无正史，梁、陈及齐犹有文籍，至周、隋遭大业离乱，多有遗阙。当今耳犹接，尚有可凭；如更十数年后，恐事迹变湮没。陛下既受禅于隋，复承周氏历数，国家二祖功业并在周时，如文史不存，何以贻鉴今古？如臣愚见，并请修之。"高祖然其奏，下诏曰："司典序言，史官记事，考论得失，穷尽变通，所以裁成义类，惩恶劝善，多识前古，贻鉴将来，伏牺以降，周、秦斯及，两汉传绪，三国受命，迄于晋、宋，载籍备焉。自有魏南徙，乘机抚运，周隋禅代，历世相仍，梁氏称邦，跨据淮海，齐迁龟鼎，陈建皇宗，莫不自命正朔，绵历岁祀，各殊徽号，删定礼仪。至于发迹开基，受终告代，嘉谋善政，名臣奇士，立言著绩，无乏于时。然而简牍未编，纪传咸阙，炎凉已积，谣俗迁讹，余烈遗风，倏焉将坠。朕握图驭宇，长世字人，方立典谟，永垂宪则。顾彼湮落，用深轸悼，有怀撰次，实资良直。中书令萧瑀、给事中王敬业、著作郎殷闻礼可修魏史，侍中陈叔达、秘书丞令狐德棻、太史令庚俭可修周史，兼中书令封德彝、中书舍人颜师古可修隋史，大理卿崔善为、中书舍人孔绍安、太子洗马萧德言可修梁史，太子詹事裴矩、兼吏部郎中祖孝孙、前秘书丞魏徵可修陈史。务加详核，博采旧闻，义在不刊，书法无隐。"瑀等受诏，历数年竟不能就而罢。

《旧唐书》卷七四，《崔仁师传》：崔仁师，定州安喜人。武德初，应制举，授管州录事参军。五年，侍中陈叔达荐仁师才堪史职，进拜右武卫录事参军，预修梁、魏等史。

公元 627 年 唐太宗贞观元年 丁亥

《西域图记》、《开业平陈记》作者裴矩卒。

《旧唐书》卷六三，《裴矩传》：裴矩，字弘大，河东闻喜人……武德五年拜太子左庶子，俄迁太子詹事，令与虞世南撰《吉凶书仪》，参按故实，甚合礼度，为学者所称，至今行之。八年，兼检校侍中。及太子建成被诛，其余党尚保宫城，欲与秦王决战，王遣矩晓谕之，宫兵乃散，寻迁民部尚书。矩年且八十，而精爽不衰，以晓习故事，甚见推重。太宗初即位，务止奸吏，或闻诸曹按典多有受赂者，乃遣人以财物试之有司。门令史受馈绢一疋，太宗怒将杀之，矩进谏曰："此人受赂，诚合重诛，但陛下以物试之，即行极法，所谓陷人以罪，恐非导德齐礼之义。"太宗纳其言。因召百寮谓曰："裴矩遂能廷折，不肯面从，每事如此，天下何忧不治！"贞观元年卒，赠绛州刺史，谥曰敬。撰《开业平陈记》十一卷，行于代。

《旧唐书》卷四六，《经籍志上》：《隋开业平陈记》十二卷，裴矩撰。

《册府元龟》卷五五六：裴矩为吏部尚书，撰《开皇平陈记》十二卷。

案：裴矩著《西域图记》，见公元 605 年。

今案：《册府元龟》记述裴矩官职、著述书名，均与《旧唐书》不合，乃为讹误。类书抄录他书而成，讹误綦多，引用须慎。至于该书卷数，当以《旧唐书·经籍志》为是。

李百药始著《齐书》。

《旧唐书》卷七二《李百药传》：李百药，字重规，定州安平人，隋内史令安平公德林子也。……贞观元年，召拜中书舍人，赐爵安平县男，受诏……撰《齐书》。

姚思廉始著唐史纪传。

《史通》卷一二，《古今正史》：（唐史）：贞观初，姚思廉始撰纪传，粗成三十卷。

《后梁春秋》作者蔡允恭卒。

《旧唐书》卷一九〇上，《蔡允恭传》：蔡允恭，荆州江陵人也。……仕隋，历著作佐郎、起居舍人。……贞观初，除太子洗马，寻致仕卒于家。有集十卷，又撰《后梁春秋》十卷。

公元628年 唐太宗贞观二年 戊子

《大唐创业起居注》作者温大雅约卒于本年。

《旧唐书》卷六一，《温大雅传》：温大雅，字彦弘，太原祁人也。……太宗即位，累转礼部尚书，封黎国公。……岁余而卒。……撰《创业起居注》三卷。

案：温大雅卒年史无明文，据《旧唐书》本传所述，约卒于本年。

《旧唐书》卷四六，《经籍志上》：《大唐创业起居注》三卷，温大雅撰。

《新唐书》卷五八，《艺文志上》：温大雅《大唐创业起居注》三卷。又，温大雅《今上王业记》六卷。……温大雅《大丞相唐王官属记》二卷。

《史通》卷一二，《古今正史》：惟大唐之受命也，义宁、武德间，工部尚书温大雅首撰《创业起居注》三篇。自是，司空房玄龄、给事中许敬宗、著作佐郎敬播相次立编年体，号为《实录》，迄乎三帝，世有其书。

《郡斋读书志》卷二上，《编年类》：《大唐创业起居注》三卷。……唐温大雅撰。纪高祖建义至受隋禅用师、符谶、受命、典册事。

《直斋书录解题》卷四，《起居注类》：《唐创业起居注》五卷，唐工部尚书晋阳温大雅彦宏撰。所载自起义至受禅，凡三百五十七日。

《玉海》卷四八引《中兴书目》：温大雅《大唐创业起居注》三卷。起隋大业十二年为太原道安抚，尽义宁二年五月甲子即帝位，即武德元年。纪用师、符谶、受命、典册事。

《文献通考》卷一九四，《经籍考二十一》：《唐创业起居注》五卷。

《四库全书总目》卷四七，史部编年类：《大唐创业起居注》三卷，唐温大雅撰。……是书唐志、宋志皆作三卷，惟《文献通考》作五卷。此本上卷记起义旗至发引四十八日之事，中卷记起自太原至京城一百二十六日之事，下卷记起摄政至即真一百八十三日之事，与《书录解题》所云记三百五十七日之事者，其数相符，首尾完具，无所佚阙，不应复有二卷，《通考》殆讹三为五也。

李大师卒。李大师著南北朝史未成。

《北史》卷一〇〇，《序传》：（李）大师，字君威。……好学，无所不窥，善缀文。备知前代故事，若指诸掌。……及窦建德据有山东，被召为尚书礼部侍郎。武德三年，被遣使京师，因送同安公主，遂求和好。使毕，还至绛州，而建德违约，又助（王）世充抗王师于武牢。高祖大怒，命所在拘留其使。世充、建德寻平，遂以遣徙配西会州。……大师既至会州，忽忽不乐，乃为《羁思赋》以见其事。侍中、观公杨恭仁时镇凉州，见赋异之，召至河西，深相礼重，日与游处。大师少有著述之志，常以宋、齐、梁、陈、魏、齐、周、隋南北分隔，南书谓北为"索虏"，北书指南为"岛夷"，又各以其本国周悉，书别国并不能备，亦往往失实。常欲改正，将拟《吴越春秋》，编年以备南北。至是无事，而恭仁家富于书籍，得恣意披览。宋、齐、梁、魏四代有书，自余竟无所得。居二年，恭仁入为吏部尚书，大师复还会州。武德九年，会赦，归至京师。……于是俶装东归。家本多书，因编缉前所修书。贞观二年五月，终于郑州荥阳县野舍，时年五十九。既所撰未毕，以为没齿之恨焉。

公元 629 年 唐太宗贞观三年 己丑

唐移史馆于禁中，常以宰相监修国史。

《唐会要》卷六三，"史馆移置"：贞观三年闰十二月，移史馆于门下省北，宰相监修，自是著作局始罢史职。及大明宫初成，置史馆于门下省之南。

《唐会要》卷六三，"修前史"：贞观三年，于中书置秘书内省，以修五代史。

《旧唐书》卷四三，《职官志二》：史馆：……贞观三年闰十二月，始移史馆于禁中，在门下省北，宰相监修国史。自是著作郎始罢史职。……贞观年修五代史，移史馆于禁中。史官无常员，如有修撰大事，则召他官兼之，事毕日停……监修国史：贞观已后，多以宰相监修国史，遂成故事也。

令狐德棻等再奉命撰修梁、陈、北齐、北周、隋诸代史。

《旧唐书》卷七三，《令狐德棻传》：贞观三年，太宗复敕修撰（五代史），乃令德棻与秘书郎岑文本修周史，中书舍人李百药修齐史，著作郎姚思廉修梁、陈史，秘书监魏徵修隋史，与尚书左仆射房玄龄总监诸代史。众议以魏史既有魏收、魏彦（深）二家，已为详备，遂不复修。德棻又奏引殿中待御史崔仁师佐修周史。德棻仍总知类会梁、陈、齐、隋诸史。武德已来，创修撰之源，自德棻始也。

《旧唐书》卷七三，《邓世隆传》：邓世隆，相州人也。……贞观初，徵授国子主簿，与崔仁师、慕容善行、刘顗、庚安礼、敬播等俱为修史学士。……擢授著作佐郎。

公元 631 年　唐太宗贞观五年　辛卯

魏徵著成《群书政要》。

《唐会要》卷三六，“修撰”：贞观五年九月二十七日，秘书监魏徵撰《群书政要》，上之。（原注：太宗欲览前王得失，爰自六经讫于诸子，上始五帝，下尽晋年。徵与虞世南、褚亮、萧德言等始成，凡五十卷，上之。诸王各赐一本。）

公元 635 年　唐太宗贞观九年　乙未

朱子奢谏止唐太宗亲览起居注。

《唐会要》卷六三：贞观九年十月，谏议大夫朱子奢上表曰：“今月十六日，陛下出圣旨，发德音，以起居记录书帝王臧否，前代但藏之史官，人主不见，今欲亲自观览，用知得失。臣以为圣躬举无过事，史官所述，义归尽善。陛下独览起居。于事无失，若以此法传示子孙，窃有未喻。大唐虽七百之祚，天命无改，至于曾元之后，或非上智。但中主庸君饰非护短，见时史直辞极陈善恶，必不省躬罪己，唯当致怨史官。但君上尊崇，臣下卑贱，有一于此，何地逃刑？既不能效朱云廷折，董狐无隐，排霜触电，无顾死亡，唯应希风顺旨，全身远害，悠悠千载，何所闻乎！所以前代不观，盖为此也。”

《旧唐书》卷一八九上，《朱子奢传》：朱子奢，苏州吴人也。……隋大业中，直秘书学士。……武德四年……授国子助教。贞观初，高丽、百济同伐新罗……新罗遣使告急。乃假子奢员外散骑侍郎充使，喻可以释三国之憾。……转谏议大夫、弘文馆学士。

公元636年 唐太宗贞观十年 丙申

唐众官分别著成梁、陈、齐、周、隋五代史。

《旧唐书》卷三，《太宗纪下》：（贞观）十年春正月壬子，尚书左仆射房玄龄、侍中魏徵上梁、陈、齐、周、隋五代史。诏藏于秘阁。

《唐会要》卷六三：贞观十年正月二十日，尚书左仆射房玄龄、侍中魏徵、散骑常侍姚思廉、太子右庶子李百药、孔颖达、礼部侍郎令狐德棻、中书侍郎岑文本、中书舍人许敬宗等，撰成周、隋、梁、陈、齐五代史，上之。

《新唐书》卷一九六，《孙思邈传》：魏徵等修齐、梁、周、隋等五家史，屡咨所遗，其传最详。

《史通》卷一二，《古今正史》：隋文帝尝索梁、陈事迹，（姚）察具以所成每篇续奏，而依违荏苒，竟未绝笔。皇家贞观初，其子思廉为著作郎，奉诏撰成二史，于是凭其旧稿，加以新录，弥历九载，方始毕功，定为《梁书》五十卷，《陈书》三十六卷。

《旧唐书》卷七三，《姚思廉传》：姚思廉，字简之，雍州万年人。……在陈为扬州主簿，入隋为汉王府参军，丁父忧解职。初，察在陈尝修梁、陈二史，未就。临终令思廉续成其志。……思廉上表陈父遗言，有诏许其续成梁、陈史。炀帝又令与起居舍人崔祖浚修《区宇图志》。……高祖受禅，授秦王文学。……贞观初，迁著作郎，弘文馆学士。……三年，又受诏与秘书监魏徵同撰梁、陈二史。思廉又采谢炅等诸家梁史，续成父书；并推究陈事，删益傅综、顾野王所修旧史，撰成《梁书》五十卷、《陈书》三十卷。魏徵虽裁其总论，其编次笔削，皆思廉之功也。

《郡斋读书志》卷二上，《正史类》：《梁书》五十六卷。……唐姚思廉撰。六本纪，五十列传。唐贞观三年，诏思廉同魏徵撰。思廉者，梁史官察之子，推其父意，又采谢吴等所记以成此书。徵惟著总论而已。又，《陈书》三十六卷。……唐姚思廉撰。六本纪，三十列传。其父察在陈，尝删撰梁、陈事，未成，陈亡。隋文帝问之，察以所论载，每一篇成辄奏之，未讫而没。察且死，属思廉继其业。贞观中，与《梁书》同上之。其书世亦罕传，故多脱误。

《直斋书录解题》卷四，《正史类》：《陈书》三十六卷，姚思廉撰。初，思廉父察尝修梁、陈二史，未成，以属思廉。后受诏与魏徵共撰，思廉采谢炅、顾野王等诸书，综括为二史，以卒父业。

《旧唐书》卷七二，《李百药传》：李百药，字重规，定州安平人，隋内史令、安平公德林子也。……贞观元年，召拜中书舍人……受诏修定《五礼》及律令，撰《齐书》。十年，以撰齐史成，加散骑常侍，行太子左庶子，赐物四百段。

《史通》卷一二，《古今正史》：皇家贞观初，敕其（案：指李德林）子中书舍人百药，仍其旧录，杂采它书，演为五十卷。

《郡斋读书志》卷二上，《正史类》：《北齐书》五十卷，唐李百药撰。本纪八，列传四十二。百药父德林在齐尝撰著纪传。贞观初，诏分修诸史，百药因父书世祖世宗之类。

《直斋书录解题》卷四《正史类》：《北齐书》五十卷，唐中书舍人定武李百药重规撰。百药父德林先已创纪传诸篇，百药因父业受诏成之。

《旧唐书》卷七三，《令狐德棻传》：（贞观）十年，以修周史，赐绢四百匹。

《旧唐书》卷七〇，《岑文本传》：岑文本，字景仁，南阳棘阳人。……与令狐德棻撰周史，其史论多出于文本，至（贞观）十年，史成。

《史通》卷一二，《古今正史》：皇家贞观初，敕秘书丞令狐德棻、秘书郎岑文本共加修缉，定为《周书》五十卷。

《郡斋读书志》卷二上，《正史类》：《周书》五十卷。……唐令狐德棻等撰。本纪八，列传四十二。贞观中，德棻请撰次，而诏德棻与陈叔达、庾俭成之。先是苏绰秉周政，军国词令多准《尚书》；牛弘为史，尤务清言，德棻因之以成是书，故多非实录。

《直斋书录解题》卷四，《正史类》：《后周书》五十卷，唐秘书监华原令狐德棻撰。初，德棻武德中建言，近代无正史。诏德棻及诸臣论撰，历年不能就，罢之。贞观二年复诏撰定，议者以魏有收、澹二家书为已详，唯五家史当立。德棻与岑文本、崔仁师次周史，李百药次齐史，姚思廉次梁、陈史，魏徵次隋史，房玄龄总监。而修撰之原，自德棻发之。

《史通》卷一二，《古今正史》：皇家贞观初，敕中书侍郎颜师古、给事中孔颖达共撰成《隋书》五十五卷，与新撰《周书》并行于时。

《旧唐书》卷七一，《魏徵传》：魏徵，字玄成，钜鹿曲城人也。……（贞观）七年，代王珪为侍中。……初，有诏遣令狐德棻、岑文本撰周史，孔颖达、许敬宗撰隋史，姚思廉撰梁、陈史，李百药撰齐史，徵受诏总加撰定，多所损益，务存简正。隋史序论皆徵所作，梁、陈、齐各为总论，时称良史。史成，加左光禄大夫，进封郑国公，赐物二千段。

《旧唐书》卷七三，《孔颖达传》：孔颖达，字冲远，冀州衡水人也。……隋大业初，举明经高等，授河内郡博士。……补太学助教。属隋乱，避地于武牢。太宗平王世充，引为秦府文学馆学士。武德九年，擢授国子博士。贞观初，封曲阜县男，转给事中。……累除国子司业。……迁太子右庶子，仍兼国子司业。……又与魏徵撰成《隋史》，加位散骑常侍。

《旧唐书》卷一八九上，《敬播传》：敬播，蒲州河东人也。贞观初，举进士。俄有诏诣秘书内省佐颜师古、孔颖达修《隋史》。寻授太子校书。史成，迁著作郎，兼修国史。

《郡斋读书志》卷二上，《正史类》：《隋书》八十五卷，唐魏徵等撰。纪五，列传五十五，长孙无忌等撰。志三十，初诏颜师古、孔颖达修述，徵总其事，序、论皆徵自作。后又诏于志宁、李淳风、韦安仁、李延寿同修《五代史志》，无忌上之。诏编第入《隋书》，人亦号《五代史志》。《天文》、《律历》、《五行》三志，淳风独作。

《直斋书录解题》卷四，《正史类》：《隋书》八十五卷，唐秘书监魏徵、颜师古等撰。其十志，高宗时始成上，总梁、陈、齐、周之事，俗号《五代志》。

公元637年 唐太宗贞观十一年 丁酉

《梁书》、《陈书》作者姚思廉卒。

《旧唐书》卷七三，《姚思廉传》：姚思廉，字简之，雍州万年人。父察，陈吏部尚书，入隋历太子内舍人、秘书丞、北绛公。学兼儒史。见重于三代……察在陈尝修梁、陈二史，未就，临终令思廉续成其志……贞观初，迁著作郎、弘文馆学士，写其形像列于十八学士图……三年，又受诏与秘书监魏徵同撰梁、陈二史，思廉又采谢炅等诸家梁史，续成父书，并推究陈事，删益博综顾野王所修旧史，撰成《梁书》五十卷、《陈书》三十卷。魏徵虽裁其总论，其编次笔削，皆思廉之功也。……十一年卒，太宗深悼惜之，废朝一日……

钱大昕《疑年录》卷一：姚简之（思廉），史不详其寿算。考贞观丁酉距陈亡已五十年，而思廉尝仕陈，为会稽王主簿，计其寿亦必在七十以外。

颜师古著《汉书注》。

《旧唐书》卷七三，《颜师古传》：颜籀，字师古，雍州万年人，齐黄门侍郎之推孙也。……师古少传家业，博览群书，尤精诂训，善属文。……太宗践祚，擢拜中书侍郎。太宗以经籍去圣久远，文字讹谬，令师古于秘书省考定《五经》，师古多所厘正。既成，奏之。……贞观七年，拜秘书少监，专典刊正，所有奇书难字，众所共惑者，随疑剖析，曲尽其源。……十一年，……时承乾在东宫，命师古注固《汉书》，解释详明，深为学者所重。承乾表上之，太宗令编之秘阁，赐师古物二百段，良马一匹。……师古叔父游秦，武德初累迁廉州刺史……俄拜郓州刺史，卒官。撰《汉书决疑》十卷，为学者所称，后师古注《汉书》，亦多取其义耳。

《旧唐书》卷一八九上，《敬播传》：(房)玄龄以颜师古所注《汉书》，文繁难省，令播撮其机要，撰成四十卷，行于代。

《旧唐书》卷四六，《经籍志上》：《汉书》一百二十卷，颜师古注。

《新唐书》卷五八，《艺文志二》：颜游秦《汉书决疑》十二卷。

公元638年 唐太宗贞观十二年 戊戌

高士廉等著成《氏族志》。

《旧唐书》卷六五，《高士廉传》：高俭，字士廉，渤海蓨人。……（贞观）五年……是时，朝议以山东人士好自矜夸，虽复累叶陵迟，犹恃其旧地，女适他族，必多求聘财。太宗恶之，以为甚伤教义，乃诏士廉与御史大夫韦挺、中书侍郎岑文本、礼部侍郎令狐德棻等刊正姓氏。于是普责天下谱谍，齐黄门侍郎之推孙也，忠贤者褒进，悖逆者贬黜，撰为《氏族志》。士廉乃类其等第以进。

《旧唐书》卷七三，《令狐德棻传》：又以撰《氏族志》成，赐帛二百匹。

《册府元龟》卷五六〇：唐高士廉为礼部尚书，贞观十二年正月，士廉与行黄门侍郎韦挺、礼部侍郎令狐德棻、兼中书侍郎岑文本撰《氏族志》百卷，合二百九十三姓，千六百五十一家，分为九等，以甄士庶。太宗称善，颁赏进级各有差。

公元639年 唐太宗贞观十三年 己亥

《东都记》作者邓世隆约卒于本年或稍后。

《旧唐书》卷七三,《令狐德棻传附邓世隆传》:邓世隆者,相州人也。……贞观十三年……世隆又采隋代旧事撰为《东都记》三十卷,迁著作郎,寻卒。

公元642年 唐太宗贞观十六年 壬寅

唐太宗再次坚欲阅览起居注,房玄龄等删略成另本进之。

《唐会要》卷六三:(贞观)十六年四月二十八日,太宗谓谏议大夫褚遂良曰:"卿知起居记录何事?大抵人君得观之否?"对曰:"今之起居,古之左、右史,以记人君言行。善恶必书,庶几人主不为非法。不闻帝王躬自观史。"太宗曰:"朕有不善,卿必记之耶?"遂良曰:"守道不如守官,臣职当载笔,君举必书。"黄门侍郎刘洎曰:"设令遂良不记,天下之人皆记之矣。"太宗谓房玄龄曰:"国史何因不令帝王观见?"对曰:"国史善恶必书,恐有忤旨,故不得见也。"太宗曰:"朕意不同,今欲自看国史。若有善事固不须论,若有恶事,亦欲以为鉴诫。卿可撰录进来。"

房玄龄遂删略国史,表上。太宗见六月四日事,语多微文,乃谓玄龄曰:"昔周公诛管、蔡而周室安,季友鸩叔牙而鲁国宁。朕之所以安社稷,利万人耳!史官执笔,何烦有隐?宜即改削,直书其事。"至七月八日,又谓遂良曰:"尔知起居记何事善恶?朕今勤行三事,望尔史官不书吾恶。一则远鉴前代败事,以为元龟;二则进用善人,共成政道;三则斥弃群小,不听谗言。吾能守之,终不转也。鹰犬平生所好,今亦罢之。虽有顺时冬狩,不逾旬而返。亦不曾绝域访奇异,远方求珍羞。比日已来,馔无兼味,自非膏雨有年,师行克捷,未尝与公等举杯酒、奏管弦。朕虽每日兢惧,终藉公等匡翊,各宜勉之。"

《旧唐书》卷八〇,《褚遂良传》:褚遂良,散骑常侍亮之子也。……贞观十年,自秘书郎迁起居郎。遂良博涉文史,尤工隶书,父友欧阳询甚重之。……十五年……迁谏议大夫,兼知起居事。太宗尝问曰:"卿知起居记录何事,大抵人君得观之否?"遂良对曰:"今之起居,古左、右史,书人君言事,且记善恶,以为鉴戒,庶几人主不为非法。不闻帝王躬自观史。"太宗曰:"朕有不善,卿必记之耶？”遂良曰：“守道不如守官，臣职当载笔，君举必记。”黄门侍郎刘洎曰：“设令遂良不记，天下亦记之矣。”太宗以为然。

今案：据上引史料，唐太宗此次坚欲观看起居注，褚遂良等仍力谏阻止，而房玄龄则做出变通，将之删略编辑后进上。因此，唐太宗终未亲阅起居注，却因此产生以起居注为基础的新的官修史籍即实录。此后纂修实录成为制度化的官方修史事项。学界考察皇朝实录的来源，多从此种书名着眼，不思制度，此前诸名为“实录”者，与朝廷制度化纂修之实录，本质不同，岂可混为一谈！

孔颖达著《尚书正义》、《春秋正义》。

《旧唐书》卷七三，《孔颖达传》：颖达八岁就学，日诵千余言。及长，尤明《左氏传》、《郑氏尚书》、《王氏易》、《毛诗》、《礼记》。兼善历算，解属文。……隋大业初，举明经高第，授河内郡博士。时炀帝徵诸郡儒官集于东都，令国子秘书学士与之论难，颖达为最。……武德九年，擢授国子博士。贞观初……转给事中。……十一年，又与朝贤修定《五礼》，所有疑滞，咸谘决之。……十二年，拜国子祭酒。……十四年，太宗幸国学观释奠，命颖达讲《孝经》。……先是，与颜师古、司马才章、王恭、王琰等诸儒受诏撰定《五经义训》，凡一百八十卷，名曰《五经正义》。太宗下诏曰：“卿等博综古今，义理该洽，考前儒之异说，符圣人之幽旨，实为不朽。”付国子监施行，赐颖达物三百段。时又有太学博士马嘉运驳颖所撰《正义》，诏更令详定，功竟未就。

孔颖达《尚书正义序》：夫《书》者，人君辞诰之典，右史记言之策……欲其昭法诫、慎言行也。……先君宣父，生于周末……芟烦乱而翦浮辞，举宏纲而撮机要，上断唐、虞，下终秦、鲁，时经五代，书总百篇。……斯乃前言往行，足以垂法将来者也。暨乎七雄已战，五精未聚，儒雅与深穽同埋，经典共积薪俱燎。汉氏大济区宇，广求遗逸，采古文于金石，得今书于齐鲁。其文则欧阳、夏侯二家之所说，蔡邕碑石刻之。古文则两汉亦所不行，安国注之，实遭巫蛊，遂寝而不用。历及魏、晋，方始稍兴。故马、郑诸儒莫覩其学，所注经传时或异同。晋世皇甫谧独得其书，载于《帝纪》，其后传授乃可详焉。但古文经虽然早出，晚始得行，其辞富而备，其义弘而雅，故复而不厌，久而愈亮，江左学者咸悉祖焉。近至隋初，始流河朔。其为《正义》者，蔡大宝、巢猗、费甝、顾彪、刘焯、刘炫等，其诸公旨趣，多或因循，怙释注文，义皆浅略，惟刘焯、刘炫最为详雅。然焯乃织综经文，穿凿孔穴，诡其新见，異彼前儒，非险而更为险，无义而更生义。……炫嫌焯之烦杂，就而删焉。虽复微稍省要，又好改张前义，义更太略，辞又过华，虽为文笔之善，乃非开奖之路。义既无义，文又非文，欲使后生若为领袖，此乃炫之所失，未为得也。今奉明敕，考定是非，谨罄庸愚，竭所闻见，览古人之传记，质近代之异同，存其是而去其非，削其繁而增其简。此亦非敢臆说，必据旧闻。谨与朝散大夫行太学博士臣王德韶、前四门助教臣李子云等，谨共铨叙。至（贞观）十六年，又奉敕与前修疏人及通直郎行四门博士骁骑尉臣朱长才、给事郎守四门博士上骑都尉臣苏德融、登仕郎守太学助教云骑尉臣随德素、儒林郎守四门助教云骑尉王士雄等对敕，使赵弘智覆更详审，为之正义，凡二十卷。庶对扬于圣范，冀有益于童稚。略陈其事，叙之云尔。

《旧唐书》卷四六，《经籍志上》：《尚书正义》二十卷，孔颖达撰。

孔颖达《春秋正义序》：夫《春秋》者，纪人君动作之务，是左史所职之书。……暨乎周室东迁，王纲不振……窃僭名号者，何国不然？专行征伐者，诸侯皆是。下陵上替，内叛外侵，九域骚然，三纲遂绝。夫子内韫大圣，逢时若此。……因鲁史之有得失，据周经以正褒贬。一字所嘉，有同华衮之赠；一言所黜，无异萧斧之诛。……至于秦灭典籍，鸿猷遂寝，汉德既兴，儒风不泯。其前汉传《左氏》者，有张苍、贾谊、尹咸、刘歆，后汉有郑众、贾逵、服虔、许惠卿之等各为诂训，然杂取《公羊》、《谷梁》以释《左氏》。晋世杜元凯又为《左氏集解》，专取丘明之传，以释孔氏之经。……今校先儒优劣，杜为甲矣。故晋、宋传授，以至于今。其为义疏者，则有沈文阿、苏宽、刘炫。然沈氏于义例粗可，于经传极疏，苏氏则全不体本文，唯旁攻贾、服，使后之学者，钻仰无成。刘炫于数君之内，实为翘楚，然聪惠辩博，固亦罕俦，而探赜钩深，未能致远。……然比诸义疏，犹有可观。今奉敕删定，据以为本，其有疏漏，以沈氏补焉。若两义俱违，则特申短见，虽课率庸鄙，仍不敢自专，谨与朝请大夫守国子博士臣谷那律、故四门博士臣杨士勋、四门博士臣朱长才等，对共参定。至（贞观）十六年，又奉敕与前修疏人及朝散大夫行太学博士上骑都尉臣马嘉运、朝散大夫行太学博士上骑都尉臣王德韶、给事郎守四门博士上骑都尉臣苏德融、登仕郎守太学助教云骑尉臣随德素等对敕，使赵弘智覆更详审，为之正义，凡三十六卷，冀贻诸学者以裨万一焉。

《旧唐书》卷四六，《经籍志上》：《春秋正义》三十七卷，孔颖达撰。

公元 643 年 唐太宗贞观十七年 癸卯

房玄龄等撰成《唐高祖实录》及《唐太宗实录》。

《旧唐书》卷六六，《房玄龄传》：房乔，字玄龄，齐州临淄人。……（贞观）三年，拜太子少师，固让不受，摄太子詹事兼礼部尚书。明年，代长孙无忌为尚书左仆射，改封魏国公，监修国史。……十三年，加太子少师。……十六年，又与（高）士廉等同撰《文思博要》成……进拜司空，仍综朝政，依旧监修国史。……十七年……加玄龄太子太傅，仍知门下省事，监修国史如故，寻以撰高祖、太宗《实录》成，降玺书褒美，赐物一千五百段。

《旧唐书》卷八二，《许敬宗传》：许敬宗，杭州新城人，隋礼部侍郎善心子也。……贞观八年，累除著作郎，兼修国史，迁中书舍人。……累迁给事中，兼修国史。十七年，以修《武德、贞观实录》成，封高阳县男，赐物八百段，权检校黄门侍郎。

《旧唐书》卷一八九上，《敬播传》：与给事中许敬宗撰高祖、太宗《实录》，自创业至于贞观十四年，凡四十卷，奏之，赐物五百段。……时梁国公房玄龄深称播有良史之才，曰：陈寿之流也。

《唐会要》卷六三：贞观十七年七月十六日，司空房玄龄，给事中许敬宗、著作郎敬播等，上所撰高祖、太宗《实录》各二十卷，太守遣谏议大夫褚遂良读之。前始读太宗初生祥瑞，遂感动流涕曰："朕于今日，富有四海，追思膝下，不可复得。"因悲不自止，命收卷，仍遣编之秘阁。并赐皇太子及诸王各一部，京官三品以上欲写者亦听。

《旧唐书》卷四六，《经籍志上》：《高祖实录》二十卷，房玄龄撰。《太宗实录》二十卷，房玄龄撰。

《新唐书》卷五八，《艺文志二》：《高祖实录》二十卷，敬播撰，房玄龄监修，许敬宗删改。《今上实录》二十卷，敬播、顾胤撰，房玄龄监修。

《郡斋读书后志》卷一，实录类：《唐高祖实录》二十卷，唐房玄龄等撰。太宗诏玄龄与许敬宗、敬播同修。起创业，尽武德九年。贞观十七年书成。……《唐太宗实录》……贞观十七年，房玄龄、许敬宗、敬播撰《今上实录》，止十四年，成二十卷。

《隋书》作者魏徵卒。

《旧唐书》卷三,《太宗纪下》:(贞观)十七年春正月,太子太师郑国公魏徵薨。

《旧唐书》卷七一,《魏徵传》:进封郑国公。……(贞观)十六年,拜太子太师。……徵薨,时年六十四。

公元 645 年 唐太宗贞观十九年 乙巳

《汉书注》作者颜师古卒。

《旧唐书》卷七三,《颜师古传》:(贞观)十九年,从驾东巡,道病卒,年六十五。……有集六十卷。其所注《汉书》及《急就章》大行于世。永徽三年,师古子扬庭为符玺郎,又表上师古所撰《匡谬正俗》八卷。高宗下诏付秘书阁,仍赐扬庭帛五十匹。

公元 646 年 唐太宗贞观二十年 丙午

房玄龄等撰修《晋书》。

《唐会要》卷六三:贞观二十年闰三月四日诏:"令修史所更撰《晋书》,铨次旧闻,裁成义类,其所须可依修五代史故事。若少学士,量事追取。"于是司空房玄龄、中书令褚遂良、太子左庶子许敬宗掌其事。又中书舍人来济、著作郎陆元仕、著作郎刘子翼、主客郎中卢承基、太史李淳风、太子舍人李义府、薛元超、起居郎上官仪、主客员外郎崔行功、刑部员外郎辛邱驭、著作郎刘允之、光禄寺主簿杨仁卿、御史台主簿李延寿、校书郎张文恭并分功撰灵,又令前雅州敕史令狐德棻、太子司仪郎敬播、主客员外郎李安期、屯田员外郎李怀俨详其条例,量加考正。

《唐大诏令集》卷八一:《修晋书诏》:朕拯溺师旋,省方礼毕,四海无事,百揆多闲。遂因暇日,详观典府,考龟文于羲载,辨鸟册于轩年。不出岩廊,神交千祀之外,穆然旎纩,临睨九皇之表。是知右史序言,由斯不昧;左官诠事,历兹未远;发挥文字之本,通达书契之源:大矣哉!盖史籍之为用也。自沮诵摄官之后,伯阳载笔之前,列代史臣,皆有删著。仲尼修而采《梼杌》,倚相诵而阐《丘》、《坟》。降自西京，班、马腾其茂实；逮于东汉，范、谢振其芳声；蕞尔当涂，陈寿覈其国志；眇哉刘宋，沈约裁其帝籍。至梁、陈、高氏，朕命勒成，惟周及隋，亦同甄录。莫不彰善瘅恶，激一代之清芬，褒吉惩凶，备百王之令典。惟晋氏膺运，制有中原，上帝启玄石之图，下武代黄星之德，及中朝鼎沸，江左嗣兴，并宅寰区，各重徽号，足以飞英丽笔，将美方书。但十有八家，虽存记注，而才非良史，事亏实录。绪烦而寡要；思劳而少功；叔宁课虚，滋味同于画饼；子云学海，涓滴堙于涸流；处叔不预于中兴；法盛莫通于创业。洎乎于陆、曹、邓，略记帝王，鸾、盛、广、松，才编载记。其文既野，其事罕传。遂使典午清高，韬遗芳于简册，金行曩志，阙继美于骊騵。遐想寂寥，深为叹息。宜令修国史所更撰《晋书》，铨次旧闻，裁成义类，俾夫湮落之诰，咸使发明。其所须可依修五代史故事，若少学士，亦量事追取。贞观二十年闰三月。

《旧唐书》卷六六，《房玄龄传》：寻与中书侍郎褚遂良受诏重撰《晋书》，于是奏取太子左庶子许敬宗、中书舍人来济、著作郎陆元仕、刘子翼、前雍州刺史令狐德棻、太子舍人李义府、薛元超、起居郎上官仪等八人，分功撰录。

《旧唐书》卷七三，《令狐德棻传》：寻有诏改撰《晋书》，房玄龄奏德棻令预修撰，当时同修一十八人，并推德棻为首，其体制多取决焉。

《旧唐书》卷一八九上，《敬播传》：参撰《晋书》，播与令狐德棻，阳仁卿、李严等四人总其类。

《旧唐书》卷八〇，《来济传》：来济，扬州江都人。……（贞观）十八年……迁中书舍人，与令狐德棻等撰《晋书》。

《旧唐书》卷八七，《刘祎之传》：刘祎之，常州晋陵人也。……父子翼……（贞观中）徵拜吴王府功曹，再迁著作郎、弘文馆直学士，预修《晋书》。

《旧唐书》卷八二，《李义府传》：李义府，瀛州饶阳人也。……预撰《晋书》。

《旧唐书》卷七三，《薛收传附子元超传》：（薛）元超……好学善属文，太宗甚重之。……累授太子舍人，预撰《晋书》。

《旧唐书》卷八〇，《上官仪传》：上官仪，本陕州陕人也。父弘，隋江都宫副监，因家于江都。……太宗闻其名，召授弘文馆直学士，累迁秘书郎。……又预撰《晋书》。

《旧唐书》卷七九，《李淳风传》：李淳风，岐州雍人也。……淳风幼俊爽，博涉群书，尤明天文、历算、阴阳之学。……（贞观）十五年，除太常博士，寻转太史丞。预撰《晋书》及五代史，其《天文》、《律历》、《五行志》，皆淳风所作也。

《旧唐书》卷一九〇上,《崔行功传》:崔行功,恒州井陉人。……前后预撰《晋书》及《文思博要》等。

公元648年 唐太宗贞观二十二年 戊申

官修《晋书》告成。

《唐会要》卷六三:以臧荣绪《晋书》为本，捃摭诸家及晋代文集，为十纪、十志、七十列传、三十载记。其太宗所著宣、武二帝及陆机，王羲之四论，称制旨焉。房玄龄已下称史臣，凡起例皆（敬）播独创焉。经其书赐皇太子及新罗使者各一部。

《册府元龟》卷五五六：贞观……二十年闰三月诏曰：“……宜令修国史所更撰《晋书》，诠次旧闻，裁成义类，俾夫湮落方许，咸使发明。……”于是司空房玄龄、中书令褚遂良、太子左庶子许敬宗掌其事。又诏……当时属文士，分功撰录。莫不专博前文，旁求遗逸，芟夷芜蔓，举其精要。……以臧荣绪《晋书》为本,捃摭诸家传记而附益之。爰及晋代文集,罔不毕记。为十帝纪、十志、七十列传、三十载记，其太宗所著宣、武二帝及陆机、王羲之四论，称制旨焉。房玄龄以下为论，皆称史臣。后数载而书就，藏之秘府，颁赐皆给各有差。以其书赐皇太子及新罗使者各一部焉。

《旧唐书》卷六六,《房玄龄传》:寻与中书侍郎褚遂良受诏重撰《晋书》。……以臧荣绪《晋书》为主，参考诸家，甚为详洽。然史官多是文咏之士，好采诡谬碎事，以广异闻；又所评论，竞为绮艳，不求笃实，由是颇为学者所讥。唯李淳风深明星历，善于著述，所修《天文》、《律历》、《五行》三志，最可观采。太宗自著宣、武二帝及陆机、王羲之四论，于是总题云御撰。至（贞观）二十年书成，凡一百三十卷。诏藏于秘府，颁赐加级各有差。

《旧唐书》卷七二，《李百药传附子李安期传》:（李）安期……贞观初，累转符玺郎。预修《晋书》成，除主客员外郎。

《史通》卷一二，《古今正史》：皇家贞观中，有诏以前后晋史十有八家，制作虽多，未能尽善。乃敕史官更加纂录，采用典与杂说数十余部，兼引伪史十六国书，为纪十，志二十，列传七十，载记三十，并叙例、目录，合为百三十二卷。自是言晋史者，皆弃其旧本，竞从新撰其焉。

《郡斋读书志》卷二上，《正史类》：《晋书》一百三十卷，唐房乔等撰。贞观中，以何法盛等十八家晋史未善，诏乔与褚遂良、许敬宗再加撰次。乃据臧荣绪书增损之后，又命李淳风、李义府、李延寿等十三人分掌著述，敬播等四人考正类例。西晋四帝五十四年，东晋十一帝一百二年，又胡、羯、氐、羌、鲜卑割据中原，为五凉、四燕、三秦、二赵、夏、蜀十六国，共成帝纪十、志二十、列传七十、载记三十。

案：关于《晋书》修成年代，惟《旧唐书·房玄龄传》有"至（贞观）二十年书成"一语，他书均无明文记载。然《晋书》既始修于贞观二十年闰三月，必不能速成于同年之内（余嘉锡《四库提要辨证》卷三史部一《晋书》条已辨之），则《旧唐书·房玄龄传》所记有误。据《唐会要》言"以其书赐皇太子及新罗使者各一部"，《册府元龟》于记贞观二十年闰三月诏修《晋书》之后，又言"后数载而书就……以其书赐皇太子及新罗使者各一部，"则《晋书》修成必在新罗使者到中国之前。考《旧唐书·太宗纪》，贞观二十二年闰十二月"新罗王遣其相伊赞干金春秋及其子文王来朝"，再证以《册府元龟》所言"后数载而书就"，则《晋书》之修成当在本年也。

《晋书》主修官房玄龄卒。

《旧唐书》卷三，《太宗纪下》：贞观……二十二年……秋七月癸卯，司空、梁国公房玄龄薨。

《旧唐收》卷六六，《房玄龄传》：（贞观）二十二年……薨，年七十。

《北齐书》作者李百药卒。

《旧唐书》卷七二，《李百药传》：李百药，字重规，定州安平人。隋内史令安平公德林子也。……太宗重其才名，贞观元年召拜中书舍人，赐爵安平县男。受诏修定五礼及律令，撰《齐书》。二年，除礼部侍郎，朝廷议将封建诸侯，百药上《封建论》曰：臣闻经国庇民，王者之常制，尊主安上，人情之本方。思阐治定之规，以弘长世之业者，万古不易，百虑同归……请待斲雕成朴，以质代文，刑措之教一行，登封之礼云毕，然后定疆理之制，议山河之赏，未为晚焉。《易》称天地盈虚，与时消息，况于人乎！美哉，斯言也。太宗竟从其议……

（贞观）二十二年卒，年八十四。……有集三十卷。

《尚书正义》、《春秋正义》作者孔颖达卒。

《旧唐书》卷七三，《孔颖达传》：（贞观）十七年，以年老致仕。……二十二年卒。

公元650年 唐高宗永徽元年 庚戌

令狐德棻等续修《五代史志》。

《旧唐书》卷七三《令狐德棻传》：永徽元年……复为礼部侍郎兼弘文馆学士。监修国史及《五代史志》。《旧唐书·令狐德棻传附李延寿》：尝受诏与著作佐郎敬播同修《五代史志》。

长孙无忌等续修成《唐太宗实录》

《唐会要》卷六三：永徽元年闰五月二十三日，史官太尉无忌等修《贞观实录》毕，上之，起贞观十五年至二十三年，勒成二十卷。

《旧唐书》卷七三，《顾胤传》：顾胤者，苏州吴人也。……永徽中历迁起居郎，兼修国史。撰《太宗实录》二十卷成，以功加朝散大夫，授弘文馆学士。

《旧唐书》卷一八九上，《敬播传》：又撰《太宗实录》，从贞观十五年至二十三年，为二十卷，奏之。

《旧唐书》卷八一，《孙处约传》：孙处约者，汝州郏城人也。……处约以预修《太宗实录》成，赐物七百段。

《旧唐书》卷四六，《经籍志上》：《太宗实录》四十卷，长孙无忌撰。

《新唐书》卷五八，《艺文志二》：《今上实录》二十卷。（敬播、顾胤撰，房玄龄监修。）

《新唐书》卷五八，《艺文志二》：长孙无忌撰《贞观实录》四十卷。

今案：官修皇帝实录自唐贞观时产生，体制尚未规范，贞观十七年已经修成《今上实录》，而高宗时期必当续纂《太宗实录》。前后所修，竟在《新唐书·艺文志》内并存之，是当时应为私家可以传写之书。

公元 656 年 唐高宗显庆元年 丙辰

史官撰成梁、陈、齐、周、隋《五代史志》。

《旧唐书》卷四，《高宗纪上》：显庆元年五月己卯，太尉长孙无忌进史官所撰梁、陈、周、齐、隋《五代史志》三十卷。

《史通》卷一二，《古今正史》：初，太宗以梁、陈、及齐、周、隋氏并未有书，乃命学士分修……仍使秘书监魏徵总知其务，凡有赞论，徵多预焉。始以贞观三年创造，至十八年方就。（原注：唯姚思廉贞观二年起，功多于诸史一岁）合为五代纪传并目录凡二百五十二卷，书成，下于史阁。唯有十志断为三十卷，寻拟续奏，未有其文。又诏左仆射于志宁、太史令李淳风、著作郎韦安仁、符玺郎李延寿同撰。其先撰史人，唯令狐德棻重预其事。太宗崩后，刊勒始成，其篇第虽编入《隋书》，其实别行，俗呼为《五代史志》。

长孙无忌等撰成武德、贞观两朝史。

《旧唐书》卷六五，《长孙无忌传》：长孙无忌，字辅机，河南洛阳人。……初为拓拔氏。……永徽二年，监修国史。……显庆元年，无忌与史官国子祭酒令狐德棻，缀集武德、贞观二朝史，为八十卷，表上之。无忌以监领功，赐物二千段，封其子润为金城县子。

《旧唐书》卷七三，《顾胤传》：以撰武德、贞观两朝国史八十卷成，加朝请大夫，封余杭县男，赐帛五百段。

《新唐书》卷五八，《艺文志二》：武德、贞观两朝史八十卷，长孙无忌、令狐德棻、顾胤等撰。

《唐会要》卷六三：显庆元年七月三日，史官太尉无忌、左仆射于志宁、中书令崔敦礼、国子祭酒令狐德棻、中书侍郎李义府、崇贤学士刘允之、著作郎杨仁卿、起居郎李延寿、秘书郎张文恭等，修国史成，起义宁，尽贞观末，凡八十一卷。藏其书于内府。

《史通》卷一二，《古今正史》：（唐史）：贞观初，姚思廉始撰纪传、粗成三十卷。至显庆元年，太尉长孙无忌与于志宁、令狐德棻、著作郎刘胤之、杨仁卿、起居郎顾胤等，因其旧作，缀以后事，复为五十卷。虽云繁杂，时有可观。

《册府元龟》卷五五四：于志宁为太子太傅、尚书左仆射，先诏太尉长孙无忌与志宁及中书令兼太子詹事崔敦礼与礼官国子祭酒、崇贤馆文士令狐德棻，中书侍郎兼检校右庶子弘文馆学士李义府、著作郎崇贤馆学士刘胤之、著作郎杨仁卿、起居郎弘文馆直学士顾胤、符玺郎李延寿、兼秘书郎弘文馆直学士张文恭等修撰国史，依纪传之体，凡八十一卷。显庆元年七月勒成，无忌等诣阙上之。诏无忌已下加爵赐布有差。

公元 658 年 唐高宗显庆三年 戊午

褚遂良卒。

《旧唐书》卷八〇,《褚遂良传》:高宗即位……（永徽）三年,徵拜吏部尚书,同中书门下三品，监修国史，加光禄大夫。……显庆二年，转桂州都督，未几，又贬为爱州刺史。明年，卒官，年六十三。

史官撰《西域图志》(一名《西域国志》)。

《唐会要》卷三六 :（显庆三年）五月九日，以西域平，遣使分往康国及吐火罗等国,访其风俗物产及古今废置,画图以进。令史官撰《西域图志》六十卷,许敬宗监领之。书成，学者称其博焉。

《新唐书》卷五八,《艺文志二》:《西域国志》六十卷，高宗遣使分往康国、吐火罗，访其风俗物产，画图以闻。诏史官撰次，许敬宗领之。显庆三年上。

《旧唐书》卷一八九上,《敬播传》:永徽初，拜著作郎，与许敬宗等撰《西域图》。

公元 659 年 唐高宗显庆四年 己未

许敬宗等撰《高宗实录》。

《唐会要》卷六三 :（显庆）四年二月五日，中书令许敬宗、中书侍郎许圉师、太史令李淳风、著作郎杨仁卿、著作郎顾允，受诏撰贞观二十三年已后，至显庆三年实录，成二十卷，添成一百卷。上以敬宗所纪多非实录，谓刘仁轨等曰 :“……昨观国史所书，多不周悉，卿等必须穷微索隐，原始要终，盛业鸿勋，咸使详备。……”至三月，诏太子左庶子同中书门下三品刘仁轨、吏部侍郎同三品李敬元、中书侍郎郝处俊、黄门侍郎高智周等并修史。仁轨等于是引左史李仁实专掌其事，将加刊改。会仁实卒官，又止。

《旧唐书》卷七三,《令狐德棻传附李仁实》:李仁实，魏州顿丘人，官至左史。尝著《格论》三卷，《通历》八卷，《戎州记》，并行于时。

《旧唐书》卷四六，《经籍志上》:《高宗实录》三十卷，许敬宗撰。

《新唐书》卷五八，《艺文志二》:许敬宗《皇帝实录》三十卷。

吕才著《隋纪》。

《唐会要》卷六三：显庆四年二月，太子司更大夫吕才著《隋纪》二十卷。

李延寿约于本年前著成《南史》、《北史》。

《旧唐书》卷七三，《令狐德棻传附李延寿》：李延寿者，本陇西著姓，世居相州。贞观中累补太子典膳丞、崇贤馆学士。尝受诏与著作佐郎敬播同修《五代史志》。又预撰《晋书》。寻转御史台主簿兼直国史。延寿尝撰《太宗政典》三十卷，表上之。历迁符玺郎兼修国史，寻卒。调露中，高宗观其所撰《政典》，叹美久之，令藏于秘阁。……延寿又尝删补宋、齐、梁、陈及魏、齐、周、隋等八代史，谓之《南北史》，凡一百八十卷，颇行于代。

《新唐书》卷一〇二，《令狐德棻传附李延寿传》：初，延寿父大师多识前世旧事，常以宋、齐、梁、陈、齐、周、隋天下参隔，南方谓北为索虏，北方指南为岛夷；其史于本国详，他国略，往往訾美失传。思所以改正，拟《春秋》编年，刊究南北事，未成而殁。延寿既数与论撰，所见益广，乃追终先志。本魏登国元年，尽隋义宁二年，作本纪十二、列传八十八，谓之《北史》。本宋永初元年，尽陈祯明三年，作本纪十、列传七十，谓之《南史》。凡八代，合二书百八十篇，上之。其书颇有条理，删落酿辞，过本书远甚。时人见年少位下，不甚称其书。

《北史》卷一〇〇，《序传》:（李）延寿与敬播俱在中书侍郎颜师古、给事中孔颖达下删削，既家有旧本，思欲追终先志，其齐、梁、陈五代旧事所未见，因于编辑之暇，昼夜抄录之。至（贞观）五年，以内忧去职。服阕，从官蜀中，以所得者编次之。然尚多所阙，未得及终。十五年，任东宫典膳丞日，右庶子彭阳公令狐德棻又启延寿修《晋书》，因兹复得勘究宋、齐、魏三代之事所未得者。十七年，尚书右仆射褚遂良时以谏议大夫奉敕修《隋书》十志，复准敕召延寿撰录，因此遍得披寻。时五代史既未出，延寿不敢使人抄录。家素贫罄，又不办雇人书写。至于魏、齐、周、隋、宋、齐、梁、陈正史，并手自写。本纪依司马迁体，以次连缀之。又从此八代正史外，更勘杂史于正史所无者一千余卷，皆以编入，其烦冗者即削去之。始未修撰凡十六载。始宋，凡八代，为《北史》、《南史》二书，合一百八十卷。其《南史》先写讫，以呈监国史国子祭酒令狐德棻，始未蒙读了，乖失者亦为改正，许令闻奏。次以《北史》谘知，亦为详正。因遍谘宰相，乃上表。表曰："臣延寿言：臣闻史官之立，其来已旧，执简记言，必资良直。是以典、谟载述，唐、虞之风尤著；诰、誓斯陈，殷、周之烈弥显；鲁书有作，鹿门贻鉴于臧孙；晋乘无隐，桃园取讥于赵孟。斯盖哲王经国，通贤垂范，惩诫之方，率由兹义。逮秦书既炀，周籍俱湮。子长创制，五三毕纪，条流且异，纲目咸张。自斯以后，皆所取则。虽左史笔削，无乏于时，微婉所传，唯称班、范，次有陈寿《国志》，亦曰名家，并已见重前修，无俟扬榷。洎紫气南浮，黄旗东徙，时更五代，年且三百，元熙以前则总归诸晋，著述之士家数虽多，泛而商略，未闻尽善。太宗文皇帝神资睿圣，天纵英灵，爰动冲襟，用纡玄览，深嗟芜秽，大存刊勒，既悬诸日星，方传不朽，然北朝自魏以还，南朝从宋以降，运行迭变，时俗污隆，代有载笔，人多好事，考之篇目，史牒不少，互陈闻见，同异甚多。而小说短书，易为湮落，脱或残灭，求勘无所。一则王道得丧，朝市贸迁，日失其真，晦明安取？二则至人高迹，达士弘规，因此无闻，可为伤叹！三则败俗巨蠹，滔天桀恶，书法不记，孰为劝奖？臣轻生多幸，运奉千龄，从贞观以来，屡叨史局，不揆愚固，私为修撰。起魏登国元年，尽隋义宁二年，凡三代二百四十四年；兼自东魏天平元年，尽齐隆化二年，又四十四年行事，总编为本纪十二卷、列传八十八卷，谓之《北史》。又起宋永初元年，尽陈祯明三年，四代一百七十年，为本纪十卷、列传七十卷，谓之《南史》。凡八代，合为二书，一百八十卷，以拟司马迁《史记》，就此八代，而梁、陈、齐、周、隋五书，是贞观中敕撰，以十志未奏，本犹未出。然其书及志，始末是臣所修。臣既夙怀慕尚，又备得寻闻，私为抄录一十六年。凡所猎略，千有余卷，连缀改定，止资一手，故淹时序，迄今方就。唯鸠聚遗逸，以广异闻，编次别代，共为部秩。除其冗长，捃其菁华。若文之所安，则因而不改，不敢苟以下愚，自申管见。虽则疏野，远惭先哲，于披求所得，窃谓详尽。其《南史》刊勒已定，《北史》勘校初了。既撰自私门，不敢寝默，又未经闻奏，亦不敢流传。轻用陈闻，伏深战越。谨言。"

《史通》卷一，《六家》：皇家显庆，符玺郎陇西李延寿抄撮近代诸史，南起自宋，终于陈，北始自魏，卒于隋，合一百八十篇，号曰《南北史》。其君臣流例（案：《史通通释》：恐当作“别”），纪传群分，皆以类相从，各附于本国。

《郡斋读书志》卷二上，杂史类：《南史》八十卷，《北史》一百卷，唐李延寿撰，延寿父大师尝谓宋、齐逮周、隋，分隔南北，南谓北为索虏，北谓南为岛夷。欲改正，拟《吴越春秋》编年，未就而卒。延寿后预修晋、隋书，因究悉旧事，更依马迁论体，总叙八代，北起魏尽隋二百四十二年，南起宋尽陈百七十年，为二史。删繁补阙，过本史远甚。

《直斋书录解题》卷四，别史类：《南史》八十卷，《北史》八十卷（案：应为一百卷），唐崇贤馆学士鄴李延寿撰。初，延寿父大师多识旧事，常以宋、齐、梁、陈、魏、齐、周、隋，天下分隔，南谓北为“索虏”，北谓南为“岛夷”，详略訾美失传，思所以改正刊究，未成而没。延寿追终先志，凡八代，合二书为百八十篇。其中颇有条理，删落酿辞，过本书远甚。

公元 661 年 唐高宗龙朔元年 辛酉

《史通》作者刘知幾生。

案：据《旧唐书》卷一〇二，《刘子玄传》，刘知幾卒于唐玄宗开元九年（公元 721 年），六十一岁。逆推之，知生于本年。

公元 663 年 唐高宗龙朔三年 癸亥

《后魏书》、《隋书》等作者张大素约卒于本年。

《旧唐书》卷六八，《张公谨传》：次子大素、大安，并知名。大素，龙朔中历位东台舍人，兼修国史，卒于怀州长史，撰《后魏书》一百卷，《隋书》三十卷。

《新唐书》卷八九，《张公谨传》：子大素，龙朔中历东台舍人兼修国史，著书百余篇，终怀州长史。

《旧唐书》卷四六，《经籍志上》：《后魏书》一百卷，张大素撰。……《隋书》三十二卷，张大素撰。……《北齐书》二十卷，张大素撰。……《隋后略》十卷，张大素撰。……《敦煌张氏家传》二十卷，张大素撰。

案：张大素卒年史无明文，据《旧唐书·张公谨传》所述，当卒于龙朔中。考龙朔共三年，故编于此。

史官顾胤卒。

《旧唐书》卷七三，《令狐德棻传附顾胤》：龙朔三年，迁司文郎中，寻卒。胤又撰《汉书古令集》二十卷，行于代。（案：顾胤撰《太宗实录》及武德、贞观两朝国史，已见前。）

《旧唐书》卷四六《经籍志上》：《汉书古令集义》二十卷，顾胤撰。

史官敬播卒。

《旧唐书》卷一八九上，《敬播传》：永徽初，拜著作郎……后历谏议大夫、给事中，并依旧兼修国史。……龙朔三年卒官。播又著《隋略》二十卷。

刘伯庄于本年前著《史记音义》、《史记地名》、《汉书音义》。

《旧唐书》卷一八九上，《刘伯庄传》：刘伯庄，徐州彭城人也。……龙朔中，兼授崇贤馆学士，撰《史记音义》、《史记地名》、《汉书音义》各二十卷，行于代。

《旧唐书》卷四六，《经籍志上》：《史记音义》三十卷，刘伯庄撰。

《新唐书》卷五八，《艺文志二》：刘伯庄《史记音义》二十卷。……刘伯庄又撰《史记地名》二十卷。

《直斋书录解题》卷四，正史类：《史记音义》二十卷，唐崇贤馆学士刘伯庄撰。贞观初奉敕讲授，采邹诞生、徐广及隋柳顾言音义为此书。

公元 665 年 唐高宗麟德二年 乙丑

《隋记》作者吕才卒。

《旧唐书》卷七九，《吕才传》：吕才，博州清平人也。……（贞观中）累迁太常博士。……擢授太常丞。永徽初，预修《文思博要》及《姓氏录》。……龙朔中为太子司更大夫。麟德二年卒。著《隋记》二十卷，行于时。

公元 666 年　唐高宗乾封元年　丙寅

《周书》等作者令狐德棻卒。

《旧唐书》卷七三，《令狐德棻传》：乾封元年卒于家，年八十四。……德棻暮年尤勤于著述，国家凡有修撰无不参预。自武德已后，有邓世隆、顾胤、李延寿、李仁实前后修撰国史，颇为当时所称。

公元 667 年　唐高宗乾封二年　丁卯

《续高僧传》作者道宣卒。

《宋高僧传》卷一四，《唐京兆西明寺道宣传》：释道宣，姓钱氏，丹徒人也，一云长城人。……九岁能赋，十五厌俗，诵习诸经，依智頵律师受业。洎十六落发。……隋大业年中，从智首律师受具。武德中，依首习律。……晦迹于终南仿掌之谷，所居乏水，神人指之，穿地尺余，其泉迸涌，时号为白泉寺。……隋末，徙崇义精舍，载迁丰德寺。……及西明寺初就，诏宣充上座。三藏奘师至，止，诏与翻译。……撰《法门文记》、《广弘明集》、《续高僧传》、《三宝录》、《羯磨戒》、《行事钞》、《义钞》等二百二十余卷。……安坐而化，则乾封二年十月三日也，春秋七十二。……先所居久在终南，故号南山律宗焉。

释道宣《续高僧传序》：原夫至道绝言，非言何以范世；言惟引行，即行而乃极言。是以布五位以擢圣贤，表四依以承人法，龙图成太易之渐，龟章启彝伦之用。逮于素王继辙前修，举其四科，班生著词后进，宏其九等，皆所谓化导之恒规，言行之权致者也。惟夫大觉之照临也，化敷西壤，迹绍东川，逾中古而弥新，历诸华而转盛。……昔梁沙门金陵释宝唱撰《名僧传》，会稽释惠皎撰《高僧传》，创发异部，品藻恒流，详核可观，华质有据。而缉裒吴、越，叙略魏、燕，良以博观未周，故得随闻成采。……今余所撰，恐坠接前绪，故不获已而陈。或博谘先达，或取讯行人，或即目舒之，或讨雠集传。南北国史，附见徽音，郊郭碑碣，旌其懿德，皆撮其志行，举其器略，言约繁简，事通野素，足使绍胤前良，允师后听。始距梁之初运，终唐贞观十有九年，一百四十四载。包括岳渎，历访华夷，正传三百三十一人。附见一百六十人。序而申之，大为十例：一曰译经，二曰解义，三曰习禅，四曰明律，五曰护法，六曰感通，七曰遗身，八曰读诵，九曰兴福，十曰杂科。凡此十条，世罕兼美，今就其尤最者，随篇拟伦。自前传所叙，通例已颁，回互抑扬，实遵宏检。……故集见勣风素，且树十科，结成三帙，号曰《续高僧传》。若夫搜擢源派，剖析宪章，粗识词令，琢磨行业，则备于后论，更议而引之。必事接恒篇，终成词费，则削同前传，犹恨逮于末法。世挺知名之僧，未觌嘉猷，有沦典籍，庶将来同好又尘斯意焉。

《旧唐书》卷四六，《经籍志上》：《续高僧传》三十卷，释道宣撰。

《新唐书》卷五九，《艺文志三》：僧道宗《续高僧传》三十二卷。

《郡斋读书后志》卷一，传记类：《续高僧传》三十卷，唐僧道宣撰，《艺文志》作道宗，大明寺僧也。以慧皎会稽人，故其书详于吴、越，而略于燕、魏，故上距梁天监，下终唐贞观十九年，百四十四载，编载二百四十人，附见者又一百六十人，分译经、解义、习禅、明律、护法、感通、遗身、读诵、兴福、杂科，凡十门。

公元 670 年 唐高宗咸亨元年（总章三年）庚午

唐高宗颁下《简择史官诏》。

《唐大诏令集》卷八一：《简择史官诏》：修撰国史，义在典实，自非操履贞白，业量该通，谠正有闻，方堪此任。所以承前纵，居史官，必就中简择，灼然为众所推者，方令著述。如闻近日以来，但居此职，即知修撰，非唯编缉疏舛，亦恐漏泄史事。自今以后，宜遣史司于史官内，简择堪任修史人，录名进内。自余虽居史职，不得辄令闻见所修史籍及未行用国史等事。总章三年十月。

《唐会要》卷六三：咸亨元年十一月二十一日诏：修撰国史，义存典实。自今已后，宜令所司于史官内简择堪修人，录名进内，自余居史职不得辄闻见所修史及行用国史等事。

《史通》卷一一，《史官建置》：暨皇家之建国也，乃别置史馆，通籍禁门，西京则与鸾渚为邻，东都则与凤池相接，而馆宇华丽，酒馔丰厚，得厕其流者，实一时之美事。至咸亨年，以职司多滥，高宗喟然而称曰："朕甚懵焉！"乃命所司曲加推择，如有居其职而阙其才者，皆不得预于修撰。（原注：诏曰：修撰国史，义存典实，自非操履忠正，识量该通，才学有闻，难堪斯任。如闻近日以来，但居此职，即知修撰，非唯编缉讹舛，亦恐泄漏史事。自今宜遣史司，精简堪修史人，灼然为众所推者，录名进内。自余虽居史职，不得辄闻见所修史籍及未行用国史等之事。）由是史臣拜职，多取外司，著作一曹，殆成虚设。

公元672年 唐高宗咸亨三年 壬申

史官许敬宗卒。

《旧唐书》卷八二，《许敬宗传》：贞观八年，累除著作郎兼修国史，迁中书舍人。十年……累迁给事中，兼修国史。十七年，以修武德、贞观《实录》成，封高阳县男，赐物八百段。……永徽三年，入为卫尉卿，加弘文馆学士，兼修国史。六年，复拜礼部尚书。……显庆元年，加太子宾客，寻册拜侍中，监修国史。……龙朔二年，从新令改为右相，加光禄大夫。三年，册拜太子少师、同东西台三品，并依旧监修国史。……敬宗自掌知国史，记事阿曲。初，虞世基与敬宗父善心同为宇文化及所害，封德彝时为内史舍人，备见其事，因谓人曰："世基被诛，世南匍匐而请代；善心之死，敬宗舞蹈以求生。"人以为口实，敬宗深衔之，及为德彝立传，盛加其罪恶。敬宗嫁女与左监门大将军钱九陇，本皇家隶人。敬宗贪财与婚，乃为九陇曲叙门阀，妄加功绩，并升与刘文静、长孙顺德同卷。敬宗为子娶尉迟宝琳孙女为妻，多得赂遗，及作宝琳父敬德传，悉为隐诸过咎。太宗作《威凤赋》以赐长孙无忌，敬宗改云赐敬德。白州人庞孝泰，蛮酋凡品，率兵从征高丽，贼知其懦，袭破之。敬宗又纳其宝货，称孝泰频破贼徒，斩获数万，汉将骁健者唯苏定方与庞孝泰耳，曹继叔、刘伯英皆出其下。虚美隐恶如此！初，高祖、太宗两朝《实录》，其敬播所修者颇多详直；敬宗又辄以己爱憎，曲事删改，论者尤之。然自贞观已来，朝廷所修五代史及《晋书》、《东殿新书》、《西域图志》……皆总知其事，前后赏赉，不可胜纪。……咸亨元年，抗表乞骸骨，诏听致仕。……三年薨，年八十一。

《史通》卷一二，《古今正史》：龙朔中，（许）敬宗又以太子少师总统史任，更增前作（案：指显庆元年长孙无忌等所修唐史，见公元656年条），混成百卷，如《高宗本纪》及《永徽名臣》、《四夷》等传，多是其所造。又起草十志，未半而终。敬宗所作纪传，或曲希时旨，或猥饰私憾，凡有毁誉，多非实录。……其后左史李仁实续撰于志宁、许敬宗、李义府等传，载言记事见推直笔，异其短岁，功业未终。

《唐会要》卷六三：显庆二年二月已后，礼部尚书许敬宗常修国史。自掌知国史，记事阿曲。……高祖、太宗《实录》，敬播所修，颇多详直。敬宗又辄以已爱憎，曲事删改。论者尤之。

公元 673 年 唐高宗咸亨四年 癸酉

刘仁轨等改修国史。

《资治通鉴》卷二〇二，《唐纪》一八：咸亨四年三月丙申，诏刘仁轨等改修国史，以许敬宗等所记多不实故也。

公元 674 年 唐高宗上元元年 甲戌

李至远于本年前著《周书》。

《新唐书》一九七，《李素立传附李至远》：李素立，赵州高邑人。……孙至远，始名鹏。……少秀悟，能治《尚书》、《左氏春秋》。未见杜预《释例》而作《编记》，大趣略同。复撰《周书》，起后稷至赧，为传纪。令狐德棻许其良史。……上元时，制策高等，授明堂主簿。

案：李至远撰《周书》不详何年，《新唐书》本传叙次于“上元时”之前，故编于此。

公元 675 年 唐高宗上元二年 乙亥

郎余令于本年前著《孝子后传》。

《旧唐书》卷一八九下，《郎余令传》：郎余令，定州新乐人也。……孝敬在东宫，余令续梁元帝《孝德传》，撰《孝子后传》三十卷以献，甚见嗟重。累转著作佐郎，撰《隋书》未成，会病卒。

案：孝敬即高宗太子弘，卒于本年，则郎余令著《孝子后传》当在本年以前，故编于此。

刘祎之、元万顷等著《列女传》。

《旧唐书》卷八七，《刘祎之传》：刘祎之，常州晋陵人也。……上元中，迁左史、弘文馆直学士，与著作郎元万顷，左史范履冰，苗楚客，右史周思茂、韩楚宾等皆召入禁中，共撰《列女传》、《臣轨》、《百寮新诫》、《乐书》，凡千余卷。（案：苗楚客应为苗神客，韩楚宾应为胡楚宾。）

《旧唐书》卷一九〇中，《元万顷传》：元万顷，洛阳人，后魏景穆皇帝之胤。……万顷善属文，起家拜通事舍人。……拜著作郎。时天后讽高宗广召文词之士入禁中修撰，万顷与左史范履冰、苗神客、右史周思茂、胡楚宾咸预其选，前后撰《列女传》、《臣轨》、《百僚新诫》、《乐书》等，凡千余卷。

《旧唐书》一九〇中，《元万顷传附范履冰》：范履冰者，怀州河内人，自周王府户曹召入禁中，凡二十余年。垂拱中，历鸾台、天官二侍郎。寻迁春官尚书、同凤阁鸾台平章事，兼修国史。（又同书《苗神客传》：苗神客者，沧州东光人。官至著作郎。又《周思茂传》：周思茂者，贝州漳南人。……自右史转太子舍人。与范履冰在禁中最蒙亲遇，至于政事损益，多参预焉。累迁麟台少监、崇文馆学士。又《胡楚宾传》：胡楚宾者，宣州秋浦人。……自殷王文学拜右史、崇贤直学士而卒。）

公元676年　唐高宗仪凤元年　丙子

李贤等于本年著成《后汉书注》。

《旧唐书》卷五，《高宗纪下》：仪凤元年十二月丙申，皇太子贤上所注《后汉书》，赐物三万段。

《旧唐书》卷八六，《章怀太子贤传》：章怀太子贤，字明允，高宗第六子也。……上元二年……六月，立为皇太子。……仪凤元年……贤又招集当时学者太子左庶子张大安，洗马刘讷言，洛州司户格希元，学士许叔牙、成玄一、史藏诸、周宝宁等注范晔《后汉书》，表上之。赐物三万段，仍以其书付秘阁。

《旧唐书》卷六八，《张公谨传》：张公谨，字弘慎，魏州繁水人也。次子……大安，上元中历太子庶子，同中书门下三品。时章怀太子在春宫，令大安与太子洗马刘讷言等注范晔《后汉书》。

《旧唐书》卷七〇，《岑文本传附格辅元》：格辅元者，汴州浚仪人也。……辅元兄希元，高宗时洛州司法参军。章怀太子召令与洗马刘讷言等注解范晔《后汉书》，行于代。

《唐会要》卷三六：仪凤元年十二月二日，皇太子贤上所注《后汉书》。初，太子右庶张大安、洗马刘讷言、洛州司户参军格希元、学士许叔牙、成玄一、史藏诸、周宝宁同注范晔《后汉书》，诏付秘书省。

公元680年　唐高宗调露二年　庚辰

《南史》、《北史》、《太宗政典》等作者李延寿卒于本年以前。

《旧唐书》卷七三，《令狐德棻传附李延寿》：延寿尝撰《太宗政典》三十卷，表上之，历迁符玺郎，兼修国史，寻卒。调露中，高宗尝观其所撰《政典》，叹美久之，令藏于秘阁，赐其家帛五十段。

《新唐书》卷一〇二，《令狐德棻传附李延寿》：迁符玺郎兼修国史，卒。尝撰《太宗政典》，调露中，高宗观之，咨美直笔，赐其家帛五十段，藏副秘阁，仍别录以赐皇太子云。

《旧唐书》卷五，《高宗纪下》：调露二年二月丙午诏曰："故符玺郎李延寿撰《正典》一部，辞殚雅正。虽已沦亡，功犹可录，宜赐其家绢五十匹。"

《唐会要》卷三六：调露二年二月一日，诏故符玺郎李延寿撰《政典》一部，写两本（原注：一本付秘书省，一本赐皇太子）。

《新唐书》卷五八，《艺文志二》：李延寿《太宗政典》三十卷。

案：李延寿卒年，史无明文。钱大昕《疑年录》卷一云："李延寿：史不著何年卒，无从得其年纪。考贞观初修齐、周、隋诸史，延寿已预删削，最少亦当二、三十岁矣。高宗调露二年以所撰《政典》进御，诏赐其家帛，其时延寿已亡，殆卒于仪凤之世，其寿当不减八十也。"今据《旧唐书·高宗纪》及《唐会要》之文，其卒于调露二年之前无疑。

公元 684 年　唐睿宗文明元年　甲申

《后汉书注》作者李贤卒。

《旧唐书》卷八六，《章怀太子贤传》：调露二年……乃废贤为庶人，幽于别所。……永淳二年，迁于巴州。文明元年，则天临朝……逼令自杀，年三十二。

公元 685 年　武则天垂拱元年　乙酉

《河洛行年记》作者刘仁轨卒。

《旧唐书》卷八四，《刘仁轨传》：刘仁轨，汴州尉氏人也。少恭谨好学，遇隋末丧乱，不遑专习，每行坐所在，辄书空画地，由是博涉文史。武德初……擢授栎阳丞。贞观十四年……拜新安令，累迁给事中。……显庆四年，出为青州刺史。……麟德二年……擢拜大司宪。乾封元年，迁右相，兼检校太子左中护。……咸亨……三年，徵拜太子左庶子、同中书门下三品，监修国史。……上元二年，拜尚书左仆射、同中书门下三品，兼太子宾客，依旧监修国史。……永隆二年，兼太子太傅。未几，以老乞骸骨，听解尚书左仆射，以太子太傅依旧政事。……则天监朝，加授物进，复拜尚书左仆射、同中书门下三品，专知留守事。……垂拱元年，从新令改为文昌左相、同凤阁鸾台三品。寻薨，年八十四。……仁轨身经隋末之乱，辑其见闻，著《行年记》行于代。

《新唐书》卷五八，《艺文志二》：《刘氏行年记》二十卷。刘仁轨。

《郡斋读书志》卷二上，编年类：《河洛行年记》十卷，唐刘仁轨撰。记唐初李密、王世充事，起大业十三年二月，讫武德四年七月秦王擒窦建德。第九卷述大业都城，第十卷载宫馆园圃，且云炀帝迁都之诏称务从节俭，观其宫室穷极绮丽云。

《直斋书录解题》卷五，杂史类：《行在河洛记》十卷，唐宰相尉氏刘仁轨正则撰。记李密、王世充事，末二卷记隋都城、宫殿、池苑。

公元 689 年 武则天载初元年 己丑

《汉书辩惑》作者李善卒。

《旧唐书》卷一八九上，《曹宪传附李善传》：李善者，扬州江都人。……明庆中，累补太子内率府录事参军、崇贤馆直学士，兼沛王侍读。尝注解《文选》，分为六十卷，表上之。……除潞王府记室参军，转秘书郎。乾封中，出为经城令。……又撰《汉书辩惑》三十卷。载初元年卒。

公元 693 年 武则天长寿二年 癸巳

宰相始撰时政记。

《旧唐书》卷八九，《姚璹传》：姚璹，字令璋，散骑常侍思廉之孙也。……永徽中，明经擢第。累补太子宫门郎……迁秘书郎。调露中，累迁至中书舍人。……则天监朝，迁夏官侍郎。……召拜天官侍郎。长寿二年，迁文昌左丞、同凤阁鸾台平章事。自永徽以后，左、右史虽得对仗承旨，仗下后谋议，皆不预闻。璹以为帝王谟训，不可暂无纪述，若不宣自宰相，史官无从得书。乃表请仗下所言军国政要，宰相一人专知撰录，号为时政记，每月封送史馆。宰相之撰时政记，自璹始也。《旧唐书》卷一四八，《李吉甫传》：（宪宗元和）八年十月，上御延英殿，问时政记记何事。时吉甫监修国史，先对曰："是宰相记天子事以授史官之实录也。古者左史记言，今起居舍人是；右史记事，今起居郎是。永徽中，宰相姚璹监修国史，虑造膝之言或不下闻，因请随奏对而民于仗下，以授于史官，今时政记是也。"

《唐会要》卷六三：长寿二年，修时政记。先是，永徽以后，左、右史唯得对仗承旨，仗下后谋议皆不闻。文昌左丞姚璹以为帝王谟训，不可遂无纪述，若不宣自宰相，即史官疏远无从得书。是日遂表请仗下所言军国政要，即宰相一人撰录，号为时政记。（原注：每月封送史馆。宰相之撰时政记，自璹始也。）

《新唐书》卷四七，《百官志二》：长寿中，宰相姚璹建议：仗下后，宰相一人录军国政要，为时政记，月送史馆。然率推美让善，事非其实。未几亦罢。

《新唐书》卷五八，《艺文志二》：姚璹修《时政记》四十卷。

《旧唐书》卷四三，《职官志二》：史官掌修国史，不虚美，不隐恶，直书其事。

凡天地日月之祥，山川封域之分，昭穆继代之序，礼乐师旅之事，诛赏废兴之政，皆本于起居注、时政记，以为实录。然后立编年之体为褒贬焉。既终，藏之于府。

牛凤及著《唐书》。

《史通》卷一二，《古今正史》：至长寿中，春官侍郎牛凤及又断自武德，终于弘道，撰为《唐书》百有十卷。凤及以暗聋不才，而辄议一代大典。凡所撰录，皆素责私家行状，而世人叙事，罕能自远；或言皆比兴，全类咏歌；或语多鄙朴，实同文案，而总入编次，了无厘革。其有出自胸臆，申其机杼，发言则嗤鄙怪诞，叙事则参差倒错。故阅其篇第，岂谓可观？披其章句，不识所以。既而悉收姚、许诸本，欲使其书独行，由是皇家旧事残缺殆尽。

《史通》卷一一，《史官建置》：许敬宗之矫妄，牛凤及之狂惑，此其善恶尤著者也。（案：《史通通释》：新、旧《唐书》俱无专传，王《训故》："牛凤及长寿中撰《唐书》，自武德终弘道，为百有十卷"。此书《唐艺文志》不录，宋晁、陈、郑、马诸公亦莫及，大抵其人其书见弃于有道久矣）。

公元 698 年　武则天圣历元年　戊戌

王方庆监修国史。

《唐大诏令集》卷五五，《王方庆麟台监修国史制》：鸾台、芸阁秘文，蓬山奥府，是为国重，尤切帝难。银青光禄大夫、行凤阁侍郎同鸾台平章事、上柱国石泉县开国子王方庆，钟鼎高门，簪缨旧德，学富今古，才优舒向。自参机密，亟改凉暄，謇谔之风，不忘于献替，谦挹之美，屡陈于衰疾。西垣掌事，虽籍谋猷，东观属词，更资通博。宜掇凤凰之省，俾缉麒麟之署，可麟台监、仍监修国史，勋封如故，主者施行。圣历元年八月。

公元 702 年　武则天长安二年　壬寅

《南宫故事》作者王方庆卒。

《旧唐书》卷八九，《王方庆传》：王方庆，雍州咸阳人也。……永淳中，累迁太仆少卿。则天临朝，拜广州都督。……证圣元年，召拜洛州长史。……万岁登封元年，转并州长史。……未行，迁鸾台侍郎、同凤阁鸾台平章事。俄转凤阁侍郎，依旧知政事。……方庆渐以老疾，乞从闲逸，乃授麟台监修国史。及中宗立为东宫，方庆兼检校太子左庶子。圣证二年……正授太子左庶子。……长安二年五月卒。……方庆博学好著述，所撰杂书凡二百余卷。

《新唐书》卷五八，《艺文志二》：王方庆《南宫故事》十二卷。……王方庆《文贞公事录》一卷。……王方庆《官卿旧事》一卷。

刘知幾初为史官，修国史。

《史通》卷首，《原序》：长安二年，余以著作佐郎兼修国史。寻迁左史，于门下撰起居注。

《旧唐书》卷一〇二，《刘子玄传》：刘子玄，本名知幾。……少与兄知柔俱以词学知名，弱冠举进士，授获嘉主簿。……知幾长安中累迁左史兼修国史。擢拜凤阁舍人，修史如故。

史官刘允济论修史。刘允济曾著《鲁后春秋》。

《唐会要》卷六三：长安二年，凤阁舍人修国史刘允济尝云："史官善恶必书，言成轨范，使骄主贼臣有所知惧，此亦权重，理合贫而乐道也。昔班生受金，陈寿求米，仆视之如浮云耳。但百僚善恶必书，足以千载不朽之美谈，岂不盛哉！"

《旧唐书》卷一九〇中，《刘允济传》：刘允济，洛州巩人。……弱冠本州举进士，累除著作佐郎。允济尝采摭鲁哀公后十二代至于战国遗事，撰《鲁后春秋》二十卷，表上之，迁左史，兼直弘文馆。垂拱四年……拜著作郎。……长安中，累迁著作佐郎，兼修国史。未几，擢拜凤阁舍人。

《新唐书》卷二〇二，《刘允济传》：刘允济，字允济，河南巩人。……工文辞，与王勃齐名。举进士，补下邽尉，累迁著作佐郎。采鲁哀公后十二世接战国，为《鲁后春秋》，献之。迁左史，兼直弘文馆。……除著作郎。……常曰："史官善恶必书，使骄主贼臣惧，此权顾轻哉？而班生受金，陈寿求米，仆乃视如浮云耳。"

《新唐书》卷五八，《艺文志二》：刘允济《鲁后春秋》二十卷。

公元 703 年　武则天长安三年　癸卯

朱敬则、徐坚、刘知幾、吴兢等撰修唐史。

《唐会要》卷六三，长安三年正月一日敕：宜令特进梁王武三思与纳言李峤、正谏大夫朱敬则、司农少卿徐彦伯、凤阁舍人魏知古、崔融、司封郎中徐坚、左史刘知幾、直史馆吴兢等修唐史，采四方之志，成一家之言，长悬楷则，以贻劝诫。

《史通》卷一〇，《自叙》：长安中，会奉诏预修唐史。

《史通》卷一二，《古今正史》：长安中，余（刘知幾）与正谏大夫朱敬则、司封郎中徐坚、左拾遗吴兢奉诏更撰《唐书》，勒成八十卷。

刘知幾等撰《唐高宗后修实录》。

《新唐书》卷五八，《艺文志二》：《高宗后修实录》。初，令狐德棻撰，止乾封，刘知幾、吴兢续成。

《郡斋读书后志》卷一，实录类：《唐高宗实录》三十卷，唐刘知幾等撰，起即位，尽永淳二年，凡二十九年。初，令狐德棻、许敬宗等撰录，止显庆三年，成二十卷，上之。后知幾与吴兢续成。

《直斋书录解题》卷四，起居注类：《唐高宗后修实录》十九卷，唐左散骑常侍彭城刘知幾子玄、恒王传、汴州吴兢撰。案《志》，令狐德棻撰，止乾封，知幾续成之，故号后修。书本三十卷，今阙十一卷。

《宋史》卷二〇三，《艺文志二》：《唐高宗后修实录》三十卷。

王元感表上所著《尚书纠缪》、《春秋振滞》等。

《旧唐书》卷一八九下，《王元感传》：王元感，濮州鄄城人也。少举明经，累补博城县丞。……天授中，稍迁左卫率府录事，兼直弘文馆。……转四门博士，仍直弘文馆。……长安三年，表上其所撰《尚书纠缪》十卷、《春秋振滞》二十卷、《礼记绳愆》三十卷，并所注《孝经》、《史记》稿草，请官给纸笔，写上秘书阁。诏令弘文、崇贤两馆学士及成均博士详其可否。

《唐会要》卷七七：长安三年三月，四门博士王元感表上《尚书纠谬》十卷、《春秋振滞》二十卷、《礼记绳愆》三十卷，并所注《孝经》、《史记》、《汉书》稿。请官给纸笔，写上秘阁。制令宏文、崇文两馆学士及成均博士详其可否。

朱敬则请择史官。

《唐会要》卷六三：长安三年七月，朱敬则请择史官，上表曰："国之要者，在乎记事之官，是以五帝元风资其笔削，三王盛业籍以垂名，此才之难，其难甚矣！何以知其然？昔平王东迁，历年六百，齐桓之九令天下，晋文之一战诸侯，秦穆公远霸西戎，楚庄王利尽南海，礼乐文物，阒尔无闻，今之所存，独载鲁史。向若鲁无君子，记闻则遗，雄霸远图必坠于地，可不惜哉！郎如齐、周小国之主，尚能留意于史册。齐神武尝谓著作郎魏收曰：卿勿见陈元康、杨遵彦等在吾目前趋走，谓吾以为勤劳。我后代声名在于卿手，最是要事，勿谓我不知。及文宣即位，又尝敕收曰：好直笔，勿畏惧，我终不作魏太武诛史官。又周文帝之为相也，纳柳虬之说，特命书法不隐，其志在惩劝如此。伏以陛下圣德鸿业，诚可垂范将来，倘不遇良史之才，则大典无由而就也。且董狐、南史，岂止生于往代而独无于此时？在乎求与不求，好与不好耳。今若访得其善者，伏愿勖之以公忠，期之以远大，更超加美职，使得行其道，则天下幸甚！"

《旧唐书》卷九〇，《朱敬则传》：朱敬则，字少连，亳州永城人也。……长寿中，累补右补阙。……长安三年，累迁正谏大夫，寻同凤阁鸾台平章事。

刘知幾论史家须有三长。

《旧唐书》卷一〇二，《刘子玄传》：礼部尚书郑惟忠尝问子玄曰："自古以来，文士多而史才少，何也？"对曰："史才须有三长，世无其人，故史才少也。三长，谓才也，学也，识也。夫有学而无才，亦犹有良田百顷，黄金满籝，而使愚者营生，终不能致于货殖者矣。如有才而无学，亦犹思兼匠石，巧若公输，而家无楩柟斧斤，终不果成其宫室者矣。犹须好是正直，善恶必书，使骄主贼臣所以知惧，此则为虎傅翼，善无可加，所向无敌者矣。脱苟非其才，不可叨居史任。自敻古以来，能应斯目者，罕见其人。"时人以为知言。

《唐会要》卷六三：长安三年……郑惟忠尝问刘子玄曰："自古文士多而史才少，何也？"对曰："史才须有三长，谓才也，学也，识也。夫有学而无才，犹有良田百顷，黄金满籝，而使愚者营生，终不能致货殖矣。如有才而无学，犹思兼匠石，巧若公输，而家无楩柟斧斤，终不能成其宫室矣。犹须好是正直，善恶必书，使骄主贼臣所以知惧，此则为虎傅翼，善无可加，所向无敌矣。"时人以为知言。

公元 704 年 武则天长安四年 甲辰

刘知幾著《刘氏家史》及《谱考》。

《唐会要》卷三六：长安四年，凤阁舍人刘知幾撰《刘氏》（案：指《刘氏谱考》）三卷，推汉为陆终苗裔，非尧之后；彭城丛亭里诸刘，出自宣帝予楚孝王嚣曾孙司徒居巢侯刘恺（案：应作般）之后，不承楚元王交。皆按据明白，前代所误。虽为流俗所讥，学者服其该博。

《旧唐书》卷一〇二，《刘子玄传》：知幾自负史才，常慨时无知己，乃委国史于著作郎吴兢，别撰《刘氏家史》十五卷，《谱考》三卷。推汉氏为陆终苗裔，非尧之后；彭城丛亭里诸刘，出自宣帝子楚孝王嚣曾孙司徒居巢侯刘恺（案：《新唐书》本传作般。）之后，不承楚元王交。皆按据明白，正前代所误。虽为流俗所讥，学者服其该博。

公元 705 年 唐中宗神龙元年 乙巳

刘知幾参与撰修《则天实录》。

《史通》卷一二，《古今正史》：神龙元年，（刘知幾）又与（徐）坚、（吴）兢等重修《则天实录》。

《史通》卷一〇，《自叙》：及今上（指中宗）即位，又敕撰《则天大圣皇后实录》。

公元 706 年 唐中宗神龙二年 丙午

魏元忠等修成《则天实录》

《唐会要》卷六三：神龙二年五月九日，左散骑常侍武三思、中书令魏元忠、礼部尚书祝钦明及史官太常少卿徐彦伯、秘书少监柳冲、国子司业崔融、中书舍人岑羲、徐坚等，修《则天实录》二十卷，文集一百二十卷，上之。赐物各有差。

《旧唐书》卷九二，《魏元忠传》：魏元忠，宋州宋城人也。……神龙二年，元忠与武三思、祝钦明、徐彦伯、柳冲、韦承庆、崔融、岑羲、徐坚等撰《则天皇后实录》二十卷……奏之。

《旧唐书》卷九四，《徐彦伯传》：徐彦伯，兖州瑕丘人也。……神龙元年迁太常少卿，兼修国史。以预修《则天实录》成，封高平县子，赐物五百段。

《旧唐书》卷八八，《韦思谦传》：韦思谦，郑州阳武人也。……子承庆……承庆，字延休……长安初……兼修国史。……（神龙中）以修《则天实录》之功，赐爵扶阳县子，赍物五百段。又制撰《则天皇后纪圣文》，中宗称善。

《旧唐书》卷九四，《崔融传》：崔融，齐州全节人。……神龙二年，以预修《则天实录》成，封清河县子，赐物五百段。

《旧唐书》卷一〇二，《吴兢传》：神龙中……与韦承庆、崔融、刘子玄撰《则天实录》成。

公元 708 年 唐中宗景龙二年 戊申

刘知幾致萧至忠书，求罢史职。

《旧唐书》卷一〇二，《刘子玄传》：景龙初，再转太子中允，依旧修国史。时侍中韦巨源、纪处讷、中书令杨再思、兵部尚书宗楚客、中书侍郎萧至忠并监修国史，知幾以监修者多，甚为国史之弊，萧至忠又尝责知幾著述无课。知幾于是求罢史任，奏记于至忠曰："仆自策名士伍，待罪朝列，三为史臣，再入东观，竟不能勒成国典，贻彼后来者，何哉？静言思之，其不可者五也。何者？古之国史，皆出自一家，如鲁、汉之丘明、子长，晋、齐之董孤、南史，咸能立言不朽，藏诸名山，未闻藉以众功，方云绝笔。唯后汉东观，大集群儒，而著述无主，条章靡立。由是伯度讥其不实，公理以为可焚。张、蔡二子纠之于当代，傅、范两家嗤之于后叶。今史司取士，有倍东京，人自以为荀、袁，家自称为政、骏。每欲记一事、载一言，皆阁笔相视，含毫不断，故首白可期而汗青无日，其不可一也。前汉郡国计书，先上太史，副上丞相；后汉公聊所撰，始集公府，乃上兰台。由是史官所修，载事为博。原自近古，此道不行，史臣编录，唯自询采，而左、右二史阙注起居，衣冠百家罕通行状。求风俗于州郡，视听不该，讨沿革于台阁，簿籍难见。虽使尼父再出，犹且成其管窥，况限以中才，安能遂其博物？其不可二也。昔董狐之书法也，以示于朝；南史之书弑也，执简以往。而近代史局皆通籍禁门，幽居九重，欲人不见，寻其义者，由杜彼颜面，防诸请谒故也。然今馆中作者多士如林，皆愿长喙，无闻齰舌。傥有五始初成，一字加贬，言未绝口而朝野具知，笔未栖毫而搢绅咸诵。夫孙盛实录，取嫉权门，王劭直书，见仇贵族。人之情也，能无畏乎！其不可三也。古者刊定一史，纂成一家，体统各殊，指归咸别。夫《尚书》之教也，以疏通知远为主，《春秋》之义也，以惩恶劝善为先。《史记》则退处士而进奸雄，《汉书》则抑忠臣而饰主阙，斯并曩贤得失之例，良史是非之准，作者言之详矣。顷史官注记，多取禀监修。杨令公则云'必须直词'，宗尚书则云'宜多隐恶'，十羊九牧，其事难行。一国三公，适从焉在？其不可四也。窃以史置监修，虽无古式，寻其名号，可得而言。夫言监者，盖总领之义耳。如创纪编年，则年有断限，草传叙事，则事有丰约。或可略而不略，或应书而不书，此失刊削之例也。属词比事，劳逸宜均，挥铅奋墨，勤堕须等。某帙某篇，付之此职，某纪某传，归之此官。此铨配之理也。斯并宜明立科条，审定区域，倘人思自勉，则书可立成。今监之者既不指授，修之者又无遵奉，用使争学苟且，务相推避。坐变炎凉，徒延岁月。其不可五也。凡此不可，其流实多，一言以蔽，三隅自反。而时谈物议，焉得笑仆编次无闻者哉！比者伏见明公每汲汲于劝诱，勤勤于课责。或云坟籍事重，努力用心，或云岁序已淹，何时辍手？窃以纲维不举而督课徒勤，虽威以次骨之刑，勖以悬金之赏，终不可得也。语云：'陈力就列，不能则止'。仆所以比者布怀知己，历诋群公，屡辞载笔之官，愿罢记言之职者，正为此耳。当今朝号得人，国称多士，蓬山之下良直差肩，芸阁之中英奇接武。仆既功亏刻鹄，笔未获麟，徒殚太官之膳，虚索长安之米。乞以本职还其旧居，多谢简书，请避贤路，惟明公足下哀而许之。"至忠惜其才，不许解史任。宗楚客嫉其正直，谓诸史官曰："此人作书如是，欲置我何地？"

《唐会要》卷六四：景龙二年四月二十日，侍中韦巨源、纪处讷，中书令杨再思，兵部侍郎宗楚客，中书侍郎萧至忠并监修国史。其后，史官太子中允刘知幾以监修者多，甚为国史之弊，于是求罢史职，奏记于萧至忠曰：……（案：下文同上引《旧唐书》本传，不录。）

公元709年 唐中宗景龙三年 己酉

元行冲著《魏典》。

《唐会要》卷六三：景龙三年十二月，太常少卿元行冲，以本族出于后魏，未有编年之文，乃撰《魏典》三十卷。事详文简，为学者所称。

《旧唐书》卷一〇二，《元行冲传》：元行冲，河南人，后魏常山王素连之后也。……举进士，累转通事舍人。……九迁至陕州刺史，兼陇右、关内两道按察使，未行，拜太常少卿。行冲以本族出于后魏，而未有编年之史，乃撰《魏典》三十卷。事详文简，为学者所称。初，魏明帝时，河西柳谷瑞石有牛继马后之象，魏收旧史以为晋元帝是牛氏之子，冒姓司马，以应石文。行冲推寻事迹，以后魏昭成帝名犍，继晋受命，考校谣谶，特著论以明之。

《新唐书》卷五八，《艺文志二》：元行冲《魏典》三十卷。

《文献通考》卷一九五，《经籍考》：《魏典》三十卷。《崇文总目》：唐太常少卿元行冲撰。起道武帝，终宇文革命，凡三十篇。孝武入关，则书东魏为东帝，并载两国事。为凡例，微用编年之法。文约事详，学者宗之。

朱敬则卒。朱敬则曾著《十代兴亡论》。

《旧唐书》卷九〇，《朱敬则传》：长安三年，累迁正谏大夫，寻同凤阁鸾台平章事。……四年，以老疾请罢知政事，许之，累转冬官侍郎，仍依旧兼修国史。……神龙元年，出为郑州刺史，寻以老致仕。……景龙三年五月卒于家，年七十五。敬则尝采魏晋已来君臣成败之事，著《十代兴亡论》。

公元710年 唐中宗景龙四年 庚戌

刘知幾著成《史通》。

《史通》卷首，《原序》：长安二年，余以著作佐郎兼修国史。寻迁左史，于门下撰起居注。会转中书舍人，暂停史任。俄兼领其职。今上即位，除著作郎、太子中允、率更令，其兼修史皆如故。又属大驾还京，以留后在东都。无几，驿徵入京，专知史事，仍迁秘书少监。自惟历事二主，从宦两京，遍居司籍之曹，久处载言之职。昔马融三入东观，汉代称荣；张华再典史官，晋朝称美。嗟予小子兼而有之，是用职思其忧，不遑启处。尝以载削余暇，商榷史篇，下笔不休，遂盈筐箧。于是区分类聚，编而次之。昔汉世诸儒集论经传，定之于白虎阁，因名曰《白虎通》。予既在史馆而成此书，故便以《史通》为目。且汉求司马迁后，封为史通子，是知史之称通，其来自久。博采众议，爰定兹名。凡为廿卷，列之如左，合若干言（旧注：除所阙篇，凡八万三千三百五十二字，注五千四百九十八字。按：字数今不可定，姑仍旧本存之）。于时岁次庚戌，景龙四年仲春之月也。

《旧唐书》卷一〇二，《刘子玄传》：时知幾又著《史通子》二十卷，备论史策之体。太子右庶子徐坚深重其书，尝云：居史职者宜置此书于座右。

《新唐书》卷一三二，《刘子玄传》：始，子玄修《武后实录》，有所改正，而武三思等不听。自以为见用于时而志不遂，乃著《史通》内外四十九篇，讥评今古。徐坚读之，叹曰：为史氏者宜置此坐右也。

《郡斋读书志》卷二下，史评类：《刘氏史通》二十卷，唐刘知幾撰。知幾长安、神龙间三为史官，颇不得志，乃以前代书史叙其体法、因习、废置、掇其得失，述作曲直，分内外篇著为评议，备载史策之要，当时徐坚深重其书，尝云：居史职者，宜置座右。

公元 713 年 唐玄宗先天二年（开元元年）癸丑

柳冲等著成《姓族系录》。

《旧唐书》卷一八九下，《柳冲传》：柳冲，蒲州虞乡人也。……景龙中，累迁为左骑常侍、修国史。初，贞观中太宗命学者撰《氏族志》百卷，以甄别士庶，至是向百年，而诸姓至有兴替。冲乃上表请改修氏族，中宗命冲与左仆射魏元忠及史官张锡、徐坚、刘宪等八人依据《氏族志》重加修撰。元忠等施功未半，相继而卒，乃迁为外职。至先天初，冲始与侍中魏知古、中书侍郎陆象先及徐坚、刘子玄、吴兢等撰成《姓族系录》二百卷奏上。

《册府元龟》卷五五四：窦怀贞为左仆射，与侍中魏知古、中书令萧至忠、崔湜、中书侍郎陆象先、左散骑常侍柳冲、太子詹事徐坚、左庶子刘子玄，先天二年三月奏上所修《姓族系录》二百卷，怀贞已下加爵赐物各有差。

张说等监修国史。

《唐大诏令集》卷五一，张说等监修国史敕：敕：古之王者，代有史官。以日系月，属词比事，举而则书，用存有法，事而不法，是谓空言，盖贬褒之重慎也。自非经术文雅，进德修业，出忠入孝，匡俗佐时，为朕宝臣、有邦良辅者，孰可综核班纪，发挥苍籀？银青光禄大夫守中书令上柱国燕国公张说、银青光禄大夫守兵部尚书同中书门下平章事三品上柱国梁郡开国公姚元之等，并可监修国史。余各如故。先天二年十一月二十二日。

《三国典略》作者丘悦卒。

《旧唐书》卷一九〇中，《员半千传附丘悦传》：丘悦者，河南陆浑人也。……景龙中，为相王府掾，与文学韦利器、典签裴耀卿俱为王府直学士。睿宗在藩甚重之，官至岐王傅。开元初卒。撰《三国典略》三十卷，行于时。

《新唐书》卷五八，《艺文志二》：丘悦《三国典略》三十卷。

《崇文总目》卷二，编年类：《三国典略》三十卷，唐汾州司户参军丘悦撰。以关中、邺都、江南为三国，起西魏，终后周，而东包魏、北齐，南总梁、陈，凡三十篇。

《玉海》卷四七引《中兴书目》：《三国典略》二十卷，唐汾州司户参军丘悦撰。自元魏分而为东西，西魏都关中，后周因之；东魏都邺，北齐因之；梁、陈则皆都江左。悦之书首标西魏元而叙宇文泰。……凡三十篇。今本二十一以下缺。

公元714年 唐玄宗开元二年 甲寅

《汉书绍训》作者姚珽卒。

《旧唐书》卷八九，《姚璹传附姚珽》：珽少好学，以勤苦自立。……睿宗即位，累授户部尚书，转太子宾客。先天二年，加金紫光禄大夫，复拜户部尚书。……开元二年卒，年七十四。珽尝以其曾祖察所撰《汉书训纂》，多为后之注《汉书》者隐没名氏、将为己说；珽乃撰《汉书绍训》四十卷，以发明旧义。行于代。

《三国春秋》作者员半千卒。

《旧唐书》卷一九〇中，《员半千传》：员半千，本名余庆，晋州临汾人。……

上元初，应八科举，授武陟尉。……垂拱中，累补左卫胄曹。……证圣元年，半千为左卫长史，与凤阁舍人王处知、天官侍郎石抱忠，并为弘文馆直学士。……半千因撰《明堂新礼》三卷，上之。……长安中，五迁正谏大夫，兼右控鹤内供奉。……左迁水部郎中，预修《三教珠英》。中宗时，为濠州刺史。睿宗即位，徵拜太子右谕德，兼崇文馆学士，加银青光禄大夫。……开元二年卒。

《新唐书》卷五八《艺文志二》：员半千《三国春秋》二十卷。

公元 716 年　唐玄宗开元四年　丙辰

刘知幾、吴兢撰成《睿宗实录》、《则天实录》、《中宗实录》。

《唐会要》卷六三：开元四年十一月十四日，修史官刘子玄、吴兢撰《睿宗实录》二十卷、《则天实录》三十卷、《中宗实录》二十卷成，以闻。又引古义白于执政。宰相姚崇奏曰："伏见贞观十七年，监修国史房玄龄与史官给事中许敬宗、著作佐郎敬播修《高祖实录》二十卷、《太宗实录》二十卷成，制封玄龄一子为县男、赐物一千段，封敬宗一子为高阳男、赐物七百段，敬播改授司议郎、赐物五百段，并降玺书褒美。又神龙二年五月，监修国史中书令魏元忠与史官太常少卿徐彦伯、国子司业崔融等修《则天实录》三十卷成，封元忠一子为县男、赐物一千段，彦伯等各赐爵二等、物五百段，自余卑官加两阶、物段准处分，仍并降玺书褒美。今史官刘子玄、吴兢等撰《睿宗实录》，又重修则天、中宗《实录》，并成，进讫。准撰《太宗实录》例，监修官已下加爵及赐。今子玄援引古今，欲臣闻奏，臣谨寻故实，例有恩赏，事属当时，不可为准。子玄等始末修撰，诚亦勤劳，叙事纪言，所录虽重，承恩赐命，固不在多。"子玄等请各赐物五百段，许之。

《新唐书》卷五八，《艺文志二》:《则天皇后实录》二十卷，魏元忠、武三思、祝钦明、徐彦伯、柳冲、韦承庆、崔融、岑羲、徐坚撰，刘知幾、吴兢删正。

《玉海》卷四八引《中兴书目》:《中宗实录》起神龙元年复位，尽景龙四年八月传位，凡六年。《睿宗实录》十卷，起初诞、尽先天二年七月禅位，凡四年。又五卷，知幾、兢等撰，起藩邸，尽开元四年。其书互为详略。

《郡斋读书志》卷二上，实录类：《唐则天实录》二十卷，唐吴兢撰。初，神龙二年，诏武三思、魏元忠、祝钦明、徐彦伯、柳冲、崔融、岑羲、徐坚撰录三十卷。开元四年，兢与刘知幾刊修成此书上之。起嗣圣改元甲申临朝，止长安四年甲辰传位，凡二十一年。

《郡斋读书后志》卷一，实录类：《唐中宗实录》二十卷，唐吴兢撰。起神龙元年复位，尽景龙四年，凡六年。……《唐睿宗实录》十卷，唐刘知幾撰。知幾与吴兢先修《太上皇实录》，起初诞，止传位，凡四年。后续修益，止山陵。

《宋史》卷二〇三，《艺文志二》：《唐中宗实录》二十卷。……《唐睿宗实录》十卷，又五卷，并刘知幾、吴兢撰。

宋璟、苏颋修国史。

《唐大诏令集》卷五一，宋璟苏颋修国史制：古之良史，实难其人。掌邦国之事，明惩劝之道。是以淑骏弘简，茂先博物。爰自重臣，式膺兼领。银青光禄大夫吏部尚书兼黄门监上柱国广平郡开国公宋璟，明允笃诚，有犯无隐。银青光禄大夫行紫微侍郎黄门平章事上柱国许国公苏颋，忠肃恭懿，察微知章。并光我国祯，熙我帝载，在公闻山甫之颂，抗直有史鱼之节。王言斯典，曾是献替，君举必书，亦惟褒贬，宜崇鼎铉之任，更述盘盂之篇。并可修国史，余如故。

《旧唐书》卷九六，《宋璟传》：开元初，徵拜刑部尚书。四年，迁吏部尚书，兼黄门监。

《旧唐书》卷八八，《苏瓌传附苏颋》：开元四年，迁紫微侍郎、同紫微黄门平章事，与侍中宋璟同知政事。

公元 717 年 唐玄宗开元五年 丁巳

史官条奏每月应所行事。

《唐太诏令集》卷八六，《令史官条奏每月应所行事诏》：王者钦若天道，率由时令，考六官之化，修五纪之法，故得灾害不生，休徵洊委。朕绍膺洪业，于兹六载，每惇政理，思致和平。而阴阳未调，蝗水仍集，天之垂戒，朕甚惧焉！夫正月东郊，祈春赏事，孟冬地陆，迎寒恤孤，参四序之运行，稽五材之效用。弗协所尚，或罹于咎。且事必师古，礼重执文，将命有司，允迪厥训。自今已后，每入月史官条奏应所行事，当斟酌古典，用孚于休。宣布朝廷，使知朕意。

开元五年十月一日。

公元 719 年　唐玄宗开元七年　己未

司马贞约于本年后著成《史记索隐》。

司马贞《史记索隐序》（朝散大夫国子博士弘文馆学士河内司马贞）：《史记》者，汉太史司马迁父子之所述也。迁自以承五百之运，继《春秋》而纂是史，其褒贬核实颇亚于丘明之书，于是上始轩辕，下迄天汉，作十二本纪，十表，八书，三十世家，七十列传，凡一百三十篇，始变《左氏》之体，而年载悠邈，简册阙遗，勒成一家，其勤至矣。又其属稿先据《左氏》、《国语》、《世本》、《战国策》、《楚汉春秋》及诸子百家之书，而后贯穿经传，驰骋古今，错综檃括，各使成一国一家之事，故其意难究详矣。比于班《书》，微为古质，故汉晋名贤未知见重，所以魏文侯听古乐则唯恐卧，良有以也。逮至晋末，有中散大夫徐广始考异同，作《音义》十三卷。宋外兵参军裴骃，又取经传训释作《集解》，合为八十卷。虽粗见微意，而未穷讨论。南齐轻车录事邹诞生亦作《音义》三卷，音则微殊，义乃更略。尔后其学中废。贞观中，谏议大夫崇贤馆学士刘伯庄，达学宏才，钩深探赜，又作《音义》二十卷，比于徐、邹，音则具矣。殊文错节，异音微意，虽知独善，不见旁通，欲使后人从何准的。贞謏闻陋识，颇事钻研，而家传是书，不敢失坠。初欲更改舛错，裨补疏遗，义有未通，兼重注述。然以此书残缺虽多，实为古史，忽加穿凿，难允物情。今止探求异闻，采摭典故，解其所未解，申其所未申者，释文演注，又重为述赞，凡三十卷，号曰《史记索隐》。虽未敢藏之书府，亦欲以贻厥孙谋云。

司马贞《史记索隐后序》：夫太史公纪事，上始轩辕，下迄天汉，虽博采古文及传记诸子，其间残阙盖多，或旁搜异闻以成其说，然其人好奇而词省，故事核而文微，是以后之学者多所未究。其班氏之书，成于后汉。彪既后迁而述，所以条流更明，是兼采众贤，群理毕备，故其旨富，其词文，是以近代诸儒共行钻仰。其训诂盖亦多门，蔡谟集解之时已有二十四家之说，所以于文无所滞，于理无所遗。而太史公之书，既上序轩黄，中述战国，或得之于名山坏壁，或取之以旧俗风谣，故其残文断句难究详矣。然古今为注解者绝省，音义亦希。始后汉延笃乃有《音义》一卷，又别有《章隐》五卷，不记作者何人，近代鲜有二家之本。宋中散大夫徐广作《音义》十三卷，唯记诸家本异同，于义少有解释。又中兵郎裴骃，亦名家之子也，作《集解》注本，合为八十卷，见行于代。仍云亦有《音义》，前代久已散亡。南齐轻车录事邹诞生亦撰《音义》三卷，音则尚奇，义则罕说。隋秘书监柳顾言尤善此史。刘伯庄云，其先人曾从彼公受业，或音解随而记录，凡三十卷。隋季丧乱，遂失此书。伯庄以贞观之初，奉敕于弘文馆讲授，遂采邹、徐二说，兼记忆柳公音旨，遂作《音义》二十卷。音乃周备，义则更略，惜哉！古史微文遂由数贤秘宝，故其学殆绝。前朝吏部侍郎许子儒亦作《注义》，不睹其书。崇文馆学士张嘉会独善此书，而无注义。贞少从张学，晚更研寻，初以残阙处多，兼鄙褚少孙诬谬，因愤发而补《史记》，遂兼注之，然其功殆半。乃自唯曰：千载古史，良难间然。因退撰《音义》，重作赞述，盖欲以剖盘根之错节，遵北辕于司南也。凡为三十卷，号曰《史记索隐》云。

《郡斋读书志》卷二下，史评类：《史记索隐》三十卷，唐司马贞撰。据徐、裴注纠正牴牾，援据密致，或东坡辨宰我未尝从田常为乱，盖本诸贞也。

《直斋书录解题》卷四，正史类：《史记索隐》三十卷，唐宏文馆学士河内司马贞撰。采摭异闻，释文演注。末二卷为《述赞》，为《三皇本纪》，世号小司马《史记》。

钱大昕《十驾斋养新录》卷六，“司马贞”条：司马贞、张守节二人，新、旧《唐书》皆无传。守节《正义序》称“开元二十四年八月杀青斯竟”，而贞前后《序》不见年月。……今《补史记序》自题“国子博士宏文馆学士”。唐制，宏文馆皆以它官兼领，五品以上为学士，六品以下曰直学士。国子博士系正五品上，故得学士之称。神龙以后，避孝敬皇帝讳，或称昭文，或称修文。开元七年仍为宏文，以题衔验之，贞除学士当在开元七年以后也。《高祖本纪》：“母刘媪。”索隐云：“近有人云母温氏。贞时打得班固泗水亭长古碑，其字分明作温字，云母温氏。贞与贾膺复、徐彦伯、魏奉古等执对，反复沉叹。”膺复当是膺福之讹，先天二年为右散骑常侍、昭文馆学士，以预太平公主逆谋诛。（见《唐书·公主传》）今河内县有大云寺碑即膺福书也。徐彦伯卒于开元二年。（见《唐书》本传）贞与贾、徐诸人谈议，当在中、睿之世。计其年辈，盖在张守节之前矣。《唐书·艺文志》又称贞开元润州别驾，盖由文馆出为别驾，遂蹭蹬以终也。

公元 720 年 唐玄宗开元八年 庚申

张说兼修国史。

《唐会要》卷六三：开元八年十二月二十日诏：右羽林将军检校并州大都督府长史燕国公张说，多识前志，学于旧史，文成微婉，词润金石，可以昭振风雅，光扬轨训。可兼修国史，仍赍史本，就并州随军修撰。

《旧唐书》卷九七，《张说传》：张说，字道济。……弱冠应诏举，对策乙第，授太子校书，累转右补阙，预修《三教珠英》。……长安初，修《三教珠英》毕，迁右史、内供奉，兼知考功贡举事，擢拜凤阁舍人。……中宗即位，召拜兵部员外郎，累转工部侍郎。……拜兵部侍郎，加弘文馆学士。睿宗即位，迁中书侍郎，兼雍州长史。……（景云二年）同中书门下平章事，监修国史。……（玄宗即位）徵拜中书令，封燕国公。……迁右羽林将军，兼检校幽州都督。开元七年，检校并州大都督府长史……兼修国史，仍赍史本，随军修撰。

案：张说兼修国史，《唐会要》云在开元八年，《旧唐书》云在开元七年，今从《唐会要》。

吴兢约于本年前后著成《贞观政要》。

吴兢《贞观政要序》：有唐良相曰侍中安阳公、中书令河东公，以时逢圣明，位居宰辅，寅亮帝道，弼谐王政，恐一物之乖所，虑四维之不张，每克己励精，缅怀故实，未尝有乏。太宗时政化，良足可观，振古而来，未之有也。至于垂世立教之美，典谟谏奏之词，可以弘阐大猷，增崇至道者，爰命不才，备加甄录，体制大略，咸发成规。于是缀集所闻，参详旧史，撮其指要，举其宏纲，词兼质文，义在惩劝，人伦之纪备矣。军国之政存焉。凡一帙一十卷，合四十篇，名曰《贞观政要》。庶乎有国有家者克遵前轨，择善而从，则可久之业益彰矣，可大之功尤著矣，岂必祖述尧、舜，宪章文、武而已哉！其篇目次第列之于左。

《新唐书》卷五八，《艺文志二》：吴兢《太宗勋史》一卷，又《贞观政要》十卷。

《玉海》卷四九，“唐《贞观政要》、《太宗勋史》条”：吴兢《贞观政要》十卷、《太宗勋史》一卷。《书目》：兢于《太宗实录》外采太宗与群臣问对之语，以备观戒，为《政要》凡四十篇，十卷。始《君道》、《政体》、《任贤》、《求谏》，终于《谨终》。表云：“比见朝野士庶论及国家政教者，咸云若陛下之圣明，克迈太宗之故事，则不暇远求上古之术，必致太平之业。”序云：“有唐良相曰侍中安阳公源乾曜、中书令河东公张嘉贞，爰命下才，备加甄录。《君道》、《政体》、《任贤》、《求谏》、《纳谏》、《君臣鉴戒》、《论择官上下》、《论封建》、《太子诸王定分》、《尊师傅》、《教戒太子》、《规谏太子》、《仁义》、《论忠义》、《孝友》、《公平》、《诚信》、《俭约》、《谦逊》、《仁恻》、《谨所好》、《谨言语》、《杜谗邪》、《论悔过》、《论奢纵》、《论贪鄙》、《崇儒学》、《文史》、《礼乐》、《务农》、《刑法》、《赦令》、《辨兴亡》、《贡赋》、《谨征伐》、《议安边》、《行幸》、《田猎》、《灾祥》、《谨终》，凡十卷，四十篇。既以魏徵论为君之道为首，又以徵论克终之道为末。盖太宗时惟徵为善谏，上有所问，必指近事以为据，而不为泛滥、迂阔、激讦之言，太宗乐闻而喜从之。治几成、康，徵功为多。”按兢表上是书，史缺岁月，兢序有曰“有唐良相曰侍中安阳公、中书令河东公命加甄录，”以表考之，乾曜、嘉贞开元八年五月始拜是官（原注：按《本纪》开元八年源乾曜为侍中、张嘉贞为中书令。一年而嘉贞贬，十五年乾曜罢），至九年九月张说亦相，若二公并相之时，盖可知矣，其上于开元八年、九年欤？

《郡斋读书志》卷二上，杂史类：《贞观政要》十卷，吴兢撰。兢以唐之极治，贞观为最，故采时政之可备劝戒者上之于朝，凡四十篇。

《四库全书总目》卷五一，史部杂史类：《贞观政要》十卷，唐吴兢撰。……其书在当时尝经表进，而不著年月，惟兢自序所称侍中安阳公者乃源乾曜，中书令河东公者乃张嘉贞，考《玄宗本纪》，乾曜为侍中、嘉贞为中书令皆在开元八年，则兢成此书又在八年以后矣。

案：关于《贞观政要》之成书年代，瞿林东《〈贞观政要〉的成书年代》（见《史学史资料》1980年第3期）认为当在开元后期至开元、天宝之际，请参阅。

今案：关于《贞观政要》的成书时间问题，十分复杂，中国及日本学者有过多种说法。谢保成结合唐代的政局，详细梳理了吴兢撰写和进呈《贞观政要》的历程，认为吴兢是从唐中宗时即已开始撰写，但成书恐在唐玄宗开元五年至十三年之间，具体年分已经无考。而将此书进献，则在开元十七年八月间，《进书表》乃写于进书之际，不必为成书时间。其说颇多理据，见《试解〈贞观政要〉成书之谜》，载《史学月刊》1993年第2期；《〈贞观政要集校〉叙录》（中华书局2003年版）又载此说于卷首。但考虑到《贞观政要》毕竟未能查明成书时间，故仍以成书时间为标题，编于开元八年“前后”，但《玉海》所称《贞观政要》进书时间“其上于开元八年、九年欤”，已经不能成立。又，《玉海》这里引用的《书目》，据谢保成查考，应为北宋李淑《邯郸书目》，并非流行较广的《中兴馆阁书目》。

公元721年 唐玄宗开元九年 辛酉

《史通》作者刘知幾卒。

《旧唐书》卷一〇二，《刘子玄传》：（开元）九年，（知幾）长子贶为太乐令，犯事配流。子玄诣执政诉理，上闻而怒之，由是贬授安州都督府别驾。……子玄至安州无几而卒，年六十一。自幼及长，述作不倦。朝有论著，必居其职。预修《三教珠英》、《文馆词林》、《姓族系录》……修《唐书》、《实录》、皆行于代。有集三十卷。后数年，玄宗敕河南府就家写《史通》以进，读而善之。

元行冲等著成《群书目录》。

《旧唐书》卷八，《玄宗纪上》：开元九年……冬十一月丙辰，左散骑常侍元行冲上《群书目录》二百卷，藏之内府。

《旧唐书》卷一〇二，《元行冲传》：先是，秘书监马怀素集学者续王俭《今书七志》，左散骑常侍褚无量于丽正殿校写四部书，事未就而怀素、无量卒，诏行冲总代其职。于是行冲表请通撰古今书目，名为《群书目录》，命学士鄠县尉毋煚、栎阳尉韦述、曹州司法参军殷践猷、太学助教余钦等分部修检，岁余书成，奏上之。

《旧唐书》卷四六，《经籍志上》：开元三年，左散骑常侍褚无量、马怀素侍宴，言及经籍。玄宗曰："内库皆是太宗、高宗先代旧书，常令宫人主掌，所有残缺，未遑补缉，篇卷错乱，难于检阅。卿试为朕整比之。"至七年，诏公卿士庶之家，所有异书，官借缮写。及四部书成，上令百官入乾元殿东廊观之，无不骇其广。九年十一月，殷践猷、王惬、韦述、余钦、毋煚、刘彦真、王湾、刘仲等重修成《群书四部录》二百卷，右散骑常侍元行冲奏上之。

《旧唐书》卷四六，《经籍志上》：《群书四部录》二百卷，元行冲撰。

公元726年 唐玄宗开元十四年 丙寅

李元纮请令张说及吴兢至史馆修史。

《旧唐书》卷九八，《李元纮传》：李元纮，其先滑州人。……开元初……明年，擢拜中书侍郎同中书门下平章事。……先是，左庶子吴兢旧任史官，撰《唐书》一百卷，《唐春秋》三十卷，其书未成，以丁忧罢职。至是上疏请终其功，有诏特令就集贤院修成其书。及张说致仕，又令在家修史。元纮奏曰："国史者，记人君善恶，国政损益，一字褒贬，千载称之。前贤所难，事匪容易。今张说在家修史，吴兢又在集贤撰录，遂令国之大典，散在数处。且太宗别置史馆在于禁中，所以重其职而秘其事也。望勒说等就史馆参详撰录，则典册有凭，旧章不坠矣。"从之。乃诏说及吴兢并就史馆修撰。

《旧唐书》卷九七，《张说传》：（开元）十三年……授说为右丞相兼中书令。……明年，诏说致仕，仍令在家修史。

《唐会要》卷六三：开元十四年七月十六日，太子左庶子吴兢上奏曰："臣往者长安、景龙之岁，以左拾遗起居郎兼修国史，时有武三思、张易之、张昌宗、纪处讷、宗楚客、韦温等相次监领其职。三思等立性邪佞，不循宪章，苟饰虚词，殊非直笔。臣愚以为国史之作，在乎善恶必书，遂潜心积思，别撰《唐书》八十九卷、《唐春秋》三十卷，用藏于私室。虽绵历二十余年，尚刊削未就。但微臣私门凶衅，顷岁以丁忧去官，自此便停知史事。窃惟帝载王言，所书至重，倘有废绝，实深忧惧，于是弥纶旧纪，重加删缉。虽文则不工，而事皆从实。断自隋大业十三年，迄于开元十四年春三月，即皇家一代之典，尽在于斯矣。既将撰成此书于私家，不敢不奏。又卷轴稍广，缮写甚难，特望给臣楷书手三数人，并纸墨等。至绝笔之日，当送上史馆。"于是敕兢就集贤院修成其书，俄又令就史馆。及兢迁荆州司马，其书未能就。兢所修草本，兢亦自将。上令中使往荆州取得五十余卷，其纪事疏略，不堪行用。

公元729年 唐玄宗开元十七年 己巳

《魏典》作者元行冲卒。

《旧唐书》卷一〇二，《元行冲传》：（开元）十七年卒，年七十七。

《初学记》、《史记注》等作者徐坚卒。

《旧唐书》卷一〇二，《徐坚传》：徐坚……少好学，遍览经史。……进士举，累授太子文学。……坚又与给事中徐彦伯、定王府仓曹刘知幾、右补阙张说同修《三教珠英》。……则天又令坚删改唐史，会则天逊位而止。神龙初，再迁给事中。……睿宗即位，坚自刑部侍郎加银青光禄大夫，拜左散骑常侍，俄转黄门侍郎。……出为绛州刺史，五转复入为秘书监。开元十三年，再迁左散骑常侍。……坚多识典故，前后修撰格式、氏族及国史等，凡七入书府，时论美之。十七年卒，年七十余。

《郡斋读书志》卷三下，类书类：《初学记》三十卷，唐徐坚等撰。初，张说类集事要，以教诸王。开元中，诏坚与韦述、余钦、施敬本、张烜、李锐、孙季良分门撰次。

《新唐书》卷五九，《艺文志三》：《初学记》三十卷，张说类集要事以教诸王，徐坚、韦述、余钦、施敬本、张烜、李锐、孙季良等分撰。

《新唐书》卷五八，《艺文志二》：徐坚注《史记》一百三十卷。……徐坚《晋书》一百一十卷。

高似孙《史略》卷一：徐坚《史记注》一百三十卷。

《新唐书》卷五八，《艺文志二》：徐坚《大隐传》三卷。

萧嵩兼修国史。

《唐大诏令集》卷五一，《萧嵩集贤院学士修国史制》：门下，国史所以弘阐大猷，观乎人文，所以化成天下。自非钩深学海，囊括词林，盛周公之典谟，悬仲尼之日月，何以纂叙鸿业，尤谐佥能。兵部尚书兼中书令萧嵩，自天生德，惟国之桢，孝友温仁，禀于性也，明密忠谨，自然道合。礼乐资其黼藻，风雅由其发挥，足以掌书殿之秘文，紬史策之微烈。论道而讲学，司谕而记言，俾垂作范之规，用成不刊之典，可兼集贤院学士知院事兼修国史。

《旧唐书》卷九九，《萧嵩传》：萧嵩……开元初为中书舍人……历宋州刺史，三迁为尚书左丞、兵部侍郎。十五年。……乃以嵩为兵部尚书、河西节度使，判凉州事。……十七年……又加嵩兼中书令。……加集贤殿学士、知院事，兼修国史，进位金紫光禄大夫。

李镇著成《史记注》。

《新唐书》卷五八,《艺文志二》:李镇注《史记》一百三十卷,开元十七年上,授门下典仪。

韩佑著成《续古今人表》。

《新唐书》卷五八,《艺文志二》:韩佑《续古今人表》十卷,开元十七年上,授太常寺太祝。

裴杰著成《史汉异义》。

《新唐书》卷六〇,《艺文志四》:裴杰《史汉异义》三卷。河南人,开元十七年上,授临濮尉。

公元 731 年 唐玄宗开元十九年 辛未

卢若虚著《南宫故事》。

《新唐书》卷五八,《艺文志二》:卢若虚《南宫故事》三十卷。

《玉海》卷五一引《集贤注记》:开元十九年三月,卢若虚入集贤院修撰,博综坟史,尤明族姓,撰《南宫故事》。

公元 732 年 唐玄宗开元二十年 壬申

史官改隶中书省。

《新唐书》卷四七,《百官志二》:开元二十年,李林甫以宰相监修国史,建议以为中书切密之地,史官记事隶门下省疏远。于是谏议大夫、史馆修撰尹愔,奏徙于中书省。

高希峤著成《晋书注》。

《玉海》卷四六:开元二十年,高希峤上注《晋书》一百三十卷。

高似孙《史略》卷二,《晋书注》:高希峤注,一百三十卷,开元二十年上,清池主簿。

裴光庭著《续春秋经传》。

《册府元龟》卷五五六：裴光庭为侍中，开元二十年三月丁卯奏曰："臣闻圣人述作，先宅天人之心，次纪皇王之迹，垂谟训于万代，示褒贬于一方。汤武道衰，斯文将坠，周公补其绝细，仲尼振其颓纲。然后乐正雅颂，惩恶劝善。自获麟以来，代历千祀。班、马以纪传黜凡例，魏、晋以篡杀为揖让，既挠乱前轨，又聋瞽后代。《春秋》之义，非圣人谁能修之？伏惟陛下辟四门，修六典，高视风雅，发挥经术。微臣末学，待罪阿衡，职兼弘文，惧不胜任。昔《晋书》文词繁冗，穿凿多门，太宗特纡宸衷，亲为刊削，兼命儒学以成赞论，书称御制。臣等不胜大愿，上自周敬，下至有隋，约周公旧规，依仲尼新例，修《续春秋经》，具有褒贬。伏望进御，裁定指归，如先朝故事。其传请与馆内直学士张琪、李融等，如左丘明受经，敷畅圣意，属词比事，原始要终，审逆顺之端，定君臣之叙，继周孔之绝迹，阐文武之鸿休，传之无穷，永为程式。"帝手诏报曰："太上立德，其次立言，所以稽象纬而垂训诫也。卿博古知今，通才达识，处弼谐之任则忠谠日闻，综坟籍之司则文儒道长。今欲正人伦而美教化，因旧史而作《春秋》，斥班、马之纰缪，继经、传之褒贬，著述之美当如斯焉。将以先朝取朕裁定，虽宪章前烈而事业相悬。卿且就功，随了继进。"《旧唐书》卷八四，《裴行俭传附裴光庭》：光庭……开元初，六迁右率府中郎将，擢授司门郎中。岁余，转兵部郎中。……十三年……转鸿胪少卿。……迁兵部侍郎。十七年，拜中书侍郎、同中书门下平章事，寻兼御史大夫。无几，迁黄门侍郎，依旧知政事。从巡五陵迴，拜侍中，兼吏部尚书，又加弘文馆学士。……光庭又引寿安丞李融、拾遗张琪、著作佐郎司马利宾等，令直弘文馆，撰《续春秋传》。上表请以经为御撰，而光庭等依左氏之体为之作传，上又手制褒赏之。光庭委笔削于李融，书竟不就。

公元 735 年　唐玄宗开元二十三年　乙亥

《通典》作者杜佑生。

案：据《旧唐书》卷一四七《杜佑传》，杜佑卒于唐宪宗元和七年（公元 812 年），七十八岁。逆推之，知生于本年。

公元736年 唐玄宗开元二十四年 丙子

张守节著成《史记正义》。

张守节《史记正义序》:《史记》者，汉太史公司马迁作。……笔削冠于史籍，题目足以经邦。……自刘向、扬雄皆称良史之才。况坟典湮灭，简册缺遗。比之《春秋》，言辞古质;方之两汉，文省理幽。守节涉学三十余年，六籍九流，地里苍雅，锐心观采。评《史》、《汉》，诠众训释而作正义。郡国城邑委曲申明，古典幽微窃探其美，索理允惬，次旧书之旨，兼音解注，引致旁通，凡成三十卷，名曰《史记正义》。发挥膏盲之辞，思济沧溟之海。未敢侔诸秘府，冀训诂而齐流，庶贻厥子孙，世畴兹史。于时岁次丙子，开元二十四年八月杀青斯竟。

公元737年 唐玄宗开元二十五年 丁丑

录开元以来名臣事迹付史馆。

《唐大诏令集》卷八一,《录开元以来名臣事迹付史馆敕》:敕:朕君临万邦，多历年所，于今行事，动必见书，循以旧章，传诸实录。岂朕之独理，所赖良臣，或谋虑以济其事，或规讽以成其道。开元以来，勋庸德业者，咸宜备叙。其身已没者，宜令子录具录事迹，送史馆。开元二十五年五月。

公元739年 唐玄宗开元二十七年 己卯

官修《唐六典》完竣。

《新唐书》卷五八,《艺文志二》:《六典》三十卷。开元十年，起居舍人陆坚被诏集贤院修《六典》，玄宗手写六条，曰理典、教典、礼典、政典、刑典、事典。张说知院，委徐坚，经岁无规制，乃令毋煚、余钦、咸廙业、孙季良、韦述参撰。始以令式象《周礼》六官为制。萧嵩知院，加刘郑兰、萧晟、卢若虚。张九龄知院，加陆善经。李林甫代九龄，加苑咸，二十六年书成。

《新唐书》卷一三二,《韦述传》:张说既领集贤院，荐述为直学士，迁起居舍人。……先是，诏修《六典》，徐坚构意岁余，叹曰:吾更修七书，而《六典》

历年未有所适。及萧嵩引述撰定，述始摹周六官领其属，事归于职，规制遂定。

《旧唐书》卷一九〇中，《贺知章传》：开元十年，兵部尚书张说为丽正殿修书使，奏请知章及秘书员外监徐坚、监察御史赵冬曦皆入书院，同撰《六典》及《文纂》等，累年，书竟不就。

《郡斋读书志》卷二下，职官类：《唐六典》三十卷，唐玄宗撰，李林甫、张说等注。以三公、三师、三省、九寺、五监、十二卫等，例其职司官佐，叙以秩品，拟《周礼》六官，云：盖唐极治之书也。虽不能悉行于世，而诸司遵用，殆将过半。

《直斋书录解题》卷六，职官类：《唐六典》三十卷，题御撰，李林甫等奉敕注。按韦述《集贤记注》：开元十年，起居舍人陆坚被旨修六典，上手写白麻纸凡六条，曰理、教、礼、政、刑、事典，令以类相从，撰录以进。张说以其事委徐坚，思之历年，未知所适。又委毋煚、余钦、韦述，始以令式入六司，象《周礼》六官之制，其沿革并入注。然用功艰难。其后张九龄又以委苑咸。二十六年奏草上，至今在书院，亦不行。（原注：案《唐书艺文志》，张说以其事委徐坚，经岁无规制，乃命毋煚、余钦、咸廙业、孙季良、韦述参撰。及萧嵩知院，加刘郑兰、萧晟、卢若虚，张九龄知院，加陆善经，李林甫代九龄，加苑咸。委苑咸者乃李林甫也。至云二十六年奏草上，考新旧《唐书》，九龄以二十四年罢知政事，寻谪荆州，程大昌谓书成于九龄为相之日，当在二十四年。林甫注成奏进，当在二十七年，故是书卷首止列李林甫而不及九龄也。）

今案：《新唐书·艺文志》言此书成于开元二十六年，不确。《直斋书录解题》有自注案语，考订为最后成书于开元二十七年。又，《新唐书·艺文志》记述唐玄宗手书《唐六典》编纂体式，但最后并未按此办理，今见《唐六典》主体上是以朝廷衙署设置为纲领，分类汇纂时政史事，明清“会典”即在此书基础上发展而成。

公元 741 年　唐玄宗开元二十九年　辛巳

刘秩著《政典》。

《旧唐书》卷一四七，《杜佑传》：开元末，刘秩采经史百家之言，取《周礼》六官所职，撰分门书三十五卷，号曰《政典》。大为时贤称赏，房琯以为才过刘更生。

《旧唐书》卷一〇二，《刘子玄传附刘秩》：秩，给事中、尚书右丞、国子祭酒。撰《政典》三十五卷。

《新唐书》卷一三二，《刘子玄传附刘秩》：秩字祚卿。开元末，历左监门卫录事参军事，稍迁宪部员外郎。……所著《政典》、《止戈记》、《至德新议》等凡数十篇。

陈正卿著《续尚书》。

《新唐书》卷五七，《艺文志一》：陈正卿《续尚书》，纂汉至唐十二代诏策、章疏、歌颂、符檄、论议成书，开元末上之。卷亡。

《玉海》卷三七引《萧颖士代（陈）正卿表》：寻讨载籍，始有汉二典，次我唐二典，以续尧、舜之典。文、景、明、章之后，魏、晋、宋、齐以还，南讫有陈，北起元魏，历周、隋、洎高氏至圣朝，总十二代，诏策、章疏、歌颂、符檄，忠臣之正议，武士之权谋，类而刊之，次以年代，以续夏、商、秦、鲁之篇。尝读贞观《实录》，太宗因听政之暇，观览《尚书》，谓侍臣曰："朕每庶希唐、虞，亦思公等齐肩稷、契。"愚臣缅述太宗之旨，勒成帝典，不亦宜乎？

公元742年 唐玄宗天宝元年 壬午

刘贶约于本年前后著《六经外传》、《续说苑》、《天官旧事》。

《旧唐书》卷一〇二，《刘子玄传附刘贶》：贶，博通经史，明天文、律历、音乐、医算之术，终于起居郎、修国史。撰《六经外传》三十七卷，《续说苑》十卷……《天官旧事》一卷。

《新唐书》卷一三一，《刘子玄传附刘贶》：贶字惠卿。好学，多所通解。子玄卒，有诏访其后，擢起居郎。历右拾遗、内供奉。献《续说苑》十篇，以广汉刘向所遗，而刊落怪妄。贶尝以《竹书纪年》序诸侯列会皆举谥，后人追修，非当时正史。如齐人歼于遂，郑弃其师，皆孔子新意；《师春》一篇录卜筮事，与左氏合，知按《春秋》经传而为也。因著《外传》云。

《新唐书》卷五七，《艺文志一》：刘贶《六经外传》三十七卷。

《新唐书》卷五八，《艺文志二》：刘贶《天官旧事》一卷。

《新唐书》卷五九，《艺文志三》：刘贶《续说苑》十卷。

案：刘贶著书年代不详，暂编于此。

刘餗约于本年前后著《史例》、《国朝传记》、《国朝旧事》。

《旧唐书》卷一〇二，《刘子玄传附刘餗》：餗，右补阙、集贤殿学士、修国史。著《史例》三卷，《传记》三卷。

《新唐书》卷一三二，《刘子玄传附刘餗》：餗字鼎卿，天宝初历集贤院学士兼知史官，终右补阙。父子三人更莅史官。著《史例》，颇有法。

《新唐书》卷五八，《艺文志二》：刘餗《国朝传记》三卷，《国朝旧事》四十卷。

《新唐书》卷五九，《艺文志三》：刘餗《传记》三卷，一作《国史异纂》。

《新唐书》卷六〇，《艺文志四》：刘餗《史例》三卷。

《玉海》卷四七，引《中兴书目》：刘餗《国史异纂》三卷，载齐梁以来杂事。又卷四九引《书目》：刘餗《史例》三卷，以前史详略由于无法，故隐括诸凡，附经为例。

案：刘餗著书年代不详，暂编于此。

郑虔约于本年前著《会粹》。

《新唐书》卷二〇二，《郑虔传》：郑虔，郑州荥阳人。天宝初，为协律郎，集缀当世事，著书八十余篇。有窥其稿者，上书告虔私撰国史，虔苍黄焚之，坐谪十年。……初，虔追绌故书可志者，得四十余篇，国子司业苏源明名其书为《会粹》。

公元749年 唐玄宗天宝八年 己丑

史官吴兢卒。

《旧唐书》卷一〇二，《吴兢传》：吴兢，汴州浚仪人也。励志勤学，博通经史。宋州人魏元忠、亳州人朱敬则深器重之，及居相辅，荐兢有史才，堪居近侍，因令直史馆修国史。……神龙中，迁右补阙，与韦承庆、崔融、刘子玄撰《则天实录》，成，转起居郎。俄迁水部郎中，丁忧还乡里。开元三年服阕，抗疏言曰："臣修史已成数十卷，自停职还家，匪忘纸札，乞终余功。"乃拜谏议大夫，依前修史。俄兼修文馆学士，历卫尉少卿、左庶子。居职殆三十年。叙事简要，人用称之。末年伤于太简，国史未成。十七年，出为荆州司马，制许以史稿自随。中书令萧嵩监修国史，奏取兢所撰国史得六十五卷。……天宝初……兢尝以梁、陈、齐、周、隋五代史繁杂，乃别撰梁、齐、周史各十卷，陈史五卷，隋史二十卷，又伤疏略。兢虽衰耗，犹希史职。而行步伛偻，李林甫以其年老，不用。天宝八年卒于家，时年八十余。兢卒后，其子进兢所撰"唐史"八十余卷，事多纰缪，不逮于壮年。

公元 757 年 唐肃宗至德二年 丁酉

《唐春秋》等作者韦述卒。

《旧唐书》卷一〇二，《韦述传》：韦述……举进士，西入关。……考功员外郎宋之问曰："韦学士童年有何事业？"述对曰："性好著书。述有所撰《唐春秋》三十卷，恨未终篇。至如词策，仰待明试。"之问曰："本求异才，果得迁、固。"……述好谱学，秘阁中见常侍柳冲先撰《姓族系录》二百卷，述于分课之外，手自抄录，暮则怀归。如是周岁，写录皆毕，百氏源流转益详悉，乃于柳录之中别撰成《开元谱》二十卷。……（开元）十八年，兼知史官事。……述在书府四十年，居史职二十年。嗜学著书，手不释卷。国史自令狐德棻至于吴兢，虽累有修撰，竟未成一家之言。至述始定类例，补遗续阙，勒成《国史》一百一十三卷，并《史例》一卷。事简而记详，雅有良史之才，兰陵萧颖士以为谯周、陈寿之流。……及禄山之乱，两京陷贼，玄宗幸蜀。述抱国史藏于南山。经籍资产，焚剽殆尽，述亦陷于贼庭，授伪官。至德二年，收两京，三司议罪流于渝州，为刺史薛舒困辱，不食而卒。……所撰《唐职仪》三十卷、《高宗实录》三十卷、《御史台记》十卷、《两京新记》五卷，凡著书二百余卷，皆行于代。

《新唐书》卷五八，《艺文志二》：《国史》……一百一十三卷。（未著撰人）又，韦述《唐春秋》三十卷。又，韦述《高宗实录》三十卷。又，韦述《御史台记》十卷。又，《集贤注记》三卷。又，韦述《东封记》一卷。又，韦述《集贤书目》一卷。又，韦述《开元谱》二十卷。又，韦述《两京新记》五卷。

《郡斋读书志》卷二下，职官类：《集贤注记》一卷，唐韦述撰。摭院中故事，修撰书史之次，孝明时学士名氏。

于休烈奏请访求史籍。

《旧唐书》卷一四九，《于休烈传》：于休烈，河南人也。……肃宗践祚，休烈自中部赴行在，擢拜给事中。迁太常少卿，知礼仪事兼修国史。肃宗自凤翔还京，励精听受，尝谓休烈曰："君举必书，良史也。朕有过失，卿书之否？"对曰："禹、汤罪己，其兴也勃焉。有德之君不忘规过，臣不胜大庆。"时中原荡覆，典章殆尽，无史籍检寻，休烈奏曰："《国史》一百六卷、《开元实录》四十七卷、起居注并余书三千六百八十二卷，并在兴庆宫史馆，京城陷贼后皆被焚烧。且国史、实录，圣朝大典，修撰多时，今并无本。伏望下御史台推勘史馆所由，令府县招访。有人别收得国史、实录，如送官司，重加购赏；若是史官收得，仍赦其罪，得一部超授官资，得一卷赏绢十匹。"数月之内，唯得一两卷。前修史官工部侍郎韦述陷贼，入东京，至是以其家藏《国史》一百一十三卷送于官。

《唐会要》卷六三：至德二载十一月二十七日，修史官太常少卿于休烈奏曰："《国史》一百六卷、《开元实录》四十七卷、起居注并余书三千六百八十二卷，在兴庆宫史馆，并被逆贼焚烧。且国史、实录，圣朝大典，修撰之时，今并无本。望委御史台推勘史馆所由，并令府县搜访。有人收得国史、实录，能送官司，重加购赏。若是官书，并舍其罪，得一部超授官，一卷赏绢十匹。"数月惟得一两卷。前修史官工部侍郎韦述，贼陷入东京，至是，以其家先藏《国史》一百一十三卷送官。

公元 758 年 唐肃宗乾元元年 戊戌

于休烈著《五代帝王论》。

《旧唐书》卷一四九，《于休烈传》：乾元初……休烈寻转工部侍郎修国史，献《五代帝王论》，帝甚嘉之。

公元 759 年 唐肃宗乾元二年 己亥

著名文士、前集贤校理萧颖士卒，萧颖士撰有多种史籍、史论。

《新唐书》卷二〇二，《文艺中·萧颖士传》：萧颖士，字茂挺……尝谓仲尼作《春秋》，为百王不易法。而司马迁作本纪、书、表、世家、列传，叙事依违，失褒贬体，不足以训。乃起汉元年讫隋义宁，编年依《春秋》义类，为传百篇。在魏书高贵崩曰："司马昭弑帝于南阙"；在梁书陈受禅曰："陈霸先反"。又自以梁枝孙而宣帝逆取顺守，故武帝得血食三纪。昔曲沃篡晋而文公为五伯，仲尼弗贬也，乃黜陈闰隋，以唐土德承梁火德，皆自断，诸儒不与论也。有太原王绪者，僧辩裔孙，撰《永宁公辅梁书》，黜陈不帝。颖士佐之，亦著《梁萧史谱》及作《梁不禅陈论》，以发绪义例，使光明云。史官韦述荐颖士自代，召诣史馆待制……

公元 761 年 唐肃宗上元二年 辛丑

柳芳著《唐史》及《唐历》。

《旧唐书》卷一四九，《柳登传附柳芳》：柳登，字成伯，河东人。父芳，肃宗朝史官，与同职韦述受诏添修吴兢所撰《国史》，杀青未竟而述亡。芳绪述凡例，勒成《国史》一百三十卷，上自高祖，下止乾元。而叙天宝后事，绝无伦类，取舍非工，不为史氏所称。然芳勤于记注，含毫罔倦。属安史乱离，国史散落，编缀所闻，率多阙漏。上元中，坐事徙黔中，遇内官高力士亦贬巫州，遇诸途。芳以所疑禁中事咨于力士，力士说开元、天宝中时政事，芳随口志之；又以《国史》已成，经于奏御，不可复改，乃别撰《唐历》四十卷，以力士所传载于年历之下。

《旧唐书》卷五八，《艺文志二》：柳芳《唐历》四十卷。

《郡斋读书志》卷二上，编年类：《唐历》四十卷，唐柳芳撰。初，肃宗诏芳缀辑吴兢书，其叙天宝后事不伦。上元中，芳谪黔中，会高力士同贬，因从力士质开元、天宝及禁中事，识其本末。时旧史已送官，不可追刊，乃推衍义类，仿编年法作此书，起隋义宁元年，迄大历十三年。然不立褒贬义例，而叙制度为详。

《直斋书录解题》卷四，编年类：《唐历》四十卷，唐集贤学士河东柳芳仲敷撰。芳所缉《国史》，叙天宝后事不伦，及谪黔中，会高力士同贬，因从之质开元、天宝禁中事本末。史已上送，不可追刊，乃用编年法作此书，起隋义宁元年，迄大历十三年。

公元 762 年　唐肃宗宝应元年　壬寅

许嵩约于本年前著《建康实录》。

《建康实录序》（载卷首，高阳许嵩撰）：司马子长善叙事，古称良史，然班固嫌其疏略，是非颇谬于圣人，言论数篇以为所蔽。嵩述而不作，窃思好古。今质正传，旁采遗文，始自吴，起汉兴平元年，终于陈末祯明三年。……总四百年间，著东夏之事，勒成二十卷，名曰《建康实录》，具六朝君臣行事。事有详简，文有机要，不必备举。若土地、山川、城池、宫苑，当时制置，或互兴毁，各明处所，用存古迹；其有异事别闻，辞不相属，则皆注记以益见知，使周览而不烦，约而无失者也。

《新唐书》卷五八，《艺文志二》：许嵩《建康实录》二十卷。

《郡斋读书志》卷二上，实录类：《建康实录》二十卷，唐许嵩撰。始自吴，起汉兴平元年，终于陈末祯明三年，南朝六代四百年间君臣行事及土地、山川、城池、宫苑制置兴坏，用存古迹。其有异事则注之，以益见闻。建康者，六朝所都地名也。

《直斋书录解题》卷五，杂史类：《建康实录》二十卷，唐许嵩撰。载吴、晋、宋、齐、梁、陈六朝都建康者，编年附传，大略用实录体。

《四库全书总目》卷五〇，史部别史类：《建康实录》二十卷，唐许嵩撰。嵩自署曰高阳，盖其郡望，其始末则不可考。书中备记六朝事迹，起吴大帝，迄陈后主，凡四百年，而以后梁附之。六朝皆都建康，故以为名。其积算年数迄唐至德元年丙申而止，则肃宗时人也。前有《自序》，谓今质正传，旁采遗文，具君臣行事，事有详简，文有机要，不必备举。若土地、山川、城池、宫苑，各明处所，用存古迹；其异事别闻，辞不相属，则皆注记以益见知，使周览而不烦，约而无失云云。盖其义例主于类叙兴废大端，编年纪事，而尤加意于古迹。……引据广博，多出正史之外，唐以来考六朝遗事者，多援以为徵。……《新唐书志》载入杂史类，盖以所载非一代之事，又不立纪传之名，尚为近理。《郡斋读书志》载入实录类，已不免循名失实。马端临《经籍考》载入起居注类，则乖舛弥甚。至郑樵《艺文略》编年一类，本案代分编，乃以此书系诸刘宋之下，与《宋春秋》、《宋纪》并列，尤为纰缪。今考所载，惟吴为僭国，然《三国志》已列正史，故隶之于别史类焉。

案：许嵩事迹无考，仅知为唐肃宗时人，暂编于此。

公元764年 唐代宗广德二年 甲辰

元载请撰《历代书志》。

《册府元龟》卷五五六：元载，代宗朝为相。广德二年四月，诏集贤院撰《历代书志》，从载所请也。

《旧唐书》卷一一八，《元载传》：元载，凤翔岐山人也。……肃宗即位……拜祠部员外郎，迁洪州刺史。两京平，入为度支郎中。……寻加御史中丞。……迁户部侍郎、度支使并诸道转运使。……拜载同中书门下平章事，度支转运使如故。……肃宗晏驾，代宗即位……迁中书侍郎、同中书门下平章事，加集贤殿大学士，修国史。

公元766年 唐代宗永泰二年（大历元年）丙午

柳芳著《永泰新谱》。

《旧唐书》卷一一，《代宗纪》：永泰……二年……冬十月……己丑，宗正卿吴王祇奏上《皇室永泰新论（案："论"疑是"谱"之误）》二十卷，太常博士柳芳撰。

案：永泰二年十一月改元大历，称大历元年。

《旧唐书》卷一四九，《柳登传附柳璟》：初，璟祖芳精于谱学，永泰中按宗正谱谍，自武德已来宗枝昭穆相承，撰皇室谱二十卷，号曰《永泰新谱》。

公元768年 唐代宗大历三年 戊申

令狐峘修成《唐玄宗实录》。

《唐会要》卷六三：大历三年，起居舍人兼修史令狐峘，修《玄宗实录》一百卷。峘著述虽精，属丧乱之后，起居注亡失，纂开元、天宝间事，唯得诸家文集，编其诏策，名臣传记十无三四，后人以漏略讥之。

《旧唐书》卷一四九，《令狐峘传》：令狐峘，德棻之玄孙。……自华原尉拜右拾遗，累迁起居舍人，皆兼史职。修《玄宗实录》一百卷，《代宗实录》

四十卷。著述虽勤，属大乱之后，起居注亡失，峘纂开元、天宝事，虽得诸家文集，编其诏策，名臣传记十无三四，后人以漏落处多，不称良史。

《新唐书》卷五八，《艺文志二》:《玄宗实录》一百卷，令狐峘撰，元载监修。

《玉海》卷四八引《中兴书目》:《唐玄宗实录》一百卷，元载、令狐峘撰。起先天元年，尽上元三年，以大历三年上，凡五十年。

《郡斋读书后志》卷一，实录类:《唐玄宗实录》一百卷，唐元载等撰，起即位，尽上元三年，凡五十年。安史之乱，玄宗起居注亡。大历中，史官令狐峘裒掇诏策，备一朝之遗阙。天元、天宝间君臣事多漏略。

《直斋书录解题》卷四，起居注类:《唐玄宗实录》一百卷，题元载撰。盖左拾遗令狐峘所为，而载以宰相监修也。史称事多漏略，拙于取弃，不称良史。峘，德棻五世孙也。

公元777年　唐代宗大历十二年　丁巳

《唐肃宗实录》于本年以前修成。

《新唐书》卷五八，《艺文志二》:《肃宗实录》三十卷，元载监修。

《郡斋读书后志》卷一，实录类:《唐肃宗实录》三十卷，唐元载等撰。起即位，尽后元年，凡六年。

《直斋书录解题》卷四，起居注类:《唐肃宗实录》三十卷，亦元载监修，不见史官姓名。

案:《唐肃宗实录》修成之年不详。据《旧唐书·代宗纪》及《元载传》，元载死于本年，则《唐肃宗实录》至迟于本年以前修成。

公元780年　唐德宗建中元年　庚申

沈既济论国史不应列武则天为本纪。

《旧唐书》卷一四九，《沈传师传》:沈传师，字子言，吴人。父既济，博通群籍，史笔尤工，吏部侍郎杨炎见而称之。建中初，炎为宰相，荐既济才堪史任，召拜左拾遗、史馆修撰。既济以吴兢撰《国史》以则天事立本纪，奏议非之曰:“史氏之作，本乎惩劝，以正君臣，以维家邦。前端千古，后法万代，使其生不敢差，死不妄（案：《唐会要》卷六三作“忘”）惧。纬人伦而经世道，为百王准的，不止属词比事，以日系月而已。故善恶之道，在乎劝诫，劝诫之柄，存（案：《唐会要》卷六三作“在”）乎褒贬。是以《春秋》之义，尊卑、轻重、升降，幾微仿佛，虽一字二字，必有微旨存焉。况鸿名大统，其可以贷乎？伏以则天皇后，初以聪明睿哲，内辅时政，厥功茂矣。及弘道之际，孝和以长君嗣位，而太后以专制临朝，俄又废帝，或幽或徙。既而握图称箓，移运革名，牝伺燕啄之踪，难乎备述。其后五王建策，皇运复兴，议名之际，得无降损。必将义以亲隐，礼从国讳，苟不及损，当如其常，安可横绝彝典，超居帝籍？昔仲尼有言，必也正名，故夏、殷二代为帝者三十世矣，而周人通名之曰王；吴、楚、越之君为王者百余年，而《春秋》书之为子。盖高下自乎彼，而是非稽乎我。过者抑之，不及者援之，不为弱减，不为僭夺。握中持平，不振不倾，使其求不可得，而盖不可掩，斯古君子所以慎其名也。夫则天体自坤顺，位居乾极，以柔乘刚，天纪倒张，进以强有，退非德让。今史臣追书，当称之太后，不宜曰上。孝和虽迫母后之命，降居藩邸，而体元继代，本吾君也，史臣追书，宜称曰皇帝，不宜曰庐陵王。睿宗在景龙已前，天命未集，徒禀后制，假临大宝，于伦非次，于义无名，史臣书之，宜曰相王，未宜曰帝。若以得失既往，遂而不举，则是非褒贬，安所辨正？载笔执简，谓之何哉？则天废国家历数，用周正朔，废国家太庙，立周七庙。鼎命革矣，徽号易矣，旗裳服色既已殊矣，今安得以周氏年历而列为《唐书》帝纪？徵诸礼经，是谓乱名。且孝和继天践祚在太后之前，而叙年制纪居太后之下，方之跻僖，是谓不智，详今考古，并未为可。或曰：班、马良史也，编述汉事，立高后以续帝载，岂有非之者乎？答曰：昔高后称制，因其旷嗣，独有分王诸吕，负于汉约，无迁鼎革命之甚；况其时孝惠已殁，孝文在下，宫中二子非刘氏种，不纪吕后，将纪谁焉？虽云其然，议者犹为不可，况迁鼎革命者乎？或曰：若天后不纪，帝绪缺矣。则二十二年行事何所系乎？曰：孝和以始年登大位，以季年复旧业，虽尊名中夺而天命未改，足以首事，足以表年，何所拘阂，裂为二纪？昔鲁昭之出也，《春秋》岁书其居曰公在乾侯，且君在，虽失位不敢废也。今请并《天后纪》合《孝和纪》，每于岁首必书孝和所在以统之，书曰某年春正月皇帝在房陵，太后行某事、改某制云云。则纪称孝和，而事述太后，俾名不失正，而礼不违常，名礼两得，人无间矣。其姓氏名讳，入宫之由，历位之资，才艺智略，年辰崩葬，别纂录入《皇后传》，列于废后王庶人之下，题其篇曰《则天顺圣武后》云。”事虽不行，而史氏称之。

《唐会要》卷六三：建中元年七月，左拾遗、史馆修撰沈既济，以吴兢所撰《国史》则天事为本纪，奏议驳之曰：（案：下文同上引《旧唐书》，从略）……

唐朝定立有“诸司应送史馆事例”。

《唐会要》卷六三，“诸司应送史馆事例”：祥瑞，礼部每季具录送；天文祥异，太史每季并所占候详验同报。蕃国朝贡，每使至，鸿胪勘问土地、风俗、衣服、贡献、道里远近并其主名字报。蕃夷入寇及来降，表状，中书录状报露布，兵部录报。军还日，军将具录陷破城堡、伤杀吏人、掠掳畜产，并报。变改音律及新造曲调，太常寺具所由及乐词报。州县废置及孝义旌表，户部有即报。法令变改，断狱新议，刑部有即报。有年及饥，并水旱、虫霜、风雹及地震，流水泛溢，户部及州县每有即勘其年月日，及赈贷、存恤同报。诸色封建，司府勘报，袭封者不在报限。京诸司长官及刺史都督、都护、行军大总管、副总管除授，并录制词，文官吏部送，武官兵部送。刺史、县令善政、异迹，有灼然者，本州录附考使送，硕学异能，高人逸士，义夫节妇，州县有此色，不限官品，勘知的实，每年录附考使送。京诸司长官薨卒，本司责由历状迹送。刺史、都督、都护及行军副大总管已下薨，本州、本军责由历状，附便使送。公主、百官定谥，考绩录、行状、谥议同送。诸王来朝，宗正寺勘报。已上事，并依本条所由，有即勘报史馆，修入国史。如史官访知事有堪入史者，虽不与前件色同，亦任直牒索，承牒之处，即依状勘，并限于一月内报。建中元年十一月二十八日。史馆奏：前件事条，虽标格式，因循不举，日月已深，伏请申明旧制，各下本司。从之。大历十四年正月已后，至今年十月已前，所有事迹，各限勑到一月日报。从此已后，外州县及诸军、诸使，每年一度附考使送纳。在京，即每季申便为恒例。敕旨：依奏。

今案：唐朝之“诸司应送史馆事例”应当早有规定，而逐渐完善化，唐德宗建中元年的的史馆奏报，明言是要“申明旧制”。而此年之重申奏报，行诸文字，留存至今，故将之系于本年。

公元 781 年 唐德宗建中二年 辛酉

沈既济于本年后著成《建中实录》。

《新唐书》卷一三二，《沈既济传》：撰《建中实录》，时称其能。

《新唐书》卷五八，《艺文志二》：沈既济《建中实录》十卷。

《玉海》卷四八引《书目》：《唐建中实录》十五卷，左拾遗沈既济撰。起大历十四年，以建中二年十月终篇。既济作五例：举终必见始；善恶必评；月必举朔；史官虽卑，出入必书；太子曰薨。自谓辞虽不足而书法无隐云。

《直斋书录解题》卷四，起居注类：《唐建中实录》十卷，唐史馆修撰、吴郡沈既济撰。其书止于建中二年十月，既济罢史官之日。

《文献通考》卷一九四，《经籍考》：《唐建中实录》十卷。《崇文总目》：唐史馆修撰沈既济撰。起大历十四年德宗即位，尽建中二年十月既济罢史官之日。自作五例：所以异于常者，举终必见始；善恶必评；月必举朔；史官虽卑，出入必书；太子曰薨。自谓辞虽不足而书法无隐云。

今案：《玉海》引《书目》处甚多，而历代朝廷纂辑各种"书目"不计其数，故所谓"书目"者实未明何书。查《玉海》多引录南宋编辑的《中兴馆阁书目》，时简称《中兴书目》，甚或简言"书目"，一般大抵如是，但若详考，亦有特殊之例，如前涉及《贞观政要》事，即非《中兴书目》，见前开元八年该条目。

公元 785 年 唐德宗贞元元年 乙丑

韦执谊奏请史臣各撰日历，不得私家置本。

《唐会要》卷六三：贞元元年九月，监修国史宰臣韦执谊奏："伏以皇王大典，实存简册，施于千载，传述不轻。窃见自顷已来，史臣所有修撰，皆于私家纪录，其本不在馆中。褒贬之间，恐伤独见；编纪之际，或虑遗文。从前已来，有此乖阙，自今已后，伏望令修撰官各撰日历，凡至月终即于馆中都会详定是非，使置姓名，同其封锁。除已成实录撰进宣下者，其余见修日历并不得私家置本。仍请永为常式。"从之。

公元 786 年　唐德宗贞元二年　丙寅

韦执谊著《翰林故事》。

《玉海》卷五一引《书目》:《翰林故事》一卷。贞元二年，学士韦执谊撰述贞观以来翰苑建置沿革。记云自立此院，连飞继鸣者逾三十人，因以官秩名氏次叙为故事。今是书名氏皆缺。

《直斋书录解题》卷六，职官类:《翰林院故事》一卷，唐学士京兆韦执谊撰。

公元 796 年　唐德宗贞元十二年　丙子

裴延龄建议领史职者不宜为谏官。

《唐会要》卷六三：贞元九年十二月，以前河南府王屋县尉蒋武为右拾遗、史馆修撰。上重难其职，制未可，下前召见于延英殿，至是方命官。十二年正月，以工部郎中、史馆修撰如故。其年二月，又荐自左谏议大夫迁秘书少监，修撰如故。时裴延龄贵，欲异同宰相，乃言于上曰："谏议大夫，论朝廷得失之官；史臣修撰，纪朝廷得失之事。其领史职者不宜为谏官。"故有斯命。

公元 797 年　唐德宗贞元十三年　丁丑

韩潭著成《统载》。

《册府元龟》卷五五六：韩潭为夏绥银节度使，贞元十三年，潭进《统载》三十卷，其书采虞夏以来至于周、隋，录其事迹善于始终者六百六十八人为立传。

《新唐书》卷五九，《艺文志三》：韩潭《统载》三十卷，夏绥银节度使，贞元十三年上。

公元 800 年　唐德宗贞元十六年　庚辰

齐抗修国史。

《唐大诏令集》卷五一，《齐抗修国史制》：敕：天工人代，缉熙庶绩，所以达四方之志，遂万物之宜。王猷以穆，在于宰政，君举必书，弘阙史职，典领著作，允资荩臣。中散大夫守中书侍郎同中书门下平章事上柱国赐紫金鱼袋齐抗，文含大雅，行归中庸，弘道而致，含章而归。业稽三王之法，志酌千古之献。言积醇粹而外发德辉，性自明诚而居为国器。擢登密勿，每竭訏谟，察其忠谅，多所弘益，以序王道之端，辩人事之纪。惩劝教化，在于《春秋》，错综裁成，必归良直。以中枢之余力，得东观之全才。山甫补阙，已彰于匪懈，臧文立言，伫闻于不朽。修明简策，惟尔之休，可兼修国史，余并如故。

《旧唐书》卷一三，《德宗纪下》：贞元……十六年……九月……以太常卿齐抗为中书侍郎、同平章事。

《旧唐书》卷一三六，《齐抗传》：齐抗，字遐举。……贞元初，为水陆运副使……迁谏议大夫。历处州刺史、湖南都团练观察使。入为给事中，又为河南尹。历秘书监、太常卿，代郑余庆为中书侍郎、同中书门下平章事。……寻加修国史。

公元801年 唐德宗贞元十七年 辛巳

杜佑著成《通典》。

《旧唐书》卷一三，《德宗纪下》：开元……十七年……冬十月……淮南节度使杜佑进《通典》，凡九门，共二百卷。

《旧唐书》卷一四七，《杜佑传》：杜佑，字君卿，京兆万年人。……佑以荫入仕，补济南郡参军、剡县丞。……累官至检校主客员外郎，入为工部郎中，充江西青苗使，转抚州刺史。改御史中丞，充容管经略使。杨炎入相，徵入朝，历工部、金部二郎中，并充水陆转运使，改度支郎中，兼和籴等使。……迁户部侍郎，判度支。……兼御史大夫，充岭南节度使。……贞元三年，徵为尚书左丞，又出为陕州观察使，迁检校礼部尚书，扬州大都督府长史，充淮南节度使。……累转刑部尚书、检校右仆射。十六年……诏佑以淮南节制检校左仆射、同平章事，兼徐泗节度使。……初，开元末刘秩采经史百家之言，取《周礼》六官所职，撰分门书三十五卷，号曰《政典》，大为时贤称赏，房琯以为才过刘更生。佑得其书，寻味厥旨，以为条目未尽，因而广之，加以开元礼乐，书成二百卷，号曰《通典》。贞元十七年，自淮南使人诣阙献之。……优诏嘉之，命藏书府。

其书大传于时。礼乐刑政之源，千载如指诸掌，大为士君子所称。

《唐会要》卷三六：贞元十九年二月（案：应依《旧唐书·德宗纪下》作贞元十七年十月），淮南节度使杜佑撰《通典》二百卷上之。其书凡九门，取《食货》十二篇,《选举》六篇,《职官》二十二篇,《礼》一百篇,《乐》七篇,《兵》六篇,《刑》十七篇,《州郡》十四篇,《边防》十六篇。佑多该涉，尤精历代之要，修《通典》，识者知其必登公辅之位。其书既出，遂行于时。

《通典》卷一，《序引》：佑少尝读书而性且蒙固，不达术数之艺，不好章句之学。所纂《通典》，实采群言，徵诸人事，将施有政。夫理道之先，在乎行教化；教化之本，在乎足衣食。《易》称聚人曰财。《洪范》八政，一曰食，二曰货。管子曰："仓廪实知礼节，衣食足知荣辱。"夫子曰："既富而教，斯之谓矣。"夫行教化在乎设职官，设职官在乎审官才，审官才在乎精选举，制礼以端其俗，立乐以和其心，此先哲王致治之大方也。故职官设，然后兴礼乐焉，教化隳，然后用刑罚焉，列州郡俾分领焉，置边防遏戎狄焉。是以《食货》为之首（十二卷），《选举》次之（六卷），《职官》又次之（二十二卷），《礼》又次之（百卷），《乐》又次之（七卷），《刑》又次之（大刑用甲兵十五卷，其次五刑八卷），《州郡》又次之（十四卷），《边防》末之（十六卷），或览之者庶知篇第之旨也。（本初纂录止于天宝之末，其有要须议论者亦便及以后之事。）

李翰《通典序》：儒家者流，博而寡要，劳而少功，何哉？其患在于习之不精，知之不明，入而不得其门，行而不由其道。……而学者以多阅为广见，以异端为博闻，是非纷然，鸿洞茫昧而无条贯。或举其中而不知其本，原其始而不要其终。高谈有余，待问则泥。虽驱驰百家，日诵万字，学弥广而志弥惑，闻愈多而识愈疑，此所以勤苦而难成，殆非君子进德修业之意也。今《通典》之作，昭昭乎其警学者之群迷欤！以为君子致用在乎经邦，经邦在乎立事，立事在乎师古，师古在乎随时，必参古今之宜，穷终始之要。始可以度其古，终可以行于今。问而辨之，端如贯珠；举而行之，审如中鹄。夫然，故施于文学可为通儒，施于政事可建皇极。故采五经群史，上自黄帝，至于有唐天宝之末，每事以类相从，举其始终，历代沿革废置及当时群士论议得失，靡不条载，附之于事，如人支脉散缀于体。凡有八门，号曰《通典》。非圣人之书，乖圣人微旨不取焉，恶烦杂也。事非经国礼法程制亦所不录，弃无益也。若使学者得而观之，不出户知天下，未从政达人情，罕更事知时变。为功易而速，为学精而要。其道直而不径，其文甚详而不烦。推而通，放而准，语备而理尽，例明而事中，举而措之如指诸掌，不假从师聚学而区以别矣。非聪明独见之士，孰能修之？淮南元戎之佐曰尚书主客郎京兆杜公君卿，雅有远度，志于邦典，笃学好古，生而知之。以大历之始，实纂斯典，累年而成。杜公亦自为《序引》，各冠篇首。或前史有阙，申高见发明以示劝戒，用存景行。近代学士多有撰集，其最著者《御览》、《艺文》、《玉烛》之类，网罗古今，博则博矣，然率多文章之事，记问之学，至于刊列百度，缉熙王猷，至精至粹，其道不杂，比于《通典》，非其伦也。于戏，今之人贱近而贵远，昧微而睹著，得之者甚鲜，知之者甚稀，可为长太息也。翰尝有斯志，约乎旧史，图之不早，竟为善述者所先，故颇详旨趣而为之序，庶将来君子知吾道之不诬也。左补阙李翰序。

《郡斋读书志》卷三下，类书类：《通典》二百卷，唐杜佑撰。先是，刘秩采经史，自黄帝迄唐天宝末，制度沿革废置，论议得失，仿《周礼》六官法为《政典》三十五篇，房琯称才过刘向。佑以为未尽，因广之，参以新礼，为二百篇。以食货、选举、职官、礼、乐、刑法、州郡、边防八门，分类序载，世推该洽。凡三十六年成书，德宗时上之。

公元 803 年　唐德宗贞元十九年　癸未

苏冕著《会要》。

《旧唐书》卷一八九下，《苏弁传附苏冕》：（苏）冕缵国朝正事，撰《会要》四十卷，行于时。

《唐会要》卷三六：贞元十九年……又，杭州刺史苏弁，撰《会要》四十卷。弁与兄冕缵国朝故事为是书。

公元 805 年　唐顺宗永贞元年　乙酉

《唐玄宗实录》、《唐代宗实录》作者令狐峘卒。

《旧唐书》卷一四九，《令狐峘传》：贞元中，李泌辅政，召拜右庶子、史馆修撰。……贬衢州别驾。……顺宗即位，以秘书少监徵，既至而卒。

《新唐书》卷五八，《艺文志二》：令狐峘《代宗实录》四十卷。（案：令狐峘撰《玄宗实录》已见前。）

公元 807 年　唐宪宗元和二年　丁亥

令狐丕奏上其父令狐峘所撰《唐代宗实录》。

《唐会要》卷六三：元和二年七月，太仆寺丞令狐丕亡父故史官峘所撰《代宗实录》四十卷。诏付史馆。

《册府元龟》卷五六二：令狐峘为左庶子、史馆修撰，在史馆修《玄宗实录》百卷，《代宗实录》四十卷，虽勤苦，然多遗漏，不称良史。至元和二年，其子丕为太仆寺丞，进峘所撰《代宗实录》四十卷，诏付史馆，赠峘工部尚书。叙事用舍咸不当，而又多漏略，名臣如房琯不立传，直疏如颜真卿，略而不载。

《郡斋读书志》卷二上，实录类：《唐代宗实录》四十卷，唐令狐峘撰。初，诏峘撰录，未成书，贬官，卒。元和二年，子丕上之。当时名臣如房琯不立传，直抗如颜真卿略而不载，时讥漏略。起宝应元年壬寅，止大历十四年己未，凡十七年。

刘肃著成《大唐新语》。

《大唐世说新语原序》（登仕郎前守江州浔阳县主簿刘肃撰）：自庖牺画卦，文字聿兴，立记注之司，以有警诫之法。传称左史记言，《尚书》是也；右史记事，《春秋》是也，洎唐、虞氏作，木火递兴，虽戢干戈，质文或异，而九丘八索，祖述莫殊。宣父删落其繁芜，丘明捃拾其疑阙，马迁创变古体，班氏遂业前书。编集既多，省览为殆。则拟虞卿、陆贾之作，袁宏、荀氏之录，虽为小学，抑亦可观，尔来记注不乏于代矣。圣唐御宇，载几二百，声明文物，至化玄风，卓尔于百王，辉映于前古。肃不揆庸浅，辄为纂述。备书微婉，恐贻床屋之尤；全采风谣，惧招流俗之说。今起国初，迄于大历，事关政教，言涉文词，道可师模，志将存勒，成十三卷，题曰《大唐世说新语》，聊以宣之开卷，岂敢传诸奇人。时元和丁亥（二年）岁有事于圆丘之月序。

《郡斋读书志》卷二上，杂史类：《大唐新语》十三卷，唐刘肃撰辑唐故事，起武德，止大历，分为二十类。

《直斋书录解题》卷五，杂史类：《大唐新语》十三卷，唐江都县主簿刘肃撰。自武德迄大历，分类编纂，凡三十类。元和丁亥（二年）岁序。

公元809年　唐宪宗元和四年　己丑

裴垍建议改定史馆官制。

《旧唐书》卷一四八，《裴垍传》：裴垍，字弘中，河东闻喜人。……元和初，召入翰林为学士，转考功郎中、知制诰，寻迁中书舍人。……三年……除户部侍郎。……其年秋，李吉甫出镇淮南，遂以垍代为中书待郎同平章事。明年（四年），加集贤院大学士、监修国史。垍奏："集贤御书院，请准《六典》，登朝官五品已上为学士，六品已下为直学士；自非登朝官，不问品秩，并为校理；其余名目一切勒停。史馆请登朝官入馆者并为修撰。非登朝官并为直史馆。仍永为常式。"皆从之。

《唐会要》卷六三：元和六年六月，宰臣集贤院大学士裴垍奏："史馆请登朝官入馆者并为修撰，非登朝并为直馆，修撰中以一人官高者判馆事。其余名目，并请不置，仍永为常式。"从之。

《旧唐书》卷四三，《职官志二》：修撰直馆：……元和六年，宰相裴垍奏："登朝官领史职者并为修撰，未登朝官入馆者并为直馆。修撰中以一人官高者判馆事，其余名目并请不置。"从之。

《新唐书》卷四七，《百官志二》：元和六年，宰相裴垍建议：登朝官领史职者为修撰，以官高一人判馆事；未登朝官皆为直馆。

案：裴垍建议改定史馆官职名称，《旧唐书·裴垍传》言在元和四年，而《唐会要》、《旧唐书·职官志》及《新唐书·百官志》均言在元和六年。据《旧唐书·裴垍传》，裴垍于元和五年因中风病罢为兵部尚书，元和六年改为太子宾客，卒。则此事应在元和四年。

公元810年　唐宪宗元和五年　庚寅

蒋乂、韦处厚等撰成《唐德宗实录》。

《旧唐书》卷一四，《宪宗纪上》：元和……五年……冬十月……庚辰，宰相裴垍进所撰《德宗实录》五十卷，赐垍锦綵三百匹、银器等，史官蒋武（即蒋乂）、韦处厚等颁赐有差。

《旧唐书》卷一四九，《蒋乂传》：蒋乂，字德源，常州义兴人也。……弱冠博通群籍，而史才尤长。……贞元九年，转右拾遗，充史馆修撰。……十八年，迁起居舍人，转司勋员外郎，皆兼史职。……元和二年，迁兵部郎中。……改秘书少监，复兼史官修撰。寻奉诏与独孤郁、韦处厚同修《德宗实录》。五年，书成奏御，以功拜谏议大夫。

《新唐书》卷一三二，《蒋乂传》：初名武，宪宗时因进见，请曰："陛下今日偃武修文，群臣当顺承上意，请改名乂。"帝悦。

《旧唐书》卷一五九，《韦处厚传》：韦处厚字德载，京兆人。……通五经，博览史籍，而文思赡逸。元和初，登进士第，应贤良方正，擢居异等，授秘书省校书郎。裴垍以宰相监修国史，奏以本官充直馆，改咸阳县尉，迁右拾遗，并兼史职。修《德宗实录》五十卷，上之，时称信史。

《旧唐书》卷一六八，《独孤郁传》：独孤郁，河南人。……元和初……拜左拾遗。……四年，转右补阙。……五年，兼史馆修撰。寻召充翰林学士，迁起居郎。……迁郁考功员外郎，充史馆修撰、判馆事，预修《德宗实录》。

《新唐书》卷五八，《艺文志二》：《德宗实录》五十卷，蒋乂、樊绅、林宝、韦处厚、独孤郁撰，裴垍监修。

《册府元龟》卷五五四：蒋乂，初名武，贞元九年自前河南府王屋县尉为右拾遗史馆修撰。德宗重难其职，制未下前召见于延英殿，方命官。元和四年为秘书少监兼史馆修撰，奉诏与独孤郁、韦处厚同修《德宗实录》。

《册府元龟》卷五五六：裴垍为中书侍郎平章事、监修国史。元和五年十月，垍与史官蒋武等修成《德宗实录》，表奏之曰："……臣与修撰官秘书少监蒋武以去年八月论著，绝笔勒成《德宗实录》五十卷，缮写整饬，今已就功。……其《实录》五帙五十卷，并《目录》一卷，谨随表献上。"帝览而称善。……乃赐垍缯锦三百匹及银器，修史官蒋武、林宝、韦处厚、樊绅等既颁宠赐，又皆命进秩。

《郡斋读书后志》卷一，实录类：《唐德宗实录》五十卷，唐裴垍等撰。起即位，尽贞元二十一年，凡二十五年。元和二年，诏蒋乂、樊绅、林宝、韦处厚、独孤郁同修。五年，垍上之。

公元811年 唐宪宗元和六年 辛卯

陈鸿修于本年后著成《大统纪》。

《玉海》卷四七引《文粹》：陈鸿修《大统纪》三十卷，正统年代随甲子纪年（以《世本》、《尚书》、《春秋》、纬书及诸史为据），绝笔于元和六年辛卯。上推至炎帝元年癸未，凡三千六百九年。

公元812年 唐宪宗元和七年 壬辰

《通典》作者杜佑卒。

《旧唐书》卷一四七，《杜佑传》：元和七年被疾……其年十一月薨，寿七十八。

公元813年 唐宪宗元和八年 癸巳

李吉甫论时政记。

《旧唐书》卷一四八，《李吉甫传》：李吉甫，字弘宪，赵郡人。……年二十七为太常博士，该洽多闻，尤精国朝故实，沿革折衷，时多称之。……宪宗嗣位，徵拜考功郎中、知制诰，既至阙下，旋召入翰林为学士，转中书舍人，赐紫。……（元和）二年春……擢吉甫为中书侍郎、平章事。……（六年）正月，授吉甫金紫光禄大夫、中书侍郎、平章事、集贤殿大学士、监修国史、上柱国、赵国公。……八年十月，上御延英殿，问时政记记何事？时吉甫监修国史，先对曰："是宰相记天子事，以授史官之实录也。古者右史记言，今起居舍人是；左史记事，今起居郎是。永徽中，宰相姚璹监修国史，虑造膝之言或不可闻，因请随奏对而记于仗下，以授于史官，今时政记是也。"上曰："间或不修，何也？"曰："面奉德音，未及施行，总谓机密，故不可书以送史官。其间有谋议出于臣下者，又不可自书以付史官。及已行者，制令昭然，天下皆得闻知，即史官之记，不待书以授也。且臣观时政记者，姚璹修之于长寿（武则天年号），及璹罢而事寝；贾耽、齐抗修之于贞元（唐德宗年号），及耽、抗罢而事废。然则关时政化者，不虚美，不隐恶，谓之良史也。”

李吉甫著成《元和郡县图志》、《六代略》等。

李吉甫《元和郡县图志序》：臣闻王者建州城，物土疆，观次于星躔，察法于地理。考中国山河之象，求二仪险阻之情，天汉萌而两界分，南官正而五均叙。自黄帝之方制万国，夏禹之分别九州，辨方经野，因人纬俗，其揆一矣。及秦皇并六国，则罢侯而置守。汉武讨百蛮，则穷兵而黩武。虽裂为郡县者远过于殷、周，而教令之所行，威怀之所服，亦不越于三代。失天地作限之意，非皇王尚德之仁，夸志役心，久而后悔。由此观之，则圣人疆理之制，固不在荒远矣。吾国家肇自贞观，至于开元。兼夏、商之职贡，掩秦、汉之文轨，梯航累乎九译，厩置通乎万里，然后分疆以辨之，置吏以康之，任所有而差贡赋，因所宜而制名物，守其要害，险其走集，经理之道，冠乎百王，巍巍乎，无得而称矣！……伏惟睿圣文武皇帝陛下，握枢秉圣，承祧立极，祖尧、舜之道，宪文、武之程，皇王之遐踪行之必至，祖宗之耿光寝而复耀。天宝之季，王途暂艰，由是坠纲解而不纽，强侯傲而未肃。逮至兴运，尽为驱除，故蜀有阻隘之夫，吴有凭江之卒，虽完保聚，缮甲兵，莫不手足裂而异处，封疆一乎四海，故《鄘》、《卫》风偃，朔塞砥平，东西南北，无思不服。臣吉甫当元圣抚运之初，从内庭视草之列，寻备衮职，久麈台阶，每自循省，赧然收汗。谟明弼谐，诚浅智之不及，簿书期会，亦散材之不工，久而伏思，方得所效，以为成当今之务，树将来之势，则莫若版图地理之为切也。所以前上《元和国计簿》，审户口之丰耗；续撰《元和郡县图志》，辨州域之疆理。时获省阅，或裨聪明，岂欲希酇侯之规模，庶乎尽朱赣之务奏。况古今言地理者凡数十家，尚古远者或搜古而略今，采谣俗者多传疑而失实，饰州邦而叙人物，因丘墓而徵鬼神，流于异端，莫切根要。至于丘壤山川，攻守利害，本于地理者，皆略而不书，将何以佐明王扼天下之吭，制群生之命，收地保势胜之利，示形束壤制之端，此微臣之所以精研，圣后之所宜周览也。谨上《元和郡县图志》，起京兆府，尽陇右道，凡四十七镇，成四十卷。每镇皆图在篇首，冠于叙事之前，并目录两卷，总四十二卷。臣学非博闻，识愧经远，驰骛虽久，漏略犹多，轻渎宸严，退增战越。谨上。

《旧唐书》卷一五，《宪宗纪下》：元和……八年……二月乙酉朔。……宰相李吉甫进所撰《元和郡国图》三十卷，又进《六代略》三十卷，又为《十道州郡图》五十四卷。

《唐会要》卷三六：元和八年二月，宰臣李吉甫撰《元和州县郡国图》三十卷、《百司举要》一卷成，上之。吉甫又常缀录东汉、魏、晋、元魏、周、隋故事，记其成败损益，因为《六代略》，凡三十卷。分天下诸镇绝域、山川险易故事，各写其图于篇首，为五十四卷，号为《元和郡国图》。

《旧唐书》卷一四八，《李吉甫传》：吉甫尝讨论《易象》异义，附于一行集注之下；及缀录东汉、魏、晋、周、隋故事，讫其成败损益大端，目为《六代略》，凡三十卷；分天下诸镇，纪其山川险易故事，各写其图于篇首，为五十四卷，号为《元和郡国图》；又与史官等录当时户赋兵籍，号为《国计簿》，凡十卷；纂《六典》诸职为《百司举要》一卷。皆奏上之，行于代。

《新唐书》卷五八，《艺文志二》：李吉甫《元和郡县图志》五十四卷，又《十道图》十卷。又：李吉甫《元和国计簿》十卷，又《元和百司举要》一卷。又：李吉甫《六代略》三十卷。

《册府元龟》卷五五四：李吉甫为宰相，元和八年二月进所撰《元和州郡图》三十卷。

《直斋书录解题》卷八，地理类：《元和郡县志》四十卷，李吉甫撰。自京兆至陇右，凡四十七镇。篇首有图，今不存。

公元 814 年 唐宪宗元和九年 甲午

韩愈、柳宗元论史官境遇与职责。

《旧唐书》卷一六〇，《韩愈传》：韩愈，字退之，昌黎人。……元和初，召为国子博士，迁都官员外郎。……以其有史才，改比部郎中、史馆修撰。踰岁，转考功郎中、知制诰，拜中书舍人。

《旧唐书》卷一六〇，《柳宗元传》：柳宗元，字子厚，河东人。……登进士第，应举宏辞，授校书郎、蓝田尉。贞元十九年，为监察御史。顺宗即位……转尚书礼部员外郎。

《韩昌黎集·外集》七，《答刘秀才论史书》：六月九日，韩愈白秀才：辱问见爱，教勉以所宜务，敢不拜赐！愚以为凡史氏褒贬大法，《春秋》已备之矣。后之作者，在据事迹实录，则善恶自见。然此尚非浅陋偷惰者所能就，况褒贬邪！孔子圣人作《春秋》，辱于鲁、卫、陈、宋、齐、楚，卒不遇而死，齐太史氏兄弟几尽，左丘明纪春秋时事以失明，司马迁作《史记》刑诛，班固瘐死，陈寿起又废，卒亦无所至，王隐谤退死家，习凿齿无一足，崔浩、范晔赤诛，魏收天绝，宋孝王诛死。足下所称吴兢，亦不闻身贵，而今其后有闻也。夫为史者，不有人祸，则有天刑，岂可不畏惧而轻为之哉！唐有天下二百年矣，圣君贤相相踵，其余文武之士，立功名跨越前后者，不可胜数，岂一人卒卒能纪而传之邪？仆年志已就衰，退不可自敦率。宰相知其无他才能，不足用，哀其老穷，龃龉无所合，不欲令四海内有戚戚者，猥言之上，苟加一职荣之耳，非必督责迫蹙令就功役也。贱不敢逆盛指，行且谋引去。且传闻不同，善恶随人所见，甚者附党，憎爱不同，巧造语言，凿空构立善恶事迹，于今何所承受取信，而可草草作传记令传万世乎？若无鬼神，岂可不息心惭愧，若有鬼神，将不福人。仆虽騃，亦粗知自爱，实不敢率尔为也。夫圣唐钜迹，及贤士大夫事，皆磊磊轩天地，决不沉没。今馆中非无人，将必有作者勤而纂之。后生可畏，安知不在足下？亦宜勉之。 愈再拜。

《柳宗元集》卷三一，《与韩愈论史官书》：正月二十一日，某顿首十八丈退之侍者前，获书言史事，云具《与刘秀才书》，及今乃见书稿，私心甚不喜，与退之往年言史事甚大谬。若书中言，退之不宜一日在馆下，安有探宰相意，以为苟以史荣一韩退之耶？若果尔，退之岂宜虚受宰相荣己，而冒居馆下，近密地、食奉养，役使掌固（案：固，一本作“故”字），利纸笔为私书，取以供子弟费！古之志于道者，不若是。且退之以为纪录者有刑祸，避不肯就，尤非也。史以名为褒贬，犹且恐惧不敢为，设使退之为御史中丞大夫，其褒贬成败人愈益显，其宜恐惧尤大也，则又扬扬入台府，美食安坐，行呼唱于朝廷而已耶？在御史犹尔，设使退之为宰相，生杀出入升黜天下士，其敌益众，则又将扬扬入政事堂，美食安坐，行呼唱于内庭外衢而已耶？何以异不为史而荣其号、利其禄也？又言“不有人祸，则有天刑”。若以罪夫前古之为史者，然亦甚惑。凡居其位，思直其道。道苟直，虽死不可回也，如回之，莫若亟去其位。孔子之困于鲁、卫、陈、宋、蔡、齐、楚者，其时暗，诸侯不能行也。其不遇而死，不以作《春秋》故也。当其时，虽不作《春秋》，孔子犹不遇而死也。若周公、史佚，虽纪言书事，犹遇且显也。又不得以《春秋》为孔子累。范晔悖乱，虽不为史，其宗族亦赤。司马迁触天子喜怒，班固不检下，崔浩沽其直以斗暴虏，皆非中道。左丘明以疾盲，出于不幸。子夏不为史亦盲，不可以是为戒。其余皆不出此。是退之宜守中道，不忘其直，无以他事自恐。退之之恐，唯在不直，不得中道，刑祸非所恐也。凡言二百年文武士多有诚如此者，今退之曰：我一人也，何能明？则同职者又所云若是，后来继今者又所云若是，人人皆曰我一人，则卒谁能纪传之耶？如退之但以所闻知孜孜不敢怠，同职者、后来继今者，亦各以所闻知孜孜不敢怠，则庶几不坠，使卒有明也。不然，徒信人口语，每每异辞，日以滋久，则所云“磊磊轩天地”者，决必沉没，且乱杂无可考，非有志者所忍恣也。果有志，岂当待人督责迫蹙然后为官守耶！又凡鬼神事，渺茫荒惑无可准，明者所不道。退之之智而犹惧于此，今学如退之、辞如退之、好议论如退之、慷慨自谓正直行行焉如退之，犹所云若是，则唐之史述，其卒无可托乎？明天子、贤宰相得史才如此，而又不果，甚可痛哉！退之宜更思，可为速为，果卒以为恐惧不敢，则一日可引去，又何以云“行且谋”也？今人当为而不为，又诱馆中他人及后生者，此大惑已，不勉己而欲勉人，难矣哉！

案：据施子愉《柳宗元年谱》：“按韩愈以元和八年六月为史馆修撰，九年十月为考功郎中（据朱熹集传），此书首云‘正月二十一日’，当是是年春所作。”

《元和郡县图志》、《六代略》作者李吉甫卒。

《旧唐书》卷一四八，《李吉甫传》：元和九年冬，暴病卒，年五十七。

公元 817 年 唐宪宗元和十二年 丁酉

诏令撰录起居注，但未实行。

《唐会要》卷六四，元和十二年九月诏：记事记言，史官是职，昭其法诫，著在旧章，举而必书，朕所深望。自今已后，每坐日，宰臣及诸司对后，如事可备劝诫、合记述者，委承旨宰相宣示左右起居，令其缀录。仍准旧例，每季送史馆。时起居舍人庾敬休上疏请行故事，因有是诏。既而宰相以事关机密，不以告之，事竟不行。自左右史失职，于今几一百五十年，中间往往有时政记出焉。既录因宰相，事同称赞，推美让善之道行，而信史直书之义阙。然于时尚十得其四五，今则全废，君子惜之。

公元 818 年　唐宪宗元和十三年　戊戌

袁滋著《云南记》。

《唐会要》卷三六：元和十三年六月，宰臣袁滋撰《云南纪》五卷上之。

《新唐书》卷五八,《艺文志二》:袁滋《云南记》五卷。《旧唐书》卷一八五下,《袁滋传》：袁滋，字德深，陈郡汝南人也。……贞元十九年，韦皋始通西南蛮夷，酋长异牟寻贡琛请使，朝廷方命抚谕，选郎吏可行者，皆以西南遐远，惮之。滋独不辞，德宗甚嘉之，以本官兼御史中丞，持节充入南诏使。未行，迁祠部郎中，使如故。来年夏，使还，擢为谏议大夫。俄拜尚书右丞，知吏部选事。……上（宪宗）始监国，与杜黄裳俱为相，拜中书侍郎、平章事。……因使行，撰《云南记》五卷。

公元 819 年　唐宪宗元和十四年　己亥

史官李翱论行状。

《唐会要》卷六四：元和十四年四月，史官李翱奏："臣等谬得秉笔史馆，以记录为职。夫劝善惩恶，正言直笔，记圣朝功德，述忠贤事业，载奸佞丑行，以传无穷者，史官之任也。凡人之事迹，非大善大恶，则众人无由知之。旧例皆访问于人，又取行状谥议，以为依据。今之作行状者，非门生即其故吏，莫不虚加仁义礼智，妄言忠肃惠和。如此不唯处心不实，苟欲虚美于所受恩而已也。盖亦为文者既非游、夏、迁、雄之列，务于华而忘其实，溺于词而弃其理。故为文则失《六经》之古风，纪事则非史迁之实录，不然则词句鄙陋，不能自成其文矣。由是事失其本，文害于理，而行状不足以取信。若使指事书实，不饰虚言，则必有人知其真伪；不然者，纵使门生故吏为之，亦不可谬作德善之事而加之矣。臣今请作行状者，但指事说实，直载其词，善恶功迹，皆据事足以自见矣。假令传魏徵，但记其谏诤之词，自足以为正直矣。如传段秀实，但记其倒用司农寺印以追逆兵，又以象笏击朱泚，自足以为忠烈矣。若考功定谥，见行状之不依此者，不得受谥。依此者，乃下太常及牒送史馆，太常定谥后，亦以谥议牒送史馆。则行状之言，纵未可一一皆信，与其虚加妄言，都无事实者，犹山泽高下之不同也。史氏记录，须得本末，苟凭往例，皆是虚言，则使史官何所为据？伏乞下臣所奏，使考功守行。臣等要知事实，辄敢陈论。"制可。

《旧唐书》卷一六〇，《李翱传》：李翱，字习之，凉武昭王之后。……贞元十四年登进士第，授校书郎。三迁至京兆府司录参军。元和初，转国子博士、史馆修撰。十四年……翱以史官记事不实，奏状曰……（案：奏文同上引《唐会要》，而颇有删减，不录。）从之。寻权知职方员外郎。

高峻著《高氏小史》。

《新唐书》卷五八，《艺文志二》：《高氏小史》一百二十卷。高峻，初六十卷，其子迥厘益之。峻，元和中人。

《郡斋读书后志》卷一，杂史类：《高氏小史》一百二十卷，唐高峻撰。以司马迁史至陈、隋书，附以唐实录，纂其要，分十例，为六十卷。后其子迥析而倍之。

高似孙《史略》卷四：《高峻小史》一百卷。峻，元和中人，著《小史》，初为六十卷，余卷乃其子迥厘益之。一以《太史公书》为准，作汉诸臣、诸王世家，严整有律，是深于史者。

《直斋书录解题》卷四，别史类：《高氏小史》一百三十卷（案：《新唐书·艺文志》、《文献通考》俱作一百二十卷），唐殿中丞高峻撰。本书六十卷，其子迥分为一百二十，盖钞节历代史也。司马温公尝称其书，使学者观之。今案《国史志》，凡一百九卷，目录一卷。《中兴书目》一百二十卷，止于文宗。今本多十卷，直至唐末。峻，元和人，则其书当止于德、顺之间。迥之所序，但云分六十卷为百二十，取其便易而已，初未尝有所增加也。其止于文宗及唐末者，殆皆后人傅益之，非高氏本书。此书旧有杭本，今本用厚纸装褙夹面，写多错误，俟求杭本校之。

《玉海》卷四七引《中兴书目》：其书自天地朱分至唐文宗，凡十三代，分十例（司马迁《史》至陈、隋《书》附以《唐实录》，纂其要）。

案：高峻著《小史》年代不详，仅知其为元和中人，暂编于此。

公元 821 年 唐穆宗长庆元年 辛丑

《唐德宗实录》、《大唐宰辅录》作者蒋乂卒。

《旧唐书》卷一四九，《蒋乂传》：蒋乂，字德源，常州义兴人也。祖瓌，太子洗马，开元中弘文馆学士。父将明，累迁至左司郎中、国子司业、集贤殿学士、副知院事，代为名儒。而乂，史官吴兢之外孙，以外舍富坟史，幼便记览不倦……贞元九年，转右拾遗，充史馆修撰。……十八年，迁起居舍人，转司勋员外郎，皆兼史职。……元和二年……奉诏与独孤郁、韦处厚同修《德宗实录》，五年，书成奏御，以功拜右谏议大夫。明年，监修国史。……乂性朴直，不能事人，或遇权臣专政，辄数岁不迁。官在朝垂三十年，前后每有大政事、大议论，宰执不能裁决者，必召以咨访。乂徵引典故，以参时事，多合其宜，然亦以此自滞。而好学不倦，老而弥笃，虽甚寒暑，手不释卷。旁通百家，尤精历代沿革，家藏书一万五千卷……乂居史任二十年，所著《大唐宰辅录》七十卷，《凌烟阁功臣》、《秦府十八学士》、《史臣》等传四十卷。长庆元年卒，年七十五。

《新唐书》卷五八，《艺文志二》：蒋乂《大唐宰辅录》七十卷。又，《凌烟功臣》、《秦府十八学士》、《史臣》等传四十卷。

唐朝议定纂修《圣政纪》。

《唐会要》卷六四：长庆元年四月，修《圣政纪》。中书、门下奏："伏以尧、舜之政，二典存焉，君臣之间吁俞之旨，罔不备载。厥后虽代有史官，多出于追书，所以其事或纪，其言盖略。太宗文皇帝躬勤庶政，朝多良臣，论思献替，动可记录，故能远继尧、舜，焕乎其文章。国朝旧制，每正衙奏事，史官载笔于玉阶之下，所有议论政事，悉得闻之。及永徽已后，仗下便退，宰臣谋议外莫得闻。长寿二年，宰相姚璹以为帝王谟训，不可阙于纪述，史官疏远，无因得书，请自今以后所论军国政要，委宰相一人撰录，号为《时政记》。此事久废，史官不复得闻，唯写诰词、记除授而已。臣等常窃愤悱，大惧皇猷未有以光扬于天下，伏望天恩许臣等，每坐日所有谋议事关政事者，便日撰录，号为《圣政纪》。书纪缄封，至岁末则付史官，永为常式。庶得睿谋所载，如日月高悬，圣政惟新，与天地广运，臣等不胜大愿。"从之。

公元 822 年　唐穆宗长庆二年　壬寅

路隋等修《唐宪宗实录》。

《唐会要》卷六三：长庆二年十月，敕翰林侍讲学士谏议大夫路隋、中书舍人韦处厚兼充史馆修撰，修《宪宗实录》。仍分日入史馆修实录，未毕之间，且许不入内署，仍放朝参。

《旧唐书》卷一五九,《路隋传》:路隋,字南式,其先阳平人。……穆宗即位,迁司勋郎中……与韦处厚同入翰林为侍讲学士,采三代皇王兴衰,著《六经法言》二十卷奏之，拜谏议大夫，依前侍讲学士。将修《宪宗实录》，复命兼充史职。

《旧唐书》卷一五九，《韦处厚传》：以《宪宗实录》未成，诏处厚与路隋兼充史馆修撰。实录未成，许二人分日入内，仍放常参。

公元 823 年 唐穆宗长庆三年 癸卯

沈传师修《唐宪宗实录》

《唐会要》卷六三：长庆三年六月，中书侍郎平章事监修国史杜元颖奏："臣去年奉诏，命各据见在史官，分修《宪宗实录》。今缘沈传师改官，若更求人，选择非易。沈传师当分虽搜罗未周，条目纪纲已粗有绪。窃以班固居乡里而继成《汉书》，陈寿处私家而专精《国志》。玄宗国史，张说在本镇兼修；代宗编年，令狐峘自外郡奏上。远考前代，近参本朝，皆可明徵，实有成例。其沈传师一分，伏望勒就湖南修毕，先送史馆，与诸史官参详，然后闻奏。庶使官业责成，有始终之效，传闻摭实，无同异之差。"制可。

《旧唐书》卷一四九,《沈传师传》:沈传师,字子言,吴人。……传师擢进士,登制科乙第，授太子校书郎、鄠县尉，直史馆，转左拾遗、左补阙，并兼史职。迁司门员外郎、知制诰，召充翰林学士。历司勋、兵部郎中，迁中书舍人。……时翰林未有承旨，次当传师为之，固称疾，宣召不起，乞以本官兼史职。俄兼御史中丞，出为潭州刺史，湖南观察使。……初，传师父既济，撰《建中实录》十卷，为时所称。传师在史馆，预修《宪宗实录》未成，廉察湖南，特诏赍一分史稿，成于理所。

《通历》、《唐年小录》作者马总卒。

《旧唐书》卷一六,《穆宗纪》:长庆……三年……八月……检校尚书右仆射、户部尚书马总卒。

《旧唐书》卷一五七，《马总传》：马总，字会元，扶风人。……元和初，迁虔州刺史。四年，兼御史中丞，充岭南都护、本管经略使。……八年，转桂州刺史、桂管经略观察使，入为刑部侍郎。……寻检校工部尚书、蔡州刺史、兼御史大夫，充淮西节度使。……十四年，迁检校刑部尚书、郓州刺史、天平军节度使、郓曹濮等州观察使，就加检校尚书左仆射。入为户部尚书。长庆三年卒，赠右仆射。总理道素优，军政多暇，公务之余，手不释卷。所著《奏议集》、《年历》、《通历》、《子钞》等书百余卷，行于世。

《新唐书》卷五八，《艺文志二》：马总《通历》十卷。又马总《唐年小录》八卷。

《玉海》卷四七引《书目》：《通历》，唐马总撰（朝议郎守泉州别驾），起天皇氏。总以史籍繁芜，故上索三坟，中稽五典，迄于隋季，为十卷，今存。（又云：贯宝历于圣唐，是曰《通历》。前进士齐推序。）……《通历》一书，大抵简略，首纪三皇，尤诡诞不经，与司马贞《补史记》所言无异。随事间有论著，谓文帝庶几于王道，而景帝之拟成康则有惭德。谓宣帝刑名图霸之王也，而世以比光武，非其伦也，斯言当矣。（总又有《唐年小录》，六卷，载德宗以前故事。）

《郡斋读书志》卷二上，编年类：《通历》十卷，马总撰。总纂太古十七氏、中古五帝三王及删取秦、汉、三国，晋、十六国、宋、齐、梁、陈、元魏、北齐、后周、隋世纪兴灭，粗述其君贤否，取虞世南略论分系于末，以见义焉。

《直斋书录解题》卷四，编年类：《通历》十五卷，唐泉州别驾扶风马总会元撰，书本十卷，止于隋代。今书直至五代，增五卷者，后人听续也。又，卷七传记类：《唐年小录》八卷，唐户部尚书扶风马总会元撰。记唐以来杂事，分为七门，末卷为杂录。

韦齐休于本年后著《云南行记》。

《新唐书》卷五八，《艺文志二》：《云南行记》一卷。

《郡斋读书后志》卷一，伪史类：《云南行记》二卷，唐韦齐休撰。齐休长庆三年从韦审规使云南，记其往来道里及其见闻。

《宋史》卷二〇四，《艺文志三》：韦齐休《云南行记》二卷。

公元 824 年 唐穆宗长庆四年 甲辰

《唐顺宗实录》作者韩愈卒。

《旧唐书》卷一六〇，《韩愈传》：长庆四年十二月卒，时年五十七。……时谓愈有史笔，及撰《顺宗实录》，繁简不当，叙事拙于取合，颇为当代所非。穆宗、文宗尝诏史臣添改，时愈婿李汉、蒋系在显位，诸公难之。而韦处厚竟别撰《顺宗实录》三卷。

《旧唐书》卷一五九，《路隋传》：韩愈撰《顺宗实录》，说禁中事颇切直，内官恶之，往往于上前言其不实，累朝有诏改修。

《新唐书》卷五八，《艺文志二》：《顺宗实录》五卷，韩愈、沈传师，宇文籍撰，李吉甫监修。

《玉海》卷四八，《唐顺宗实录》：愈表云：元和八年十一月，监修吉甫授臣以前史官韦处厚所撰《先帝实录》三卷，云未周悉，令臣重修。臣与修撰传师、直馆籍等采访修成五卷，削去常事，著其系于政者，比旧录十益六七，忠良奸佞莫不备书。去月二十九日进，今月四日重令刊正。其奉天功烈更加寻访，已据所闻载于首卷。

《郡斋读书志》卷二上，实录类：《唐顺宗实录》五卷，唐韩愈撰。起贞元二十一年乙酉正月，止永贞元年丙戌八月。

牛僧孺监修国史。

《旧唐书》卷一七二，《牛僧孺传》：牛僧孺，字思黯。……敬宗即位，加中书侍郎、银青光实录大夫，封奇章子，邑五百户。十二月，加金紫阶，进封郡公、集贤殿大学士、监修国史。

《唐大诏令集》卷五一，《牛僧孺集贤殿大学士监修国史制》：门下：寅亮天工，弼谐庶务，弘我一德，绥抚万邦，佐予冲人，以底于理，将推恩于天下，必首自于辅臣。是用极其褒崇，增其命数，训正图书之府，裁成义例之条。银青之阶，光于七命，兹所以赏劳而驭贵也。正议大夫、守中书侍郎、同中书门下平章事、上柱国、奇章县开国子食邑三百户、赐紫金鱼袋牛僧孺，大玉不琢，乔松挺姿。文深典谟，学贯流略，自纶闱掌诰，会府贰卿，声实益彰，人德归厚。先朝嘉其器业，爰命奋庸，秉事君之小心，蕴难夺之大节。往以圣体违豫，潜心保和，乃能画一持平，守而不失。朕自膺宝历，深仗股肱，每申勇退之荣，用广进贤之路。损而招益，谦乃弥光，实简朕心，克谐佥论。必能刊鱼鲁于往籍，垂褒贬于国书。勉承新恩，无替旧服，可除银青光禄大夫、守中书侍郎、同中书门下平章事、兼集贤殿大学士监修国史。

公元 827 年　唐文宗大和元年　丁未

史官沈传师卒。

《旧唐书》卷一四九，《沈传师传》：大和元年卒，年五十九。

公元 828 年　唐文宗大和二年　戊申

史官宇文籍卒。

《旧唐书》卷一六〇，《宇文籍传》：宇文籍，字夏龟。……以咸阳尉直史馆，与韩愈同修《顺宗实录》。……后……入为侍御史，转著作郎，迁驾部员外郎、史馆修撰，与韦处厚、韦表微、路隋、沈传师同修《宪宗实录》。……大和中，迁谏议大夫，专掌史笔。……大和二年正月卒，时年五十九。

史官韦处厚卒。

《旧唐书》卷一五九，《韦处厚传》：韦处厚，字德载，京兆人。……本名淳。避宪宗讳，改名处厚。……元和初……授秘书省校书郎。裴垍以宰相监修国史，奏以本官充直馆。改咸阳县尉，迁右拾遗，并兼史职。修《德宗实录》五十卷，上之，时称信史。……（穆宗时）以《宪宗实录》未成，诏处厚与路隋兼充史馆修撰。实录未成，许二人分日入内，仍放常参。……（文宗时）奉诏修《元和实录》，未绝笔，其统例取舍皆处厚创起焉。大和二年十二月……卒，年五十六。

公元 830 年　唐文宗大和四年　庚戌

史官撰成《唐宪宗实录》。

《旧唐书》卷一七下，《文宗纪下》：大和……四年……三月……丁酉，监修国史、中书侍郎、平章事路隋进所撰《宪宗实录》四十卷，优诏答之，赐史官等五人锦绣银器有差。

《旧唐书》卷一四九，《蒋乂传附蒋系》："（蒋乂子）系，太和初，授昭应尉，直史馆。二年，拜右拾遗，史馆修撰。典实有父风。与同职沈传师、郑浣、陈夷行、李汉等受诏撰《宪宗实录》。四年，书成。

《新唐书》卷五八，《艺文志二》：《宪宗实录》四十卷，沈传师、郑浣、宇文籍、蒋系、李汉、陈夷行、苏景裔撰，杜元颖、韦处厚、路隋监修。

《册府元龟》卷五五六：路隋为翰林侍讲学士、谏议大夫，穆宗长庆二年十月敕隋及中书舍人韦处厚充史馆修撰，修《宪宗实录》。仍分日入史馆修实录，未毕之间且许不入内置，仍放朝参。其实录虽未绝笔，统例取舍皆处厚创起。文宗朝，隋为中书侍郎平章事、监修国史，太和四年三月隋表上《宪宗实录》，曰："……长庆二年诏监修宰臣杜元颖、命翰林侍讲学士臣处厚、臣越暨、史官沈传师、郑浣、宇文籍等分年编次实录，属中外多故，笔削未遑；或职秩遽移，刊缀莫就。陛下丕承鸿绪，思弘祖德，前诏处厚继命臣隋比因奏对，促令纂勒。臣今采处厚等所录，又与见在史官苏景裔等博访遗逸，精加研覈，以毕其功，建兹周岁，错综方就，谨撰《宪宗皇帝实录》为四十卷、目录一卷，谨随表奉献。……"诏报曰：……赐监修国史路隋及见在史官司封郎中苏景裔、起居舍人陈夷行、屯田员外郎李汉、右拾遗蒋系各锦采银器有差。

《玉海》卷四八：《唐宪宗实录》，《中兴书目》：路隋等撰。起藩邸，尽元和十五年正月。按《文宗实录》：长庆二年闰十月己亥，路隋以学士、处厚以舍人兼修撰，更日入史馆。明年诏元颖与传师、浣、籍与处厚、隋等分年编次，未及成。太和中诏景裔、夷行、汉、系等续修成四十卷（四年三月丁酉路隋进），目录一卷（目录今不存），上之，时大和四年也。

《郡斋读书后志》卷一，实录类：《唐宪宗实录》四十卷，唐路隋等撰。起即位，尽元和十五年。初，穆宗长庆二年诏监修国史杜元颖与史官韦处厚、路隋、沈传师、郑浣、宇文籍等修《元和实录》，未及成书。大和四年，隋与苏景裔、陈夷行、李汉、蒋系续成，上之，统例取舍皆出处厚焉。

《直斋书录解题》卷四，起居注类：《唐宪宗实录》四十卷，题路隋撰。隋自长庆中与韦处厚同修撰，历年久而未成。至文宗大和中，隋为监修，乃上之。案《志》（《新唐书·艺文志》）称沈传师、郑浣、宇文籍、蒋系、李汉、陈夷行、苏景裔撰，盖前后史官也。又称杜元颖、韦处厚、路隋监修，亦前后宰相也。

公元 831 年　唐文宗大和五年　辛亥

唐官方改修《唐顺宗实录》。

《唐会要》卷六四：大和五年，中书侍郎监修国史路隋奏曰："臣昨面奉圣旨，以《顺宗实录》颇非详实，季臣等重加刊正，毕日闻奏。伏以史册之作，劝诫所存，事有当书，理宜归实。匹夫美恶尚不可诬，人君得失无容虚载。况贞观以来累朝实录，有经重撰，不敢固辞。缘此书成于韩愈，今史官李汉、蒋系皆愈之子婿，若遣参校，或致私嫌。臣既职编修，盍命详正，及经奏请，事遂施行。今庶僚兢言，表章交奏，既迫群议，辄冒上闻。且韩愈所书，亦非出己，元和之后，已是相循。纵其密亲，岂害公理？使归本职，实谓正名。其实录伏望取旧记最错误者宣付史馆，委之修定。"诏曰："其实录中所书德宗、顺宗朝禁中事，起于谬传，殊非信史，宜令史官详正，其他不要更修。"初，韩愈撰《顺宗实录》，说禁中事颇切直，内官恶之，于上前屡言不实，故令刊正也。

《旧唐书》卷一五九，《路隋传》：初，韩愈撰《顺宗实录》，说禁中事颇切直，内官恶之，往往于上前言其不实，累朝有诏改修。及隋进《宪宗实录》后，文宗复令改正永贞时事。隋奏曰："臣昨面奉圣旨，以《顺宗实录》颇非详实，委臣等重加刊正，毕日闻奏。臣自奉宣命，取史本欲加笔削。近见卫尉卿周居巢、谏议大夫王彦威、给事中李固言史官苏景胤等各上章疏，具陈刊改非甚便宜。又闻班行如此议论颇众。臣伏以史册之作，劝诫所存，事有当书，理宜归实。匹夫美恶尚不可诬，人君得失无容虚载。圣旨以前件实录记贞元末数事，稍非摭实，盖出传闻，审知差舛，便令刊正。顷因坐日，屡形圣言，通计前后，至于数四。臣及宗闵、僧孺亦以永贞已来，岁月至近，禁中行事，在外固难详知。陛下所言，皆是接于耳目。既闻乖谬，因述古今，引前史直不疑盗嫂之言及第五伦挝公之说，皆多此比类，难尽信书。所冀睿鉴详于听言，深宫慎于行事。持此比类，上开聪明，特蒙降察，稍恕前谬。由是近垂宣命，令有改修。臣等伏以贞观已来，累朝实录有经重撰，不敢固辞，但欲粗删深误，亦固尽存诸说。宗闵、僧孺相与商量，缘此书成于韩愈，今史官李汉、蒋系皆愈之子婿，若遣参撰，或致私嫌。以臣既职监修，盍令详正，及经奏请，事遂施行。今者庶僚兢言，不知本起，表章交奏，似有他疑。臣虽至昧，容非自请。既迫君议，辄冒上闻。纵臣果获修成，必惧终为时累。且韩愈所书，亦非己出，元和之后，已是相循。纵其密亲，岂害公理？使归本职，实谓正名。其实录伏望条示旧记最错误者，宜付史官，委之修定。则冀圣祖垂休，永无渐于传信；下臣非据，获减戾于侵官。彰清朝立政之方，表公器不私之义。流言自弭，时论攸宜。”诏曰：“其实录中所书德宗、顺宗朝禁中事，寻访根柢，盖起谬传，谅非信史。宜令史官详正刊去，其他不要更修，余依所奏。”

《册府元龟》卷五五六：文宗时，（路）隋为门下侍郎同中书门下平章事监修国史，大和五年奏曰：“伏奉七月十七日敕，以《顺宗实录》颇非详实，委臣等重加刊正，毕日闻奏者。臣奉宣，寻以拜恩亦取史本欲加笔削。近伏见卫尉周居巢、谏议大夫王彦威、给事中李固言及史官苏景胤等各上章疏，具陈刊改非宜。又闻班行如此论议颇众。臣伏以史策之作，劝诫所存，事有当书，理宜归实。匹夫美恶尚不可诬，人君得失无容虚载。圣恩以前实录记贞元末数事，稍非摭实，盖出传闻，审知差舛，便使刊正。顷因坐日，屡形圣言，通计前后，至于数四。臣及宗闵、僧孺亦以永贞已来，岁月至近，禁中行事，在外固难详知。陛下所言，皆是接于耳目。既闻乖谬，因述古今，引前史之直不疑盗嫂之言，及第五伦挝妇公之说，固多此比，难尽信书。所冀睿鉴详于听言，深慎于行事。

《郡斋读书志》卷二上，实录类：《唐顺宗实录》五卷，唐韩愈撰。……初，愈撰录，书禁中事为切直，阉官不喜，訾其非实。在文宗时诏路隋刊正，隋建言，众议以刊修非是，李宗闵、牛僧孺谓史官李汉、蒋系皆愈之婿，不可参撰，俾臣下笔。臣谓不然，且愈之所书非己自出，元和以来相循逮今。汉等以嫌无害公谊，请条其甚谬误者，付史官刊定。诏摘去元和、永贞间数事为失实，余不复改。

公元 832 年 唐文宗大和六年 壬子

王彦威等为史馆修撰。

《唐会要》卷六三：大和六年二月，以谏议大夫王彦威、户部郎中杨汉公、祠部员外郎苏涤、右补阙裴休并充史馆修撰。故事：修撰不过三员、或止两员。今四人并命，论者非之。

公元833年　唐文宗大和七年　癸丑

史官撰成《唐穆宗实录》。

《旧唐书》卷一五九，《路隋传》：（大和）七年，兼太子太师，备礼册拜。表上史官所修……《穆宗实录》。

《新唐书》卷五八，《艺文志二》：《穆宗实录》二十卷，苏景胤、王彦威、杨汉公、苏涤、裴休撰，路隋监修。

《玉海》卷四八，《唐穆宗实录》条：《书目》：路隋等撰。起元和十五年正月，尽长庆四年十一月，凡五年。《隋传》云：大和七年表上《宪、穆实录》。今案上《宪录》在四年。

《郡斋读书后志》卷一，实录类：《唐穆宗实录》二十卷，唐路隋等撰。起即位，尽长庆四年。

公元835年　唐文宗大和九年　乙卯

高重著《春秋纂要》。

《新唐书》卷五七，《艺文志一》：高重《春秋纂要》四十卷。字文明，士廉五代孙，文宗时翰林侍讲学士。帝好《左氏春秋》，命重分诸国各为书，别名《经传要略》，历国子祭酒。又，高重《经传要略》十卷。

许康佐纂集《左氏传》。

《新唐书》卷五七，《艺文志一》：许康佐等集《左氏传》三十卷，一作文宗御集。

《玉海》卷四〇：太和九年四月癸亥，许康佐进纂集《左氏传》三十卷。五月乙巳朔，以御集《左氏列国经传》三十卷宣付史馆。又引《会要》：大和九年五月御集《春秋左氏列国经传》三十卷。

《唐宪宗实录》、《唐穆宗实录》监修者路隋卒。

《旧唐书》卷一五九，《路隋传》：文宗即位，韦处厚入相，隋代为承旨，转兵部侍郎、知制诰。大和二年，处厚薨，隋代为相，拜中书侍郎，加监修国史。……四年，转门下侍郎，加崇文馆大学士。七年，兼太子太师。……九年四月，拜检校尚书右仆射，同中书门下平章事，兼润州刺史、镇海军节度、浙江西道观察等使。……七月……薨……年六十。

著名文士、前工部郎中皇甫湜卒。皇甫湜撰有多篇史学议论。

《新唐书》卷一七六，《韩愈传附皇甫湜》：皇甫湜字持正，睦州新安人。擢进士第，为陆浑尉，仕至工部郎中。辨急使酒，数忤同省，求分司东都留守，裴度辟为判官。度修福先寺，将立碑，求文于白居易。湜怒曰："近舍湜而远取居易，请从此辞！"度谢之，湜即请斗酒饮酣，援笔立就，度赠以车马缯彩甚厚。湜大怒曰："自吾为顾况集序，未常许人，今碑字三千，字三缣。何遇我薄耶？"度笑曰："不羁之才也，从而酬之。"

皇甫湜《皇甫持正集》(《四库全书》本）卷二，《编年纪传论》：论曰：古史编年，至汉史司马迁始更其制而为纪传，相承至今，无以移之。历代论者，以迁为率私意、荡古法，纪传烦漫，不如编年。湜以为合圣人之经者，以心不以迹，得良史之体者，在适不在同。编年纪传，系于时之所宜，才之所长者耳，何常之有？夫是非与圣人同，辨善恶得天下之中，不虚美，不隐恶，则为纪、为传、为编年，是皆良史矣。若论不足以析皇极，辞不足以杜无穷，虽为纪传、编年，斯皆罪人。且编年之作，岂非以事系日，以日系月，以月系时，以时系年者哉？司马氏作纪，以项羽承秦，以吕后接之，亦以历年不可中废，年不可阙，故书也。观其作传之意，将以包该事迹，参贯话言，纤悉百代之务，成就一家之说，必新制度而驰才力焉。又编年纪事，束于次第，牵于混并，必举其大纲，而简于序事，是以多阙载、多逸文，乃别为著录，以备书之言语，而尽事之本末。故《春秋》之作，则有《尚书》,《左传》之外，又为《国语》。可复省左史于右、合外传于内哉？故合之则繁，离之则异，削之则阙，子长病其然也。于是革旧典，开新程，为纪为传，为表为志，首尾具叙述，表里相发明，庶为得中，将以垂不朽。自汉及今，代已更八，年几历千，其间贤人摩肩，史臣继踵，推今古之得失，论述作之利病，各耀闻见，竞夸才能，改其规模，殊其体统，传以相授，奉而遵行，而编年之史遂废，盖有以也。唯荀氏为《汉纪》，裴氏为《宋略》，强欲复古，皆为编年。然其善语嘉言，细事详说，所遗多矣，如览正史，方能备明。则其密漏得失，章章于是矣。今之作者，苟能遵纪传之体制，同《春秋》之是非，文敌迁、固，直如南、董，亦无上矣。傥舍源而事流，弃意而徵迹，虽服仲尼之服，手绝麟之笔，等古人之章句，署"王正"之月日，谓之好古则可矣，顾其书何如哉？

《全唐文》卷六八六，载皇甫湜《东晋元魏正闰论》：论曰：王者受命于天，作主于人，必大一统，明所授，所以正天下之位，一天下之心。舜传之尧，禹传之舜，以德禅者也；桀放于汤，受杀于武，以时合者也；秦灭二周，兼六国，以力成者也;汉革秦社稷，以义取者也。故自尧以降，或以德，或以时，或以力，或以义，承授如贯，终始可明，虽殊厥迹，皆得其正。以及魏取于汉，晋得于魏，史策纪载，彰明可知，百王既通行，万代无异辞矣。惠帝无道，群胡乱华，晋之南迁，实曰元帝，与夫祖乙之圮耿，盘庚之徙亳，幽王之居毳，平王之避戎，其事同、其义一矣。而拓跋氏种实匈奴，来自幽代，袭有先王之桑梓，自为中国之位号。谓之灭耶，晋实未改；谓之禅耶，已无所传。而往之著书者有帝元，今之为录者皆闰晋，可谓失之远矣。或曰:“元之所据，中国也。”对曰：“所以为中国者，以礼义也；所谓夷狄者，无礼义也。岂系于地哉？杞用夷礼，杞即夷矣；子居九夷，夷不陋矣；沐纣之化，商士为顽人矣；因戎之迁，伊川为陆浑矣。非系于地也。晋之南渡，人物攸归，礼乐咸在，流风善政，史实存焉。魏氏恣其暴强，虐此中夏，斩伐之地，鸡犬无余，驱士女为肉篱，委之戕杀，指衣冠为刍狗，逞其屠刈，种落繁炽，历年滋多。此而帝之，则天下之士，有蹈海而死，天下之人，有登山而饿，忍食其粟而立其朝哉？至於孝文，始用夏变夷，而易姓更法，将无及矣。且授受无所，谓之何哉？”又曰：“周继元、隋继周，国家之兴，实继隋氏，子谓是何？”对曰:“晋为宋，宋为齐，齐为梁，江陵之灭，则为周矣。陈氏自树而夺，无容于言。况隋兼江南，一天下而授之于我。故推而上，我受之隋，隋得之周，周取之梁，推梁而上，以至于尧舜，得天统矣。则陈奸于南，元闰于北，其不昭昭乎？其不昭昭乎！”

今案：皇甫湜卒年史无明文，学界意见亦不一致。据姚继舜《皇甫湜卒年诸说辨证》（载《文学遗产》1992年第2期）等学者考订，当死于唐文宗太和九年的“甘露之变”，即当时有上千官员被宦官集团屠杀，皇甫湜应在其中。今从之。

公元836年 唐文宗开成元年 丙辰

柳璟续撰《唐皇室图谱》。

《旧唐书》卷一四九，《柳登传附柳璟》：璟……开成初，换库部员外郎知制诰，寻以本官充翰林学士。初，璟祖芳精于谱学，永泰中按宗正谱谍，自武德已来宗枝昭穆相承，撰皇室谱二十卷，号曰《永泰新谱》，自后无人修续。璟因召对，言及图谱事，文宗曰："卿祖尝为皇家图谱，朕昨观之，甚为详悉，卿检永泰后试修续之。"璟依芳旧式，续德宗后事，成十卷，以附前谱。

《新唐书》卷五八,《艺文志二》:柳芳《永泰新谱》二十卷,一作《皇室新谱》。柳璟《续谱》十卷。

公元837年 唐文宗开成二年 丁巳

王彦威著成《唐典》。

《旧唐卷》卷一七下，《文宗纪下》：开成……二年……二月……戊申，王彦威进所撰《唐典》七十卷，起武德，终永贞。

《旧唐书》卷一五七，《王彦威传》：王彦威，太原人。……彦威通悉典故，宿儒硕学皆让之。……开成元年，召拜户部侍郎，寻判度支。……又纂集国初已来至贞元帝代功臣，如《左氏传》体叙事，号曰《唐典》，进之。

《新唐书》卷五八，《艺文志二》：王彦威《唐典》七十卷。

《唐会要》卷三六：开成二年二月，户部侍郎王彦威以所撰《唐典》七十卷上之。（原注：起武德，终永贞。）

《册府元龟》卷五五四：王彦威为户部侍郎判度支，撰《唐典》，自武德终永贞，成一部七十卷。文宗嘉之，赐以锦綵银器。又卷五五六：王彦威为户部侍郎判度支，开成二年二月进所撰《唐典》七十卷，其表曰："臣去太和元年伏蒙圣恩擢授谏官，又叨史职，注记之暇，尝览国史。臣辄略其繁文，举其机要，起自武德，终于永贞，撰成《唐典》一部，凡七十卷，谨诣右银台门奏进。"文宗颇嘉之，赐以锦綵银器，仍宣付史馆、集贤院缮写。

《玉海》卷五一引《会要》：开成二年二月，户部侍郎王彦威以所撰《唐典》七十卷上之，起武德，终永贞。

公元 838 年　唐文宗开成三年　戊午

中书门下奏请记录时事。

《唐会要》卷六四：开成三年二月，中书门下奏："延英对，宰臣须记录。伏以陛下躬勤庶政，超迈百王，每对宰臣，日旰忘倦。正衙决事，二史在前，便殿坐日，全无纪录。长寿初，宰臣姚璹奏置时政纪，寝而不行。贞元中，宰臣赵憬请复故事，无何又废。恭惟圣政，必在发明，今请每至延英坐日，对宰臣往复之词，关教化政刑之事，委中书门下直日记录，月终送史馆。所冀政猷不坠，国史有伦。昨日延英面奏，已蒙允许。"敕旨：依奏。

公元 839 年　唐文宗开成四年　己未

余知古著《渚宫故事》（一名《渚宫旧事》）。

《新唐书》卷五八，《艺文志二》：余知古《渚宫故事》十卷。文宗时人。

《郡斋读书志》卷二下，地理类：《渚宫旧事》十卷，唐余知古撰。自鬻熊至唐，江陵君臣人物事迹，史、子、传记所载者，悉纂次之。

《四库全书总目》卷五一，杂史类:《渚宫旧事》五卷，补遗一卷。一名《渚宫故事》，唐余知古撰。其衔称将仕郎守太子校书，里贯则未详也。其书上起鬻熊，下迄唐代，所载皆荆楚之事，故题曰渚宫。渚宫名见《左氏传》，孔颖达《疏》以为当郢都之南，盖楚成王所建。乐史《太平寰宇记》则以为建自襄王。未详何据也。

案：余知古著《渚宫故事》不详何年，仅知为唐文宗时人，暂编于此。

魏谟阻止唐文宗观览起居注。

《旧唐书》卷一七六，《魏谟传》：魏谟，字申之，巨鹿人。……（开成）三年，转起居舍人。……寻以本官直弘文馆。四年，拜谏议大夫，仍兼起居舍人，判弘文馆事。紫宸入阁，遣中使取谟起居注欲视之，谟执奏曰："自古置史官书事以明鉴诫，陛下但为善事，勿畏臣不书，如陛下所行错忤，臣纵不书，天下之人书之。臣以陛下为文皇帝，陛下比臣如褚遂良。"帝又曰："我尝取观之。"谟曰："由史官不守职分。臣岂敢陷陛下为非法？陛下一览之后，自此书事须有回避。如此善恶不直，非史也，遗后代何以取信？”乃止。

公元 841 年 唐武宗会昌元年 辛酉

中书门下奏修实录体例。

《旧唐书》卷一八上，《武宗纪》：会昌元年……十二月，中书门下奏修实录休例："旧录有载禁中之言。伏以君上与宰臣、公卿言事，皆须众所闻见，方可书于史册。且禁中之语，在外何知，或得之传闻，多涉于浮妄，便形史笔，实累鸿猷。今后实录中如有此色，并请刊削。又宰臣与公卿论事，行与不行，须有明据。或奏请允惬，必见褒称，或所论乖僻，因有惩责。在藩镇上表，必有批答，居要官启事者，自有著明，并须昭然在人耳目。或取舍存于堂案，或与夺形于诏敕，前代史书所载奏议，罔不由此，近见实录多载密疏，言不彰于朝听，事不显于当时，得自其家，未足为信。今后实录所载章奏，并须朝廷共知者，方得纪述，密疏并请不载。如此则理必可法，人皆向公，爱憎之志不行，褒贬之言必信。”从之。李德裕奏改修《宪宗实录》所载吉甫不善之迹，郑亚希旨削之，德裕更此条奏，以掩其迹。搢绅谤议，武宗颇知之。

公元 842 年 唐武宗会昌二年 壬戌

李德裕著《异域归忠传》。

《旧唐书》卷一七四，《李德裕传》：李德裕，字文饶，赵郡人……文宗即位，就加检校礼部尚书。……（大和六年）召德裕为兵部尚书……七年二月，德裕以本官平章事……六月……德裕代（李宗闵）为中书侍郎、集贤大学士。……开成……四年四月，就加检校尚书左仆射。……武宗即位……授门下侍郎、同平章事。……会昌元年，兼左仆射。……会昌二年……回纥宰相唱没斯……以其众来降。

《新唐书》卷五八，《艺文志二》：李德裕《异域归忠传》二卷。

《直斋书录解题》卷七，传记类：《异域归忠传》二卷，李德裕撰。会昌二年，唱没斯内附，德裕奉诏采秦汉以来由绝域归中国，以名节自著，功业始终者，凡三十人，为之传。

公元 843 年　唐武宗会昌三年　癸亥

重修《唐宪宗实录》成。

《唐会要》卷六三：会昌元年四月敕："《宪宗实录》，宜令史馆再修撰进入，其先撰成本不得注破，并与新撰本同进来者。"至三年十月，宰臣兼监修国史李绅与修史官郑亚等修毕进上。

《旧唐书》卷一八上，《武宗纪》：会昌元年……四月辛丑，敕："《宪宗实录》旧本未备，宜令史官重修进内。其旧本不得注破，候新撰成同进。"时李德裕先请不迁宪宗庙，为议者沮之，复恐或书其父不善之事，故复请改撰实录，朝野非之。……三年……十月，宰相监修国史李绅、兵部郎中史馆修撰判馆事郑亚进重修《宪宗实录》四十卷，颁赐有差。

《玉海》卷四八，《唐宪宗实录》：会昌元年四月，又诏再修撰，与先撰成本同进。三年十月，宰臣李绅、史臣郑亚等进重修四十卷。

中书门下奏时政记、起居注记、修国史体例。

《唐会要》卷六四：会昌三年十月，中书门下奏时政纪、起居注记、修国史体例等："伏以时政纪：长寿二年，宰臣姚璹以为帝王谟训不可阙于纪述，史官疏远无因得书，请自今已后所论军国政要，宰臣一人撰录，号为时政纪。厥后因循，多阙纪述。臣等商量，尔后坐日每闻圣言，如有虑及生灵，事关兴替，可昭示百代，贻谋后昆者，及宰相献替谋猷，有益风教，并请依国朝故事，其日知印宰相撰录，连名封印，至季末送史馆。起居注记：比者不逐季撰录，至有去官三五年后犹未送纳者。伏以每度延英奏事后，向外传说，三事犹两事虚谬，岂有起居注记三数年后采拾传闻？耳目已隔，固非实事。向后起居注记事，望每季初，即送纳向前一季文书，与史馆纳讫，具状申中书门下。史馆受讫，亦申报中书门下。其起居改转，望以注记迟速为殿最。如有军国大政传闻疑误，仍许政事堂都见宰相等临时酌量。如有已施行，非关机密，并一一向说，所冀书存信实，免有疑误。修史体例：臣等伏见近日实录多云禁中言者，伏以君上与宰臣及公卿言，皆须众所闻见，方合书于史策。禁中之语，向外何由得知？或得于传闻，多出邪佞，便载史笔，实累鸿猷。向后日录中如有此类，并请刊削，更不得以此记述。又宰臣及公卿论事，行与不行，须有明据。或奏议允惬，必见褒称；或所论乖僻，固有惩责。在藩镇献表者有答诏，居要官启事者亦合著明，并当昭然在众人耳目。或取舍在于堂案，或与夺形于诏敕，前代史书载明奏议，无不由此。近见实录多载密疏，言不彰其明听，事不显于当时，得自其家，实难取信。向后所载群臣章奏，其可否得失，须朝廷共知者方可纪述，疏密并请不载。如此则书必可法，人皆守公，爱憎之志不行，褒贬之言必信。伏见近日实录，事多纰谬，若详求摭实，须举旧章。……”敕旨：宜依奏。

今案：此段资料中“时政纪”，他处一般写作“时政记”；最后“宜依奏”，别本脱“奏”字。

公元845年 唐武宗会昌五年 乙丑

史官修成《唐敬宗实录》。

《新唐书》卷五八，《艺文志二》：《敬宗实录》十卷，陈商、郑亚撰，李让夷监修。商，字述圣，礼部侍郎，秘书监。

《玉海》卷四八，《唐敬宗实录》：《书目》：李让夷等撰。起长庆四年，尽宝历二年，凡三年，会昌五年上，郑亚等修撰。

《郡斋读书志》卷二上，实录类：《唐敬宗实录》十卷，唐李让夷等撰。起长庆四年甲辰即位，止宝历二年丁未，凡三岁。武宗会昌中诏史官陈商、郑亚同修，让夷监修，书成上之。

公元846年 唐武宗会昌六年 丙寅

高少逸著《四夷朝贡录》。

《旧唐书》卷一七一，《高元裕传附高少逸》：少逸，长庆末为侍御史……累迁左司郎中。……迁谏议大夫……会昌中，为给事中，多所封奏。

《直斋书录解题》卷五，杂史类：《四夷朝贡录》十卷，唐给事中渤海高少逸撰。会昌中，宰相李德裕以黠戛斯朝贡，莫知其国本原，诏为此书，凡二百一十国，本二十卷，合之为十卷。

案：高少逸著《四夷朝贡录》不详何年，仅知为“会昌中”，暂编于此。

公元 848 年　唐宣宗大中二年　戊辰

《唐宪宗实录》仅行旧本。

《唐会要》卷六三：大中二年十一月，又降敕曰：《宪宗实录》，宜施行旧本。其新本委天下诸州府察访，如有写得者，并送馆，不得隐藏。

《玉海》卷四八，《唐宪宗实录》：大中二年十一月又诏止行旧本，其再修本今不传。（周墀建言故宰相德裕重定《元和实录》，窜寄他事以广父功，遂制新书。）

公元 851 年　唐宣宗大中五年　辛未

崔龟从等著成《续唐历》。

《唐会要》卷六三：大中五年七月，宰臣崔龟从等撰《续唐历》三十卷。

《旧唐书》卷一八下，《宣宗纪》：大中五年……七月，宰相监修国史崔龟从续柳芳《唐历》二十二卷，上之。

《旧唐书》卷一七六，《崔龟从传》：崔龟从，字玄告，清河人。……大中四年为中书侍郎同平章事兼吏部尚书。五年七月，撰成《续唐历》三十卷，上之。

《新唐书》卷一三二，《蒋乂传附蒋偕》：偕以父任，历右拾遗、史馆修撰，转补阙，主客郎中。初，柳芳作《唐历》，大历以后阙而不录，宣宗诏崔龟从、韦澳、李荀、张彦远及偕等分年撰次，尽元和以续云。

《新唐书》卷五八，《艺文志二》：《续唐历》二十二卷。韦澳、蒋偕、李荀、张彦远、崔瑄撰，崔龟从监修。

《玉海》卷四七引，《中兴书目》：柳芳撰《唐历》，起隋义宁元年，尽大历十三年八月。初，芳次国史，兴高祖、讫乾元，凡百三十篇，叙天宝后事，弃取不伦。后崔铉续修之，未就。宣宗大中间，命崔龟从起大历十三年春，尽元和十五年，凡二十二卷。

《直斋书录解题》卷四，编年类：《续唐历》二十二卷，唐监修国史崔龟从元吉撰。起大历十三年春，尽元和十五年，以续柳芳之书也。

姚康（一作姚康复）著成《统史》、《帝王政纂》。

《旧唐书》卷一八下，《宣宗纪》：大中五年……十一月，太子詹事姚康献《帝王政纂》十卷。又撰《统史》三百卷，上自开辟，下尽隋朝，帝王美政、诏令、制置、铜盐钱谷损益、用兵利害，下至僧道是非，无不备载，编年为之。

《新唐书》卷五八，《艺文志二》：姚康复《统史》三百卷。大中太子詹事。

《唐会要》卷三六：大中五年十一月，太子詹事姚康复撰《通史》三百卷，上之。（原注：《通史》自开辟至隋末，编年纂帝王美政善事，诏令可利于时者必载；于时政盐铁、筦榷和糴、赈贷钱陌、兵数虚实、贮粮、用兵利害、边事戎狄，无不备载；下至释、道烧炼，妄求无验，皆叙之矣）十二月，又撰《帝王政统》十卷，上之。

案：《唐会要》所记书名有误，应从《旧唐书》及《新唐书》。

公元 853 年 唐宣宗大中七年 癸酉

杨绍复等著《续会要》。

《唐会要》卷三六：大中七年十月，尚书左仆射门下侍郎平章事崔铉，上《续会要》四十卷。修撰官杨绍复、崔瑑、薛逢、郑言等，赐物有差。

《旧唐书》卷一八下，《宣宗纪》：大中……七年……十月，尚书左仆射、门下侍郎、平章事、太清宫使、弘文馆大学士崔铉进《续会要》四十卷。修撰官杨绍复、崔瑑、薛逢、郑言等，赐物有差。

《新唐书》卷五九，《艺文志三》：《续会要》四十卷，杨绍复、裴德融、崔瑑、薛逢、郑言、周肤敏、薛廷望、于珪、于球等撰，崔铉监修。

公元 854 唐宣宗大中八年 甲戌

史官修成《唐文宗实录》。

《唐会要》卷六三：（大中）八年三月，宰臣监修国史魏谟，修成《文宗实录》四十二卷，上之。史馆给事中卢耽、太常少卿蒋偕、司勋员外郎王沨、右补阙卢告，颁赐银器锦綵有差。

《旧唐书》卷一八下，《宣宗纪》：大中八年……三月……宰相监修国史魏谟修成《文宗实录》四十卷，上之。修史官给事中卢耽、太常少卿蒋偕、司勋员外郎王沨、右补阙卢告颁银器锦綵有差。

《旧唐书》卷一七六，《魏谟传》：（大中）二年，内徵为给事中，迁御史中丞。……兼户部侍郎。……寻以本官同平章事。……寻兼集贤大学士。……加中书侍郎。……进阶银青光禄大夫，兼礼部尚书、监修国史。修成《文宗实录》四十卷，上之。其修史官给事中卢耽、太常少卿蒋偕、司勋员外郎王沨、右补阙卢告、膳部员外郎牛丛，皆颁赐锦綵、银器、序迁职秩。

《新唐书》卷一三二，《蒋乂传附蒋偕》：大中八年，与卢耽、牛丛、王沨、卢告撰次《文宗实录》。

《新唐书》卷五八，《艺文志二》：《文宗实录》四十卷，卢耽、蒋偕、王沨、卢告、牛丛撰，魏谟监修。耽，字子严，一字子重，历西川节度使、同中书门下平章事。沨，字中德，历东都留守。告，字子有，弘宣子也，历吏部侍郎。

《郡斋读书后志》卷一，实录类：《唐文宗实录》四十卷，唐魏谟等撰。起即位，尽开成五年，凡十四年。宣宗大中八年史官蒋偕、牛丛、王沨、卢告同修。

《玉海》卷四八，《唐文宗实录》：起宝历二年，尽开成五年，凡十四年。

郑朗奏请增加史馆修撰员数。

《唐会要》卷六四：（大中）八年七月，监修国史郑朗奏："当馆修撰直馆共四员，准故事，以通籍者为直馆。伏以修史重事，合选廷臣，秩序或卑，笔削不称。其直馆伏请停废，更添修撰二员。其旧馆万年尉张范、泾阳尉李节，勒守本官。以户部郎中孟穆、驾部员外郎李涣并充修撰，通旧为四员，分修四季之事。"从之。

公元 864 年　唐懿宗咸通五年　甲申

樊绰著成《蛮书》（一名《云南志》）。

樊绰《蛮书》卷十：臣（案：樊绰自称。）于咸通三年春三月四日，奉本使尚书蔡袭手示，密委臣单骑及健步二十以下人，深入贼帅朱道古营寨。又卷十，咸通五年六月，（樊绰）左授夔州都督府长史，问蛮夷巴、夏四邑根源，悉以录之，寄安南诸大首领。详录于此，为《蛮志》一十卷事，庶知南蛮首末之序。

又，臣去年正月二十九日，已录蛮界程途，及山川城镇，六诏始末，诸种名数，风俗条教，土宜物产，六赕名号，连接诸蕃，共纂录成十卷，于安南郡州江口，附襄州节度押衙张守忠进献。

《新唐书》卷五八，《艺文志二》：樊绰《蛮书》十卷。（咸通岭南西道节度使蔡袭从事。）

《郡斋读书志》卷二下，地理类：《云南志》十卷。唐樊绰记云南山川物产杂事，止咸通中。

《直斋书录解题》卷七，传记类：《蛮书》十卷，唐安南宣慰使樊绰撰。记南诏事，咸通五年奏之。

《文献通考》卷二〇〇，《经籍考二七》：《云南志》十卷……唐樊绰撰。咸通中，南诏数寇边，绰为安南宣慰使，纂六诏始末、名号、种族、风俗、物产、山川险易、疆境接联，闻于朝。

《宋史》卷二〇四，《艺文志三》：樊绰《蛮书》十卷。

公元873年 唐懿宗咸通十四年 癸巳

史官于本年前修成《唐武宗实录》。

《新唐书》卷五八，《艺文志二》：《武宗实录》三十卷，韦保衡监修。

《郡斋读书后志》卷一，实录类：《唐武宗实录》一卷，唐韦保衡等撰。武宗以后实录皆亡，今存止会昌元年正月、二月。

《玉海》卷四八：唐咸通中，宰臣韦保衡与史官蒋偕、皇甫燠撰武、宣两朝实录。

案：《唐武宗实录》修成之年代，史无明文，仅知为宰相韦保衡监修。据《旧唐书》卷一九《懿宗纪》，韦保衡自咸通十一年正月至咸通十四年九月任宰相，则《唐武宗实录》之修成，至迟当在本年，故编于此。

苗台符约于本年前著《古今通要》。

《新唐书》卷五八，《艺文志二》：苗台符《古今通要》四卷。宣、懿时人。

《玉海》卷五五引《书目》：《古今通要》四卷，苗台符撰。自黄帝至唐大中年纪、疆理及户口盛衰，依《史记》自黄帝及共和存其代数，周秦以降则以元年冠甲子。

案：苗台符著书年代不详，今据《新唐书·艺文志》所云“宣、懿时人”，暂编于此。

公元 887 年　唐僖宗光启三年　丁未

林恩约于本年前后著《国史补》。

《新唐书》卷五八，《艺文志二》：林恩《国史补》十卷，僖宗时进士。

案：林恩事迹无考，仅知为僖宗时进士，暂编于此。

公元 889 年　唐昭宗龙纪元年　己酉

沙仲穆著《太和野史》。

《唐会要》卷六三：龙纪中，有处士沙仲穆纂野史十卷，起自太和，终于龙纪，目曰《太和野史》。

《新唐书》卷五八，《艺文志二》：沙仲穆《太和野史》十卷，起太和，尽龙纪。

公元 891 年　唐昭宗大顺二年　辛亥

裴廷（庭）裕于本年后著《东观奏记》。

《唐会要》卷六三：大顺二年二月，敕吏部侍郎柳玭等，修宣宗、懿宗、僖宗《实录》。始，丞相、监修国史杜让能，三朝实录未修，乃奏吏部侍郎柳玭、右补阙裴庭裕、左拾遗孙泰、驾部员外郎李允、太常博士郑光庭等五人修之。踰年，竟不能编录一字。惟庭裕采宣宗朝耳目闻睹，撰成三卷，目曰《东观奏纪》，纳于史馆。

《新唐书》卷五八，《艺文志二》：裴廷裕《东观奏记》三卷。大顺中，诏修宣、懿、僖《实录》，以日历、注记亡缺，因摭宣宗政事，奏记于监修国史杜让能。廷裕，字膺余，昭宗时翰林学士、左散骑常侍。

《郡斋读书后志》卷一，杂史类：《东观奏记》三卷，唐裴廷裕撰。昭宗时长安寇乱相仍，自武宗以后，日历、起居注散轶不存，诏史官撰宣、懿、僖三朝实录。廷裕次宣宗录，特采大中以来耳目闻见撰次此书，奏记于监修杜让能，以备史阁讨论云。

《直斋书录解题》卷五，杂史类：《东观奏记》三卷，唐右补阙裴廷裕膺余撰，记宣宗朝事，凡八十九条。

《四库全书总目》卷五一，史部杂史类：《东观奏记》三卷，唐裴庭裕撰。庭裕一作廷裕……官右补阙，其名见《新书·宰相世系表》……其事迹则无可考焉。其书专记宣宗一朝之事，前有自序称“上自寿邸即位二年，监修国史丞相晋国公杜让能奏选硕学之士十五人分修三圣实录，以吏部侍郎柳玭、右补阙裴庭裕、左拾遗孙泰、驾部员外郎李允、太常博士郑光庭专修宣宗实录，自宣宗至今垂四十载，中原大乱，日历、起居注不存一字，谨采耳目闻睹，撰成三卷，奏记于晋国公，藏之于阁，以备讨论。”盖其在史局时所上监修稿本也。序末不置成书年月。考杜让能以龙纪元年三朋兼门下侍郎，十二月为司徒，景福元年守太尉，二年贬死。昭宗之二年，即大顺元年，此序云奏记于监国史晋国公，则当在大顺、景福之间。其云自宣宗至是垂四十年，盖由大中以来约计之辞。若以宣宗末年计，至光化初年始为四十载，则杜让能之死已久，无从奏记矣。书中记事颇具首尾，司马光作《通鉴》多采其说，而亦不尽信之。盖闻见所及，记近事者多确；恩怨未尽，记近事者亦多诬。自古而然，不但此书矣。

公元 898 年 唐昭宗光化元年 戊午

裴贽撰《唐懿宗实录》、《唐僖宗实录》。

《玉海》卷四八：光化初，裴贽撰懿、僖《实录》。

公元 900 年 唐昭宗光化三年 庚申

柳璨著《史通析微》（一名《柳氏释史》）。

《唐会要》卷六三：光化三年，直史馆柳璨，以刘子玄所撰《史通》议驳经史过当，纪子玄之失，别纂成十卷，号《柳氏释史》，又号《史通析微》。

《旧唐书》卷一七九，《柳璨传》：柳璨，河东人。……光化中，登进士第。尤精汉史。鲁国颜荛深重之。荛为中书舍人，判史馆，引为直学士。璨以刘子玄所撰《史通》讥驳经史过当，璨纪子玄之失，别为十卷，号《柳氏释史》，学者伏其优赡。

《新唐书》卷六〇，《艺文志四》：《柳氏释史》十卷，柳璨。一作《史通析微》。

《郡斋读书后志》卷一，史评类：《史通析微》十卷，唐柳璨炤之撰。璨以刘子玄《史通》妄诬圣哲，评汤之德为伪迹，论桀之恶为厚诬，谤周公云不臣，褒武庚以徇节，其甚至于弹劾仲尼。因讨论其舛谬，共成五十篇。萧统云论则析理精微，故以为名。乾宁四年书成。《唐史》云：璨，公绰族孙，少孤贫，好学，著《史通析微》，时咸称之。起布衣，至为相不四岁。按《唐纪》，相璨在天祐改元，则书成时犹未仕也。

案：《郡斋读书后志》所记柳璨成书年代与《唐会要》不同，今从《唐会要》。

公元904年　唐哀帝天祐元年　甲子

高处鲁进史馆亡书。

《唐会要》卷六四：天祐元年十月十三日，前绛州曲沃县令高处鲁，进史馆亡书三百六十卷，授兼监察御史。

公元905年　唐哀帝天祐二年　乙丑

张荣兼修国史。

《唐会要》卷六三：天祐二年五月二十九日，敕翰林学士、职方郎中兼史馆修撰张荣，今修撰职名稍卑，不称内廷密重，宜充兼修国史。

公元 907 年 唐哀帝天祐四年 丁卯

唐亡。唐朝时较重要之史学事迹，其年代不详者，尚有：

卢彦卿著《后魏纪》。

《旧唐书》卷一八九下，《卢粲传》：卢粲，幽州范阳人。……祖彦卿，撰《后魏纪》二十卷，行于时。官至合肥令。

《旧唐书》卷四六，《经籍志上》：《魏记》三十三卷，卢彦卿撰。

《新唐书》卷五八，《艺文志二》：卢彦卿《后魏纪》三十三卷。

杜宝著《大业杂记》。

《新唐书》卷五八，《艺文志二》：杜宝《大业杂记》十卷。

《郡斋读书志》卷二上，杂史类：《大业杂记》十卷，唐杜宝撰。起隋仁寿四年炀帝嗣位，止越王侗皇太三年王世充降唐事。

《直斋书录解题》卷五，杂史类：《大业杂记》十卷，唐著作郎杜宝撰。纪炀帝一代事。序言：贞观修史未尽实录，故为此书以弥缝阙漏。

赵武孟著《河西人物志》。

《旧唐书》卷九二，《韦安石传附赵彦昭》：赵彦昭者，甘州张掖人也。父武孟……举进士，官至右台侍御史，撰《河西人物志》十卷。

梁载言著《具员故事》、《十道志》。

《旧唐书》卷一九〇中，《刘宪传附梁载言》：梁载言，博州聊城人。历凤阁舍人，专知制诰。撰《具员故事》十卷、《十道志》十六卷，并传于时。中宗时为怀州刺史。

《新唐书》卷五八，《艺文志二》：梁载言《具员故事》十卷。又《具言事迹》十卷。又梁载言《十道志》十六卷。

《玉海》卷五一引《书目》：《具员故事》七卷，凤阁舍人梁载言记唐朝官号、历代沿革事迹。

《直斋书录解题》卷六，职官类：《具员故事》十卷，唐凤阁舍人梁载言撰。以唐官具员附之历代事迹，盖后人《职林》、《职官分纪》之类所从始也，或称《职总联珠》。

《郡斋读书后志》卷一，地理类：《十道志》十三卷，唐梁载言撰。唐分天下为十道，所载颇详博。其书多称咸通中沿革，载言盖唐末人也。

《直斋书录解题》卷八，地理类：《唐十道四蕃志》十卷，唐太府少卿梁载言撰。其书广记备言，颇可观。载言不见于史。

《文献通考》卷二〇四，《经籍考三一》：《十道志》十三卷，陈氏曰，其书广记备言，颇有可采。载言不见于史，未定为何朝人。此书有太和以后沿革，当是唐末人。

李肇著《国史补》、《翰林志》。

《新唐书》卷五八，《艺文志二》：李肇《国史补》三卷。翰林学士，坐荐柏耆，自中书舍人左迁将作少监。又：李肇《翰林志》一卷。

《郡斋读书志》卷二上，杂史类：《国史补》二卷，唐李肇撰。起开元，止长庆间事。初，刘餗记元魏迄唐开元事，名曰《国朝传记》，故肇续之。

《郡斋读书志》卷二下，职官类：《翰林志》一卷，唐李肇撰。摭唐世翰林院中供奉仪则、制诰、书诏之式。

《直斋书录解题》卷五，杂史类：《国史补》三卷，唐学士李肇撰。

《直斋书录解题》卷六，职官类：《翰林志》一卷，唐学士李肇撰。

马宇著《凤池录》。

《新唐书》卷五八，《艺文志二》：马宇《凤池录》五十卷。

《册府元龟》卷五五六：马宇为秘书少监、史馆修撰，有史学，撰《凤池录》五十卷。

柳璞著《春秋三氏异同义》及《天祚长历》

《新唐书》卷一六三，《柳公绰传附柳璞》：璞字韬玉，学不营仕。著《春秋三氏异同义》，又述《天祚长历》，断自汉武帝纪元，为编年，以大政、大祥异、侵叛战伐随著之，闰位者附见其左。常谓“杜征南《春秋后序》述纪甲历为得实，自余史家皆差。”蒋系以为然。终著作郎。

凌璠著《唐录政要》。

《新唐书》卷五八，《艺文志二》：凌璠《唐录政要》十二卷。昭宗时江都尉。

《玉海》卷四九引《书目》：凌璠《唐录政要》十三卷，起献祖宣帝至唐末，以事系年，冠之甲子。

陈岳著《唐统纪》。

王定保《唐摭言》卷十：陈岳，吉州庐陵人也。少以辞赋贡于春官氏，凡十上，竟抱至冤。晚年从豫章钟传，复为同舍所谮，退居南郭，以坟典自娱，因之博览群籍。尝著书商较前史得失，尤长于班史之业。评三传是非，著《春秋折衷论》三十卷。约大唐实录，撰《圣纪》一百二十卷。以所为述作，号《陈子正言》十五卷。……光化中，执政议以蒲帛徵。传闻之，复辟为从事。后以谗黜，寻遘病而卒。

马令《南唐书》卷一七，《陈乔传》：陈乔，字世乔，世为庐陵玉笥人。祖岳，仕大唐为南昌观察判官，著唐书，自高祖讫于穆宗，为《统纪》一百卷，行于世。

吴任臣《十国春秋》卷一一，《陈浚传》：陈浚，庐陵人。父岳，仕唐为南昌观察判官，著《唐统纪》一百卷。

《新唐书》卷五八，《艺文志二》：陈岳《唐统纪》一百卷。

《玉海》卷四七引《中兴书目》：《唐统纪》，检校尚书屯田员外郎陈岳撰。以荀悦、袁宏有《汉纪》，遂为《大唐统纪》，起武德，尽长庆末，凡十三朝，成一百卷。用《春秋》例，间著论云。

《直斋书录解题》卷四，编年类：《大唐统纪》四十卷，唐江南西道观察判官陈岳撰。用荀、袁体，起武德，尽长庆，为一百卷。今止武后如意，非全书也。

杜延业著《晋春秋略》。

《新唐书》卷五八，《艺文志二》：杜延业《晋春秋略》二十卷。

《玉海》卷四一引《中兴引目》：唐秘书省正字杜公业撰（《唐志》作延业），并序。起晋宣帝迄恭帝，一百五十六年。以后魏崔鸿撰《十六国春秋》尚未究尽；梁萧方等著《三十国春秋》，以晋为主，附列二十九国，采集为广，遂加删缉，号曰《晋春秋略》，凡一十八万余言。

《郡斋读书志》卷五上，《附志》编年类：《晋春秋》二十卷，隋秘书省正字杜延业所述。其自序云："萧方等采削群史，著《三十国春秋》，囊括两晋之言，网罗诸国之事，以晋国为主，附列二十九国。延业删缉，题曰《晋春秋》。”

《直斋书录解题》卷四，编年类：《晋春秋略》二十卷，唐秘书省正字杜延业撰。自王隐而下诸书及诸僭伪传记皆所详究，而以萧方等《三十国春秋》删缉为此书。《馆阁书目》作杜光业，案《唐志》亦曰延业。考新旧史，他无所见，未详何时人。

张绚（询）古著《五代新记（说）》。

《新唐书》卷五八，《艺文志二》：张绚古《五代新记》二卷。

《崇文总目》卷二，杂史类上：《五代新说》二卷，张绚古撰。

《郡斋读书志》卷二上，杂史类：《五代新说》二卷。唐张询古撰。以梁、陈、北齐、周、隋君臣杂事，分三十门纂次。

《文献通考》卷一九五，《经籍考二二》：《五代新说》二卷。晁氏曰：唐张询古撰。

公元 920 年　后梁末帝贞明六年　庚辰

李琪等于本年前撰《梁太祖实录》。

《旧五代史》卷五八，《李琪传》：李琪，字台秀。……贞明、龙德中，历兵、礼、吏侍郎。受命与冯锡嘉、张衮、郗殷象同撰《梁太祖实录》三十卷。

《旧五代史》卷一八，《敬翔传》：贞明中，史臣李琪、张衮、郗殷象、冯锡嘉奉诏修撰《太祖实录》三十卷。

《册府元龟》卷五五七：梁李琪，贞明中历兵、礼、吏侍郎，与张衮、郗殷象、冯锡嘉奉诏修撰《太祖实录》三十卷。

《宋史》卷二〇三，《艺文志》：五代《梁太祖实录》三十卷，张衮、郗象撰。

公元 921 年　后梁末帝龙德元年　辛巳

史馆建议搜求史料。

《旧五代史》卷一〇，《梁末帝纪下》：龙德元年……二月……壬申，史馆上言：

"伏见北齐文士魏收著《后魏书》，于时自魏太武之初至于北齐，书不获就，乃大徵百官家传，刊总斟酌，随条甄举，搜访遗亡，数年之间勒为一代典籍，编在北史，固非虚言。臣今请明下制，敕内外百官及前资士子、帝戚勋家，并各纳家传，具述父祖事行源流及才术德业灼然可考者，并纂述送史馆。如记得前朝会昌已后公私，亦任抄录送官，皆须直书，不用文藻。兼以兵火之后，简牍罕存，应内外臣僚，曾有奏行公事，关涉制置，或讨论沿革，或章疏文词，有可采者，并许编录送纳。候史馆修撰之日，考其所上公事，与中书门下文案事相符会，或格言正辞，询访不谬者，并与编载。所冀忠臣名士，共流家国之耿光；孝子顺孙，获记祖先之丕烈，而且周德见乎殷纪，舜典存乎禹功，非唯十世可知，庶成一朝大典。臣叨膺委任，获领监修，将赎素飧，辄干玄览。"诏从之。

公元922年 后梁末帝龙德二年 壬午

《唐会要》、《五代会要》作者王溥生。

案：据《宋史》卷二九四《王溥传》："太平兴国初，封祁国公。七年八月卒，年六十一。"逆推之，知生于本年。

公元923年 后梁末帝龙德三年 癸未

《大梁编遗录》作者敬翔卒。

《旧五代史》卷一八,《敬翔传》:敬翔，字子振，同州冯翊人。……太祖受禅，自宣武军掌书记、前太府卿，授检校司空，依前太府卿勾当宣徽院事。寻改枢密院为崇政院，以翔知院事。……乾化元年，进位光禄大夫，行兵部尚书、金銮殿大学士，知崇政院事，平阳郡侯。……庶人友珪之篡位也，以天下之望，命翔为宰相。友珪以翔先朝旧臣，有所畏忌，翔亦多称病，不综政事。末帝即位……翔愈不得志。……及晋主陷都城(案:事在龙德三年)……乃自经而卒。……初，贞明中，史臣李琪、张衮、郗殷象、冯锡嘉奉诏修撰《太祖实录》三十卷，叙述非工，事多漏略。复诏翔补缉其阙，翔乃别纂成三十卷，目之曰《大梁编遗录》，与实录偕行。

《旧五代史》卷八，《梁末帝纪上》：贞明二年……十月丁酉，以开府仪同三司、中书侍郎兼吏部尚书、同平章事、集贤殿大学士、判户部敬翔为右仆射兼门下侍郎，平章事、监修国史，判度支。……六年……四月……乙巳，以右仆射兼门下侍郎、同平章事、监修国史、判度吏、开国公敬翔为弘文馆大学士、延资库使、诸道盐铁转运等使，余如故。

《册府元龟》卷五五七：梁李琪，贞明中历兵、礼、吏侍郎，与张衮、郗殷象、冯锡嘉诏修撰《太祖实录》三十卷，叙述非工，事多漏略。复诏宰臣敬翔别纂成三十卷，目之曰《大梁编遗》，与实录偕行。

《直斋书录解题》卷五，杂史类：《朱梁兴创遗编》二十卷，梁宰相冯翊敬翔子振撰。自广明巢贼之乱，朱温事迹，迄于天祐弑逆，大书特书，不以为愧也。其辞亦鄙俚。

案：《朱梁兴创遗编》为《大梁编遗录》之前半部。

《金銮密记》（一名《金銮别记》）作者韩偓卒。

吴任臣《十国春秋》卷九五，（闽）《韩偓传》：韩偓字致尧，京兆人。唐龙纪元年进士，累迁谏仪大夫、翰林学士。昭宗幸凤翔，进兵部侍郎承旨。……朱全忠忌偓，贬濮州司马……再贬荣经尉，徙邓州司马。昭宗被弑，哀帝复召为学士，还故官，偓不敢入朝，挈族来依太祖（王审知），侨居南安。……已而梁篡唐，乾化三年，复召，亦辞不往。龙德三年，卒于南安龙兴寺，葬葵山之麓。所著有《内庭集》、《金銮别记》。

《郡斋读书志》卷二上，杂史类：《金銮密记》一卷，唐韩偓撰。天复中为翰林学士，从昭宗西幸。梁祖（朱温）以兵围凤翔，偓每与谋议，因密记之，及所闻见事，止复京师，偓贬去。

《直斋书录解题》卷五，杂史类：《金銮密记》三卷，唐翰林学士承旨京兆韩偓致尧撰。具述在翰苑时事。

《宋史》卷二〇三，《艺文志二》：韩偓《金銮密记》一卷。

公元 924 年　后唐庄宗同光二年　甲申

后唐订立“诸司送史馆事例”。

《五代会要》卷一八，“诸司送史馆事例”：后唐同光二年四月，史馆奏：“本朝旧例，中书并起居院诸司，及诸道州府合录事件报馆如左：时政记，中书门下录送；起居注，左右起居郎录送。两省转对入阁待制、刑曹法官、文武两班上封章者，各录一本送馆。天文祥变、占候徵验，司天台逐月录报，并每月供送历日一本。祥瑞，礼部逐季录报，并诸道合画图申送。番客朝贡使至，鸿胪寺勘风俗、衣服、贡献、物色、道里远近并具本国王名录报。四裔入寇、来降表状，中书录报。露布，兵部录报，军还时并主将姓名具攻陷虏杀级数，并所因由录报。变改音律及新造曲调，太常寺具录所因并乐词牒报。法令变革，断狱新议，赦书德音，刑部逐季具有无牒报；详断刑狱，昭雪冤滥，大理寺逐季牒报。州县废置及孝子顺孙、义夫节妇有旌表门闾者，户部录报。有水旱、虫蝗、雷风、霜雹，户部录报。封建天下祠庙，叙封进封邑号，祠司封录报，京百司长官刺史以上除授，文官吏部录报，武官兵部录报。诸色宣敕，门下中书两省逐月录报。公王百官定谥，考功录行状并谥议，逐月具有无牒报。宗室任官课绩，并公主出降仪制，宗正寺录报。刺史、县令有灼然政绩者，本州官录申奏，仍具牒报。应硕德殊能、高人逸士久在山野著述文章者，本州县不以官秩勘问的实申奏，仍具录报。应中外官薨已请谥，许本家各录行状一本申送。右乞宣下有司，条件施行。”从之。

今案：后唐之“诸司送史馆事例”，与唐德宗建中元年所订立者大同小异，是原文件的修订而已。可知后唐时期，实际掌有唐朝故时文籍。

公元 925 年 后唐庄宗同光三年 前蜀王衍咸康元年 乙酉

毛文锡于本年后著《前蜀纪事》。

吴任臣《十国春秋》卷四一，（前蜀）《毛文锡传》：毛文锡，字平珪，高阳人，唐太仆卿龟范子也。年十四，登进士第，已而来成都，从高祖（王建）官翰林学士承旨。永平四年，迁礼部尚书，判枢密院事。……通正元年，进文思殿大学士，已又拜司徒，判枢密院如故。……及国亡，随后主降唐；未几，复事孟氏。……文锡有《前蜀纪事》二卷、《茶谱》一卷。

《直斋书录解题》卷五，伪史类：《前蜀纪事》二卷，后蜀学士毛文锡平珪撰。起广明庚子，尽天福甲子，凡二十五年。文锡，唐太仆卿龟范之子，十四登进士第。入蜀仕建，至判枢密院。随衍入洛而卒。

《宋史》卷二〇四，《艺文志三》：毛文锡《前蜀王氏记事》二卷。

王仁裕于本年后著《入洛记》。

《郡斋读书志》卷二上，杂史类：《入洛记》一卷，蜀王仁裕撰。（仁裕）随王衍降入洛阳，记往返途中事，并其所著诗赋。

《直斋书录解题》卷七，传记类：《入洛记》一卷，王仁裕撰。仁裕仕前蜀，国亡，入洛记行。

《宋史》卷二〇三，《艺文志二》：王仁裕《入洛记》一卷。

公元 926 年 后唐明宗天成元年 丙戌

庚传美搜访史籍。

《旧五代史》卷三七，《唐明宗纪三》：天成元年……月九……庚申，以都官郎中庾传美充三川搜访图籍使。传美为蜀王衍之旧僚，家在成都，便于归计，且言成都具有本朝实录。及传美使回，所得才九朝实录及残缺杂书而已。

公元 927 年 后唐明宗天成二年 丁亥

史馆收集史料，以备修史。

《旧五代史》卷三八，《唐明宗纪四》：天成二年……八月……史馆修撰赵熙上言：“应内中公事及诏书奏对，应不到中书者，请委内臣一人抄录，月终送史馆。”诏差枢密直学士录送。

《五代会要》卷一八，《史馆杂录》：天成二年八月，起居郎赵熙奏：“今后凡公事及诏书奏对，应不到中书者，伏乞委内臣一人，旋具抄录，月终关送史馆。”敕：宜令枢密院学士月终录送。

《册府元龟》卷五五七：后唐赵熙，明宗时为起居郎、史馆修撰。天成二年八月熙上言曰：“……凡是内中公事及诏书奏对，应不到中书者，伏乞委内臣一人，旋具抄录，月终关送史馆，庶使简编毕备，言动无遗，垂千古之美谈，显一时之盛事。”九月，史馆奏：“伏奉九月八日敕：国祚中兴，已逾五载。皇基统嗣，爰及两朝。其有纪年之书、行事之纪，未闻编录，实谓旷遗。所司既不举明，史馆又无起请，因循斯久，阙漏转多。宜令史臣先修太祖武皇帝、庄宗两朝实录，速具奏呈。新朝日历行事，亦可精专纂录，无使废坠者。……”从之。十二月，同州节度使卢质准敕录太祖、庄宗两朝功臣书诏白进之。是月，都官郎中庾传美访图书于三川孟知祥处，得九朝实录及杂书传千余卷，并付史馆。同光已后，馆中煨烬无几，九朝实录甚济其阙。

公元 928 年 后唐明宗天成三年 戊子

后唐史馆请修本朝史。

《五代会要》卷一八，《修国史》：后唐天成三年十二月史馆奏：“据左补阙张昭状：尝读国书，伏见懿祖昭烈皇帝自元和之初，献祖文景皇帝于太和之际，立功王室，陈力国朝；太祖武皇帝自咸通后来，勤王戮力，剪平多难，频立大功，三换节旄，再安京国;庄宗皇帝亲平大憝，奄有中原。倘阙编修，遂成湮坠。伏请与当馆修撰参序条纲，撰太祖、庄宗实录者。伏见前代史馆归于著作，国初分撰五代史，方委大臣监修。自大历后来，始奏两员修撰。当时选任皆取良能，一代之书便成于手。其后源流失绪，波荡不还，冒当修撰之名，曷扬褒贬之职，及乎编修大典，即云别访通才。况当馆职在编修，合令撰述。”敕：宜依。

公元 929 年 后唐明宗天成四年 己丑

史官张昭远等修成后唐懿祖、献祖、太祖《纪年录》及《庄宗实录》。

《五代会要》卷一八，《修国史》：天成四年七月，监修国史赵凤奏：“当馆奉敕修懿祖、显祖、太祖、庄宗四帝实录，自今年六月一日起手，旋具进呈。伏以凡关纂述，务合品题。承乾御宇之君，行事方云实录；追尊册号之帝，约文只可纪年。所修前件史书，今欲自庄宗一朝名为实录，其太祖已上并目为纪年录。”从之。其年十一月，史馆上新修懿祖、太祖《纪年录》共二十卷、《庄宗实录》三十卷。监修宰臣赵凤，修撰张昭远、吕咸休，各赐缯綵银器等。

《旧五代史》卷四〇，《唐明宗纪六》：天成四年……七月……史官上言：“所编修庄宗一朝事迹，欲名为实录；太祖、献祖、懿祖名为纪年录。”从之。……十一月……史官张昭远等以新修献祖、懿祖、太祖《纪年录》共二十卷、《庄宗实录》三十卷上之。赐器帛有差。

《册府元龟》卷五五七：长兴（案：应作天成）四年十一月史馆奏：“先奉敕旨纂修太祖武皇帝、庄宗光圣神闵孝皇帝两朝实录呈进者。……修撰、朝议郎、左补阙张昭远博于记览，早预编排，自今年六月一日与同职官员等共议纂修，获成记录。臣叨司笔削，比乏史才……杀青斯竟，代斵增惭。又以三祖追尊，有殊受命，约之旧史，必在正名，谨叙懿祖书一卷，献祖书二卷，太祖书一十七卷，并题曰《纪年录》。先帝自龙飞晋阳，君临天下，以日系月一十九年，谨修成《实录》三十卷。诚多纰缪，仰渎休明，顾铅素以惊心，尘冕旒而洽背。”是日赐门下侍郎兼工部尚书平章事、监修国史赵凤杂綵五十匹，盖椀一副。

《宋史》卷二六三，《张昭传》：张昭字潜夫，本名昭远，避汉祖（刘知远）讳，止称昭。……昭始七岁，能诵古乐府、诵史诗百余篇；未冠，遍读九经，尽通其义。……后至赞皇，遇程生者，专史学，以为专究经旨，不通今古，率多拘滞，繁而寡要；若极谈王霸，经纬治乱，非史不可。因出班、范《汉书》十余义商榷，乃授昭《荀纪》、《国志》等，后又尽得十三代史，五七年间，能驰骋上下数千百年事。又注《十代兴亡论》。……后唐庄宗入魏……昭因至魏，携文数十轴谒兴唐尹张宪。……即署府推官。同光初，奏授其秩，加监察御史里行。宪为北京留守，昭亦从至晋阳。庄宗及难……事宁，以昭为北京留守推官，加殿中侍御史、内供奉官，赐绯。天成三年，改安义军节度掌书记。时以武皇、庄宗实录未修，诏正国军节度卢质、西川节度副使何瓒、秘书监韩彦辉缵录事迹。瓒上言：“昭有史材，尝私撰《同光实录》十二卷，又闻其欲撰《三祖志》，并藏昭宗朝赐武皇制诏九十余篇，请以昭所撰送史馆。”拜昭为左补阙、史馆修撰，委之撰录。昭以懿祖、献祖、太祖并不践帝位，仍补为《纪年录》二十卷，又撰《庄宗实录》三十卷上之。优诏褒美，迁都官员外郎。

《直斋书录解题》卷四，起居注类：《后唐庄宗实录》三十卷，监修赵凤，史官张昭远撰。天成四年上。

《宋史》卷二〇三，《艺文志二》：《五代唐懿祖纪年录》一卷，《五代唐献祖纪年录》一卷，《五代唐庄宗实录》三十卷，并赵凤、张昭远等撰。

崔棁建议史官随宰臣上殿记事。

《五代会要》卷一三：后唐天成四年十二月，尚书比部员外郎崔棁奏：请自今后每遇起居，令左右史随宰臣上殿，各赍纸笔，分侍冕旒。或陛下发一德音，宰臣陈一时政，事无大小，皆令编录，季终即送史馆。

公元 931 年 后唐明宗长兴二年 辛卯

崔棁建议购求唐宣宗时史料。

《册府元龟》卷五五七：崔棁为都官郎中、知制诰。长兴二年五月，棁上言："臣闻高祖神尧皇帝初定天下，起居舍人令狐德棻上言，以近代已来多无正史，恐十数年后事迹蔑闻，因命儒学大臣分撰南北诸史，且言异代犹恐弃遗，况在本朝岂以湮灭？臣尝闻宣宗缵承大业，思致时雍，旰食宵衣，忧勤庶务，十余年之内可谓治平。于时史官虽有注记，寻属多故，辇辂省方，未暇刊修，皆至沦坠，统临之盛，寂寞无闻。伏思年代未遥，耳目相接，岂无野史散在人间？伏乞特命购求，十获五六，亦可备编修，冀成一代之信书，永祚千年之盛观。"从之。

公元 932 年 后唐明宗长兴三年 壬辰

史馆搜求唐宣宗至昭宗时史料。

《旧五代史》卷四三，《唐明宗纪九》：长兴三年……十一月……壬午，史馆奏："宣宗已下四庙，未有实录，请下两浙、荆湖购募野史及除目报状。"从之。

《五代会要》卷一八，《史馆杂录》：长兴二（案："二"当为"三"之误）年十一月四日，史馆奏："当馆昨为大中已来，迄于天祐，四朝实录，尚未纂修，寻具奏闻，谨行购募。敕命虽颁于数月，图书未贡于一编。盖以北土州城，久罹兵火，遂成灭绝，难可访求。窃恐岁月渐深，耳目不接，长为阙典，过在攸司。伏念江表列藩，湘南奥壤，至于闽、越，方属勋贤。戈鋋自扰于中原，屏翰悉全于外府，固多奇士，富有群书。其两浙、福建、湖广，伏乞特降诏旨，委各于本道采访宣宗、懿宗、僖宗、昭宗以上四朝野史，及逐朝日历，除自银台事宜，内外制词，百司沿革簿籍，不限卷数，据有者抄录进上。若民间收得，或隐士撰成，即令各列姓名，请议爵赏。”从之。

《册府元龟》卷五五七：长兴三年十一月壬午，史馆奏：“自宣宗朝以来，时历四朝，未有实录，年代深远，简牍散亡，更历岁时，转失根本。自中兴已来，累于诸道购纂四朝日历、报状、百司关报，亦恐已曾撰到。实录值乱亡失，乞下两浙、湖南巡属购募四朝野史及除报状关报等，庶成撰集之功。”从之。

公元 933 年　后唐明宗长兴四年　癸巳

史馆奏议修撰功臣列传事宜。

《五代会要》卷一八，《史馆杂录》：长兴四年正月十一日，史馆奏：“当馆先奉敕修撰功臣列传，元奏数九十二人，馆司分配见在馆官员修撰。其间亦有不是中兴以来功臣，但据姓名便且分配修撰。将求允当，须在品量。其间若实是功臣、中兴社稷者，须校其功勋大小，德业轻重，次第纂修，排列先后。今请应不是中兴以来功臣，泛将行状送馆者，若其间事有与正史、实录列传内事相连络者，则请令附在纪传内简略书出；其无功于国，无德于人，但述履行身名，或述小才末伎，倘无可以垂训者，并请不在编修之限。伏自有史传以来，历代咸有著述，皆存定制，不可更张。如前汉止述萧、曹、绛、灌之流，后汉但书寇、邓、耿、贾之列，并同翼戴，咸共匡扶，爵号功臣，先为列传；其余宗室、外戚、文苑、儒林、游侠、逸人、循吏、酷吏之属，名目甚众，各有篇题，并随其次第撰述；其大恶大善之人，有善若周、孔、夷、齐，恶若敦、玄、莽、卓，亦各特为著撰，不附传纪编修。或为世家，或为列传，盖欲取监前代，垂则后人，不可雷同，请令区别。其功臣未纳到行状者，馆司见更催促，候到即更分配修撰。大凡行状皆是门人故吏叙述，多有虚饰文华。今请此后所纳行状，并须直书功业，不得虚文饰词。其已纳到行状合著撰者，仍请委修撰官略其浮辞，采其实事。”从之。

史馆规定修史官员奖惩制度。

《五代会要》卷一八，《修史官》：后唐长兴四年正月十一日，史馆奏：“当馆承前修史事例，应合编录文书，分配在馆修撰直馆官员，逐人纪述。内修撰一员，充判馆事；自除修撰外，应馆中著述及诸色公事，都专主专监修宰臣通判。前修撰直馆等，其间勤恪者著述不闲，怠惰者自因循度日，只藉馆中扬历，以资身事趋进。或别除官，或因出使，便将自己分合撰史籍送付后人。后人效尤，依前懈惰积叠，不了公事，为弊滋多。须设规程，庶无旷败。谨具起请如左：自判馆修撰已下见充职任及此后充馆，请以二周年为限。据在职馆中文书繁简，逐季分配纂修。如月未满，公事未阙，即当馆给与公凭，仍旋申中书门下，请别商量。其职限内遇本官本省署有递迁，请不妨其序进，即请令依前充职，终其月限，并请不许未终职限特更除官。如职限满，有公事未了，不计几月，请不别与院官及差使，并与递迁本官；其旷职甚者，仍请量事殿罚。如据所分配文书修撰外，别能采访得皇后功臣事实及诸色合编集事、著撰得史传堪入国史者，请量其课绩别加酬奖。如当馆于职限满官员中籍令充职者，则旋具奏闻，乞就加升陟。应此日已前曾充馆职，配过文书，除丁忧官员，则请与均分代修撰。其未了别除官者，所欠文书不计多少，并与令本官修撰，速须了毕。其今日已前旷惰之过，特乞矜容；起今后若更将已前未了公事迁延，不速修撰了者，则别具奏闻。仰候圣裁。”右奉敕宜依，仍付所司。

尹拙、王慎徽以谏官直史馆。

《五代会要》卷一八，《修史官》：长兴四年……七月，以著作佐郎尹拙为左拾遗，直史馆；王慎徽为右拾遗，直史馆。从监修宰臣李愚奏也。（原注：故事以本官直者，皆为畿县尉；今谏官直馆，自拙等始也。）

《旧五代史》卷四四，《唐明宗纪十》：长兴四年……七月丁丑，以著作佐郎尹拙为左拾遗，直史馆。国朝旧制皆以畿赤尉直史馆，今用谏官自拙始，从监修李愚奏也。

公元 934 年 后唐闵帝应顺元年 后唐末帝清泰元年 甲午

李愚、张昭远等著成《新修唐功臣列传》。

《五代会要》卷一八，《修国史》：应顺元年闰正月，平章事兼修国史李愚与修撰判馆事张昭远等进《新修唐功臣列传》三十卷。

《旧五代史》卷六七，《李愚传》：李愚，字子晦。……长兴初……拜中书侍郎、平章事，转集贤殿大学士。长兴季年……转门下侍郎监修国史，兼吏部尚书，与诸儒修成《创业功臣传》三十卷。

《册府元龟》卷五五七：李愚为门下侍郎监修国史，与诸儒修成《创业功臣传》三十卷。愍帝应顺元年闰正月，愚与修撰判馆事张昭远等诣阁门，进《新修唐功臣列传》三十卷。

《册府元龟》卷五五七：刘昫自唐末帝时为丞相、监修国史。清泰元年七月，昫奏曰："史官奏：天成二年九月诏纂修太祖至庄宗实录及功臣列传。四年十一月，修懿祖、献祖、太祖《纪年实录》二十卷、《庄宗实录》三十卷呈进。其功臣列传委元修史官张昭远与史馆修撰相次编纂，列传计三十卷，今年闰月七日进呈，未下所司。臣以立功立事须标于竹帛，记言记事靡漏于简编，贵资褒贬之文，备述艰难之业。伏惟陛下大明御宇，至道临人，定寰区以武功，守宗祧以文德，辉耀三古，超越百王，莫不万国来庭，千官举职。臣叨居钧轴，已愧庸虚，曾无笔削之劳，谬处监修之任，辄兹举奏，冒渎宸严。"诏所修列传付史馆。先是，今春史馆进之，鄂王省视，次便属起兵，因是亡失，故重缮写奏故也。

案：《创业功臣传》与《新修唐功臣列传》盖为一书。

近臣将书诏及处分公事、臣下奏议录送史馆。

《旧五代史》卷四六，《唐末帝纪上》：清泰元年四月……史馆奏："凡书诏及处分公事、臣下奏议，望令近臣录付当馆。"诏端明殿学士韩昭裔、枢密直学士李专美录送。

《册府元龟》卷五五七：韩昭裔为端明殿学士。末帝清泰元年，史馆上言："凡书诏及处分公事、臣下奏议，望命近臣以时系日，录下史馆编修。"诏昭裔及枢密直学士李专美录送有司，行明宗时旧事也。

公元 935 年　后唐末帝清泰二年　乙未

史馆修撰《后唐明宗实录》。

《旧五代史》卷四七，《唐末帝纪中》：清泰二年……六月……壬申，命史馆修撰《明宗实录》。

《册府元龟》卷五五七：清泰二年六月制曰："恭惟先皇帝夷凶静乱，开国承家，社稷危而再安，乾坤否而复泰。弘宣一德，宠惠兆民，八年之间，家给人足。然而致理之绩虽已播于颂声，纪事之书尚未编于史氏。缅维缵奉之道，良增愧惕之怀。其实录宜令史馆疾速修撰呈进，唯务周详，勿令阙漏。”

公元936年 后唐末帝清泰三年 丙申

史官张昭远等修成《后唐明宗实录》。

《旧五代史》卷四八，《唐末帝纪下》：清泰三年……二月……庚午，监修国史姚顗，史官张昭远、李祥、吴承范等修撰《明宗实录》三十卷，上之。

《五代会要》卷一八，《修国史》：清泰三年二月，门下侍郎、平章事、监修国史姚顗上《明宗实录》三十卷。同修撰官张昭远、李祥，直馆左拾遗吴承范、右拾遗杨昭俭等颁赉有差。

《册府元龟》卷五五七：姚顗为相，兼监修国史。清泰三年，顗上表：“奉诏臣等同修先帝实录进呈。……自捧丝纶，如挟冰炭，但缘职分，难避拟抡。臣即与判馆事修撰官中书舍人张昭远，中书舍人李祥、左拾遗吴承范等依约典谟，考详记注，按编年之旧体，各次第以分功，起龙潜受命四十年，成凤册新书三十卷。虽研精覃思，备振于纲条，而事重才轻，仍忧于漏略。加以装褫卤莽，缮写生疏，旋命直馆右拾遗杨昭俭虔切指纵，专司校勘，尚虞舛误，未尽周详。将冒犯于进呈，实倍增于忧负。”翌日，诏奖饰其书付史馆，中书、门下率百官上章慰贺。

《宋史》卷二六三，《张昭传》：清泰初……迁中书舍人……二年，加判史馆兼点阅三馆书籍，校正添补。预修《明宗实录》，成三十卷以献。

《宋史》卷二六九，《杨昭俭传》：杨昭俭，字仲宝，京兆长安人。……后唐长兴中……拜右拾遗、直史馆，与中书舍人张昭远等同修《明宗实录》。书成，迁殿中侍御史。

《直斋书录解题》卷四，起居注类：《后唐明宗实录》三十卷，监修姚顗、史官张昭远等撰，清泰三年上。

《宋史》卷二〇三，《艺文志二》：《五代唐明宗实录》三十卷，姚顗等撰。

尉迟偓于本年前著《中朝故事》。

《郡斋读书志》卷二上，杂史类：《中朝故事》二卷，伪唐尉迟偓撰。记唐懿、昭、哀三朝故事，故曰中朝。

《直斋书录解题》卷七，传记类：《中朝故事》二卷，伪唐给事中尉迟偓撰。载唐末杂事。

《宋史》卷二〇三，《艺文志二》：尉迟偓《中朝故事》二卷。

《三朝见闻录》约于本年前著成。

《直斋书录解题》卷五，伪史类：《三朝见闻录》八卷，不知作者。起乾符戊戌，至天祐末年，及庄宗中兴、后唐河东事迹。三朝者，僖、昭、庄也。其文直述，多鄙俚。

案：《三朝见闻录》不知何时著成，据《直斋书录解题》所述，作者当为后唐时人，姑编于此。

公元937年 后晋高祖天福二年 吴杨溥天祚三年 丁酉

编录内廷公事及百司公事，逐季送史馆。

《旧五代史》卷七六，《晋高祖纪二》：天福二年……八月……宰臣监修国史赵莹奏："请循近例，依唐明宗朝，凡有内廷公事及言动之间，委端明殿学士或枢密院学士侍立冕旒，系日编录，逐季送当馆；其百司公事，亦望逐季送当馆，旋要编修日历。"从之。

信都镐于本年前著《淝上英雄小录》。

吴任臣《十国春秋》卷一一，（吴）《信都镐传》：信都镐，隋信都芳之后也。少以著作自负。当太祖（杨行密）入广陵，功臣三十九人，而同时佐将吏实五十人焉，镐录其名氏、功绩，为《淝上英雄小录》二卷。

《直斋书录解题》卷五，伪史类：《淝上英雄小录》二卷，信都镐撰。所录杨行密将吏有勋名者四十人，其二十四人皆淝人，余诸道人，又有僧道渔樵之属十人，录其小事，故名小录。

《宋史》卷二〇四，《艺文志三》：吴信都镐《淝上英雄小录》二卷。

王振于本年前在吴国修史。

吴任臣《十国春秋》卷一一，（吴）《王振传》：王振……仕高祖（杨隆演）兄弟，为史官，娴熟典故，博通事迹。所著太祖等《本纪》及讨论诸将战功，皆详核而不诬，切实而不靡，世称良史才。

陈浚于本年后著《吴录》。

马令《南唐书》卷一七，《陈乔传》：陈乔，字世乔，世为庐陵玉笥人。……子浚仕吴为中书舍人，翰林学士，撰《吴录》二十卷。

吴任臣《十国春秋》卷一一，（吴）《陈浚传》：陈浚，庐陵人。……浚有史才……事睿帝（杨溥）为中书舍人、翰林学士。撰《吴录》二十卷。官终尚书。

公元938年 后晋高祖天福三年 后蜀孟昶广政元年 戊戌

何光远于本年后著《鉴戒录》。

《郡斋读书后志》卷二，小说类：《鉴戒录》十卷，后蜀何光远撰。字辉夫，东海人。广政中纂辑唐以来君臣事迹可为世鉴者。

吴任臣《十国春秋》卷五六，（后蜀）《何光远传》：何光远，字辉夫，东海人也。好学嗜古。广政初，官普州军事判官。撰《聂公真龛记》。又常著《鉴戒录》十卷，纂辑唐以来君臣事迹可为世法者。又有《广政杂录》三卷，皆行于世。

《宋史》卷二〇六，《艺文志五》：何光远《鉴诫录》三卷，又《广政杂录》三卷。

《四库全书总目》卷一四〇，子部小说家类：《鉴戒录》十卷，蜀何光远撰。……其书多记唐及五代间事，而蜀事为多，皆近俳谐之言，各以三字标题，凡六十六则。赵希弁《读书后志》以为辑唐以来君臣迹可为世鉴者，似未睹其书，因其名而臆说也。

公元939年 后晋高祖天福四年 己亥

宰臣撰录时政记。

《旧五代史》卷七八，《晋高祖纪四》：天福四年……十一月……戊寅，史馆奏：

“请令宰臣一人撰录时政记，逐时以备撰述。”从之。

《五代会要》卷一八，《史馆杂录》：晋天福四年十一月，史馆奏：按唐长寿二年，右丞姚璹奏：“帝王谟训不可阙文，其仗下所言军国政事，令宰臣一人撰录，号时政记。至唐明宗朝又委端明殿学士撰录，逐季送付史馆。伏乞遵行者，宜令宰臣一员撰述。”

公元 940 年 后晋高祖天福五年 南汉刘龑大有十三年 庚子

《摭言》（一称《唐摭言》）作者王定保卒。

吴任臣《十国春秋》卷六二，（南汉）《王定保传》：王定保，南昌人。举唐光化三年进士第。南游湖湘，不为马氏所礼。已而为唐容管巡官，遭乱不得还，烈宗（刘隐）招礼之，辟为幕属。及高祖欲称帝，惮定保不从，先遣定保出使荆南。及即位，而定保回。……大有初，官宁远军节度使。十三年冬，代赵损为中书侍郎、同平章事，不逾年卒。……所著《摭言》十五卷。

王定保《唐摭言》卷三，《散序》：定保生于咸通庚寅岁（案：唐懿宗咸通十一年，公元 870 年），时属南蛮骚动，诸道征兵。自是联翩寇乱中土，虽旧第太平里，而迹未尝达京师，故治平盛事，罕得博闻。然以乐闻科第之美，尝谘访于前达间，如丞相吴郡公（陆）扆、翰林侍郎濮阳公（吴）融、恩门右省李常侍渥、颜夕拜荛、从翁丞相（王）溥、从叔南海记室（王）涣，其次同年卢十三延让、杨五十一赞图、崔二十七籍若等十许人，时蒙言及京华故事，靡不录之于心，退则编之于简策。

《郡斋读书志》卷三下，小说类：《摭言》十五卷，唐王定保撰。六十三门，记唐朝进士应举登科杂事。

《直斋书录解题》卷一一，小说家类：《摭言》十五卷，唐王定保撰。专记进士科名事。定保，光化三年进士，为吴融子华婿，丧乱后入湖南，弃其妻弗顾，士论不齿。

《宋史》卷二〇六，《艺文志五》：王定保《摭言》十五卷。

周中孚《郑堂读书记》卷六三，小说家类一：《唐摭言》十五卷，南汉王定保撰。……《崇文目》、《读书志》、《书录解题》、《宋志》所载俱无唐字。陈氏又载南唐何晦《唐摭言》十五卷，《通考》同，其书久佚。后人刊此书，因此亦加以唐字耳。晁氏称是书分六十三门，记唐朝进士应举登科杂事；而今本实一百有三门，疑晁氏所举有讹也。

公元941年 后晋高祖天福六年 辽太宗会同四年 辛丑

赵莹、张昭远等撰修唐史。

《旧五代史》卷七九，《晋高祖纪五》：天福六年……二月……己亥，诏户部侍郎张昭远、起居郎贾纬、秘书少监赵熙、吏部郎中郑受益、左司员外郎李为光等同修唐史，仍以宰臣赵莹监修。……四月……辛丑，宰臣监修国史赵莹奏："奉诏差张昭远等五人同修唐史，内起居郎贾纬丁忧去官，请以刑部侍郎吕琦、侍御史尹拙同与编修。"又奏："史馆所缺唐朝实录，请下敕购求。"并从之。

《五代会要》卷一八，《前代史》：晋天福六年二月敕："有唐远至高祖，下暨明宗，纪传未分，书志咸阙。今耳目相接，尚可询求；若岁月寝深，何由寻访？宜令户部侍郎张昭、起居郎贾纬、秘书少监赵熙、吏部郎中郑受益、左司员外郎李为先等修撰唐史，仍令宰臣赵莹监修。"其年四月，监修国史赵莹奏：敕同撰唐史起居郎贾纬丁忧，请以刑部侍郎吕琦、侍御史尹拙同修，从之。寻改吕琦为户部侍郎，尹拙为户部员外郎，令与张昭等修唐史。其年四月，监修国史赵莹奏："自李朝丧乱，迨五十年，四海沸腾，两都沦覆，今之书府，百无二三。臣等虔奉纶言，俾令撰述，褒贬或从于新意，纂修须按于旧章。既阙简编，先虞漏略。今据史馆所阙唐书实录，请下敕命购求。况咸通中宰臣韦保衡与蒋伸、皇甫燠撰武宗、宣宗两朝实录，又光化初宰臣裴贽撰僖宗、懿宗两朝实录，皆遇国朝多事，或值鸾舆播越，虽闻撰述，未见流传。其韦保衡、裴贽合有子孙见居职任，或门生故吏曾托纂修，闻此撰论，谅多欣惬。请下三京诸道及中外臣寮，凡有将此数朝实录诣阙进纳，请察其文武才能，不拘资地，除授一官。如卷帙不足，据数进纳，亦请不次奖酬，以劝来者。自会昌至天祐垂六十年，其初李德裕平上党，著武宗伐叛之书；其后康承训定徐方，有武宁本末之传。如此事类，记述颇多。请下中外臣寮及名儒宿学，有于此六十年内撰述得传记及中书、银台、史馆、日历、制敕册书等等，不限年月多少，并许诣阙进纳。如年月稍多，记录详备，请特行简拔，不限资序，臣与张昭等所撰唐史，只叙本纪以纲帝业，列传以述功臣，十志以书刑政。本纪以纲帝业者：本纪之法始于《春秋》，以事系日，以日系月，以月系时，以时系年。刑政无遗，纲条必举，须凭长历以编甲子。请下司天台，自唐高祖武德元年戊寅至天祐元年甲子，为转年长历一道，以凭编述《本纪》。列传以述功臣者：古者衣冠之家书于图籍，中正清议以定品流，故有家史、家传、族谱、族图。江左百家轩裳辍轨，山东四姓簪组盈朝，隋唐已来勋书王府，故士族子弟多自纪世纪，贵载简编，以光祖考。请下文武两班及藩侯郡牧，各叙两代官婚名讳行业功勋状一本；如有家谱家牒，亦仰送官，以凭纂序《列传》。十志以书刑政者：五礼之书，代有沿革，至开元刊定，方始备议。洎宝应以来，典章渐缺。其谒款郊庙，册拜王公，摄事相仪之文，车辂服章之数，请下太常礼院，自天宝以后至明宗朝以来五礼仪注，朝廷行事，或异旧章出处增损节文，一一备录，以凭撰述《礼志》。四悬之乐不异前文，八佾之文或殊往代。隋唐以来乐无夷夏，乃有文舞、武舞之制，坐部、立部之名。天宝之初，云韶大备；天宝之后，音律渐衰，郊庙殿廷，旧章斯缺。及咸秦荡覆，钟石沦亡。龙纪及正之年，有司特铸悬乐，旋宫之义，徒有其文。请下太常寺，其四悬二舞增损始自何朝，及诸庙乐章舞名、开元十部兴废本末，一一按录，以凭撰集《乐志》。刑名之制代有轻重，隋唐以来疏为律令，累朝继有制敕，相次增益旧条，格律之文未能画一。请下大理寺，自著律令以来，后敕入格条者，及会昌以来所断疑狱，一一关报，以凭撰述《刑法志》。律历、五行、天文、灾异，史书实录，前代具书。自唐季乱离，简编沦落，太史所奏不载册书。请下司天台，自会昌以来，天文变异、五行休咎、历法更改，更据朝代年月，一一条录，以凭撰集《天文》、《律历》、《五行》等志。唐初定官品令，三公、三师为第一品，尚书令、仆射为第二品，两省御史台寺监长官、六尚书为第三品。自定令以后，官品继升，比诸令文，前后同异。又有兼摄检校之例，资授册拜之文，军容或盛于朝仪，使务渐侵于省局，以此官无定令，位以赏功，台府之权随时轻重，求诸官志，前代无闻。请下御史台，自定令以后，文武两班品秩升降，及府名使额、寺署废置、官名更改，一一具析，以凭撰述《职官志》。唐初守边，则有都督、总管之号；开元命将，则有节度、按察之名。故四塞之内，刺史多没于戎夷；九牧之中，乘宠遂邀于旄钺。山河异制，名额实繁。请下兵部职方，自开元以来，山河地里，使名军额，州县之废置，一一条列，以凭撰述《郡国志》。唐初以降，迄于开元，图书大备，历朝纂述，卷帙实繁，若不统而论之，何彰文雅之盛？请下秘书省，自唐以来，古今典籍经史子集元撰人名氏、四部大数报馆，以凭撰述《经籍志》。

右所陈条例如前，请下所司。”从之。

《旧五代史》卷八九，《赵莹传》：赵莹，字玄辉，华阴人也。……（后晋）高祖建号，授莹翰林学士承旨、金紫光禄大夫、户部侍郎，知太原府事，寻迁门下侍郎、同平章事、监修国史。……监修国史日，以唐代故事残缺，署能者居职，纂补实录及修正史二百卷行于时，莹首有力焉。

《旧五代史》卷九三，《赵熙传》：赵熙，字绩巨。……起家授秘书省校书郎，唐天成中，累迁至起居郎。……寻除南省正郎。（后晋）天福中，承诏与张昭远等修唐史，竟集其功。开运中，自兵部郎中授右谏议大夫，赏笔削之功也。

《旧五代史》卷一三一，《贾纬传》：晋天福中，入为监察御史，改太常博士。纬常以史才自负，锐于编述，不乐曲台之任，乃陈情于相座。……未几，转屯田员外郎，改起居郎、史馆修撰。又谓（赵）莹曰：“《唐史》一百三十卷，止于代宗，已下十余朝未有正史，请与同职修之。”莹以其言上奏，晋祖然之，谓李崧曰：“贾纬欲修《唐史》，如何？”对曰：“臣每见史官辈言，唐朝近百年来无实录，既无根本，安能编纪？”纬闻崧言，颇怒，面责崧沮己。崧曰：“与公乡人，理须相惜。此事非细，安敢轻言？”纬与宰臣论说不已。明年春，敕修唐史，纬在籍中。月余，丁内艰，归真定。开运初服阕，复起居郎，修撰如故。寻以本官知制诰。纬长于记注应用，文笔未能过人，而议论刚强。侪类不平之，因目之为“贾铁嘴”。

《新五代史》卷五七，《贾纬传》：晋天福中为太常博士，非其好也，数求为史职，改屯田员外郎、起居郎、史馆修撰，与修《唐书》。丁内艰，服除，知制诰。累迁中书舍人、谏议大夫，给事中，复为修撰。

《宋史》卷二六三，《张昭传》：晋天福……五年……召为户部侍郎。以唐史未成，诏与吕琦、崔棁等续成之，别置史院，命昭兼判院事。昭又撰《唐朝君臣正论》二十五卷上之。

贾纬奏上所著《唐年补录》。

《旧五代史》卷一三一，《贾纬传》：贾纬，真定获鹿人也。少苦学为文，唐末举进士不第，遇乱归河朔，本府累署参军、邑宰。唐天成中，范延光镇定州，表授赵州军事判官，迁石邑县令。纬属文之外，勤于撰述，以唐代诸帝实录，自武宗已下阙而不纪，乃采掇近代传闻之事及诸家小说，第其年月，编为《唐年补录》，凡六十五卷，识者赏之。

《新五代史》卷五七，《贾纬传》：纬长于史学。唐自武宗已后无实录，史官之职废，纬采次传闻，为《唐年补录》六十五卷。当唐之末，王室微弱，诸侯强盛，征伐擅出，天下多事，故纬所论次多所阙误。而丧乱之际，事迹粗存，亦有补于史氏。

《旧五代史》卷七九，《晋高祖纪五》：天福六年……二月……起居郎贾纬以所撰《唐年补录》六十五卷上之。帝览之嘉叹，赐以器币，仍付史馆。

《五代会要》卷一八，《前代史》：晋天福六年……起居郎贾纬奏曰："伏以唐高祖至代宗已有纪传，德宗亦存实录；武宗至济阴废帝凡六代，唯有《武宗实录》一卷，余皆缺略。臣今搜访遗文及耆旧传说，编成六十五卷，目为《唐年补遗录》，以备将来史官修述。"

《册府元龟》卷五五七：晋贾纬为起居郎、史馆修撰。……天福六年二月己酉，纬奏曰："伏睹国史馆唐高祖至代宗已有纪传，德宗至文宗亦存实录；武宗至济阴废帝凡六代，唯有《武宗实录》一卷，余皆缺落。臣今采访遗文及耆旧传说，编成六十五卷，目为《唐年补遗录》，以备将来史官修述。……臣久居职分，深耻缺遗，今录浅闻，别陈短序。……请下有司，用资取证。"上览之嘉叹。赐器皿币帛。

辽编修始祖奇首可汗事迹。

《辽史》卷四，《太宗本纪下》：会同四年……二月……丁巳，诏有司编始祖奇首可汗事迹。

公元943年　后晋出帝天福八年　南唐李昪升元七年　吴越钱弘佐天福八年　癸卯

王颜于本年后著《南唐烈祖开基志》。

《直斋书录解题》卷五，伪史类：《南唐烈祖开基志》十卷，南唐滁州刺史王颜撰。起天祐乙丑，止升元癸卯，合三十九年。

《宋史》卷二〇四，《艺文志三》：王颜《南唐烈祖开基志》十卷。

《皮氏见闻录》作者皮光业卒。

吴任臣《十国春秋》卷八六，（吴越）《皮光业传》：皮光业，字文通，世为襄阳竟陵人。父日休，有盛名，唐末为苏州军事判官、太常博士，遂家焉。光业生于姑苏，十岁能属文，及长，以所业谒武肃王（钱镠），与沈崧、林鼎同辟幕府，累署浙西节度推官，赐绯。……寻兼两浙观察使。文穆王（钱元瓘）嗣位，命知东府事。天福二年，国建，拜光业丞相，与曹仲达、沈崧同日受命，凡教令仪注多所考定。……八年二月丙辰卒，年六十七。……所撰《皮氏见闻录》十三卷行世。

《郡斋读书志》卷三下，小说类：《皮氏见闻录》五卷，唐皮光业撰。光业唐末为钱镠从事，记当时诡异见闻。（案：衢本卷一三此下云："自唐乾符四年，讫晋天福二年。"）

《宋史》卷二〇六，《艺文志五》：皮光业《皮氏见闻录》十三卷。

公元945年 后晋出帝开运二年 闽王延政天德三年 乙巳

刘昫、张昭远等修成《旧唐书》。

《旧五代史》卷八四，《晋少帝纪四》：开运二年……六月乙丑……监修国史刘昫、史官张昭远等以新修《唐书》纪、志、列传并目录凡二百三卷上之，赐器帛有差。

《五代会要》卷一八，《前代史》：至开运二年六月，史馆上新修前朝李氏书纪、志、列传共二百二十卷，并目录一卷，都计二十帙。赐监修宰臣刘昫、修史官张昭远、直馆王申等缯綵银器各有差。

《册府元龟》卷五五七：晋高祖天福六年二月己亥诏曰："……宜令张昭等修撰唐史，仍令宰臣赵莹监修。"昭又以唐朝数帝编简残缺，诏遣修唐朝一代正史。昭长于笔述，锐于采求，不三岁，取天宝前旧史至济阴少主实录、野史，共纂成二百卷以闻，有制称美。寻加户封，书付史馆。

《玉海》卷四六引《中兴书目》：《唐书》：五代晋宰相刘昫、史官张昭远等撰。唐三百年间，国史野录参错不一，至昫删集为纪二十、志五十、列传一百五十，凡二百卷。（开运二年六月上，计二十帙。）

《旧五代史》卷八九，《刘昫传》：刘昫，字耀远，涿州归义人也。……（后唐）长兴中，拜中书侍郎兼刑部尚书平章事。……清泰初，兼判三司加吏部尚书、门下侍郎，监修国史。……（后晋）开运初，授司空平章事，监修国史。

《宋史》卷二六三，《张昭传》：开运二年秋，《唐书》成二百卷。

《宋史》卷二〇三，《艺文志二》：刘昫《唐书》二百卷。

陈致雍于本年后著《闽王列传》。

吴任臣《十国春秋》卷九七，（闽）《陈致雍传》：陈致雍，莆田人也。博洽善文辞，宪章典故，尤所谙练。仕景宗（王曦），为太常卿。入南唐，以通《礼》及第，除秘书监。未几，致仕还家，陈洪进辟掌书记。撰《晋安海物异名记》及《闽王列传》、《五礼仪鉴》诸书。

《直斋书录解题》卷五，伪史类：《闽王列传》一卷，秘书监晋江陈致雍撰。二世七主，通六十年。

公元 947 年　后汉高祖天福十二年　丁未

《旧唐书》监修刘昫卒。

《旧五代史》卷八九，《刘昫传》：契丹主北去，留于东京。其年夏，以病卒，年六十。

《新五代史》卷一〇，《汉本纪》：天福十二年……是夏，刘昫薨。

石文德约于本年前著《大唐新纂》。

吴任臣《十国春秋》卷七三，（楚）《石文德传》：石文德，连州人。……酷好学，博览坟史，经目不忘。尝读范晔《后汉书》，摘其瑕璺数百条辨驳之，识者谓《史通》不能过也。……文昭王（马希范）时……承制授水部员外郎，甚亲重之。……寻中谗出为融州刺史。（原注：一作副使。）……无何卒。……晚年尤喜著述，撰《大唐新纂》十三卷，事颇可采，世以多闻许之。

《宋史》卷二〇六，《艺文志五》：石文德《唐新纂》三卷。

公元949年 后汉隐帝乾祐二年 己酉

贾纬等修成《后汉高祖实录》，又修后晋实录。

《旧五代史》卷一〇二，《汉隐帝纪中》：乾祐二年二月……庚子，诏左谏议大夫贾纬等修撰《高祖实录》。……十月……癸未，监修国史苏逢吉、史官贾纬以所撰《高祖实录》二十卷上之。……十二月……戊寅，司徒、门下侍郎平章事窦贞固奏请修晋朝实录，诏史官贾纬、窦俨、王伸等修撰。

《五代会要》卷一八，《修国史》：汉乾祐二年二月敕："左谏议大夫史馆修撰贾纬、左拾遗直史馆王伸，宜令同修《高祖实录》，仍令宰臣苏逢吉监修。"至其年十月，修成实录二十卷，上之。其年十二月敕："宜令监修国史苏逢吉与史馆修撰贾纬并窦俨、王伸等修晋朝实录呈进。"从宰臣窦贞固奏请也。

《册府元龟》卷五五四：汉贾纬为谏议大夫。乾祐二年二月敕曰：载唐虞之盛，传彼古文明得失之由，存乎信史。恭惟高祖皇帝，受天历数，缵汉基国。戎虏蛮夷，慑灵旗而内附；礼乐征伐，建王道于大中。功格于上玄，化行乎率土。将欲示其轨范，约彼《春秋》，接高、光纪圣之书，续班、马纪言之典。废而不举，缺孰甚焉！左谏议大夫贾纬、左拾遗窦俨、右拾遗王伸等才学渊深，辩论蜂起，分职方提于直笔，编年允属于鸿儒。宜令纬等同修《高祖实录》呈进，仍令宰臣苏逢吉监修。

《旧五代史》卷一三一，《贾纬传》：苏逢吉监修国史，以纬频投文字，甚知之。寻充史馆修撰，判馆事。乾祐中，受诏与王伸、窦俨修《汉高祖实录》。纬以笔削为己任，然而褒贬之际，憎爱任情。

《直斋书录解题》卷四，起居注类：《汉高祖实录》十七卷，监修苏逢吉、史官贾纬等撰，乾祐二年上。书本十二卷，今缺末三卷，《中兴书目》作十卷。

《宋史》卷二〇三，《艺文志二》：《五代汉高祖实录》十卷，苏逢吉等撰。

《新五代史》卷五七，《贾纬传》：汉隐帝时，诏与王伸、窦俨等同修晋高祖、出帝、汉高祖实录。

《册府元龟》卷五五七：汉窦贞固，隐帝时为相。乾祐二年，贞固上言："……伏以晋高祖洎少帝两朝临御，一纪光阴。……近见史臣修高祖实录，神功圣德，靡不详明。述汉之兴，由晋而起，安可遗落朝代，废缺编修？更若日月滋深，耳目不接，恐成湮没，莫究端由。……伏乞睿慈敕史官纂集晋朝实录……宜令兼修国史苏逢吉与史官贾纬、窦俨、王伸等修撰呈进。"

公元 951 年 后周太祖广顺元年 后蜀孟昶广政十四年 辛亥

贾纬等修成《后晋高祖实录》、《后晋少帝实录》。

《旧五代史》卷一一一，《周太祖纪二》：广顺元年……七月……壬申，史官贾纬等以所撰《晋高祖实录》三十卷、《少帝实录》二十卷上之。

《五代会要》卷一八，《修国史》：周广顺元年七月，史馆新修《晋高祖实录》三十卷、《少帝实录》二十卷，上之。

《册府元龟》卷五五七：太祖广顺元年七月窦贞固上言："臣监修国史时，奉诏修晋朝实录。……所撰《晋高祖实录》三十卷、《少帝实录》二十卷，谨诣东山阁门呈进。"敕："贞固等群书睹奥，直笔记言，成一代之明文，继百王之盛典。岂特洪纤靡漏，抑亦褒贬有彰，将播无穷，永传不朽。叹重褒美，顷刻不忘。"

《宋史》卷二六三，《窦俨传》：俨字望之。……俨仕汉为史馆修撰。周广顺初，迁右补阙，与贾纬、王伸同修晋高祖、少帝、汉祖三朝实录。

《直斋书录解题》卷四，起居注类：《晋少帝实录》二十卷，监修窦正固，史官贾纬、王伸、窦俨等撰，周广顺元年上。正固字体仁，同州人，相汉至周，罢归洛阳，国初卒。

《宋史》卷二〇三，《艺文志二》：《五代晋高祖实录》三十卷，《五代晋少帝实录》二十卷，并窦贞固等撰。

李昊等于本年前后撰修后蜀《实录》、《前蜀书》。

《宋史》卷四七九，《李昊传》：李昊字穹佐。……（孟昶时）加尚书左丞，拜门下侍郎兼户部尚书、同平章事、监修国史，因请置史官，乃以给事中郭廷钧、职方员外郎赵元拱为修撰，双流令崔崇构、成都主簿王中孚为直馆。……广政十四年修成昶《实录》四十卷，昶欲取观，昊曰："帝王不阅史，不敢奉诏。"……俄修《前蜀书》，命昊与赵元拱、王中孚及左谏议大夫乔讽、给事中冯侃、知制诰贾玄珪、幸寅逊、太府少卿郭微、右司郎中黄彬同撰，成四十卷，上之。

《宋史》卷四七九，《幸寅逊传》：幸寅逊，蜀人。……（孟昶时）拜司门郎中、知制诰、中书舍人，出知武信军府，加史馆修撰，改给事中，预修《前蜀书》。

吴任臣《十国春秋》卷五四，（后蜀）《幸寅逊传》：幸寅逊，夔州云安监人。（一云成都人。）……仕后主（孟昶），起家茂州录事参军。……迁新都令，已又拜司门郎中、知制诰、中书舍人。出知武信军府，加史馆修撰，改给事中，与修《前蜀书》。……未几，迁翰林学士，加工部侍郎，判吏部三铨事，领简州刺史。……所著有《王氏开国记》□卷。

吴任臣《十国春秋》卷五六，(后蜀)《赵元拱传》：赵元拱，有良史才。广政时，授职方员外郎。会宰相李昊监修国史，请置史官，后主（孟昶）乃以元拱为修撰。未几，修《前蜀书》，复命元拱等董其事。

《郡斋读书后志》卷一，实录类：《蜀高祖实录》三十卷，伪蜀李昊撰。高祖者，孟知祥也。昊相知祥子昶时被命撰，起唐咸通甲午，终于伪明德元年甲午，凡六十一年。

《宋史》卷二〇三，《艺文志二》：《后蜀高祖实录》三十卷，《后蜀主实录》四十卷，并李昊撰。

公元 952 年 后周太祖广顺二年 壬子

《唐年补录》等作者贾纬卒。

《旧五代史》卷一三一，《贾纬传》：广顺二年春，纬卒。……纬有集三十卷，目曰《草堂集》，并所撰《唐年补录》六十五卷，皆传于世。

《直斋书录解题》卷五，诏令类：《贾氏备史》六卷，汉谏议大夫贾纬撰。叙石晋祸乱，每一事为一诗系之。

公元 954 年 后周世宗显德元年 甲寅

枢密院直学士于枢密使处逐月抄录事件，送付史馆。

《旧五代史》卷一一四，《周世宗纪一》：显德元年……十月……戊午，监修国史李穀等上言曰："窃以自古王者咸建史官，君臣献替之谋皆须备载，家国安危之道得以直书。历代以来，其名不一。人君言动，则起居注创于累朝；辅相经纶，则时政记兴于前代。然后采其事实，编作史书。盖缘闻见之间，须有来处；记录之际，得以审详。今之左右起居郎，即古之左右史也。唐文宗朝命其官执笔立于殿阶螭头下，以记政事；后则明宗朝命端明殿及枢密直学士皆轮修日历，旋送史官，以备纂修。及近朝此事皆废，史官唯凭百司报状，馆司但取两省制书，此外虽有访闻，例非端的。伏自先皇帝创开昌运，及皇帝陛下缵嗣丕基，其圣德武功，神谋睿略，皆系万幾宥密，丹禁深严，非外臣之所知，岂庶僚之可访。此后欲望以谘询之事，裁制之规，别命近臣旋具抄录，每当修撰日历，即令封付史臣，庶国事无漏略之文，职业免疏遗之咎。"从之。因命枢密直学士起今后于枢密使处逐月抄录事件，送付史馆。

《五代会要》卷一八，《史馆杂录》：周显德元年十月，监修国史宰臣李穀奏："今之左右起居郎，即古之左右史也。唐文宗朝命其官执笔立于殿阶螭头之下，以纪政事；后则明宗朝命端明殿及枢密院直学士，皆轮流日历，旋送史馆，以备纂修。降及近朝，此事皆废。今后欲望以谘询之事，裁制之规，别命近臣旋具抄录，每当修撰日历，即奉封送史臣。"从之。因命枢密院直学士起今后于枢密使处逐月抄录事件，送付史馆。

《宋史》卷二六二，《李穀传》：李穀字惟珍，颍州汝阴人。……（周）显德初……进位司空门下侍郎监修国史。穀以史氏所述，本于起居注，丧乱以来遂废其职。上言请令端明枢密直学士编记言动，为内廷日历，以付史官。

公元 956 年　后周世宗显德三年　丙辰

张昭（即张昭远）奉命撰修后周太祖实录及后梁均王、后唐清泰帝两朝实录。

《旧五代史》卷一一六，《周世宗纪三》：显德三年……十二月……癸亥，诏兵部尚书张昭纂修太祖实录及梁均王、唐清泰帝两朝实录。又诏曰：史馆所少书籍，宜令本馆诸处求访补填。如有收得书籍之家，并许进书人据部帙多少等第，各与恩泽；如是卷帙少者，量给资帛。如馆内已有之书，不在进纳之限。仍委中书门下，于朝官内选差三十人，据见在书籍，各求真本校勘，署校官姓名，逐月具功课申报中书门下。

《册府元龟》卷五五七：周世宗显德三年十二月诏曰："伏以太祖圣神恭肃文武孝皇帝，削平多难，开启洪图。……其太祖圣神恭肃文武孝皇帝实录，宜差兵部尚书张昭修纂，其同修纂官员委张昭定名奏请。"又诏曰："书契已来，史册相继；明君暗主，罔或遗之，所以纪一时之兴亡，为千古之鉴诫。梁均帝、唐清泰二主，皆居大宝，奄宅中区，虽负扆当阳，不享延洪之数，而编年纪事，宜存纂录之规，用备阙文，永传来裔。其梁均帝、唐清泰二主实录，宜差兵部尚书张昭修纂，其同修纂官员，亦委张昭定名奏请。”

《入洛记》、《开元天宝遗事》作者王仁裕卒。

《新五代史》卷五七，《王仁裕传》：王仁裕，字德辇，天水人也。……年二十五始就学，而为人俊秀，以文辞知名秦、陇间。秦帅辟为秦州节度判官。秦州入于蜀，仁裕因事蜀为中书舍人、翰林学士。唐庄宗平蜀，仁裕事唐，复为秦州节度判官。王思同镇兴元，辟为从事。思同留守西京，以为判官。废帝举兵凤翔，思同战败，废帝得仁裕，闻其名不杀，置之军中。自废帝起事，至其入立，驰檄诸镇，诏书、告命，皆仁裕为之。久之，以都官郎中充翰林学士。晋高祖入立，罢职为郎中，历司封左司郎中、谏议大夫。汉高祖时，复为翰林学士承旨，累迁户部尚书，罢为兵部尚书、太子少保。显德三年卒，年七十七，赠太子少师。

吴任臣《十国春秋》卷四四，（前蜀）《王仁裕传》：王仁裕，字德辇，天水人也。……年二十五始就学，而为人俊秀，以文辞知名秦、陇间，秦帅辟为秦州节度判官。仁裕因入成都，事后主（王衍）为中书舍人。……国亡降唐，历晋、汉，累官翰林学士承旨、户部尚书。乾祐初知贡举……已罢为兵部尚书、太子少保。周显德三年卒，年七十七。……所著《紫阁集》、《乘轺集》、《西江集》、《王氏见闻录》、《玉堂闲话》、《入洛记》、《开元天宝遗事》诸书，传于世。

《郡斋读书志》卷二下，传记类：《开元天宝遗事》四卷，汉王仁裕撰。仁裕仕蜀至翰林学士。蜀亡，仁裕至镐京，采摭民言，得开元、天宝遗事一百五十九条。

《直斋书录解题》卷七，传记类：《开元天宝遗事》二卷，五代太子少保天水王仁裕德辇撰。所记一百五十九条。

《宋史》卷二〇三，《艺文志二》：王仁裕《开元天宝遗事》一卷。

《宋史》卷二〇六，《艺文志五》：王仁裕《见闻录》三卷，又《唐末见闻录》八卷。

案：王仁裕著《入洛记》事见公元925年条。

公元 957 年 后周世宗显德四年 南唐李璟保大十五年 丁巳

张昭（即张昭远）建议撰修后周太祖实录及后梁、后唐二末主实录事宜。

《旧五代史》卷一一七，《周世宗纪四》：显德四年春正月……壬寅，兵部尚书张昭上言："奉诏编修太祖实录及梁、唐二末主实录。伏以撰《汉书》者先为项籍，编《蜀记》者首序刘璋，贵神器之传授有因，历数之推迁得序。伏缘汉隐帝君临在太祖之前，历试之绩，并在隐帝朝内，请先修隐帝实录，以全太祖之事功。又以唐末主前有闵帝，在位四月，出奔于卫，亦未编纪，请修闵帝实录。其清泰帝实录，请书为废帝实录。"从之。

《五代会要》卷一八，《修国史》：显德三年十二月敕："太祖实录，并梁均帝、唐清泰二主实录，宜差兵部尚书张昭修，其同修修撰官委张昭定名奏请。"至四年正月，兵部尚书张昭奏："奉敕编修太祖实录及梁、唐二末主实录，今请令国子祭酒尹拙、太子詹事刘温叟同编修。伏缘汉隐帝君临太祖之前，其历试之绩，并在汉隐帝朝内，请先修隐帝实录。又梁末主之上，有郢王友珪，篡弑居位，未有纪录，请依《宋书》刘劭例，书为元凶友珪；其末帝请依古义，书曰后梁实录。又唐末主之前，有应顺帝，在位四月出奔，亦未编纪，请书为前废帝，清泰主为后废帝，其书并为实录。"从之。

《册府元龟》卷五五七：（显德）四年正月，兵部尚书张昭奏："奉敕编修太祖实录及唐、梁二末主实录，今请国子祭酒尹拙、太子詹事刘温叟同编修。"又奏："撰《汉书》者先为项传，编《蜀记》者首序刘璋，所贵神器之传授有因，历数之推迁得序。伏缘汉隐帝君临在太祖之前，其历试之绩，并在汉隐帝朝内，请先修隐帝实录，以全太祖之事功。又梁末主之上，有郢王友珪，篡弑君位，未有记录，请依《宋书》刘劭例，书为元凶友珪，其末主请依古义，书为梁废帝，其书曰后梁实录。唐末主之前有应顺帝，在位四月出奔，亦未编纪，请书为前废帝，清泰主为后废帝，其书并为实录。兼请于诸道搜索图记。"并从之。

《宋史》卷二六二，《刘温叟传》：刘温叟，字永龄，河南洛阳人。……周初拜左谏议大夫，逾年改中书舍人，加史馆修撰，判馆事。显德初，迁礼部侍郎……左迁太子詹事。温叟与张昭同修汉隐帝及周祖实录。

高远于本年前著《南唐烈祖实录》。

陆游《南唐书》卷九，《高越传附高远》：高越，字冲远，幽州人。……兄子远。

远字攸远。……远少孤……杜门力学，不交人事。烈祖受禅，招来四方秀杰，得远以为秘书省正字。保大初，迁校书郎兼太常修撰，遂为太常博士。淮南兵兴，元宗召见，赐金紫，使典戍府书檄。历礼部员外郎、枢密判官、侍御史知杂、史馆修撰、起居郎、知馆事，遂为勤政殿学士。国初，命兵部尚书陈浚修《吴史》，未成而卒。其后领史职者多贵游或新进少年，纂述殆废。远自保大中预史事，始撰《烈祖实录》二十卷，叙事详密。

《直斋书录解题》卷五，伪史类：《南唐烈祖实录》十三卷，南唐史馆修撰高远撰。缺第八、第十二卷。

公元958年 后周世宗显德五年 戊午

张昭（即张昭远）等撰成《后周太祖实录》。

《旧五代史》卷一一八，《周世宗纪五》：显德五年……六月……乙亥，兵部尚书张昭等撰《太祖实录》三十卷成，上之，赐器帛有差。

《五代会要》卷一八，《修国史》：显德五年六月，兵部尚书张昭等修《太祖实录》三十卷，上之。

《宋史》卷二六三，《张昭传》：又撰《周祖实录》三十卷，及梁郢王、均帝、后唐闵帝、废帝、汉隐帝五朝实录。梁二主年祀寖远，事皆遗失，遂不克修，余三帝实录皆藏史阁。

《册府元龟》卷五五四：周张昭为兵部尚书，与太子詹事刘温叟等，显德五年撰《太祖实录》三十卷，上之，赐物有差。

《直斋书录解题》卷四，起居注类：《周太祖实录》三十卷，张昭等撰，显德五年上。昭即昭远，字潜夫，濮上人。避汉祖讳，止称昭。

《玉海》卷四八：显德中，（张昭）撰《周祖实录》三十卷及梁、唐、汉五朝实录，梁事遗失，余三帝实录皆藏史阁。

《宋史》卷二〇三，《艺文志二》：《五代汉隐帝实录》十五卷，《五代周太祖实录》三十卷，并张昭、尹拙、刘温叟等撰。

公元 959 年 后周恭帝显德六年 己未

王溥等于本年后修撰《后周世宗实录》。

《旧五代史》卷一二〇，《周恭宗纪》：显德六年……十二月壬申朔，史馆奏请差官修撰《世宗实录》，从之。

《宋史》卷二四九，《王溥传》：王溥，字齐物，并州祁人。……广顺初，授左谏议大夫、枢密直学士。二年，迁中书舍人、翰林学士。三年。加户部侍郎，改端明殿学士。周祖疾革，召学士草制，以溥为中书侍郎、平章事。……世宗将亲征泽、潞，冯道力谏止，溥独赞成之。凯还，加兼礼部尚书，监修国史。……显德……六年夏，命参知枢密院事。恭帝嗣位，加右仆射。是冬，表请修《世宗实录》，遂奏史馆修撰、都官郎中、知制诰扈蒙，右司员外郎、知制诰张淡，左拾遗王格，直史馆、左拾遗董淳，同加修纂。从之。

《宋史》卷二六九，《扈蒙传》：扈蒙，字日用，幽州安次人。……周广顺中，从归德军节度赵晖为掌书记，召右拾遣、直史馆、知制诰。

《宋史》卷二六九，《张澹传》：张澹，字成文，其先南阳人，徙家河南。……周恭帝初，拜右司员外郎、知制诰。

《史馆故事录》于本年前撰成。

《郡斋读书志》卷二下，职官类：《史馆故事》三卷，不题撰人姓名。记史馆杂事，分六门，迄于五代。李献臣以为后周史官所著。

《直斋书录解题》卷六，职官类:《史馆故事录》三卷，不著名氏，凡为六门，曰叙事、史例、编修、直笔、曲笔，而终之以杂录。末称皇朝广顺，则是周朝史官也。

《宋史》卷二〇三，《艺文志二》：《史馆故事录》三卷……不知作者。

蒋文怿于本年前著《闽中实录》。

《直斋书录解题》卷五，伪史类：《闽中实录》十卷。周显德中，扬州永贞县令蒋文怿，记王审知父子及将吏、儒士、僧道事迹，末亦略及山川土物。

《宋史》卷二〇四，《艺文志三》：蒋文怿《闽中实录》十卷。